本书列入

2017年国家社会科学基金重大委托项目
“十三五”国家重点图书出版规划项目

中华传统文化百部经典

孟子字义疏证

戴震 著
徐道彬 解读

国家图书馆出版社

图书在版编目（CIP）数据

孟子字义疏证／（清）戴震著；徐道彬解读．—北京：
国家图书馆出版社，2023.12（2025.6 重印）
（中华传统文化百部经典／袁行霈主编）
ISBN 978-7-5013-7617-9

Ⅰ.①孟… Ⅱ.①戴… ②徐… Ⅲ.①《孟子》－考
证 Ⅳ.①B222.53

中国版本图书馆 CIP 数据核字（2022）第 219767 号

国家图书馆出版社官方微信

书　　名　孟子字义疏证
著　　者　（清）戴　震 著　徐道彬 解读
责任编辑　潘肖蔷
特约审校　石　玉
封面设计　敬人设计工作室

出版发行　国家图书馆出版社（北京市西城区文津街 7 号　100034）
　　　　　010-66114536　63802249　nlcpress@nlc.cn（邮购）
网　　址　http://www.nlcpress.com
印　　装　北京科信印刷有限公司
版次印次　2023 年 12 月第 1 版　2025 年 6 月第 2 次印刷

开　　本　710×1000　1/16
印　　张　26
字　　数　333 千字
书　　号　ISBN 978-7-5013-7617-9
定　　价　79.00 元（精装）

编纂缘起

文化是民族的血脉，是人民的精神家园。党的十八大以来，围绕传承发展中华优秀传统文化，习近平总书记发表了一系列重要讲话，深刻揭示出中华优秀传统文化的地位和作用，梳理概括了中华优秀传统文化的历史源流、思想精神和鲜明特质，集中阐明了我们党对待传统文化的立场态度，这是中华民族继往开来、实现伟大复兴的重要文化方略。2017 年初，中共中央办公厅、国务院办公厅印发《关于实施中华优秀传统文化传承发展工程的意见》，从国家战略层面对中华优秀传统文化传承发展工作作出部署。

我国古代留下浩如烟海的典籍，其中的精华是培育民族精神和时代精神的文化基础。激活经典，熔古铸今，是增强文化自觉和文化自信的重要途径。多年来，学术界潜心研究，钩沉发覆、辨伪存真、提炼精华，做了许多有益工作。编纂《中华传统文化百部经典》（简称《百部经典》），就是在汲取已有成果基础上，力求编出一套兼具思想性、学术性和大众性的读本，使之成为广泛认同、传之久远的范本。《百部经典》所选图书上起先秦，下至辛亥革命，包括哲学、文学、历史、艺术、科技等领域的重要典籍。萃取其精华，加以解读，旨在搭建传统典籍与大众之间的桥梁，激活中华优秀传统文化，用优秀传统文化滋养当代中国人的精神世界，提振当代中国人的文化自信。

这套书采取导读、原典、注释、点评相结合的编纂体例，寻求优秀传统文化与社会主义核心价值观之间的深度契合点；以当代眼光审视和解读古代典籍，启发读者从中汲取古人的智慧和历史的经验，借以育人、资政，更好地为今人所取、为今人所用；力求深入浅出、明白晓畅地介绍古代经典，让优秀传统文化贴近现实生活，融入课堂教育，走进人们心中，最大限度地发挥以文化人的作用。

《百部经典》的编纂是一项重大文化工程。在中宣部等部门的指导和大力支持下，国家图书馆做了大量组织工作，得到学术界的积极响应和参与。由专家组成的编纂委员会，职责是作出总体规划，选定书目，制订体例，掌握进度；并延请德高望重的大家耆宿担当顾问，聘请对各书有深入研究的学者承担注释和解读，邀请相关领域的知名专家负责审订。先后约有 500 位专家参与工作。在此，向他们表示由衷的谢意。

书中疏漏不当之处，诚请读者批评指正。

2017 年 9 月 21 日

凡　例

一、《中华传统文化百部经典》的选书范围，上起先秦，下迄辛亥革命。选择在哲学、文学、历史、艺术、科技等各个领域具有重大思想价值、社会价值、历史价值和学术价值的一百部经典著作。

二、对于入选典籍，视具体情况确定节选或全录，并慎重选择底本。

三、对每部典籍，均设“导读”“注释”“点评”三个栏目加以诠释。导读居一书之首，主要介绍作者生平、成书过程、主要内容、历史地位、时代价值等，行文力求准确平实。注释部分解释字词、注明难字读音，串讲句子大意，务求简明扼要。点评包括篇末评和旁批两种形式。篇末评撮述原典要旨，标以“点评”，旁批萃取思想精华，印于书页一侧，力求要言不烦，雅俗共赏。

四、原文中的古今字、假借字一般不做改动，唯对异体字根据现行标准做适当转换。

五、每书附入相关善本书影，以期展现典籍的历史形态。

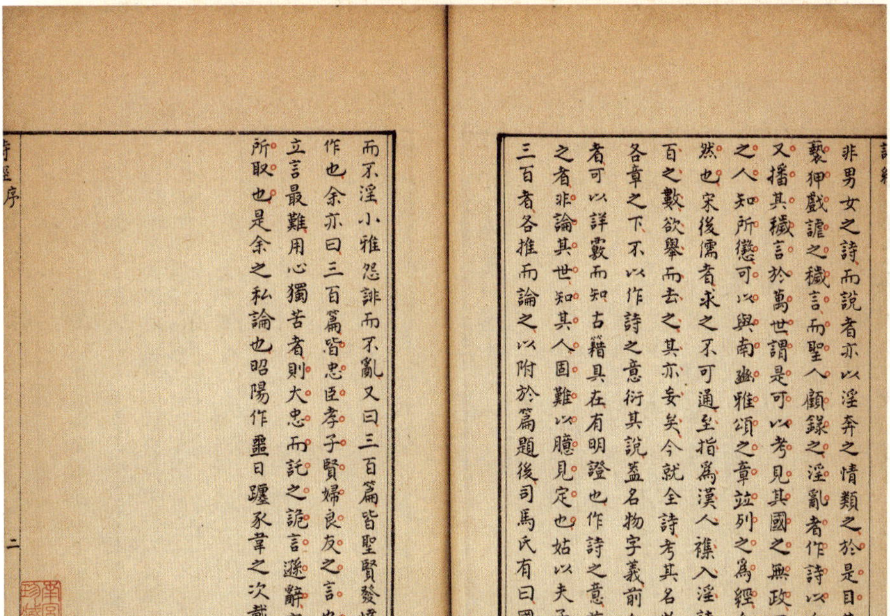

詩經

非男女之詩而說者亦以淫奔之情類之於是目其詩則爲
褻狎戲謔之穢言而聖人顧錄之淫亂者作詩以自播聖人
又播其穢言於萬世謂是可以考見其國之無政可以使後
之人知所懲可以與南豳雅頌之章並列之爲經余疑其不
然也宋後儒者求之不可通至指爲漢人襍入淫詩以足三
百之數欲舉而去之其亦妄矣今就全詩考其名物字義於
各章之下不以作詩之意衍其說蓋名物字義前人或失之
者可以詳覈而知古籍具在有明證也作詩之意前人或失
之者非論其世知其人固難以臆見定也姑以夫子之蔽夫
三百者各推而論之以附於篇題後司馬氏有曰國風好色

而不淫小雅怨誹而不亂又曰三百篇皆聖賢發憤之所爲
作也余亦曰三百篇皆忠臣孝子賢婦良友之言也而又有
立言最難用心獨苦者則大忠而託之詭言遜辭亦聖人之
所取也是余之私論也昭陽作噩日躔豕韋之次戴震序

詩經序　二

戴氏经考二十六卷　（清）戴震撰　清抄本　国家图书馆藏

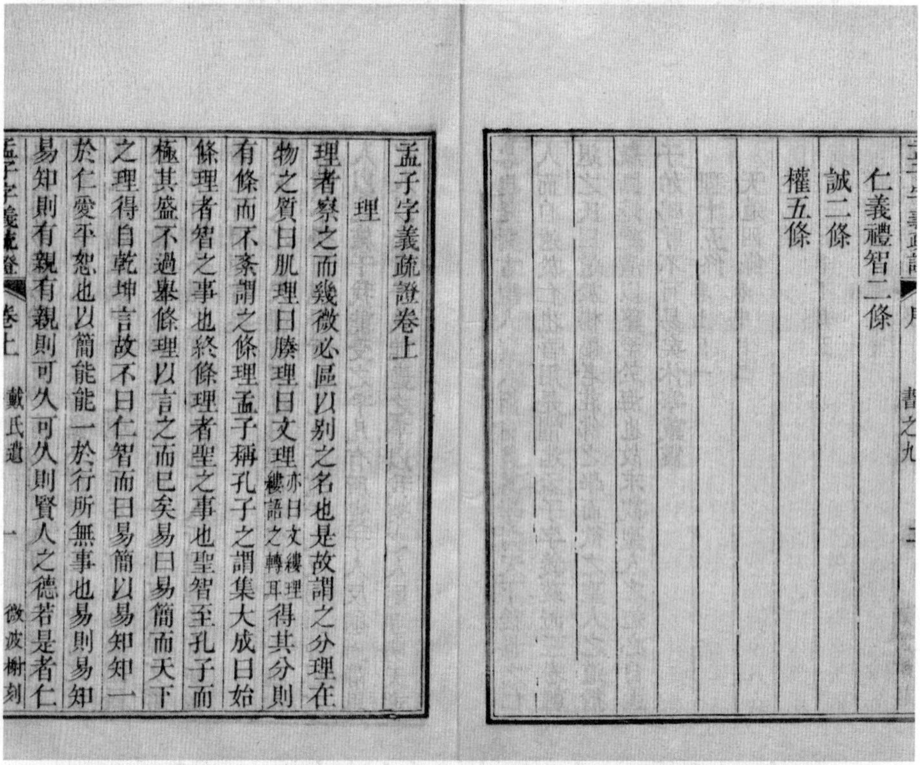

孟子字义疏证三卷 （清）戴震撰 清乾隆曲阜孔氏微波榭刻本 国家图书馆藏

目　录

导　读

一、生平事迹……（ 3 ）
二、思想学说……（ 9 ）
三、历史地位及影响……（ 25 ）
四、版本介绍与校点说明……（ 33 ）

孟子字义疏证

序……（ 39 ）

卷　上……（ 50 ）
理……（ 50 ）

卷　中……（164）
天　道……（164）
性……（188）

卷　下……（261）
才……（261）
道……（286）
仁义礼智……（313）
诚……（339）
权……（350）

主要参考文献……（399）

导 读

戴震（1724—1777），字东原，徽州府休宁县隆阜村人，是清代著名的人文学者和自然科学家，也是乾嘉时代一位极具个性而又颇受争议的思想家。他一生穷困，却矢志于学，四处漂泊，而成就非凡。著述数十种，主要有《考工记图》《毛诗补传》《声类表》《方言疏证》《孟子字义疏证》等，以及纂修《汾州府志》《直隶河渠书》，校订《水经注》《算经十书》等，在小学、经学、哲学及自然科学诸领域，皆有显著的成绩和深远的影响。他以卓越的考据学成就和深邃的哲学理论建设，在清代中叶的学术界可谓兼涉多域，独树一帜。他对中国传统学术的整理总结和思想提升，充分显示出超乎时代的学术理念和治学方法，具有重要的思想启蒙价值和现实参考意义。故民国胡朴安指出："二百年来确有治学之方法，立有清一代考据学之基础，衣被学者，至今日犹有受之而未尽，则休宁戴东原先生其人也。"①

《孟子字义疏证》一书，是戴氏最为自信而又自负的一部重要哲学著作，自称："仆生平论述最大者，为《孟子字义疏证》一书，此正人心之要。今人无论正邪，尽以意见误名之曰理，而祸斯民，故《疏证》不得不作。"[②] 该书通过自设宾主问答与"字义疏证"的方式，援据经言，考镜源流，对理、天道、性、才、道、仁义礼智、诚、权等传统哲学概念"比类合义"，附以己见，对老庄之道、释道之论、程朱理学、阳明心学等往昔思想，皆有所挖掘、总结和批判，进而提出了"圣人之道在六经""以词通道""理存于欲"的新学说，既是对古代社会民本思想的继承和发展，也是对新时代市民阶层生活的情感表达和理性诉求。

该书因对释、道之说和程、朱、陆、王之学的批判切中要害，一针见血，且能结合现实而针砭时弊，具有鲜明的卫道色彩和为民请命的意愿，故而颇受当时士大夫阶层的非议和攻击，只有少数几个学者表示理解和赞同。如洪榜曾与翰林学士朱筠，就如何评价东原的学术贡献颇有争议，云："戴氏论性道，莫备于其论《孟子》之书，而所以名其书者曰《孟子字义疏证》焉耳。然则非言性命之旨也，训故而已矣，度数而已矣。要之，戴氏之学，其有功于六经、孔孟之言甚大，使后之学者无驰心于高妙，而明察于人伦庶物之间，必自戴氏始也。"[③] 随着时代的发展，东原哲学也逐渐得到学术界的普遍重视和深入研究。民国以来，因社会进步和人性自觉在学理层面上的诸多诉求，引起了许多学者对戴氏"体民之情，遂民之欲"思想的强烈共鸣，戴震学说也因而受到极大的推崇和宣扬，章太炎、王国维、蔡元培、梁启超等杰出人物，多有正面评价和赞颂。又如刘师培说："戴氏于声音训诂、典章制度，以及数学、地学，皆造其精微。然《全书》之中，仍以说性理者为最善。""东原之学，小疵不掩大醇。义理必衷训故，则功在正名；讲学不蹈空虚，则学趋实用。凡小儒迂墟之说足以害政蠹民者，咸扫除肃清，弃如苴土。信夫圣人复起，不易斯言矣。"[④] 胡适也说："其时有大思想家戴震出来，用当时学者考证的方法、历史的眼光，重新估定五百年的理学的价值，打倒旧的理学，而建立新的理学，是为近世哲学的中兴。”[⑤] 当代学者侯外庐先生对东原哲学也颇为认同，称“他复活了十七世纪清初大儒的人文主义的统绪，启导了十九世纪的一线曙光”[⑥]。由此可见，戴东原这一特殊人物，及其“正人心之要”的《孟子字义疏证》，不仅在清代思想领域享有重要地位和影响，而且越往后来，越是能够唤醒“人的自觉”，在中国思想史乃至当代社会人生观和价值观问题上，仍然闪耀着科学与民主的光辉和人性智慧的光芒。

一、生平事迹

戴震出生于典型的徽商家庭，虽然天赋异禀，博闻强记，是个读书的种子，但因“少时家贫，不获亲师”，仅在家族私塾中习得算学、文字和初始的学问基础。据段玉裁《戴东原先生年谱》载：“先生十六七以前，凡读书，每一字必求其义。塾师略举传注训诂语之，意每不释。塾师因取近代字书及汉许氏《说文解字》授之，先生大好之，三年尽得其节目。又取《尔雅》《方言》及汉儒传注笺之存于今者，参伍考究，一字之义，必本六书，贯群经，以为定诂，由是尽通前人所合集《十三经注疏》，能全举其辞。”[⑦] 但因家庭生计问题，不得不较早地结束了“本六书，贯群经”的读书时光，随即从父经商去了。其父戴弁家世单寒，衣食无以为继，常年以贩布维持生计。作为家里的长子，年少的东原只能放弃私塾，“随父文林公客南丰，课学童于邵武”。然而，无论身处何时何地，东原都时刻不忘读书研讨，增长才干。也正因为“少为稗贩，涉历南朔”，如此四处奔波，遭遇万般苦难，养成了他的独立之精神和自由之思想，以至于终生都没有冬烘先生那些僵化的心态和保守的痼疾。

戴震自闽、赣地区返回徽州后，有幸结识了同乡程恂和婺源江永，二人都认为他定能蟾宫折桂，仕途青云，前途不可限量。为了科举进仕，又随父到过江宁，拜访同族长者、翰林学士戴瀚，请教他科举考试的成功秘籍，也被称为“其学敏不可及，当世无此人也”，转而回乡读书治学。在居乡期间，与同龄人歙县程瑶田、汪肇漋、汪梧凤、金榜等相互切磋，转益多师，学问日进，渐次撰成《筹算》《六书论》《考工记图》《转语》《尔雅文字考》《屈原赋注》《勾股割圜记》《诗补传》等多部著作。由此内容和范围，可知戴氏早年的精力投入，多在实用性质的小学、历算和典章礼制方面，这与作时文八股之法颇为龃龉，格格不入，这也是他科场屡战屡败的原因之一。

因与程瑶田、汪肇漋和汪松岑有“定交”之故，东原得以结识西溪汪梧凤，并坐馆于其家之“不疏园”，一方面教授汪氏子孙，同时又与诸君子切磋问学。正逢此时，江永也来此讲学，一时间师友云集，一派朴学兴盛的景象。洪榜记载当时盛况云：“时郡守何公（达善）常以月某日延郡之名人宿学，讲论经义于书院之怀古堂。婺源江先生永治经数十年，精于三《礼》及步算、钟律、声韵、地名沿革，博综淹贯，岿然大师。（戴）先生一见倾心，因取平日所学就质正焉……时先生同志密友，郡人郑牧、汪肇漋、程瑶田、方矩、金榜六七君，日从江先生、方先生（楘如）从容质疑问难。盖先生律历声韵之学，亦江先生有以发之也。”[8] 汪氏不疏园的学术活动，对于戴震学术方向的确立和提升起到了很重要的作用，对于清代徽州经学研究群体的形成，也起到了适时的聚合作用。对此，汪中站在时代学术发展的高度，评论这一区域性的学术现象及其影响，曰：“国初以来，学士陋有明之习，潜心大业，通于六艺者数家，故于儒学为盛。迨乾隆初纪，老师略尽，而处士江慎修崛起于婺源，休宁戴东原继之，经籍之道复明始此两人。自奋于末流，常为乡俗所怪，又孤介少所合，而地僻陋，无从得书。是时歙西溪汪君独礼而致诸其家，饮食供具惟所欲，又斥千金置书，益招好学之士日夜诵习，讲贯其中，久者十数年，近者七八年、四五年，业成散去。其后江君没，大兴朱学士来视学，遂尽取其书上于朝，又使配食于朱子。戴君游京师，当世推为儒宗。后数岁，天子修四库之书，征领局事。是时，天下之士益彬彬然向于学矣，盖自二人始也。”[9] 徽商汪氏的“贾而好儒”，热心学术，为日后江永“配食朱子”、戴震“征领局事”、“皖派”学术由江湖而登庙堂，奠定了长远而又丰厚的物质基础。而在此时期，戴震可以沉潜经籍，切磋问学，获得深厚学养，所以才能在其以后因躲避仇家追索而逃入京城时，因其学术深得同道赞赏，而“声重京师，名公卿争相交焉”。

戴震的“避仇入都”，缘起于三十三岁时的一次人生遭际。隆阜戴氏一脉，世系繁衍，人口众多，家族纠葛所在多有。东原一家，单丁弱户，屡遭同宗欺凌。乾隆二十年（1755）发生在东原祖坟地上的争端，让这位盖世大儒遭遇横逆，终生不愿再回故里。东原后裔追忆此事曰：“（东原）公祖墓在距隆阜二里之茅山桥南，东对公宅，遥望山势，如书架层叠，青乌家谓为万架书箱，主子孙著作等身，血食万代。族豪某，意欲侵占，以广己之祖茔。公讼诸官，县令利族豪贿，将文致公罪。公乃日行二百里，徒步走京师。”[10] 弟子段玉裁对此也有记述：“先生是年讼其族子豪者侵占祖坟，族豪倚财结交县令，令欲文致先生罪，乃脱身挟策入都，行李衣服无有也。寄旅于歙县会馆，饘粥或不继。”[11] 此事牵扯颇为复杂，最终结局则是戴震力不能抗，仓皇出逃，终身颠沛于外。涉及此事的受贿县令万世宁（湖北江陵人），为乾隆元年（1736）丙辰科三甲进士，乾隆十六至二十年任休宁县令。在审理戴氏祖坟一案中，万氏为贪图贿财，“不循法律，而以洛闽之言相稽”。他随便一句“天理如此”的细小灰尘，落在了戴震身上，也像压在身上的一座大山。在这座名叫“天理”大山的阴影里，可以想见到宗族社会温情面纱之下人性善恶的直接暴露，“学而优则仕”的县令是如何丧失了读书人的起码道德和人道主义，那些平日里多受曲意陷害的弱者，又将如何去责问“天理何在”？

然而，戴震并未就此悲观萎靡，反倒因逃难入都，而在学业上，如登近水楼台，如鱼得水，以自己的学问和著作，在京师遍访师友，找寻同道。他虽然困于逆旅，“饘粥或不继，而歌声出金石。是时，纪太史昀、王太史鸣盛、钱太史大昕、王中翰昶、朱太史筠，俱甲戌进士，以学问名一时，耳先生名，往访之。叩其学，听其言，观其书，莫不击节叹赏，于是声重京师，名公卿争相交焉。金匮秦文恭公闻其善步算，即日命驾，延主其邸，朝夕讲论《五礼通考》中观象授时一门，以为闻所未闻也。文恭全载先生《句股割圜记》三篇，为古今算法大全之范，其全书往往采先生说”⑫。相比于被迫逃难而言，东原在此得以播扬一己之学，由山村书生，一跃而使“海内皆知有戴先生”，正可谓失之东隅而收之桑榆，在外开启了生命历程的一个崭新时代。

在此后的近二十年，东原以自己的深厚学识，谋生于名相公卿和商贾学者之间：（1）坐馆于王安国、裘曰修之家，教授王念孙、裘行简等，这些人日后皆有大成；（2）撰述于秦蕙田、纪昀处，助修《五礼通考》，补注《考工记图》；（3）在扬州卢见曾幕府与卢文弨一同校勘经籍，结识了沈大成和惠栋等，扩大了学术视野；（4）游幕于山西朱珪、孙和相诸幕府，纂成《汾州府志》《汾阳县志》，其《绪言》就在此间“伪病十数日”而成；（5）因会试落第而备考于新安会馆，接受段玉裁为弟子；（6）客游浙江期间，主讲于金华书院，与章学诚纵论纂修方志，刊刻自定《水经注》，作《六书音均表序》。直至诏令赴京，“征领四库”，辛苦五年而殉职馆中。可以说，戴震的四处漂泊，几乎都以坐馆和入幕为生。命运的乖蹇，往往促成学者思想的深邃与博大；学术的演进，更需要思想的多方碰撞与融合。这种命运对戴氏本人而言，确为不幸，而对乾嘉朴学风气的形成与扩大，则是一大幸事。

《高宗实录》“乾隆三十八年七月十一日戊辰”谕旨：“前据办理《四库全书》总裁奏，请将进士邵晋涵、周永年、余集，举人戴震、杨昌霖调取来京，同司校勘，业经降旨允行。但念伊等现在尚无职任，自当予以登进之途，以示鼓励。着该总裁等留心试看年余，如果行走勤勉，实于办书有益，其进士出身者，准其与壬辰科庶吉士一体散馆；举人则准其与下科新进士一体殿试，候朕酌量降旨录用。”[13] 至此，戴氏曾经为之奋斗的功名，如一夜之间甘露降临，且能与诸同道共襄盛举，确乎人生一大幸事。如果说不疏园是戴震结识同道和提升学识的第一个学术平台，那么，进入四库馆校书，又为其提供了一个更为深阔的进阶。这对于“孤起草泽”而又长期困顿于科场的东原来说，得遇乾隆帝的青睐与“幸邀”，可谓幸得机遇，获得了为中国传统学脉的继承与发展建立功业的职事。钱大昕述及东原在馆之事曰：“癸巳（1773）岁，天子开四库馆，妙选校雠之职。总裁诸公疏荐先生，以乡贡士入馆充纂修官。特命与会试中式者同赴廷对。乙未（1775）夏，授翰林院庶吉士。先生起自单寒，独以文学为天子所知，出入著作之庭。馆中有奇文疑义，辄就咨访，先生为考究巅末，各得其意以去。先生亦思勤修其职，以称塞明诏。经进图籍，论次精审。晨夕披检，靡间寒暑，竟以积劳致疾。丁酉（1777）夏卒于官，年五十有五。”[14] 戴震进入四库馆时，才、学、识已臻极诣，加之朝廷中秘极为丰富的文献资料，更使其得天独厚，高出群儒。许多沉埋已久的古书，也借东原之手而重见天日。事实上，戴氏对在馆中所校小学、水地及诸多礼学与算学典籍等，早在入馆之前，就已沉潜有年，别有心得，入馆后又加拾遗补阙，精心编纂，多被收入《武英殿聚珍版丛书》中。仅就辑佚天算类而言，“戴震的贡献是无与伦比的，倘无他的工作，有的算经，我们就会永远看不到了。而且他提出了若干正确的校勘，对人们能通读被冷落四百余年的这些算经，理解其数学内容，表彰其数学成就起了极大的作用。戴震的工作掀起了乾嘉学派研究中国传统数学的高潮。微波榭本《算经十书》在有清一代被奉为圭臬，研究十部算经者大都以此为底本”[15]。只因算学古奥难解，而戴震又“多识古书原委”，故在馆中别受殊恩，承受着古书整理中难度最大的部分，其他如

《水经注》和《方言》等也是如此。《算经十书》的刊出，一则可与西方数学加以相互印证，一则大力推动了清代算学研究的新高潮。戴氏整日埋首于掇拾丛残，部次条别，疏通伦类，以至于“积劳痿足，杜门一年中，屡换眼镜，最后鬻眼镜者曰：此老光之最者，过此无可换矣”，由此细节可以想见他的努力和辛苦竟至何种程度。但他在馆中的生活却是窘迫至极，自称“仆此行不可谓非幸邀，然两年中无分文以给旦夕。曩得自由尚内顾不暇，今益以在都费用，不知何以堪之”。此境此情，令人不禁潸然。戴氏以灼灼其华之才，晨夕披检之劳，竟落得身无分文，借债度日，真学者的境遇往往如此。

关于戴震在馆期间整理校勘的业绩，其子戴中立《与段玉裁书》有载：“先君所办《永乐大典》散篇，如《水经注》四十卷、《仪礼识误》三卷、《中庸讲义》四卷、《五经算术》二卷、《海岛算经》六卷、《九章算术》十卷、《五曹算经》五卷、《夏侯阳算经》三卷、《孙子算经》三卷、《周髀算经》三卷、《项氏家说》十二卷、《仪礼集释》三十卷、《仪礼释宫》一卷、《方言》十三卷、《大戴礼记》十三卷，计官书十五种，俱武英殿刊刻。”东原在馆五年，不仅完成了《永乐大典》中疑难古书的辑佚和整理，还分校了许多“各省送到遗书”，辨别真伪，删夷骈赘，弥补瑕隙，有力地推动了馆内外学者崇尚汉学、倾心考据的学术风尚。

纵观戴震一生，“性介特，多与物忤”，“平生无他嗜好，惟专于读书”，故“家屡空而志愈专，学时进而遇日穷”。在故乡，因卓尔不群，拙于世俗应酬，而遭受同族豪强的欺侮和卑鄙县令的凌辱；在京师逆旅，“饘粥或不继”，却能“处困而亨如此”，学界俊彦耆宿“争相交焉”；进而有荣于皇帝的“特达之知”，以举人身份充任纂修官，以至“声誉日隆满天下”，引领当时汉学群体，为《四库全书》的编纂奉献了全部的学识乃至生命。民国梁启超曰：“苟无戴震，则清学能否卓然自树立，盖未可知也。”言辞虽有过誉，但在某种程度上也说明了清代学术之昌明，戴氏与有功焉。

二、思想学说

戴震既是乾嘉考据学的中坚人物，也是一位纯粹的儒家学者，故捍卫儒家六经的地位和孔孟之道的纯正性，是终其一生而一以贯之的治学目的和人生追求。作为“生平论述最大者”的《孟子字义疏证》一书的撰述用意，段玉裁曾有所揭示，曰：“（先生）有自序一篇，说明用《孟子》书字义为目之故，而用韩子求观圣人之道，必曰孟子始之语为归宿，师之隐然以道自任，上接孟子意可见矣。”⑯可知戴震“以道自任”的“道统观”及其哲学担当，重在孔子的仁礼忠恕思想和孟子的性善论，目标是阐扬孔孟之道，实现人的天性之善，达到仁义礼智。正如他所说：“曰忠恕，曰仁义礼智，岂有他哉？在常人为欲，在君子皆成懿德。”

那么，如何能够实现忠恕仁义呢？戴震认为关键在于“去私”和“解蔽”。曰：“人之不尽其才，患二：曰私，曰蔽。”又曰：“去私莫如强恕，解蔽莫如学。”“强恕”是“仁”和“不私”，“学”是“智”和“不蔽”。“欲不失之私，则仁；觉不失之蔽，则智；仁且智，非有所加于事能也，性之德也”；“仁且智者，不私不蔽者也。得乎生生者仁，反是而害于仁之谓私；得乎条理者智，隔于是而病智之谓蔽”，但归根结底仍然在于“学”。“惟学可以增益其不足而进于智，益之不已，至乎其极，如日月有明，容光必照，则圣人矣”⑰。戴氏以“仁且智”来统括“四端”和“三达德”，用“去私”以“通天下之欲”，用“解蔽”来“达天下之情”。若要获得仁与智，那么“重问学，贵扩充”则为首要条件和前提基础，这就是东原如何实现“志在闻道”的心愿所在。戴氏对此也颇为自负，称：“仆自十七岁时，有志闻道，谓非求之六经、孔孟不得，非从事于字义、制度、名物，无由以通其语言。……为之卅余年，灼然知古今治乱之源在是。”⑱

《易》有“立人之道，曰仁与义”，此即圣贤之志、六经之义也。六经之用可以“知族类，行比义”。故戴震承之曰：“六经者，道义之宗，而神明之府也。古圣哲往矣，其心志与天地之心协而为斯民道义之心，是之谓道。”虽然“圣人之道在六经”，然而，士生千载之后，今古音声悬隔，遗文垂绝，只有依赖经师故训为之传导，才能求取经典本义，故东原指出：“夫六经字多假借，音声失而假借之意何以得？故训、音声相为表里。故训明，六经乃可明。后儒语言文字未知，而轻凭臆解以诬圣乱经，吾惧焉。”⑲为了纠正前人不通文字声训，还喜好“缘词生训”和“守讹传谬”，从而造成“诬圣乱经”的“凿空”现象，戴氏特别强调“故训明，六经乃可明”，这也成为戴氏解读圣贤经典的不二法门。具体一点说就是：“经之至者，道也；所以明道者，其词也；所以成词者，未有能外小学文字者也。由文字以通乎语言，由语言以通乎古圣贤之心志。”戴氏本着这个“以词通道”的治学方法，自谓为之卅余年，最终得以精通六经之书，识得圣贤之意，“由考核以通乎性与天道”。说到底，这些出于圣贤之口的所谓“天道”，无非就是“民之质矣，日用饮食”，“天生烝民，有物有则；民之秉彝，好是懿德”，以及“理义之悦我心，犹刍豢之悦我口”之类人世间平常的事理而已，根本就没有什么“如有物焉，得于天而具于心”的“天理”之说。若从自然万物的生存来说，就是“天地之大德曰生”，“在天地，则气化流行，生生不息，是谓道；在人物，则凡生生所有事，亦如气化之不可已，是谓道”。具体到个人而言，就是“饮食男女，人之大欲存焉”，“一人遂其生，推之而与天下共遂其生，仁也”。大而言之，便是朝廷能省刑罚，薄税敛，老百姓能仰足以事父母，俯足以蓄妻子，上下各行其是，和谐共生，则“仁政如是，王道如是而已”。这就是东原哲学落实在人伦日用的实在性的体现，也是它区别于程朱理学看重主观超越性的关键之处。它从孟子性善论和民本思想出发，通过“先之以古训，折之以群言，究极乎天地人之故”的方法，阐明了“体民之情，遂民之欲”，“以情絜情”，生生不息的思想理念，博得后世民生主义的普遍赞誉。可以说，戴震用《孟子字义疏证》一书，实现了治经先考字义，次通文理，而终于“闻道”的目标与心愿，完成了“圣人之道，使天下无不达之情，求遂其欲而天下治”的学理证明。当然，戴氏哲学包含的内容极其丰富，后世学者已经或正在从各个方面予以诠释和阐发。本文仅就戴震的心性论、方法论和理欲观三个方面，略谈一下戴氏思想学说之大略。

1. 心性论：“去私”与“解蔽”

从心性论的角度来回溯历史，朱熹的“心统性情”论最具代表性。其心统性、情，是在体与用、理与欲、天与人的二元话语体系下所展开，即性为体，情为用；性即理，情即欲；性为心之未发，情为心之已发。而戴震的心性论，是建立在孟子“性善论”的基础上，在新的时代而又有新的发展。戴氏认为：“性者，飞潜动植之通名；性善者，论人之性也。”“孟子道性善，察乎人之才质所自然，有节于内之谓善也。”“自古及今，统人与百物之性以为言，气类各殊是也。专言乎血气之伦，不独气类各殊，而知觉亦殊。人以有礼义，异于禽兽，实人之知觉大远乎物则然，此孟子所谓性善。”戴氏从生物学的角度说明：血气心知者皆有性，但禽兽有知而无义，“唯人之性，得之也全”，甚或能够“明于必然”和“进于神明”，故“人之心知，于人伦日用，随在而知恻隐，知羞恶，知恭敬辞让，知是非，端绪可举，此之谓性善。于其知恻隐，则扩而充之，仁无不尽；于其知羞恶，则扩而充之，义无不尽；于其知恭敬辞让，则扩而充之，礼无不尽；于其知是非，则扩而充之，智无不尽。仁义礼智，懿德之目也”[20]。由此承续了孟子“四端”之说，以说明人类不同于禽兽，乃在于人能知恻隐、羞恶、辞让、是非，再加后天的学习，“扩而充之”，进而达到人性之善的仁义礼智，即“人之知觉，通乎天德，举其知之极于至善，斯仁义礼智全矣，极于至善之谓理”。

儒学以天、地、人三才并立，人是天地之心，能全天地之德，独秀于天地之间，显示了人与万物之间的差异性，突出了人的主观能动性。

认为人才的独特性在于人心具有理性判断力，这可以通过问学达到扩充心知。换言之，人的材质等差是问学的理由，读书治经是其途径，能使心达到神明的状态是其最终目的。到了戴震这里，他认为："人之性善，故才亦美，其往往不美，未有非陷溺其心使然，故曰'非天之降才尔殊'。才可以始美而终于不美，由才失其才也，不可谓性始善而终于不善。性以本始言，才以体质言也。体质戕坏，究非体质之罪，又安可咎其本始哉！"因性善而才美，若不"陷溺其心"，就需要学习，学则近善，不学则易陷溺，这样可以"知人之成性，其不齐在智愚，亦可知任其愚而不学不思乃流为恶"。东原认为命、性、才三位一体，舍才质则无所谓性，"言才则性见，言性则才见"，"性"是质的规定性，"其不齐在智愚"；"才"是"性之所呈"，是量的完成形态，故戴氏所言心性论，尤以才质为核心，尤其强调"学"与"智"的重要性。曰："才者，人与百物各如其性以为形质，而知能遂区以别焉，孟子所谓'天之降才'是也。气化生人生物，据其限于所分而言谓之命，据其为人物之本始而言谓之性，据其体质而言谓之才。由成性各殊，故才质亦殊。才质者，性之所呈也；舍才质安睹所谓性哉！以人物譬之器，才则其器之质也；分于阴阳五行而成性各殊，则才质因之而殊。"[21]既然"才质者，性之所呈也"，人性不齐又在智愚，那么如何通过学而思，至于"牖之明"，让人的才质得以修养和提高，则是提升人性之善的关键问题。对此，戴氏提出以"学"而"去私解蔽"，进而"扩而充之"，启发和丰富人的才、欲、情、知的原质内涵和修养功夫，向"至善"目标而努力。曰："学以牖吾心知，犹饮食以养吾血气，虽愚必明，虽柔必强。可知学不足以益吾之智勇，非自得之学也，犹饮食不足以增长吾血气，食而不化者也。"[22]东原认为人的血气心知本乎人性，"心知之资于问学"，而问学犹如饮食，"人之血气心知，其天定者往往不齐，得养不得养，遂至于大异"。只有学问智识得以充足，且能自化所学，则"自得之，则居之安，资之深，取之左右逢其源，我之心知，极而至乎圣人之神明矣”。此“神明”并非是先天之禀赋，必须通过“问学”而来，由人伦日用“扩而充之”，至于深明乎恻隐、羞恶、辞让、是非，于是“心知之得其养也，故曰‘虽愚必明’”。戴氏在此以“人道—性—天道”的自然观与人生哲学为研究路径，对天道观和认识论等也一并归之于人性问题的讨论，认为改变心性的首要任务就是后天的学习。戴氏虽然依托于人性“四端”之说，但重在强调“学”之一端，这与荀子多有相通之处，故其对《荀子·劝学》《解蔽》所论“知之失为蔽”“解蔽莫如学”及“重学崇礼义”的观点颇为赞赏和称引，曰：“孔子之后，异说纷起，能发明孔子之道者，孟子也；卓然异于老聃、庄周、告子而为圣人之徒者，荀子也。”[23] 由是观之，戴震对先秦诸子之学皆有深究，明其优劣，取长补短，“实事求是，不偏主一家”。他的这种“志存闻道，必空所依傍”的独立自由精神，及其哲学思想的复杂性和丰富性，确乎为后人留下了广阔的研究空间。

戴震的心性论，基于性善而重于问学，认为“古贤圣知人之材质有等差，是以重问学，贵扩充”，在认同孟子道德天赋论和批判佛道废学毁礼思想的同时，肯定了人所具有的才、欲、情、知的本性和认识能力，也揭示出人性中的弱点：溺、党、慝、悖、欺，“其究为私己”；惑、偏、谬、凿、愚，“其究为蔽”。对此，戴氏指出：“天下古今之人，其大患，私与蔽二端而已。私生于欲之失，蔽生于知之失；欲生于血气，知生于心。因私而咎欲，因欲而咎血气；因蔽而咎知，因知而咎心。”[24] 这是将人性之“欲”与才质之“知”贯通而论，深入剖析，探赜幽微，并提出“去私莫如强恕，解蔽莫如学”的最佳解决办法。戴氏认为私与蔽的产生缘于“才”的“不化”，所以需要强化学习，提升才质之“知”。究其因，在于“心知之资于问学，其自得之也亦然。以血气言，昔者弱而今者强，是血气之得其养也；以心知言，昔者狭小而今也广大，昔者暗昧而今也明察，是心知之得其养也，故曰‘虽愚必明’”。就是说，人的血气心知往往不齐，得养不得养，遂至于大异；既知问学犹如饮食，则才质能否尽其利用，关系到能否“取之左右逢其源”。因此，去私解蔽的根本出路，就在于人性能否尽其才，解其蔽。故戴氏常与人言：“儒者之学，将以解蔽而已矣。解蔽，斯能尽我生；尽我生，斯欲尽夫义命之不可已；欲尽夫义命之不可已，而不吾慊志也。吾之行已，要为引而极之当世与千古而无所增，穷居一室而无所损。”㉕ 如果说“去私”属于道德范畴，则“解蔽”属于认识论范畴。在戴震看来，要“去私”必先“解蔽”，因为“圣人之言，无非使人求其至当以见之行；求其至当，即先务于知也。凡去私不求去蔽，重行不先重知，非圣学也”。圣贤之道是要在人伦日用之中落实仁义礼智，实现人性之善，故“去蔽”先于“去私”，“重知”先于“重行”。这也充分体现了东原的知行观与其治学方法的一致性，即由“道问学”而至“尊德性”，故曰：“圣贤之学，由博学、审问、慎思、明辨而后笃行，则行者，行其人伦日用之不蔽者也。”戴震认为问学可以增进人的智慧，提升人的认知水平，使人心能够达到神明的状态。这样心能知理，行事合情合理，“以情絜情”，理与情欲自然能和谐共处，由此可见戴震哲学在心性论和重知主义方面的显著特色。

2. 方法论：“故训明，六经乃可明”

戴震常言自己的治学路径，就是“由文字以通乎语言，由语言以通乎古圣贤之心志”，这应当是东原学术方法论的重要表述。综括戴氏一生的学术轨迹和风格，无非是由小学入经学，再入哲学；或曰起于自然科学，而终于义理之学。总之，他是兼涉多域，且各成专门，而终归于“闻道”。在今天看来，戴震著述的数量与同时代其他学者相比，未必算是最富，但在方法论上的发凡起例和思想上的引领推动之功，当属最为显著。如文字学上的“以字证经，以经考字”和“四体二用”学说；音韵学上的“审音法”和“九类二十五部”分类法；训诂学上的“训诂音声，相为表里”和“因声求义，不限形体”的理论；校勘学上的“理校法”

和“求十分之见”说；在水地方志研究上注重山水属性，“以山川为主而求其郡县”的理念；在自然科学上利用古代技术，结合西方科学，擅用图表，“立度辨方之文，图与传注相表里”之法等，充分显示出戴震超越时代的眼光及其独到的思维方式，已经突破传统，迈入近代。对此，刘师培赞道：“盖先生之学，先立科条，以慎思明辨为归。凡治一学，著一书，必参互考验，曲证旁通，博征其材，约守其例。复能好学深思，实事求是，会通古说，不尚墨守。而说经之书，厚积薄发，纯朴高古，雅近汉儒。”[26]梁启超在纪念戴震诞辰二百周年时，也特别强调了“东原在学术史上所以能占特别重要位置者，专在研究法之发明”[27]，这一观点在民国时期颇为世人所肯定和赞同。

戴震之所以在考据学领域成就卓著而享誉海内，就是因为他在方法论上的超迈前古。同时，他在义理学方面的著作，也因“以词通道”的“字义疏证”形式而备受世人关注。因为从外表看起来似考据学的著作，内容上却是属于思想阐发的哲学范畴，确乎独出心裁，不同凡响，作者也因此而受到当时学者的猜疑和非议。如章学诚一面说“凡戴君所学，深通训诂，究于名物制度，而得其所以然，将以明道也”，又说“后学向慕，而闻其恍惚玄渺之言，则疑不敢决，至今未能定戴为何如人”[28]。相比于章氏的疑惑，翁方纲则从卫道立场而直接发声：“近日休宁戴震一生毕力于名物象数之学，博且勤矣，实亦考订之一端耳。乃其人不甘以考订为事，而欲谈性道以立异于程朱。”[29]事实上，对此问题的纠结，段玉裁早已有所揭示，他称：“先生之治经，凡故训、音声、算数、天文地理、制度名物、人事之善恶是非，以及阴阳气化、道德性命，莫不究乎其实，盖由考核以通乎性与天道。既通乎性与天道矣，而考核益精，文章益盛，用则施政利民，舍则垂世立教而无弊。浅者乃求先生于一名一物一字一句之间，惑矣。”[30]对于因不明戴震治学方法而仅从卫道程朱而评判是非的做法，这句“由考核以通乎性与天道”的概括，可谓高屋建瓴，深得东原之心，由此可见段氏尽管没有专门的哲学著作，但其著述的字里行间也不乏讲明性道、阐发义理之言。若不理解东原学术的深邃与弘通，纠缠在“名物训诂”和“性与天道”之间的对垒，争议谁是谁非，那是主观臆想，私心自用，“浅者之惑矣”。

在戴震的心目中，“考核”是工具，“义理”是目的，二者是同一事物的两个方面，不可须臾分离，故其典制考核之文中时常渗出义理之思，哲学著述中又不乏文字训诂与名物辨析之事。譬如《考工记图》卷上解释“所以持衡者谓之軏”云：“大车鬲以驾牛，小车衡以驾马。辕端持鬲，其关键名輗；輈端持衡，其关键名軏。輈辕所以引车，必施輗軏然后行。信之在人，亦交接相持之关键，故以輗軏喻信。”此处虽为名物典制考释之文，但东原时刻不忘“有物有则”和“比类合义”，从中细绎出圣贤经训和警世恒言，仁智礼信之义，垂世立教之法，于此也可灿然毕著矣。又如《雅记》二“豕”条之“艾豭，外舍之豕也；娄猪，家系之猪也”下，东原云：“予谓娄猪与艾豭对，艾犹外也。《国语》云：‘国君好艾，大夫殆；好内，嫡子殆，社稷危。’韦昭亦以艾为外，谓嬖臣。《孟子》以少艾与妻子并称，妻子为内，少艾为外也。艾豭指宋朝为外舍之男，则娄猪指南子为有系于内者也。以豭猪言，所谓禽兽狗彘之行是也。”此由辨析豭、猪文字入手，考证字义，求之声训，释文与阐理并行互证，用豭猪反喻为人以礼，为政以德，由此而明人伦，施教化，小则喻人以仁义，大者可喻家国纲维，社稷利弊。此二例实为名物考证，但字里行间却透露出仁爱之义、性命之旨等诸多人文关怀的信息。这种由考核以达性与天道，于一名物一字句之间皆究乎人事之善恶，世道之隆污，政事之利病，这些都是人文学者本所应该具有的道德修养与思想情怀。乾嘉朴学者的著作多有此类或隐或现的寄寓之思，后世或称他们有学问而无思想，于此也可以纠正诸多误解、还其本来面目矣。

众所周知，人类历史上许多哲学家同时也是科学家，如墨子、杨泉、方以智、亚里士多德、笛卡尔、培根、莱布尼兹等，戴震自然也在其列。从戴氏早年的治学内容来看，就是由天文历算和语言文字之学，渐次进入经学哲理思想的研究。这种先“术”后“学”的学术路径，与徽州人文自然环境的影响，及徽商“贾而好儒”的生活经历，有着密切的关联。待其走出徽州，融入京师学者行列，首先也是因《考工记图》和《勾股割圜记》等自然科学的著述显扬于时的。可以说自然科学及其方法论，不仅为东原的哲学思辨提供了科学方法，丰富了他的思想内容，而且还帮助他构建起逻辑严密的“以词通道”的方法论体系。他在《与是仲明论学书》中说：凡经之难明，尚有若干事，儒者不宜忽置不讲。诵《尧典》数行至乃命羲和，不知恒星七政所以运行，则掩卷不能卒业。诵《诗经》而不知古音，徒强以协韵，则龃龉失读。诵古《礼经》，不知古者宫室衣服等制，则迷于其方，莫辨其用。不知古今地名沿革，则《禹贡》职方失其处所。不知少广旁要，则《考工》之器不能因文而推其制。不知鸟兽虫鱼草木之状类名号，则比兴之意乖。三角之法穷，必以句股御之，用知句股者，法之尽备，名之至当也。五声十二律，宫位乎中，黄钟之宫四寸五分，为起律之本。可见在戴氏的心目中还没有今日的学科分界，小学、经学、哲学、自然科学混而为一，彼此贯通，并常以淹博、识断、精审的思想高度来提升自己。因为在那个时代，还没有真正意义上的“科学”称谓，戴氏所寻求的真理，其实就是传统的“圣人之道”，圣贤所言“性与天道”皆在六经、孔孟之中，即所谓六经者，道义之宗、神明之府也。但士生千载之后，“时之相去，殆无异地之相远，仅仅赖夫经师故训乃通，无异译言以为之传导也者。又况古人之小学亡，而后有故训，故训之法亡，流而为凿空。数百年以降，说经之弊，善凿空而已矣”[31]。圣贤之意历经千年，在时间和空间上都有很大的不同，如何求得本真之义，只有凭借语言文字的训诂和典章制度的考证，才能“上接古圣人立言之旨”，即“故训明，则古经明；古经明，则贤人圣人之理义明，而我心之所同然者乃因之而明”。基于如此“通古今之异言，然后能讽诵乎章句，以求适于至道”的理念，戴震的哲学研究及其著作范式，也显著地表现出由文字考证到义理阐释的学术路向，即如当下很多人将《孟子字义疏证》视为小学字训之书，以为“戴氏之学虽不以普通经生之业自限，而其思想则深受小学之暗示殆无疑。以训诂为根，而言义理，此所以有《孟子字义疏证》之名也。《疏证》之书，在初观其名者，岂不以为普通训诂之书耶？故戴氏思想之出发点乃在于小学，其注释义理，亦即其小学之结晶品也”[32]。事实上，《疏证》之所以能够颠覆和摧毁理学家的思想基础，就是因为它不是从思想到思想、理论到理论的那种“虚对空”地辩来驳去，而是从“文字”这一思想载体上，以“字义疏证”的方式，将“今之治人者”的“洛闽之言”所承载的思想脉络及其谬误，挖掘出根本，考证其源流，揭示出真相，让人知其“凿空”所在。

《孟子字义疏证》用来破解宋明理学的主要方法，是对理学家们所常用的理、道、气、欲等诸多概念范畴及其文献语境，逐一进行实词虚词的界定和文字声训的疏证，从原始本义到引申义、比喻义的发展脉络，以此探赜索隐，阐发己意。如该书卷中“天道”条中，对《系辞》“形而上者谓之道”和《中庸》“天命之谓性”的诠释，戴氏认为：朱熹释为“一阴一阳者，理也，形而上者也；道即理之谓也”，其经义解读是误解古人，疑惑今人。因为“六经、孔、孟之书不闻理气之辨，而后儒创言之，遂以阴阳属形而下，实失道之名义也”。为了证实朱子的误读，戴氏从古汉语词汇义的区别入手，指出：古人言辞，之谓、谓之有异：凡曰之谓者，以上所称解下；凡曰谓之者，以下所称之名辨上之实。《周易》此言，本非为道、器言之，则以道、器区别其形而上、形而下耳。形谓已成形质，形而上犹曰形以前，形而下犹曰形以后。阴阳之未成形质，是谓形而上者也，非形而下明矣。戴震对于“谓之”和“之谓”的训释，深得浙东黄式三的推重，其《申戴氏说》三篇对“形而上”“形而下”以及“气”“性”“理”范畴的区分和理解，皆遵循戴氏之说，并予以多方阐扬。之后，章太炎对此也予以肯定和遵循，曰：“凡言‘何谓’者，据名而求其实也；凡言‘谓之何’者，据实而求其名也；凡言‘谓之’者，据实而定其名也。”[33]可见章氏与戴氏之间在治学主张、语言风格等方面密切的传承关系。近人何乐士用现代语言学的分析方法，对上述古汉语的语词辨析，予以总结道：“A 谓之 B”是对 A 的品题和归类；“B 之谓 A”是对 A 的认同、释义、印证和举例。换言之，“谓之”句常用以表示社会上共同的认识和称谓，以便区别；“之谓”句常用以表示说话人的主观见解，以便确认[34]。至此，何谓道，何谓性，以及形而上、下的区别，都被抽去了超自然的神秘因素，而转向于社会生活层面的诉求。那么，宋儒所赖以支撑的“道即理”和“理在气先”之类的学理依据，也就不复存在了。

又如该书卷下“才”条，戴氏引用孟子回答公都子所问，就“乃若其情”中“情”的诠释，先是剖析朱熹《集注》所言：“恻隐、羞恶、辞让、是非，情也；仁义礼智，性也。心，统性情者也，因其情之发，而性之本然可得而见。”认为朱子是错解了孟子之意，此处之“情”，并非是指“性之本”“情之发”中的性情之“情”，而是指事物本来的实际情况，即“情，犹素也，实也”。此处之“情”是具象性的，不具有抽象性或主体超越性。对此，我们可以从《孟子》“夫物之不齐，物之情也”、《左传》“小大之狱虽不能察，必以情”、《庄子》“吾未至乎物之情”等文献中找出许多佐证，说明如果舍弃血气心知和人伦日用，则别无所谓“情”，而有且只有“情之不爽失”，是谓得“理”。诸如此类的文字本义的辨析，在《孟子字义疏证》中所在多有。又如，戴震就多次说到过“实体实事”与“纯美精好”之名的辩证问题，实际上就是今天我们所言词性和词义的界定。他说：学者体会古贤圣之言，宜先辨其字之虚实。今人谓之字，古人谓之名，以字定名，有指其实体实事之名，有称夫纯美精好之名。如曰道曰性，指其实体实事之名也；曰善曰理，曰仁曰礼曰义，称夫纯粹中正之名也。戴震所谓的实体实事之名，今天视为事实范畴，也叫做“物”；纯粹中正之名，属于价值范畴，也叫做“则”，物是第一性，则是第二性，“则”从属于“物”。故戴氏曰：“天地、人物、事为，不闻无可言之理者也，《诗》曰‘有物有则’是也。物者，指其实体实事之名；则者，称其纯粹中正之名。实体实事，罔非自然，而归于必然，天地、人物、事为之理得矣。”[35]可见戴震的哲学著作正是通过文字训诂、经学诠释和新思想的阐发，来实现其哲学逻辑体系的展开与建构。其中，对于虚实词汇的辨别、文法修辞的表达、章法结构的安排，都表现出戴氏修辞立诚、精益求精的治学态度。段玉裁称其著述为“百炼之金，精鑿之米”，可谓切中肯綮、深得真谛之语。

可以说，戴震通过“故训明，六经乃可明”，实现了“由考核以通乎性与天道”的目标，批判了“宋以来儒者，以己之见硬坐为古贤圣立言之意，而语言文字实未之知；其于天下之事也，以己所谓理强断行之，而事情原委隐曲实未能得，是以大道失而行事乖”。这样的结果，就是“以六经孔孟之旨，还之六经孔孟；以程朱之旨，还之程朱；以陆王佛氏之旨，还之陆王佛氏；俾陆王不得冒程朱，释氏不得冒孔孟”，正本清源，各归其是。正如胡适所言：“《孟子字义疏证》的宗旨，只是取哲学上的重要观念，逐个剥去后人加上去的颜色，而回到原来的朴素的意义。”说到底，古圣贤所谓“理”，就是“情之不爽失也”，“有欲而后有为，有为而归于至当不可易之谓理”；而所谓“欲”，“无非以生以养之事”。“欲，其物；理，其则也”。总之，通过对古圣贤经典的文献考证、字义疏证，剥去了附着其上的“虚理”成分，归还“理”字的本来面目，至于“圣人治天下，体民之情，遂民之欲，而王道备”的最终意义不至于埋没，而让世人得以尽行知晓。此乃戴氏哲学之功业、心愿之得遂也。

3. 理欲观:“体民之情，遂民之欲”

《周易》有“天地之大德曰生”及“生生之谓易”;《诗经》有“民之质矣，日用饮食”;《礼记》有“饮食男女，人之大欲存焉”，意为上天有好生之德，饮食男女，有血气心知，就必有欲望，而生养之道，存乎欲也。可见上古圣贤所言理言欲，无非是饮食起居、生老病死之类的人伦日用，少有类似老庄、佛教的玄远幽眇之语。戴震绕过了宋儒的“天命之性”及其理欲之说，而上溯求道于儒家原典和圣贤之意，说:“耳目百体之欲，血气资之以养，所谓性之欲也，原于天地之化者也。是故在天为天道;在人，咸根于性而见于日用事为，为人道;仁义之心，原于天地之德者也，是故在人为性之德。”又说:“仁者，生生之德也;‘民之质矣，日用饮食’，无非人道所以生生者。一人遂其生，推之而与天下共遂其生，仁也。”可见东原的理欲观根本于孔孟仁学和性善之论，即“口之于味也，目之于色也，耳之于声也，鼻之于臭也，四肢之于安佚也，性也”。故《疏证》中对孟子之言屡有称引，反复说解，认为:“天下必无舍生养之道而得存者，凡事为皆有于欲，无欲则无为矣;有欲而后有为，有为而归于至当不可易之谓理;无欲无为又焉有理！老、庄、释氏主于无欲无为，故不言理;圣人务在有欲有为之咸得理。是故君子亦无私而已矣，不贵无欲。”戴震所谓“天道”“人道”和人性的欲望，是指人性需要得到基本的生存条件和适度的生活满足，社会才能得以生存、延续和发展。生存之道是人类发展的第一要义，只要是“无过无不及”，都应当视为“得天理”。

何谓天理？朱熹云:“天地之间，有理有气。理也者，形而上之道也，生物之本也;气也者，形而下之器也，生物之具也。是以人物之生，必禀此理然后有性也，禀此气然后有形。”朱子认为“未有天地之先，毕竟也只是理”，理是万事万物的本原，“宇宙之间，一理而已”。天理体现在人性中，有“天地之性”，至善至美;有“气质之性”，因食色情欲而善恶混成。因此，若要成人成才，必须变化气质，去恶成善，“存天理，灭人欲”，虚静其心而“复其初”。其实，这种理论如果多用于“正君心，去淫奢”，控制统治阶层的穷奢极欲和横行霸道，倒是很有积极的政治意义。但是，现实社会中那些真正把持着“理”的人，却都是那些权者、尊者，戴震称之为“今之治人者”，他们“凭在己之意见，是其所是而非其所非，方自信严气正性，嫉恶如仇，而不知事情之难得，是非之易失于偏，往往人受其祸，己且终身不寤”。当这种莫名地来自于“物外”的“理”，逐渐泛化为尊者强者的“意见”时，他们对凡是提及老百姓的饥寒愁怨、饮食男女及常情隐曲的情感欲望，都会被看作是犯上作乱的“人欲”。这些居高位、握实权者“执其意见，方自信天理非人欲。而小之一人受其祸，大之天下国家受其祸”。他们以此处断一事，责诘一人，挟其势位，加以口给者，理伸；力弱气折，口不能道辞者，理屈。长此以往，对于生活在社会底层的广大民众而言，这种“理”自然就剩下了摧残弱者的欺骗性和危害性的一面。因此，为了破除这一危害，从理论根基上理清后儒为“理”所傅会的内省工夫和佛道色彩，揭露神秘理学的真面目，深知民生隐曲的戴震揭竿而起，将目光定格在人间生活的合理满足与道德人格的现世提升上，认为六经、孔孟之言以及传记群籍，理字并不多见。所谓天理，也绝非超然物外的神秘之物，“理义非他，心之所同然也”，“情之不爽失也”，仅此而已。

为了彻底弄清这一关键“理”字，戴震“征之古训，协于时中，充然明诸心，而后得所止”。他认为古圣贤之言及其笺注传记中，“理”字都是指客观实在的事物及其规律，并无幽微玄远的奥妙之义。曰：“理者，察之而几微必区以别之名也，是故谓之分理；在物之质，曰肌理，曰腠理，曰文理（亦曰文缕。理、缕，语之转耳），得其分则有条而不紊，谓之条理。”又曰：“理又训分，而言治亦通曰理。理字偏旁从玉，玉之文理也。盖气初生物，顺而融之以成质，莫不具有分理，则有条而不紊，是以谓之条理。”戴氏引《说文》:“理，治玉也。”又从声训上考察理与缕声近义通，证实“理”为剖析之义。玉虽至坚而治之，得其文理以成器谓之理，引申为万物皆有文理。粲然昭著曰文;循而分之，端绪不乱曰理。再由此而上推，举凡天地、人物、事为的不易之则皆曰理。可见“理”就是审察是非而至于纤悉无憾，征之古而靡不条贯，合诸道而不留余议，进窥于天地之纯，终极乎人道之本，而不是超然物外的特殊或崇高的神秘存在。在文献参证方面，戴氏征引《诗经》“有物有则”、《孟子》“条理”、《中庸》“文理密察”、《礼记》“通伦理”、《庄子》“依乎天理”及《周易》《仪礼》《方言》等经典文献，旁征博引，探赜索隐，予以总结道:“天理，即其所谓彼节者有间，而刀刃者无厚，以无厚入有间，适如其天然之分理也。古人所谓天理，未有如后儒之所谓天理者矣。”又云:“天理云者，言乎自然之分理也;自然之分理，以我之情絜人之情，而无不得其平是也。”戴氏认为理就是气之理，它是事物的本质属性，不可须臾离开事物而独立存在，它通过具体事物的规律而表现出来，是事物自身具有的条理和必然，就在天地、人物、事为之中，也在衣食住行、生老病死的人情欲望之中，都不外乎人伦日用的平常之事。可见戴氏阐述一“理”字，综合运用了以形索义、因声求义、据文证义诸方法，字字剀切，句句确凿，由此而推翻了后儒以“理”为“如有物焉，得于天而具于心”的谬说，用“由词以通其道”、由考据而至义理的朴学方法，颠覆了几百年来理学家赖以支撑学说的“性理论”，并在此基础上“有破有立”，建设起新时代的新义理之学。胡适曾将戴震思想定性为一种“新理学”，认为东原秉持了“理智主义的态度”，致力于建设“一种致知穷理的哲学”;刘师培也指出:“东原解‘理’为‘分’，确宗汉诂。复以‘理’为同条共贯也，故以‘理’字为公例，较宋儒以浑全解理字者迥不同矣。至谓‘理在欲中’，亦非宋儒所可及。”[36]在民国诸大儒中，相比于章太炎、王国维等来说，刘氏对戴氏学术的诸多论断更为全面、系统和深入，影响也颇为广泛。胡朴安接续刘氏所论，更为浅近而切实，曰：“（戴氏）由声音以求文字，由文字以求诂训，由诂训以求典章制度，由典章制度以求义理，与专讲义理，蔑视诂训，所谓宋学者不同；与专讲诂训，蔑视义理，所谓汉学者亦不同。此先生之学所以高于乾嘉诸儒，而其治学方法则为乾嘉诸儒所未能尽也。夫治学之目的在于求义理，而义理必由声音、文字、诂训、典章制度而来，始免宋儒空谈义理之弊。”[37]

戴震历来对释、道之学的幽深微妙和顿觉妙悟颇持反对态度，但对宋儒“涵养须用敬，进学则在致知”，还是有所保留的。他评论程朱“详于论敬而略于论学”，可谓开宗明义，切中肯綮，故其哲学之路是反其道而行之，即“详于论学而略于论敬”，从“去私解蔽”和“致知穷理”上去超越程朱，将理学从高妙玄远、敬坐观空中拉到地面来。戴震认为学者不能驰心于高妙，而应明察于人伦庶物。“理”存在于实实在在的人性情欲中，“古之言理也，就人之情欲求之，使之无疵之为理。今之言理也，离人之情欲求之，使之忍而不顾之为理。此理欲之辨，适以穷天下之人尽转移为欺伪之人，为祸何可胜言也哉！”东原把“理”置于饮食男女、生老病死的日常生活中，即“理在物中”“理在欲中”，理与欲是一个事物的两个方面，不可须臾分离。所谓“欲者，血气之自然，其好是懿德也，心知之自然，此孟子所以言性善”也。一言以蔽之，“理者，存乎欲者也”，“仁义礼智非他，不过怀生畏死，饮食男女”，“未有情不得而理得者也”。经过戴氏如此一番破解，何为理，何为欲，便平平常常，一目了然了，就是《诗经》所言“天生烝民，有物有则”而已。戴震的“破而后立”，得到了乡邦后学胡适的极力推崇，说：“戴氏论性论道，论情论欲，也都是用格物穷理的方法，根据古训作护符，根据经验作底子，所以能摧破五六百年推崇的旧说，而建立他的新理学。戴震的哲学，从历史上看来，可说是宋明理学的根本革命，也可以说是新理学的建设、哲学的中兴。”[38]所以，到了民国时代，当“科学”与“民主”思潮风起云涌之时，也就是戴学大行其道之日，一些社会进步人士努力从戴震的学术中汲取思想营养，由戴氏“研究方法”和“情感哲学”里提炼出“科学”与“民主”的因素，以便“古为今用”，推陈出新。东原哲学就是因为主张“去私”与“去蔽”而与近代科学精神相一致；又以经典阐释于外，针砭时弊于内，故能“为生民立命”，呼吁“遂情达欲”，契合了时代的需求，唤起了人的自我觉醒，故而得到世人的普遍认可和推崇，同时也确立了戴学的历史地位及其深远影响。

三、历史地位及影响

自乾隆四十二年（1777）始，戴震在四库馆中校书五年，因勤勉王事，积劳成疾，病逝于崇文门西范氏颖园居。京师同志共制挽辞谓“孟子之功，不在禹下；明德之后，必有达人”，简要地概括了戴氏在乾嘉学界的中流砥柱地位，以及在诸多领域中的蚕丛开山之功。

鉴于戴震生前的学术贡献和个性特点，同时代的学者对他已有诸多议论，既有“尊奉太过，至有称谓孟子后之一人者”，也有“横肆骂詈者”，但这些都“不足为戴君累”，也印证了东原自己为人为学的心迹：“立身守二字曰不苟，待人守二字曰无憾。事事不苟，犹未能寡耻辱；念念求无憾，犹未能免怨尤，此数十年得于行事者。其得于学，不以人蔽己，不以己自蔽，不为一时之名，亦不期后世之名。”[39]那位自称“戴氏生平未尝许可于仆”的章学诚，对戴氏的评论还算比较客观，曰：“凡戴君所学，深通训诂，究于名物制度，而得其所以然，将以明道也。时人方贵博雅考订，见其训诂名物，有合时好，以谓戴之绝诣在此。及戴著《论性》《原善》诸篇，于天人理气，实有发前人所未发者；时人则谓空说义理，可以无作，是固不知戴学者矣。”[40]章氏虽然与戴氏不睦，却又深得戴学神韵，对其“深通训诂”的路径、“将以明道”的目标，可谓得其肯綮，入其堂奥。他不仅称道“戴君学问，深见古人大体，不愧一代巨儒”，且冠之以“戴学”之目，使得后世学者竞相使用这一称谓，以“戴学”或“皖派”之名，为分析清代学术的地域性风格，开辟山林，导引门径。

戴震生前好友，多为乾嘉朴学界的人杰翘楚。他们对于戴学的评价，多半是注目在文字训诂和名物典章方面，对其“究极乎天地人之故”则较少关注。如卢文弨曰：“吾友新安戴东原先生，生于顾（炎武）亭林、阎（若璩）百诗、万（斯同）季野诸老之后，而其学足与之匹，精诣深造，以求至是之归，胸有真得，故能折衷群言，而无徇矫之失。”[41]王昶说：“东原之学，苞罗旁搜于汉魏唐宋诸家，靡不统宗会元而归于自得；名物象数，靡不穷源知变而归于理道。本朝之治经者众矣，要其先之以古训，析之以群言，究极乎天地人之故，端以东原为首。”[42]汪中在概述清代学术大势时，总结道：“古学之兴也，顾氏始开其端；河洛矫诬，至胡氏而绌；中西推步，至梅氏而精；力攻古文《书》者，阎氏也；专言汉儒《易》者，惠氏也。凡此皆千余年不传之绝学，及戴氏出而集其成焉。”[43]上述言论，可以代表清代学者对于东原学术的总结和赞许，从中可见时人大多景仰其考据之学，而忽视其义理之论，以为“戴氏可传者不在此”，章学诚因此而叹“是固不知戴学者矣”。

戴震的哲学之所以不为时人关注和认可，除了因其考据学的声誉掩盖了他哲学思想的光芒，主要在于他“立异于程朱”，“夺洛闽之席”，招致了读书人的普遍反感。因为“四子书”既是读书人的启蒙读本，也是学者由“四书五经”而入孔孟之道的阶梯。若平地而起反对程朱，那就是“破碎大道”和“诋毁父师”。朱筠就明确提出“程朱大贤，立身制行卓绝，其所立说，不得复有异同”。其他如翁方纲、姚鼐、程晋芳、章学诚等，多持这种观点。他们钦服于戴氏考证，而不满于东原义理，甚或施与口诛笔伐，也在情理之中。事实上，古今学人之间的论争，往往与社会道德和政治伦理错综交融在一起。若论东原的学与行，他与同时代的朴学家一样，都属于“六经尊服郑，百行法程朱”之列，他对朱熹个人始终礼敬，于其治学思想和方法也多有传承。皮锡瑞曾言：戴震作《孟子字义疏证》，虽与朱子说抵牾，亦只是争辩一个理字而已。其意就在说明戴氏与朱子之间只存在学术是非的争论，而绝无人身攻击掺杂其中。戴震所猛烈批判的程朱理学，在一定意义上已是明清意识形态下的“官方理学”。我们不能以理学末流之弊而归罪于作始。君不见《疏证》中的抨击对象，显然是指那些“执意见为理而祸斯民”的“今之治人者”。他们打着理学的大旗，“凭在己之意见而执之曰理，以祸斯民”；若要制止这种“以理杀人”的行为，就必须砍倒这杆已经变色变味的“理”字大旗。若能理解和看透这一点，就可以明白戴震为何批判程朱，却又对他们始终如一的礼敬了。

其次，作为清代古文经学家，戴震的文辞表达极为简要，而内涵极丰富，较之老庄之语、陆王之言，尤为艰深古奥，这也是其著作不为大众所接受的又一原因。段玉裁称之为“百炼之金，精鑿之米”，且以“简而严”界定之；王念孙也谓之“精而简”，其难读程度可想而知。《孟子字义疏证》一书对古代哲学概念范畴的解读，皆先之以文字声训，而后征引历代相关文献，涉及孔孟、老庄、释道、韩愈、李翱、周敦颐、张载、程朱等诸多人物的言与行，又牵涉到动植物、机械物理、教育心理、政治伦理等学科的知识交融，如此艰涩的文字、渊深的知识背景，浅尝辄止之辈只能望而却步。如戴氏早年所作制艺时文，“每有所出，意既奥曲，辞复超远。浅学读之茫如，或相与非笑之”；考官阅过戴氏答卷，也屡屡称其文笔古奥，穷幽极渺。《孟子字义疏证》为东原晚年的思想结晶，时人读之多有“疑不敢决”之处。对此，凌廷堪就曾指出过：“先生所著书，文辞渊奥，兼多微见其端，留以俟学者之自悟。今取其发古人所未发者，稍稍表出之，非敢谓能举其大也，亦非敢有所损益去取也……而理义固先生晚年极精之诣，非造其境者，亦无由知其是非也。其书具在，俟后之人定论云尔。”[44]由此可见，东原学问“究极乎天地人之故”，“统宗会元而归于自得”，当世学者愿知者较少，而能知者更稀。至于那些因己所不能而攻人所长者，可借刘师培的一言以蔽之：近人有对东原施加微词，可视为“以蜉蝣而撼大树，以蜩鸠而笑鹍鹏。鄙儒之说，何损于东原万一哉！”

乾嘉时代，能够传承戴震哲学者有其同乡后学凌廷堪和扬州大儒焦理堂。凌氏“自附于私淑之末”，作《戴东原先生事略状》，极力阐扬戴震“实事求是”之学。曰：“昔河间献王实事求是，夫实事在前，吾所谓是者，人不能强辞而非之；吾所谓非者，人不能强辞而是之也，如六书九数及典章制度之学是也。虚理在前，吾所谓是者，人既可别持一说以为非；吾所谓非者，人亦可别持一说以为是也，如理义之学是也。”凌氏此言，成为后世学者用来分析“考据与义理”“汉学与宋学”公案的常用论点和判辞，也是他自己日后治学之路的重要指南。他以东原“为学须先读《礼》，读《礼》要知得圣人礼意”为着力点，花费二十二年功力，撰成《礼经释例》一书。该书篇首冠以《复礼》上中下三篇，为全书之宗旨，努力诠释戴氏“去私解蔽”和“重学重礼”的理念，阐明了“求诸理必至于师心，求诸礼乃可以复性”，只有人伦日用之行无失，才可以谓之理，也可谓之礼。云：“夫人之所受于天者，性也。性之所固有者，善也。所以复其善者，学也。所以贯其学者，礼也。是故圣人之道，一礼而已矣。”[45]凌氏以性善论为基础，本着戴学“先之以古训，析之以群言，究极乎天地人之故”的路径，由礼学研究推之于德性探讨，辟蹈空之蔽，探天命之原，倡导“圣人之道，一礼而已”，“礼之外，别无所谓学”，并化用唐代李翱“复性”之论，撰述“复礼”，践行了戴氏“理义非它，存乎典章制度”的思想旨趣。

仪征刘师培在总结戴门后学的各自成就时曾说：戴震文字之学传之

金坛段氏，训诂之学传之高邮王氏，典章之学传之兴化任大椿，测算之学传之曲阜孔广森，义理之学则江都焦循能扩而广之，“故先生之学，惟扬州之儒得其传，则发挥光大，固吾郡学者之责也”[46]。可以说，在乾嘉时代有学问而又有思想的学者中，以戴震与焦循最为显著。他们的整体学术虽以经史考据见长，但也有专门探讨“以情絜情”的义理之作，并广为后人接受和阐扬。

与凌廷堪一样，焦循虽然未及面见戴氏，但始终心怀钦佩，目之为“世所共仰之通人也”。自称“循读东原戴氏之书，最心服其《孟子字义疏证》”，认为该书“发明理道情性之训，分析圣贤老释之界，至精极妙”；“于理道天命性情之名，揭而明之如天日”。故所著《易通释》《论语通释》《孟子正义》等，多依戴氏义例之法和性道之论，并特作《申戴》一文，为东原的“义理”之说正名辩诬，以弘扬戴氏“体民之情，遂民之欲”学说。焦循认为“性善之说，儒者每以精深言之，非也。性无他，食色而已。饮食男女，人与物同之”；“以我之所欲所恶推之于彼，彼亦必以彼之所欲所恶推之于我。各行其恕，自相让而不相争，相爱而不相害”，呼吁和向往“牧民者苟发其良心，不为贼盗，不相争讼，农安于耕，商安于贩，而后一二读书之士得尽其穷理格物之功”。溯源此论，皆本于东原“理存于欲”和“同欲絜情”之说，只是显得更为具体和直白而已。焦氏在扬州深居简出，直接影响和带动了阮元、汪中等当地学者对性命古训的探索与实践，在新的历史时期，将戴氏义理之学和“格物絜矩之道”一以贯之地“向善而行”。作为焦循同乡兼亲戚的阮元，以封疆大吏和戴学护法的身份，在杭州和广州建立书院，弘扬乾嘉朴学，阐发戴氏性命与仁学旨趣，蔚成一时风气。故刘师培和胡适对此一时期的学术思潮评介道：焦（循）理堂作《论语通释》《格物说》《性善说》，攻乎异端，解以申戴氏仁恕之说。阮（元）芸台作《论语论仁论》《孟子论仁论》《性命古训》，亦多本戴氏之说。学术所及，风靡东南，若钱（大昕）竹汀、孙（星衍）渊如、孔（广森）㢲轩、王（昶）德甫，其解释性理，咸本于戴氏之说。因此，胡适判定道：“从戴震到阮元，是清朝思想史上的一个新时期。这个时期，我们可以叫做新理学时期。”

晚清时期，戴震哲学的继承者，应数浙江的张惠言和黄式三、黄以周父子用功最力。黄式三曾作有《申戴氏气说》《申戴氏性说》《申戴氏理说》三篇专文，依据东原的气本论、心性论和理欲观，批判了翁方纲、方东树等一批理学家和文人攻击戴学的不公正言论，捍卫了戴震的学术见解和进步思想。他认为“戴氏又谓人之形体资乎饮食之养，始于幼小，终于长大，非复其初。人之德性资乎学问之养，始于蒙昧，终于圣智，亦非复其初。孟子是以贵扩充，不言复初也”。因此，“欲不可穷，非不可有。有而节之，使无过情无不及情，即合乎天理矣”。为了捍卫戴氏哲学的平民性和公正性，黄氏指出：“夫后儒之疑戴骂戴者，为其说之驳程朱耳！而以程朱之所自言，与尊信程朱者之所言，参互引证，学者可平心读之。去戴氏之矫枉过正，而取其所长，在善学者之实事求是也。虽然，今之言人同此心、心同此理者，其说如无星之称、无寸之尺矣，何能与之强辩也哉？”[47]黄氏通过比较东原“人心之所同然”，与理学的“别有一物”之间根本性质的区别，证实了戴震哲学的实在性和实用性，为维护和发明戴氏“实事求是”之学，接续和弘扬乾嘉朴实学风，做出了显著的成绩，产生了深远的影响。可以说，乾嘉时期的戴学及“皖派”学术，随着徽商的经营活动而多汇聚于苏南周边，致使扬州有“徽商殖民地”之称。而道咸以后的“皖派”学术，则因时事的变迁和新安江流域经济文化的繁荣，而逐步向浙江一带扩展和延伸，故清末民国的汉学人才之盛，以两浙为最。对此，支伟成指出：“浙、粤诂经、学海之士，大都不惑于陈言，以知新为主，虽宗阮而实祧戴焉。武进张惠言久游徽歙，主金榜家，乃取所得，流衍南方。晚近尚有俞樾、孙诒让、章炳麟丕振坠绪。人才之盛，诚远迈他派矣。”[48]这便是“徽学”得以在近代进入江浙一带，并逐步拓展学术传播领域之大略。

清末民初，随着帝制统治的解体和五四运动的爆发，民主主义和科学思想成为当时社会革命的急切需要。由于戴学富有“体民之情，遂民之欲”的民本思想，具有传统自然科学和西学的思维方法，以及去私解蔽和实事求是的人文精神，使得社会进步人士能够从中汲取思想养料，启发现实关怀，于是迅速掀起了一场以研究和宣传戴学为主题的社会热潮，一大批学者和革命家如宋恕、章太炎、刘师培、王国维、蔡元培、梁启超、胡适等皆投入其中。1924 年初，梁、胡等人就以“戴东原生日二百年纪念会”为契机，举办了一次盛况空前的学术活动。他们站在时代的前沿，反思“近三百年”的社会发展，利用戴学的科学精神去争取自由民主、平等人权、科教兴国、民族富强的发展道路，取得了一定的社会影响和学术引导之功，启动了以近代科学的理论方法来发掘旧学的丰富价值，找到了“存亡继绝”的可持续发展路径，启发后人从传统资源中找寻出现代文明的新内涵。侯外庐先生曾记述此事说：“自炳麟开始，戴学在哲学方面才被人所注意。到了一九二三、一九二四年，胡适吹起皖人治皖学的法螺，还在北京安徽会馆举行了戴震的纪念会，出席讲演的人有梁启超、钱玄同、朱希祖等。当时整个的一年期间，官办的报纸副刊与杂志上，几乎成为戴学的天下。在所谓整理国故的反动空气之下，戴学最出风头。”那么，戴学为何如此“出风头”？一言以蔽之，因为契合了“科学”与“民主”的时代要求。戴震出身低微，一生所学所行，皆以反对专制思想和同情下层民众为职志，最为理解社会民众的心声和革命时代的需求，即如章太炎所言：“震自幼为贾贩，转运千里，复具知民生隐曲，而上无一言之惠，故发愤著《原善》《孟子字义疏证》，专务平恕，为臣民诉上天，明死于法可救，死于理不可救。”因为能够“为臣民诉上天”，而深受广大民众、学者和革命家的鼓呼和推崇，戴氏形象也随之丰满和高大起来，戴学分布在各个领域的成就和影响，也逐渐被挖掘和梳理出来，以为时代所利用。梁启超称之为“科学界的先驱者”和“哲学界的革命建设家”；胡适称之为“朱子以后第一大思想家、大哲学家”及“新理学的建设者”，诸如此类的赞誉，虽然有言过其实之嫌，但若撇开时代的客观局限，他们的评判在今天看来还是很有现实启示意义的。

新中国成立以后，戴震哲学的研究也出现了崭新的局面。此时的学术界称东原为“早期启蒙思想家”和“唯物主义哲学家”，赋予了东原哲学以积极的时代意义，这使戴学遗产的重要价值能够在新的历史时期被“重新发现”。如侯外庐的《中国早期启蒙思想史》认为东原“人等于我”的哲学思想，一定程度上反映下层社会的生活要求，复活了十七世纪的人文统绪，开启了十九世纪的哲学曙光。周辅成的《戴震——十八世纪中国唯物主义哲学家》一书，对戴氏哲学思想的来源及其唯物主义自然观、认识论、社会道德论问题，做了详尽的介绍和阐述，提出戴震是中国哲学史上最有鲜明色彩的唯物主义启蒙思想家，也是与封建压迫和反动势力作斗争的英勇战士。杨向奎《中国古代社会与古代思想研究》一书中，对于戴震哲学思想的演变过程作了深入的探讨，认为戴氏早期是程朱理学的信徒，是理一元论的客观唯心主义者，而后期思想有所转变，将东原哲学研究向前推进了一大步。

随着改革开放后的“百家争鸣”，一个“多元戴震”的形象也得以逐步展开，研究内容涉及到他的“义理”“考据”“词章”“经济”以及自然科学诸方面，对其著述的整理、研究与总结也成就斐然。同时，作为戴学的核心内容，东原哲学的渊源、性质、宗旨以及历史地位和影响等问题，也在不断地探讨与总结中赋予它以新时代的情境和内涵，焕发出更为丰富多彩的思想光辉。如王茂《戴震哲学思想研究》、张立文《戴震》、周兆茂《戴震哲学新探》，以及港澳台和国外学者的相关著作，如中国台北张光甫《戴东原教育思想之研究》、日本村濑裕也《戴震的哲学——唯物主义的道德价值》等。特别是近年来，一批硕博士论文如雨后春笋般地涌现出来，使得《孟子字义疏证》与东原哲学的研究渐成人们关注的热点。相信戴学研究在继承前人研究成果的基础上，将会更加硕果累累，为学界所瞩目。总之，三百年来，戴震的哲学思想已经成为近代启蒙思想研究的重要资源；时至今日，《孟子字义疏证》也仍然具有重要的学术影响和社会意义。

四、版本介绍与校点说明

戴震的哲学著作，除了《孟子字义疏证》外，还有《原善》《孟子私淑录》和《绪言》存世，这几种著作之间存在着一定的内容重复和时间上的先后递进关系，从中也可窥见戴氏在撰写、修订和思考之间的心路历程，感知东原哲学思想形成、发展和成熟的轨迹。学界对东原哲学著述文本的成书时间和名称确定，稍有不同的看法和争议，此不赘述，可参阅段玉裁《经韵楼集·答程易田丈书》及王茂《戴震哲学思想研究》等著述。但世人皆以《孟子字义疏证》为最终集大成之作，则无可置疑。

《孟子字义疏证》一书，为戴震“平生所得力而精魂所属”之所在，直至临终前才算完成，可谓一部藏之名山、传之后世的杰作。该书在东原生前未及刊布，其姻亲曲阜孔继涵一族，在戴氏去世后，随即承担起全部整理和刊刻戴氏遗书的工作，历时三年（1777—1779）而成，学界称之为微波榭本《戴氏遗书》。卢文弨为之序曰：“东原之书出，天下后世必有能阐扬之者。余是以不为东原惜，而且为东原幸。”该丛书第九部分即为《孟子字义疏证》三卷。此后，《疏证》一书的各种版本陆续刊出，多以此为底本。如道光年间，金山钱熙祚《指海丛书》本；光绪年间，番禺梁鼎芬《端溪丛书》本；光绪宣统间，上海国学保存会所辑《国粹丛书》本；民国十三年（1924），由北平朴社排印的《戴氏三种》

（《原善》《绪言》和《孟子字义疏证》）本，以及 1936 年安徽丛书编审会所辑《戴东原先生全集》本等。戴震的哲学著述之所以能够如此得以“阐扬”，也是由于它的学术价值和社会影响非同一般。绩溪胡适为《戴氏三种》所作序言末尾一段话，可以反映出戴氏哲学在民国学界的地位和影响。他说：“人都知道戴东原是清代经学的大师、音韵的大师、清代考核之学的第一大师，但很少人知道他是朱子以后第一个大思想家、大哲学家。他在经学考据的方面虽有开山之功，但他的弟子王念孙、段玉裁等人的成绩早已超过他了。他在哲学的方面，二百年来只有一个焦循了解得一部分。但论思想的透辟、气魄的伟大，二百年来，戴东原真成独霸了！”

自新中国成立至今，随着国家经济和文化的繁荣，古籍整理与研究事业出现了生机勃勃的新气象。戴震《孟子字义疏证》以及其他的著作，也逐步得以整理、点校和出版。如中华书局在 1961 年出版了何文光的《孟子字义疏证》校点本，于 1979 年出版了安正辉的《戴震哲学著作选注》。1980 年上海古籍出版社和中华书局分别出版了汤志钧和赵玉新点校的《戴震集》和《戴震文集》。1992 年巴蜀书社出版了冒怀辛的《孟子字义疏证全译》。特别是 1991—1999 年，清华大学出版社出版了《戴震全集》；1994—1997 年，黄山书社出版了《戴震全书》，这两部大型的古籍整理和研究成果，对于戴震学术的全面研究，尤其是对《孟子字义疏证》的深入探讨，起到了很重要的学术推动和社会普及作用。

《孟子字义疏证》一书共分三卷、八目、四十四条。其中卷上为“理”十五条；卷中为“天道”四条、“性”九条；卷下为“才”三条、“道”四条、“仁义礼智”二条、“诚”二条、“权”五条，全书四万字，承载了戴氏一生对儒家之道、圣贤之志的景仰和追求，也是他继承先贤，“为生民立命，为往圣继绝学”的心路历程的反映，在中国学术思想发展史上占有重要的地位，业已成为中华传统文化的经典之作。本次对《孟子字义疏证》的解读，将全书三卷全部收录，按照“中华传统文化百部经典”的具体要求，予以导读、注释和点评。版本方面是以微波榭本《孟子字义疏证》为底本，主要参校本为：（1）1924年北平朴社《戴氏三种》本；（2）1994—1997年黄山书社《戴震全书》本；（3）1979年中华书局《戴震哲学著作选注》本；（4）1992年巴蜀书社《孟子字义疏证全译》本，同时也参考了当代诸多学者一些新的研究成果，在此谨表谢忱，特此说明。

① 胡朴安《戴东原先生全集序》，《安徽丛书》第六期，1936年安徽丛书编印处纂辑刊印。

② （清）戴震《与段茂堂书札》第十一，《戴震全书》第六册，黄山书社1995年版，第543页。

③ （清）洪榜《上笥河朱先生书》，《二洪遗稿》本。朱筠作为当时的学坛领袖，极为推崇戴震的小学和经学研究，对他的反理学思想则持有异议，认为“戴学根本在训诂，而非在程朱之外复有论说”。戴震的同乡后学洪榜因此写信与之辩论。

④ 刘师培《东原学案序》，《左庵外集》卷十七，《刘申叔遗书》，江苏古籍出版社1997年影印1936年宁武南氏刊本。

⑤ 胡适《几个反理学的思想家》，姜义华主编《胡适学术文集·中国哲学史》，中华书局1991年版，第1154页。

⑥ 侯外庐《中国思想通史》第五卷，人民出版社1956年版，第455页。

⑦ （清）段玉裁《戴东原先生年谱》，《戴震全书》第六册，第651页。

⑧ （清）洪榜《戴东原先生行状》，《二洪遗稿》本。这段引文是写戴震在居乡读书时，与其他几位学友请教江永的一段佳话，后人于是将此七人（外加吴绍泽）称为“江门七子”，而把汪氏不疏园当作“皖派”朴学的摇篮。

⑨ （清）汪中《大清故贡生汪君墓志铭序》，《新编汪中集》，广陵书社2005年版。

⑩ （清）戴琴泉《戴东原先生轶事》，1924年2月26日《新闻报·副刊》。

⑪ （清）段玉裁《戴东原先生年谱》，《戴震全书》第六册，第666页。

⑫ （清）段玉裁《戴东原先生年谱》，《戴震全书》第六册，第667页。

⑬《清高宗实录》卷九百二十八，《清实录》第二〇册，中华书局 1986 年影印本，第 654 页。
⑭（清）钱大昕《戴先生震传》，《嘉定钱大昕全集》第九册，江苏古籍出版社 1997 年版。
⑮ 郭书春《关于〈算经十书〉的校勘》，《文史》辑刊，中华书局 2000 年第 4 辑。
⑯（清）段玉裁《答程易田丈书》，《经韵楼集》，上海古籍出版社 2008 年版，第 183 页。
⑰（清）戴震《孟子字义疏证》，《戴震全书》第六册，第 156 页。本文以《孟子字义疏证》为研究对象，所引出自该书的文字，较大段落的，或标有出处；较为短小的引文，为了简洁而省略出处。
⑱（清）戴震《与段玉裁书》第九札，《戴震全书》第六册，第 541 页。
⑲（清）戴震《六书音均表序》，《戴震全书》第六册，第 384 页。
⑳（清）戴震《孟子字义疏证》，《戴震全书》第六册，第 184 页。
㉑（清）戴震《孟子字义疏证》，《戴震全书》第六册，第 195 页。
㉒（清）戴震《与某书》，《戴震全书》第六册，第 495 页。
㉓（清）戴震《绪言》卷下，《戴震全书》第六册，第 140 页。
㉔（清）戴震《孟子字义疏证》，《戴震全书》第六册，第 160 页。
㉕（清）戴震《沈处士戴笠图题咏序》，《戴震全书》第六册，第 396 页。
㉖ 刘师培《戴震传》，《左庵外集》卷十八，《刘申叔遗书》本。
㉗ 梁启超《戴东原生日二百年纪念会缘起》，《梁启超全集》，中国人民大学出版社 2018 年版。
㉘（清）章学诚《书朱陆篇后》，《章氏遗书》，文物出版社 1982 年版。
㉙（清）翁方纲《理说驳戴震作》，《复初斋文集》卷七，《清代诗文集汇编》，上海古籍出版社 2010 年版。
㉚（清）段玉裁《戴东原集序》，《经韵楼集》，第 370 页。
㉛（清）戴震《古经解钩沉序》，《戴震全书》第六册，第 277 页。
㉜ 萧一山《清代通史》，华东师范大学出版社 2006 年版，第二册第 482 页。
㉝ 章炳麟《王伯申新定助词辩》，《经传释词》附录二，岳麓书社 1985 年版。
㉞ 何乐士《左传虚词研究》，商务印书馆 1989 年版，第 71 页。
㉟（清）戴震《孟子字义疏证》，《戴震全书》第六册，第 164 页。
㊱ 刘师培《东原学案序》，《左庵外集》卷十八，《刘申叔遗书》本。
㊲ 胡朴安《戴东原先生全集序》，《安徽丛书》第六期。
㊳ 胡适《戴东原的哲学》，《胡适学术文集·中国哲学史》，第 1039 页。

㊴ （清）戴震《答郑丈用牧书》,《戴震全书》第六册，第 373 页。

㊵ （清）章学诚《书朱陆篇后》,《章氏遗书》本。“戴学”一词，自章氏提出以后，即为梁启超、胡适、钱穆、侯外庐等人认同和引用，今日学界亦多沿用之，故本书行文也采用这一说法。

㊶ （清）卢文弨《戴氏遗书序》,《抱经堂文集》卷六，中华书局 2004 年版。

㊷ （清）王昶《戴东原先生墓志铭》,《春融堂集》卷五十五,《续修四库全书》本。

㊸ （清）凌廷堪《汪容甫墓志铭》,《校礼堂文集》，中华书局 1998 年版，第 320 页。

㊹ （清）凌廷堪《戴东原先生事略状》,《校礼堂文集》，第 316 页。

㊺ （清）凌廷堪《复礼》上,《校礼堂文集》，第 27 页。

㊻ 刘师培《戴震传》,《左庵外集》卷十八,《刘申叔遗书》本。

㊼ （清）黄式三《申戴氏理说》,《儆居集》“经说”三,《清代诗文集汇编》本。

㊽ 支伟成《清代朴学大师列传》“列传叙目”，岳麓书社 1998 年版。

孟子字义疏证

序

余少读《论语》，端木氏之言曰[1]：“夫子之文章可得而闻也[2]，夫子之言性与天道不可得而闻也[3]。”读《易》[4]，乃知言性与天道在是[5]。周道衰[6]，尧、舜、禹、汤、文、武、周公致治之法[7]，焕乎有文章者，弃为陈迹。[8]孔子既不得位[9]，不能垂诸制度礼乐[10]，是以为之正本溯源[11]，使人于千百世治乱之故，制度礼乐因革之宜[12]，如持权衡以御轻重[13]，如规矩准绳关于“性与天道”的问题，由于子贡的“不可得而闻”，衍化成为经学史上千古聚讼的难题。何晏解释为“自然天性”；朱熹理解为“天理”；戴震这里把《易》和“性与天道”结合起来，做出了乾嘉时代学者对本体论、人性论、认识论的新诠释。

之于方圆平直[14]，言似高远而不得不言。自孔子言之，实言前圣所未言；微孔子[15]，孰从而闻之！故曰“不可得而闻”。[16]

［注释］

[1] 余：第一人称代词，我。端木氏：孔子学生子贡（姓端木，名赐，字子贡，春秋时卫国人）的姓氏。　[2] 夫子：古时学生对老师的尊称，这里是指孔子。文章：这里指孔子讲授的有关礼、乐、诗、书等典章制度和文化知识。　[3] 性：指人的本性或事物的本质特征。天道：指日月星辰等天体运行的现象和过程。　[4]《易》：指《周易》，儒家经典之一，包括《易经》和《易传》两部分。　[5] 在是：在这里，意指孔子性与天道的理论蕴含在《周易》之中。　[6] 周道衰：指周朝末期政治动荡，礼崩乐坏。　[7] 尧、舜、禹、汤、文、武、周公：孔孟及后世儒家把这些人物美化为体现儒家政治理想的“圣哲”“先王”的化身。尧、舜，传说中原始社会氏族联盟的族长；禹，传说中夏朝开国君主；汤，商朝的开国君主；文，即周文王，姓姬名昌，商末周氏族君主；武，即周武王，周文王的儿子，西周王朝的开国君主；周公，武王的弟弟，曾帮助武王灭商，武王去世，成王年幼，因而掌管周王朝的大权，传说是西周王朝典章制度的制定者。致治之法：使国家得以治理的制度和法令。　[8] 以上几句话的意思是：我少年时代读《论语》，看到孔子的弟子端木子贡说：“孔夫子的文章，是能够通过听闻学到的，但夫子谈论的性与天道的学问，依靠听闻是不可能学到的。”等到后来读了《周易》，才发现孔子谈论性与天道的言论就在《周易》之中。自周代王道衰微以后，尧、舜、禹、汤、文王、武王、周公等圣贤相传治理天下的

大经大法，都显著地呈现在诗书礼乐等文章典籍里，却被当作是陈旧的事物而遭到抛弃。 [9] 孔子：即孔丘，生于公元前 551 年，卒于公元前 479 年，春秋鲁国陬邑人，儒家学派的创始人，他的思想集中体现在《论语》一书中。不得位：没有得到权力和职位。 [10] 制度礼乐：是指周代用于定亲疏、明是非的道德规范、典章礼仪及社会政治制度；而制礼作乐，就是通过礼乐形式，把社会等级的权利和义务制度化。 [11] 正本溯源：是从根本上整顿并弄清礼乐制度的根源，这里的“本”与“源”就是指制度礼乐的原始根源，上升到思想层面可谓“性与天道”，即“夫子之文章”。 [12] 因革之宜：因革，即因袭与变革。究竟何者适宜，则看具体情况。 [13] 权衡：权与衡，衡器的通称，指称量物体轻重的器具，也比喻事物在动态中维持平衡的状态。 [14] 规矩：规与矩，校正圆形和方形的两种器具。准绳：古代测定物体平直的器具。准，测平面的水准器；绳，量直度的墨线。 [15] 微：除了、如果没有。 [16] 以上几句话的意思是：孔子既然没能得到与他德性相匹配的政治地位，不能将圣人治国之道贯彻到当时的制度礼乐之中，于是他就对圣人治国之道做了正本清源的工作，使后世的人们对此前千百年治乱兴衰的原因、礼乐制度变革的道理，就像用秤来称量轻重、用规矩准绳来谋划方圆平直那样，清晰而明了。关于性与天道的言论看似高远玄妙，但又不得不说。这些言论一旦从孔子口中说出，实际上又是说了前代圣人都没有说过的话。除了孔子以外，没有任何地方可以听到这些言论，因此子贡才说“不可得而闻”。

[点评]

“性与天道”是一个贯穿整个中国哲学史的核心论题，因为子贡的一句话“夫子之文章，可得而闻也；夫子之言性与天道，不可得而闻也”（《论语·公冶长》），判定了孔子对“性”和“天道”问题的言论都没有被记录和传承下来，因此而开启了后世对这两大问题长达数千年的探索和争议。从某种意义上来说，中国儒学的发展及其历史形态的演进，很多问题就是围绕着“性与天道”的诠释，在深广度上逐步展开、纷纭呈现出来的。所以，在“性”与“天道”的两大论题中，从先秦诸子到宋明理学勃兴之前，历来大儒对于前者的争论与交锋就远远多于后者。换句话说，历代思想家对于“道”“天道”概念的具体理解似乎并没有太大的分歧，而对于“性”“人性”问题的理解，则各执一词，千差万别，由此而涉及到了儒学史上有关本体论、人性论、认识论等诸多议题。而在种种论“性”学说中，真正对后世儒学发展产生重要影响的莫过于孟子的“性善”论、荀子的“性恶”论、无名氏的“有性善，有性不善”论，以及世硕（周代末期人，生平事迹不详）的“性有善有恶”论等。其中，无名氏的“有性善，有性不善”说，为韩愈的“性有三品”说所承继；而世硕的“性有善有恶”论除了扬雄的“性善恶相混”说与之有很大的相近之外，更为王充所服膺；及至明代王阳明、王廷相对“性”之善与恶的论判，都深刻地影响着后世对于人性论和天道观的认知与实践。可以说，孟子以“性善”论而辟当时诸子的论“性”之说，然后而被荀子所辟。董仲舒、王充又以各种论“性”之说否定前人之见。韩愈虽然大力推崇孟子为尧、舜、周、孔之正传，但“性善”之说，仍与荀子、扬子的论“性”之说不分伯仲，他对于“性之于情视其品，情之品有上中下三”的问题，不但没有讲清楚，反倒是增加了“性”与“情”的复杂性，更为后来的王阳明“善恶四句教”及其心学的风行铺垫了思想基础。

是后私智穿凿者[1]，亦警于乱世[2]，或以其道全身而远祸[3]，或以其道能诱人心有治无乱；而谬在大本[4]，举一废百[5]；意非不善，其言只足以贼道[6]，孟子于是不能已于与辩[7]。当是时，群共称孟子好辩矣。《孟子》之书，有曰“我知言”[8]，曰“游于圣人之门者难为言”[9]。盖言之谬[10]，非终于言也[11]，将转移人心[12]；心受其蔽[13]，必害于事，害于政。[14]彼目之曰小人之害天下后世也，显而共见；目之曰“贤智君子”之害天下后世也，相率趋之以为美言，其入人心深，祸斯民也大，而终莫之或寤[15]。辩恶可已哉[16]！

战国时代百家争鸣，在孟子前后有杨朱、墨翟等诸多学派的不同意见纷纭而出，孟子为了捍卫孔子的思想，避免人心受到其他流派思想的蒙蔽，于是品评前贤，辩论时彦，显示出非凡的雄辩能力与“浩然之气”。

［注释］

[1] 私智穿凿者：自作聪明、自以为是的人，他们对孔子讲的仁义礼智观念作牵强附会的解释。 [2] 警：警惕、戒备。 [3] 或：有的。道：道理、思想、学说。全身而远祸：保全自身，远离灾祸。 [4] 谬（miù）在大本：指错在根本上。谬，差错、荒

谬。 [5]举一废百：抓住一点而不及其余。 [6]贼道：有害于正道。 [7]孟子：即孟轲，字子舆，战国时邹人，他的“仁政”和“民为贵”的思想集中体现在《孟子》一书中。已：停止，完毕。以上几句话的意思是：孔子之后，那些自以为聪明而善于穿凿附会的人，也从乱世中得到经验教训并警惕戒备起来。其中有人用自己的学说来达到明哲保身、远离祸患的目的；也有人用他们的理论来引导人们心趋安定，不至于发生暴乱。但是，这些人的学说从根本上来说都是错误的，因为他们只是抓住了自己看到的一点，而无视和否定所有其他的观点。他们的本意虽然不坏，但这些言论足以伤害正义，危害正道。孟子因此不得已而与他们作辩论。 [8]我知言：见《孟子·公孙丑上》，意思是：我能分辨各种言论。 [9]游于圣人之门者难为言：见《孟子·尽心上》，意思是：在圣人门下学习过的人，别的言论都难以吸引他。以上两处引文，前者是孟子为了防止儒家中不坚定的人容易被“异端”言辞所迷惑而提出的；后者是孟子为了弘扬儒学博大精深、至高无上的思想，用以开导人心，引导人们向善而行。 [10]盖：句首发语词。 [11]终：终了、停止。 [12]转移人心：影响人的思绪，转移人的理念。 [13]蔽：蒙骗、遮蔽。 [14]这句话的意思是：错误的言论，不只是说错了话，还会影响到人们的思想；思想受到蒙蔽，一定会有碍于处理事情，有害于管理政务。 [15]莫之或寤（wù）：没有人能够觉醒。寤，醒。 [16]恶（wū）：疑问代词。何：怎么、哪里。这几句话的意思是：小人（的言论）对于天下后世的危害，大家都能看见；那些所谓的贤智君子对天下后世有害的言论，可能会被认为是美言。他们非常受人拥护，言论已经深入人心，所以对老百姓的祸害更大，但老百姓又无人自我觉醒。所以，论辩之事迫不得已，又怎么能停止呢？

［点评］

序文开篇就借用了子贡宣扬孔子思想的一句话，说明“性与天道”是本书所要贯通讨论的重要理论问题，指出孔子的论性与天道，虽然简洁朴实，却从根本上指向了人的存在价值，超越了上古圣贤的思想。在孟子生活的时代，产生了杨朱、墨子等不同的异端思想，在当时能使人心受到很大的蒙蔽和蛊惑，所以孟子要起来捍卫孔子的元典思想，不使有所污染，故与杨、墨等人进行了激烈的辩论。戴震认为在孟子之后，又有宋儒二程（程颢、程颐）、朱熹、陆九渊和明代王阳明等，都自称是继承了孔孟之道，实际上已濡染了杨朱、墨翟、老子、庄子以及佛教的思想，扰乱和浸染了原本纯粹的孔孟之道。为了厘清孔孟儒学与宋明理学的关系，就要借用分析孟子批判杨、墨的原因和手段，来阐明批判程朱理学和阳明心学的必要性和迫切性。因此，《孟子字义疏证》三卷就是在这样的学术思想背景下产生的。戴震在临终前一个月，曾写信与弟子段玉裁，表明了他撰写该书的心迹：“仆生平论述最大者，为《孟子字义疏证》一书，此正人心之要。今人无论正邪，尽以意见误名之曰理，而祸斯民，故《疏证》不得不作。”他自称是迫不得已，“辩恶可已哉”。

孟子辩杨、墨；后人习闻杨、墨、老、庄、佛之言[1]，且以其言汩乱孟子之言[2]，是又后乎孟子者之不可已也[3]。苟吾不能知之[4]，亦已矣[5]；吾知之而不言，是不忠也，是对古圣人贤戴震认为二程、朱子的思想学说，歪曲了孔孟仁政、道义的“道统”，对社会和人心造成混乱与迷惑。更有“今之治人者”和“在位者”借用宋儒“存天理，灭人欲”的学说，残害生民，惑乱天下。所以，他要起而仿效孟子和韩愈，准备对不合理的人情世道及其思想根源加以剖析与批判。

人而自负其学[6]，对天下后世之仁人而自远于仁也[7]。吾用是惧[8]，述《孟子字义疏证》三卷。韩退之氏曰[9]：“道于杨、墨、老、庄、佛之学而欲之圣人之道，犹航断港绝潢以望至于海也[10]。故求观圣人之道，必自孟子始。”[11]呜呼，不可易矣[12]！休宁戴震[13]。

［注释］

[1] 后人：这里主要是指宋代的二程、朱熹及明代的王阳明等学者。杨：即杨朱，战国时魏国人，他反对儒家的“仁爱”和墨子的“兼爱”论，主张“为我”“贵生”“损一毫利天下，不与也”，著述不传，散见于《韩非子》《孟子》等书中。《列子》有《杨朱》篇，所记不可尽信。墨：即墨翟（dí），战国初期宋国人，他反对儒家“仁爱”“亲亲”“天命”观，主张“兼爱”“非攻”“尚贤”，力行勤俭，自强不息，其思想集中体现在《墨子》一书中。老、庄：即老子（姓李名耳，春秋末楚国人）和庄子（姓庄名周，战国时宋国人），道家学派的创始人和继承者，他们的思想分别体现在《老子》和《庄子》二书中。佛：即佛教，东汉初年传入中国。创始人是释迦牟尼，即古印度迦毗罗国王净饭王长子，姓乔达摩，名悉达多。以上历史人物，皆被儒家视为异端。 [2] 汩（gǔ）乱：搅乱、破坏。 [3] 后乎孟子者：孟子以后的学者，这里是戴震自称。不可已：不能不加以辩论。 [4] 苟：假如、如果。 [5] 亦已矣：也就不说了。 [6] 自负其学：辜负了圣人贤人对自己的教诲和希冀。 [7] 仁人：有德行有仁德的人，这里是指能够关心老百姓的生活、“体民之情，

遂民之欲”的人。 [8]吾用是惧：我因此而害怕起来。用是，因此。 [9]韩退之：即韩愈（768—824），字退之，唐代河阳人，著名思想家、文学家，著有《韩昌黎集》。他尊崇孔孟，反对佛教，倡导古文运动，有“百代文宗”之誉。 [10]犹：如、好像。航：行船。断港绝潢：比喻断绝通道，走了一条错误的、不可能到达目的地的道路。港，与江河相通的支流和口岸。潢，低洼的积水坑。 [11]引文参见《韩昌黎集》卷二十《送王埙秀才序》。这一段话的意思是：孟子曾经辩驳过杨朱、墨翟的荒谬学说，但后人对杨朱、墨翟、老子、庄子以及佛教的言论仍然习以为常，竟然还用他们的言论来混乱孟子的思想，这又是孟子的继承者所不能视而不见、置之不问的事情。如果我不知道这些情况也就算了，既然已经知道了，如果不予以辩驳的话，这是对孟子不够忠诚。对于古代圣贤而言，就是辜负了从他们那里获得的学问；对于后世的仁人来说，是我自己远离了仁。我因此而心生恐惧，故而撰述了《孟子字义疏证》三卷。唐代的韩愈说过：“如果想从杨朱、墨翟、老子、庄子以及佛教的学问路径中踏上圣人之道，就像在水道不通的河道港湾里航行，希望能够驶入大海，那是根本行不通的。所以说，想要理解圣人之道，必须从学习孟子开始。” [12]易：改变、更改。 [13]休宁：即徽州休宁县，今属安徽省黄山市。

［点评］

真正能将孟子的“性善论”定为一尊，并极力批判其他论“性”之说的，乃是北宋五子（周敦颐、邵雍、张载、程颢和程颐）及南宋朱熹、陆九渊。两宋是中国历史上学术文化极为繁荣的时代，也是哲学家集中涌现的鼎盛之时。随着宋明理学的大放异彩，孟子的“性善论”便成为论“性与天道”的主流，朱熹学说成为后世科举考试的标准程式，引领着社会政治和思想文化的发展潮流。然而，任何事物都是矛盾的统一体，宋儒在不断探索的过程中，对孟子“性善论”的疏漏和缺失也日渐不满，于是发明“气质之性”用来充实“天命之性”的不完备。认为在人性构成上，人有“天命之性”和“气质之性”，人性是“性”与“气”两种因素结合的统一体，即程颐所言“论性不论气，不备；论气不论性，不明。二之则不是”。朱熹又推进一步指出，人是“理”和“气”的结合，“人之所以生，理与气合而已”。这里的“理”即指伦理观念，构成人的“天命之性”；“气”是指阴阳二气，构成人的“气质之性”。朱熹的这种人性论建构，是在张载、程颐的思想基础上，综罗各家之说，进而加以丰富和条理化，衍生出一套“理一分殊”的理论来。因为有“气质之性”的加入，宋儒的这种做法及其理念，恰好也说明了他们所倡导的“性善论”，一定不是孟子学说的原始本义，而是添加了宋儒“自以为是”的别的内容，自然会引起后世学者，特别是乾嘉时代学者的极大不满，于是便有惠栋称“宋儒之祸，甚于秦灰”、戴震称“今之治人者，以意见杀人，咸自信为理”诸如此类的言论。显然，清儒对宋明哲学的人性论和认识论已颇为反感，所以陈确、毛奇龄、唐甄、戴震等先后跃起，对宋明理学发起猛烈的攻击也是自然之事。

众所周知，戴震的哲学思想确实是以“辟宋”的面目出现，甚至表现得颇为激烈。然而，他的本意并非想标新立异，另立门户，也绝非“欲言义理以夺洛闽之席”，“以批朱为能事”。据他自己说是：“以六经、孔、孟之旨还之六经、孔、孟，以程、朱之旨还之程、朱，以陆、王、佛氏之旨还之陆、王、佛氏。俾陆、王不得冒程、朱，释氏不得冒孔、孟。”仅此而已。从学术思想上来说，他是“以复古为解放”，试图恢复被宋明理学所遮蔽的“六经、孔、孟”之道，还其本来之面目；从其人生阅历来说，他是看“治人者”处理事务，不按规矩，不讲人情，而用“存天理，灭人欲”“饿死事小，失节事大”的那一套思想来管理，让人动辄得咎，摇手触禁。于是发愤撰述《孟子字义疏证》，来“为臣民诉上天，明死于法可救，死于理即不可救”（章太炎语）。所以，他的同乡后学胡适感叹道：“戴震亲见理学之末流竟致如此，所以他的反动最激烈，他的抗议最悲愤。”诚然，戴震抨击“今之治人者”所把持的“理”，在程朱之学仍然声势未减的乾嘉时期，能敢于冒天下之大不韪，阐释自己心目中与众不同的孔孟之道，自然会招来诸多评议、质疑与批判，褒贬猬集，毁誉不一。但戴震坦言道：立身守二字曰不苟，待人守二字曰无憾。不以人蔽己，不以己自蔽，不为一时之名，亦不期后世之名（见《答郑丈用牧书》）。那么，戴震究竟是个什么样的人？他的思想是否就是全力反对乡贤朱熹？他的哲学体系到底如何？要想了解这些问题，就需要深入阅读和理解他这一生最为看重的哲学著作——《孟子字义疏证》。

卷　上

理

“理”是《孟子字义疏证》的重要内容，几乎占据了整部书的一半；在戴震的《绪言》和《孟子私淑录》中，“理”字还没有被单独提出来讨论。

理者[1]，察之而几微必区以别之名也[2]，是故谓之分理[3]；在物之质[4]，曰肌理[5]，曰腠理[6]，曰文理[7]；（亦曰文缕[8]。理、缕，语之转耳。）得其分则有条而不紊[9]，谓之条理。[10]孟子称“孔子之谓集大成”曰[11]：“始条理者，智之事也；终条理者，圣之事也。”圣智至孔子而极其盛[12]，不过举条理以言之而已矣[13]。《易》曰：“易简而天下之理得。”[14]

自乾坤言[15]，故不曰“仁智”而曰“易简”。“以易知”，知一于仁爱平恕也[16]；“以简能”，能一于行所无事也。[17]“易则易知[18]，易知则有亲，有亲则可久，可久则贤人之德”，若是者[19]，仁也；“简则易从[20]，易从则有功，有功则可大，可大则贤人之业”，若是者，智也；天下事情，条分缕析[21]，以仁且智当之，岂或爽失几微哉[22]！《中庸》曰[23]：“文理密察[24]，足以有别也。”《乐记》曰[25]：“乐者，通伦理者也[26]。”郑康成注云[27]：“理，分也。”许叔重《说文解字序》曰[28]：“知分理之可相别异也。”古人所谓理，未有如后儒之所谓理者矣[29]。

戴震用递进之法，以“易简”来诠释“仁智”的内涵，即由易而得知、亲、久、德、仁；由简而得从、功、大、业、智。

此处原文为：“凡音者，生于人心者也；乐者，通伦理者也。”意思是：音是从人心中产生的，乐是与伦理道德相贯通的。

戴震运用文字训释、文献互证的方法，对“理”的集中解析和阐发，可谓深入骨髓，酣畅淋漓，凸显了古代经典中“理”字的朴实无华之义，这与程朱所赋予的“理”字有着天壤之别。

［注释］

[1] 理：在中国哲学史上，“理”与“气”是一个相互对立的哲学概念。理学家朱熹认为理是万物的本原、宇宙的本体，“理在气先”，“万物皆是一理”，“宇宙之间一理而已”；心学家王阳明宣扬“心即理”“心外无理”“良知即天理”；戴震则认为理是事物自身的特殊规定，是“肌理”“分理”“条理”“治理”“纹理”，引申而为事物的规律和道德准则，此中并无玄之又玄的形而上的含义。 [2] 几：征兆、苗头。微：细小、微妙。 [3] 谓之：叫做、

称得上是。分理：各种事物的具体规律或法则。 [4] 在物之质：在事物的形质上。 [5] 肌理：生物肌肤的纹理。 [6] 腠（còu）理：皮肤上的纹理和皮下组织之间的空隙。 [7] 文理：文章内容和词句方面的条理。这里泛指事物错综复杂的情况所形成的纹理。 [8] 文缕：指事物的纹路、条纹、纹理。 [9] 紊（wěn）：纷乱、混杂。 [10] 这句话的意思是：理是人们观察事物到了极为细致的程度，一定能对它们加以具体的区分和辨别，所以把它叫做分理。它在事物的形质上，叫肌理，叫腠理，叫文理；事物之间有了本质区别，而又井然有序不混乱，就叫做条理。 [11] 之谓：就是，可以称得上是。戴震在卷中“天道”条中曾对“谓之”和“之谓”做了具体区分解说，即“凡曰之谓，以上所称解下”，“凡曰谓之者，以下所称之名辨上之实”，可参阅。集大成：指集中汇聚前人各方面的成就，达到了完美的程度。 [12] 圣：至高无上的品德和才能。智：聪明、智慧。 [13] 引文出自《孟子·万章下》，孟子用“金声玉振”的奏乐活动作比喻，认为条理就是奏乐的节奏。所谓“集大成”，就好比各种乐器合奏，先敲镈（bō）钟，终用特磬（qìng）收尾。先敲“金声”镈钟，是奏乐有条理地开始；用“玉振”特磬收尾，是使奏乐有条理地终结。孟子夸赞孔子是精通条理始终的智者圣人，戴震则借以说明最高的智者圣人，也不过是懂得条理而已。 [14] 易简：平易、简约，这里指化难为易，化繁为简。引文出自《易·系辞上》。 [15] 乾坤：分别指天与地。在此指整个宇宙和自然界。 [16] 仁爱：是指每个人在满足了自己生存所需之时，也要考虑到别人的生存需要。平恕：是指每个人要平等宽厚地待人和处事。 [17] 以上几句话的意思是：孟子在称道“孔子是集大成的圣人”时说：“使事物一开始就有条理，是智者的事情；使事物终结时有条理，是圣人的事情。”圣和智到了孔子这里，已经达到了极高的程度，但孟子也只用“条理”

二字来表述他的圣和智而已。《周易》说："如果能够做到平易和简约二件事，那么就能得到天下的道理。"这是从乾坤两卦所代表的天地自然角度来说，所以不讲"仁"与"智"，而说"易"与"简"。用化难为易的简单方法，就能使人的认识统一于仁爱平恕这些道德规范；用化繁为简的简约办法，就能使人的行事符合事物的自然法则，做起事来就能通达顺畅了。 [18] 知：理解。 [19] 若是者：像这样的。 [20] 从：遵行。 [21] 条分缕析：一条一缕，分析得细密清楚而有条理。缕，线。析，剖析。 [22] 爽失：差错、缺失。以上几句话的意思是：《易 · 系辞》说："平易简单的事情，容易认识；大家都容易认识的，便会互相亲近。有了亲近感，就可以长久；可以长久，就是贤人的美好德性。"这种情况就说明了"仁"的作用。又说："事情简约，就容易按规律办理。容易办到，就有成绩；有成绩，就能发展壮大，繁荣强大就是贤人的理想事业。"这种情况就是"智"的作用。纵然天下事情纷繁复杂，但只要是有条有理，用仁和智来对待它，就不会有一丝一毫的差失。 [23]《中庸》：儒家经典《礼记》中的一篇，相传为孔子之孙子思所作，朱熹将其与《大学》《论语》《孟子》合编为"四书"。 [24] 文理：指文章的条理。 [25]《乐记》：儒家经典《礼记》中的一篇，是我国古代最早的一部具有比较完整体系的音乐美学和文艺理论专著。 [26] 伦理：指人与人之间相处的各种道德准则。 [27] 郑康成：即郑玄，字康成，东汉高密人，著名经学家，汇通笺注过多部儒家经典。 [28] 许叔重：即许慎，字叔重，东汉召陵人，著名经学家、文字学家，时有"五经无双许叔重"之誉，所著《说文解字》并叙文十五篇，是我国最早的文字学专著。 [29] 后儒：这里主要是指宋明以降程朱（程颢、程颐、朱熹）派的理学家和陆王（陆九渊、王阳明）派的心学家，他们都把"理"看作是主观、先验的存在。以上几句话的意思是：《中庸》说："思维缜密地考察事物的纹理，就能够发现其中的分别。"《乐记》说："乐是与伦理道德相通的。"郑玄注解道："理，就是分的意思。"许慎《说文解字序》说："知道了分理，可以对事物进行区别异同。"古代学者所说的"理"，并不是后来儒家学者二程、朱熹所讲"理"的意思。

［点评］

在中国哲学史上，有关"理"的涵义既丰富又复杂，随着历史的进步而不断改变自己的内涵和外延。从外观上看似乎只是范畴和概念的变化，但从内容上看，却是包含着深刻的历史性和社会性。从先秦到清代，经历了治理—义理—名理—玄理—空理—实理—心理—气理诸阶段。因此，古代哲学家对于"理"的解释具有各自明显的时代特征。具体到戴震的"气理"时代，对于"理"本义的阐释，则以"理为物则""理依于气"来界定。作为乾嘉考据学的名家，戴震从经史文献和汉魏古注的考证入手，援引《周易》《孟子》《中庸》《乐记》和《说文解字》等古代典籍，证明"理"字最原始和最基本的含义是"分理"和"条理"，即《诗经》所谓"有物有则"，并非如程朱所言"如有物焉，得于天而具于心"的先验本体。戴震特别强调认识事物必先弄清其"分理"和"条理"，曾言"总须体会《孟子》'条理'二字，务要得其条理，由合而分，由分而合，则无不可为"。在这里，他又用《孟子·万章下》"孔子之谓集大成"的话"始条理者，智之事也；终条理者，圣之事也"来说明：即使圣且智如孔子这样的圣贤，在认识事物和处理问题时，也不过是“举条理以言之”而已。可以说，“理”是《孟子字义疏证》中最重要的概念，戴震在其他几部哲学著作中都没有把“理”字单独提出来，更没有列之为首篇，经过多次修改，在最后定稿时才把它单独成篇，且放在首要位置，说明了“理”字在全书中的重要性，为反对“后儒”的“存天理，灭人欲”，做好文字张本和思想铺垫。

戴震之所以特别重视对“理”字的考证及其意义探求，主要是想从学术渊源上追溯和“还原”其原始本义，不使它掺杂后来诸多的附会和不实之义。他认为要考证诸如“理”“道”“诚”这些哲学概念，不能不讲文字溯源，无视它们在哲学范畴上的历史衍变，“非求之六经、孔、孟不得，非从事于字义、制度名物，无由以通其语言。宋儒讥训诂之学，轻语言文字，是欲渡江河而弃舟楫，欲登高而无阶梯也”。所以，通达文字训诂、典章制度，是理解古代圣贤思想的基本途径和手段，即“古人所谓理，未有如后儒之所谓理者矣”。在理清“理”字自古及今的解释后，程、朱、陆、王解说的那种“理”字的崇高感和特殊性瞬间被刊落了：原来“理”字只是一个极其普通平常的东西，并无任何神秘的存在，说到底就是人们对事物观察入微之时，必须要用一个文字概念来加以区分和命名，从这个意义上说就称之为“分理”；若就具体事物性质的不同而言，还有“肌理”“腠理”“文理”等一些不同的称谓和说法；如果对事物的区分都能恰如其分且有条不紊，我们也可以称之为“条理”。总而言之，“理”是事物的分理、条理，是各种事物具体实在的规律，它不仅存在于学术研究的范围之内，更存在于人伦日用之中；它不是朱子、阳明等后儒所说的纯粹主观先验的存在，而是万事万物自然具有的实实在在的运动规律。戴震从其擅长的训诂学入手，通过对经典文献的历史解读，得出“理”在事物之中，它具有分殊、有别、不齐的差异性，非如后儒的“天理”具有虚幻、抽象、神秘性。这就从根本上推翻了后儒的形上之论，最终能将“存天理，灭人欲”下拉到“体民之情，遂民之欲”的层面上来。

“天理”就是对事物规律的准确判定，如果不能充分掌握实情，就不能明白道或理。天理是自然之理，需要用自己的思想感情来比照他人，从而得到正确的对待。

戴震谈理，注重分析，以为理乃事物中之区别，针对程朱“理一分殊”的说法，他提出“理”就是“条理”“分理”，是各种事物的具体规律，没有什么特别的神秘用意。

问：古人之言天理[1]，何谓也？

曰：理也者，情之不爽失也[2]；未有情不得而理得者也。[3]凡有所施于人[4]，反躬而静思之[5]：人以此施于我，能受之乎？凡有所责于人[6]，反躬而静思之：人以此责于我，能尽之乎[7]？以我絜之人[8]，则理明。天理云者，言乎自然之分理也[9]；自然之分理，以我之情絜人之情，而无不得其平是也[10]。《乐记》曰：“人生而静，天之性也[11]；感于物而动，性之欲也[12]。物至知知[13]，然后好恶形焉。好恶无节于内[14]，知诱于外，不能反躬，天理灭矣。”灭者，灭没不见也。又曰：“夫物之感人无穷，而人之好恶无节，则是物至而人化物也[15]。人化物也者，灭天理而穷人欲者也；于是有悖逆诈伪之心[16]，有淫佚作乱之事[17]；是故强者胁弱[18]，众者暴寡[19]，知者诈愚，勇者苦怯[20]，疾病不养，老幼孤独不得其所。此大乱之道也。”诚以弱、寡、愚、怯与夫疾病、老幼、孤独[21]，反躬而思其情，人岂异于我！[22]

盖方其静也，未感于物，其血气心知[23]，湛然无有失[24]，（扬雄《方言》曰[25]：“湛，安也。”郭璞注云[26]：“湛然，安貌。”）故曰“天之性”[27]；及其感而动，则欲出于性，一人之欲，天下人之所同欲也，故曰“性之欲”[28]。好恶既形，遂己之好恶[29]，忘人之好恶，往往贼人以逞欲[30]。反躬者，以人之逞其欲，思身受之之情也。情得其平，是为好恶之节，是为依乎天理。[31]（《庄子》[32]：庖丁为文惠君解牛[33]，自言：“依乎天理，批大郤[34]，导大窾[35]，因其固然[36]，技经肯綮之未尝[37]，而况大軱乎[38]！”天理，即其所谓“彼节者有间[39]，而刀刃者无厚[40]，以无厚入有间”，适如其天然之分理也。）古人所谓天理，未有如后儒之所谓天理者矣[41]。

戴震通过庖丁解牛这一故事，生动地说明了“依乎天理”，便会丝毫无碍。意思就是，如果能够按照事物的客观规律办事，就能畅通无阻，所向无敌。

[注释]

[1] 天理：这是一个与“人欲”相对立的哲学伦理概念，较早见于《礼记·乐记》“不能反躬，天理灭矣”，《庄子·养生主》“依乎天理”。在唐代以前，人们对“天理”并没有作过过多的发挥。宋代以后，理学家讲究“尊德性”，多持“存天理，灭人欲”，来确立“天理”和“人欲”的完全对立，要求人们必须“革尽人欲”才能“复尽天理”。针对这种观点，明人李贽提出“穿衣吃饭，即是人伦物理”，清初王夫之认为“天理”必须“寓于人欲以见”，戴震则进一步指出“天理”就是“自然之分理”，主张“理者，存乎欲者也”。 [2] 情：感情、情绪，引申为事物的本性，这里指人们生存和生活的感情欲望。 [3] 这句话的意思是：“理”就是情欲得到适当的满足而无差失，换句话说，只有情欲得到满足的时候，才能够讲论“理”。 [4] 施：施加、给予，这里指强行给予。 [5] 反躬：反过来对照自己，自我检束。静思：冷静地思考。 [6] 责：索取、要求、责备，这里指要求人尽善尽美。 [7] 尽：完、全部，这里指完全接受。 [8] 絜（xié）：度量物体周围长度，引申为推度、将心比心。 [9] 自然：天然、非人为的，这里指自然情欲。 [10] 平：平坦，引申为公平、平等。以上几句话的意思是：“理”这个概念，是指人的情欲得到适当满足而不出现过失。如果让人的合理要求出现了过错，却又能符合于“理”的本义，这种情况是不存在的。凡是要把某种事情施加到别人身上的时候，我们就要反过身来静静地想一想：如果有人也把同样的事情施加到我的身上，我能接受吗？凡是要对他人有所责备的时候，也要反过身来想一想：如果有人也以这样的标准苛求于我，我能完全达到这样的要求吗？用我自身的情感来衡量他人，将心比心，这样的“理”就清楚明白了。所谓天理，讲的是自然情欲的具体法则。这种法则，就是用自己的情感欲望来推度别人的情

感欲望，这样待人处事就没有什么不公平或不合理的了。［11］天之性：指人先天具有的禀赋、性情、品质等固有属性，《乐记》指上天赋予人的本性。戴震指的是天然的本性。［12］性之欲：性的外在表现，对满足人性需求的渴望。戴震意指人性所具有的情欲。［13］物至：外物到来。知知：知觉上有所感悟。后一“知”为动词。［14］节：植物分枝长叶之处，这里引申为节制、节约。［15］人化物：人被外物所诱惑、腐蚀、变化。［16］悖（bèi）：违背。逆：反叛，指前后相悖，犯上作乱。诈伪：欺诈、作伪、巧诈伪装。［17］淫：过度、无节制。佚：散失、放荡，这里指过分安乐，骄奢淫逸。［18］胁：胁迫。［19］暴：迫害。［20］苦：作使动词用，意为凌辱、使之痛苦。［21］诚：表示假设，相当于果真。［22］以上几句话的意思是：《乐记》说：“人生来沉静，是人的先天禀性。而由外界事物的影响而生出不同的感受，这也是人性的一种本能反应。遇到了具体事物，一个人的心智首先会去认识和理解它，然后才会对它做出喜爱和厌恶的判断。如果一个人的内心无法节制喜爱和厌恶的感情，而心智又受到外界的引诱，不能够做到反躬自省，天理就要灭亡。”这个“灭”字，就是湮没消失，再也看不见的意思。又说：“外物对人的诱惑是无止境的，而人的欲望又没有什么节制，这样的人在接触到外物引诱时就容易被腐蚀变节，失去他本来具有的天性而肆意发泄情欲，也容易产生欺诈虚伪、骄奢淫逸甚至犯上作乱的坏思想，干出侵犯他人安全、扰乱社会秩序的坏事情。所以，强的威胁弱的，人多势众的侵害势单力薄的，聪明的欺诈愚笨的，凶横的迫害软弱的，有病了没有人去抚养，老的、小的和无依无靠的人得不到妥善的安置。这就是世道沦亡、天下大乱的根本原因。”如果能用弱、寡、愚、怯与疾病、老幼、孤独者的状况，反过来对照自己而想想他们，将心比心，推己及人，就会知道原来他们的情欲和自己的情欲并没有什么不同。　[23] 血气：指活的肉体、身体。心知：指人的精神、思想。　[24] 湛（zhàn）然：清澈晶莹、淡泊沉静的样子。失：丧失、错过，与“得”相对。这里指人的身心还未受到外物的侵扰和腐蚀。　[25] 扬雄：姓扬名雄，字子云，西汉蜀郡成都人，著名文学家和经学家，著有《太玄》《法言》《方言》等。　[26] 郭璞：姓郭名璞，字景纯，西晋河东郡闻喜人，好古文奇字，精天文历算卜筮，著名文学家和小学家，作有《方言注》一书。　[27] 这几句话的意思是：当人还没有感触到外物的时候，身体和精神都很安逸和洁净，不会受到侵扰和腐蚀，这种状态就叫做“天然的本性”。　[28] 这几句话的意思是：当人感触到外物而产生心理活动的时候，情欲就从本性中显露出来。一个人的情欲和天下所有人的情欲都相同，这就叫做“人性本身具有的情欲”。　[29] 遂：原指田间水沟，引申为通达。　[30] 贼人以逞欲：通过侵害别人的权益来放纵自己的情欲。　[31] 以上几句话的意思是：当喜好和厌恶之情已经形成之后，如果一个人不顾别人的感受来表现自己的喜好或厌恶，而忘记他人也有与自己一样的情感和心愿，往往就会以残害他人为前提，来放纵自己的欲望。所谓反躬自省，就是考虑别人为满足欲望而危害我的时候，我便会有什么样的感同身受。人们的情欲能够得到公平合理的满足，就是爱好与厌恶的感情都是恰到好处，这才合乎天理。　[32]《庄子》：又称《南华真经》，为先秦道家思想的代表性著作。　[33] 庖（páo）丁：庖，厨师，一个名叫丁的厨师。文惠君：一般认为是梁惠王，魏国国君，建都大梁，谥号为惠。　[34] 郤（xì）：空隙、裂缝。　[35] 窾（kuǎn）：空洞、孔穴，这里指骨节空隙处。　[36] 因其固然：顺着牛体本来的生理经络。　[37] 技经：即经络。技，通“枝”，枝脉。经，经脉。肯：骨头之间的肉。綮（qìng）：相连的地方。未尝：没有碰到过。　[38] 大軱（gū）：盘骨、大节骨。 [39]彼节者有间：牛的骨节之间有空隙。 [40]无厚：形容刀刃很薄很锋利。 [41]引文见《庄子·养生主》。以上几句话的意思是：《庄子》中说到，庖丁在为梁惠王杀牛时，自称他是依据天理，把刀插入牛身的空隙中，在牛的骨节之间划开，顺着牛身的生理结构，牛刀连筋络骨节都碰不到，更何况大骨头呢？这里庖丁说的“天理”，就是他接下来讲的：牛的骨节有空隙，而我的刀很薄，用很薄的刀插入空隙之中。这就正好像天然形成的分理一样。古人所谓的“天理”，不像是后来二程、朱熹所称说的那种超乎人们想象的“天理”。

[点评]

相比上一节所论集中在文献考证的学术“理”而言，这一节增加了部分从社会生活、人事活动方面来说“理”的现实层面。戴震认为，探求人伦之“理”，最好的方法就是秉持絜矩之道，以审己度人。也就是说，凡是接人待物，对待他人的态度如何，反过来自己应该冷静地想一想：如果人家也是这样对待我，我能心甘情愿地接受吗？凡是责备他人的时候，反过来自己也要好好地想一想：如果人家也这样声严色厉地责备我，我能心悦诚服地全部接受吗？这就是戴震“心之所同然”及“以情絜情”“体情遂欲”的哲学论点，其实也就是孔子的“忠恕之道”，即“己欲立而立人，己欲达而达人”“己所不欲，勿施于人”的现实阐发与理论延伸。那么，如何“以情絜情而无爽失”？只有尽力用“己”之“情”去衡量“人”之“情”，用他人之“欲”来检视自己之“欲”，让别人心甘情愿，也能让自己心悦诚服，审己度人，能想到“忠恕”，做到“无过情无不及情”，实事求是，无过无不及，自然是达到合乎“理”的要求。

在厘清了“理”与“情”的关系之后，戴震说：“天理云者，言乎自然之分理也；自然之分理，以我之情絜人之情，而无不得其平是也。”也就是说，宋儒所谓的“天理”概念，现在应该释为“天”之“理”：“天”乃“自然”之义；“理”是指“分理”，综而言之，即指用我自己的真情实意去衡量和推度他人的真情实意，其间应该没有一点不公平的地方。很显然，戴震眼里的“天理”，已经没有了那种超乎常理、高高在上的神秘存在，它是真真切切、可以触摸到的实实在在的“理”，即使是表现人与人之间谈“情”论“欲”的“理”，也有眉目传神、顾盼生辉之类感同身受的情感表达。戴震引用《乐记》之言，意在说明天理与情欲是统一的，不是对立的。后儒把天理与情欲对立起来的观点，有悖于孔孟经典之意。现在需要迫切解决的问题，就是理清古圣贤所说的“天理”，与后儒程朱陆王所说的“天理”，已经不是一回事，它们是有根本分歧、截然不同的。为了更加深入地探讨情与理的问题，故有以下理据翔实的名义考论。

“以情絜情”是戴震的哲学用语，他认为用自己的情欲去推度别人的情欲，使每个人的情欲都得到平等的满足，这就是理，即“以我之情絜人之情，无不得其平是也”；“一人之欲，天下之所同欲也”。这种“人性一本”论，实际上是孔子“己所不欲，勿施于人”在乾嘉时代的新解释，一定程度上表达了明清时期新兴市民阶层平等合理的人性要求。

问：以情絜情而无爽失，于行事诚得其理矣。情与理之名何以异？

曰：在己与人皆谓之情，无过情无不及情之谓理。[1]《诗》曰[2]：“天生烝民[3]，有物有则[4]；民之秉彝[5]，好是懿德[6]。”孔子曰：“为此诗者，其知道乎[7]！”孟子申之曰[8]：“故有物必有则；民之秉彝也，故好是懿德。”[9]以秉持为经常曰则，以各如其区分曰理，以实之于言行曰懿德[10]。物者，事也；语其事，不出乎日用饮食而已矣；舍是而言理[11]，非古贤圣所谓理也。[12]

“情”指情感、情欲，反映的是自己与他人之间的实情，历来学者对“情”字有诸多不同的解释。戴震讲情每与“欲”字相提并论，“性之征于欲，声色臭味而爱畏分。既有欲矣，于是乎有情”。他对待“理”的解释也是一样，都在“性善”的范围之内。从社会生活的实际来讲，“理”就存在于“人伦日用”之中。所以，戴震指出求“理”的过程丝毫不能离开人的感情欲望和实际生活。

［注释］

[1]这句话的意思是：自己和别人具有人类共同的情感欲望，这种状况就叫做“情”；情欲适当，既没有过度，也没有缺憾，这种情形就叫做“理”。 [2]《诗》：又名《诗三百》《三百篇》《诗经》，是我国最早的一部诗歌总集。汉代尊为经典，始称《诗经》，为《五经》之一。本文所引诗句出自《诗经·大雅·烝民》。 [3]烝（zhēng）民：庶民、百姓。烝，众多。 [4]则：准则、法则、规律。 [5]秉（bǐng）彝（yí）：掌握不变的法则。 [6]懿（yì）德：美好的品德。这句话的意思是：上天生育众民，并赋予他们生存的法则；百姓秉持人伦常规，喜爱美好的品德。 [7]道：孔子视“道”为“仁礼”，指政治伦理和道德规范。戴震视之为“阴阳气化”、人伦日用，在此当作法则和规律来理解。 [8]申：表明、申述，这里是特别强调的意思。 [9]这句话的意思是：孟子强调说：“有事物，必定有它存在发展的规则；老百姓遵守人伦常规，和谐相处，共享天伦之乐，所以自会喜爱美好的品德。”这个“则”之所以很重要，既有孔子的赞颂，又有孟子的申述，就

是因为人天生都有善良的德性，懂得人性善，故能乐善好施，向善而行。戴震在此借用“有物有则”这个议题，来说明每一事物都有它自身的规律和准则。 [10] 实：原义是指以货物充于屋下，引申为充实、实行、贯彻。这句话的意思是：人们能够公认并遵守的人伦规范，就叫做法则；能按各种事物的本质加以区分，辨明出它的本来面目，就叫做理；能把法则和理贯彻落实于言行之中，就叫做美德。 [11] 舍：舍弃。是：这个。意指离开了这些内容。 [12] 这句话的意思是：物，就是事；讲到事，不外乎人们的日常生活。如果离开了这些人伦日用来谈“理”，那就不是古圣贤所讲的“理”了。这是戴震针对后儒“理在事先”的观点所提出的“理在事中”论。

[点评]

戴震在上文已考论了“理”与“情”两个概念之间的关系，认为天理就是情欲获得了适当的满足，既没有过度，也没有不足，保持着中正平和的状态。尤其特别强调“有物有则”这一经典话题，它是指人有物质欲望，那是自然天性和自我生存的必然结果，作为饮食男女，“语其事，不出乎日用饮食而已矣；舍是而言理，非古贤圣所谓理也”。古圣贤所说的天理，就是指日常生活中自然情欲的法则，离开了衣、食、住、行基本生存需求的满足，也根本谈不上什么天理所在。戴震反复申述，认为谈论“理”，绝不能离开人的自然情感与生活日用，至于后儒所说的那一套“只论天理，无视欲望”的抽象神秘的“天理”论，那是违反基本人性的，必须加以揭露和批判。但同时，“以秉持为经常”的“则”也是极为重要的，它是人们遵循社会法则和人伦规范的基本要求。如果既能满足人们日用饮食的“物欲”条件，又能共同遵守人伦准则和道德规约，那么，这个社会自然就会成为“有物有则”、有情有理的和谐社会。

戴震这里所说的“情”“理”关系有两个向度：一方面是“以情絜情”。因为“理在事中”，所以理寓于情而不离乎情。只有情欲得到恰当的满足，且无过无不及，才符合“理”的要求；如果基本的日用饮食都得不到满足，那就不能称之为得“理”。另一方面是“情得其平”。平是指公平合理，符合一定的情理节度，有节制并非不要情欲，而是不能穷奢极欲，符合一定的节度，就是天理。从这个意义上说，情欲是天理的物质前提，若无主体人的生命存在和情感欲望，也就不存在天理了。因此，戴震就从根本上否定了宋儒用以建构那种神秘莫测的“天理”所必需的理论前提。

问：孟子云：“心之所同然者[1]，谓理也，义也；圣人先得我心之所同然耳。”是理又以心言，何也[2]？

曰：心之所同然始谓之理[3]，谓之义；则未至于同然[4]，存乎其人之意见[5]，非理也，非义也。凡一人以为然，天下万世皆曰“是不可以易也”[6]，此之谓同然。举理，以见心能区分；举

“心之所同然”与“己之意见”是戴震用来作为“真理”与“意见”的区分标准，也是为了实现“去私”“解蔽”、积善成德目标所做的努力。

义，以见心能裁断[7]。分之，各有其不易之则，名曰理；如斯而宜[8]，名曰义[9]。是故明理者，明其区分也[10]；精义者[11]，精其裁断也。不明，往往界于疑似而生惑；不精，往往杂于偏私而害道[12]。求理义而智不足者也，故不可谓之理义。[13]自非圣人[14]，鲜能无蔽[15]；有蔽之深，有蔽之浅者。人莫患乎蔽而自智，任其意见，执之为理义。[16]吾惧求理义者以意见当之，孰知民受其祸之所终极也哉！[17]

人的思想能够正确地分析事物，这就是“理”；能做出正确的判断，这就是“义”。如果思想受到蒙蔽而自以为是，常把个人意见当作理义，这将会对社会和他人直接或间接地带来许多伤害。

[注释]

[1] 同：相同、齐一。然：作动词用，认可、肯定，这里指具有共同认可与喜好的意思。 [2] 孟子所言“理也义也”，是就仁义礼智的总称来说的。引文见《孟子·告子上》。这句问话的意思是：孟子说过：“人心所共同爱好的东西，就是理义；圣贤是先知先觉的，能最先感知人们心里爱好的理义。”这里的“理”又是从心的角度来说的，这是为什么呢？ [3] 始：开始、最初、方才。 [4] 则：转折连词，然而、那么。至于：达到。 [5] 意见：人们对事物的一般看法或观点。这里是指戴震对“在位者”或“今之治人者”所谓“理”的嫌恶之称。 [6] 易：变易、改变。 [7] 裁断：鉴别、裁决、判断。这里是说“理”在于“区别”，“义”在于“裁断”。 [8] 宜：适当、相称。 [9] 义：合宜的道德、行为和道理。以上几句话的意思是：人心所共同肯定和普遍认同的，才能叫作“理”，叫作“义”。如果还没有达到人们普遍肯定的认

识，而只是存在于个别人心中的主张，就不是“理”，也不是“义”。凡是一个人认为该当如此的见解，天下万世的人都说这一见解是不能够改变的，那么这就是孟子说的一致肯定的“同然”之意了。孟子用“理”这个字来解释“同然”，是为了展示人心具有区分事物的功能；而用“义”来解释“同然”，则是为了说明人心有对事物做出裁断的功能。把事物区分开来，见到各自不同的条理和规则，就叫做理；能按它们各自的规律和法则去治理和解决，就叫做义。 [10]明：明白、清楚。 [11]精：精通、透彻。 [12]道：这里指人道，即人们日常生活和相互关系的礼仪准则。这句话的意思是：不通透事物之理，多是处于犹豫不定的状况，容易产生思想迷乱；不精通事物之义，自会夹杂着偏见私心，易于危害人道。 [13]这句话的意思是：若想探求理义，但能力达不到明理精义的高度，这样求得的东西，不能称为理义。 [14]自非：倘若不是。 [15]鲜（xiǎn）：很少。蔽：蒙蔽、遮掩、有障碍。这里指思想闭塞，意识不清。 [16]这句话的意思是：人最大的毛病就是对事物认识不清，却又刚愎自用，自以为是，硬把自己固执的意见当作大家所公认的理义。 [17]这句话的意思是：我最怕那些所谓求理求义的人，拿自己的一偏之见当作公理，他哪里知道老百姓所受到的这种独断专行、自以为是的祸害有多么悲哀和惨痛啊！

［点评］

这一段落中，戴震从“理”与“心之所同然”的关系来展开探求和诠释。这里首先需要留心的是共性的“理义”与私性的“意见”之间的根本差别。戴震认为，“理”的核心在于“区分”，“义”的重点在于“裁断”，两者都是“人心”自带的某种本领或机能，都离不开作为主体之人“心”的认识能力。同时，“理”属于认知领域，需要“明”；“义”则属于行为领域，需要“精”，“不明，往往界于疑似而生惑；不精，往往杂于偏私而害道”。换言之，“不明”就是对“理”的认知不清，“不精”就是对“义”的行为失控。

戴震认为，除了“先得我心之同然”的圣人以外，一般人在寻求“理义”的过程中，很少有不受蒙蔽的，只是受蒙蔽的深浅程度不同罢了。因受蒙蔽而产生的“意见”，便是某个人或某些人站在自己角度上的认知，但大多携带个人“私见”。那么，如何避免这种“私见”呢？戴震说“心之所同然”就可以作为衡量的标准。符合这个“同然”标准的，也可以称之为“理义”；没有达到“同然”的，都是一种“意见”。“理义”属于大家的共同认知，具有普遍性和客观性；“意见”属于少数人的私人见解，具有特殊性和主观性。可见，对“理义”与“意见”的区分，是戴震哲学体系中的一个重要概念，而最使戴震紧张和焦虑的问题，正是那些“今之治人者”随意将自己的“意见”当作公众应该做到的“理义”。这样的直接结果，就是连累了无数老百姓深受灾祸，“令士民摇手触禁，其蠹（xì，伤痛）伤深”，且后患无穷。

儒学自孔、孟奠定了基本框架之后，至两汉时代以经学形式一度成为官方意识形态，其后衰败长达近千年，直到进入宋代，以“新儒学”（或称理学）的形式再度兴盛。到了朱熹手里，融汇贯通，逐步形成“理学”思潮，宋理宗之后进入政治领域，得以在社会上广泛流布。

问：宋以来儒书之言，以理为“如有物焉，得于天而具于心”[1]；（《朱子语录》云[2]：“理无心则无着处[3]。”又云：“凡物有心而其中必虚，人心亦然；止这些虚处[4]，便包藏许多道理，推广得来，盖天盖地，莫不由此。此所以为人心之好欤！理在人心，是谓之性。心是神明之舍[5]，为一身之主宰；性便是许多道理得之天而具于心者。"[6]）今释《孟子》，乃曰"一人以为然，天下万世皆曰是不可易也，此之谓同然"，"是心之明，能于事情不爽失，使无过情无不及情之谓理"，非有物焉具于心矣。又以"未至于同然，存乎其人之意见，不可谓之理义"。在孟子言"圣人先得我心之同然"，固未尝轻以许人[7]，是圣人始能得理。然人莫不有家，进而国事，进而天下，岂待圣智而后行事欤[8]？

曰：《六经》、孔、孟之言以及传记群籍[9]，理字不多见。今虽至愚之人[10]，悖戾恣睢[11]，其处断一事，责诘一人[12]，莫不辄曰理者[13]，自宋以来始相习成俗[14]，则以理为"如有物焉，得于天而具于心"，因以心之意见当之也。于是负其气[15]，挟其势位[16]，加以口给者[17]，理伸[18]；力弱气慑[19]，口不能道辞者[20]，理屈[21]。呜呼，其孰谓以此制事[22]、以此制人之非理哉！[23]即

戴震《原善》说：在位者多凉德而善欺背，行暴虐而竞强用力，肆其贪而不异寇取。乱之本，鲜不成于上。这里的"在位者"是他对现实的真正所指，批判程朱则是学理上的根本工作。

这一节就是戴震“以理杀人”学说的文字来源。他认为，宋儒所谓“得于天而具于心”的“理”，并不是客观真理，大多都是主观臆想的一偏之见。他们“负其气，挟其势位，加以口给”，成为欺侮弱小的恶人。

其人廉洁自持[24]，心无私慝[25]，而至于处断一事，责诘一人，凭在己之意见，是其所是而非其所非，方自信严气正性[26]，嫉恶如仇，而不知事情之难得，是非之易失于偏，往往人受其祸，己且终身不寤[27]，或事后乃明，悔已无及。呜呼，其孰谓以此制事、以此治人之非理哉[28]！天下智者少而愚者多；以其心知明于众人[29]，则共推之为智，其去圣人甚远也[30]。以众人与其所共推为智[31]者较其得理，则众人之蔽必多[32]；以众人所共推为智者与圣人较其得理，则圣人然后无蔽。[33]凡事至而心应之[34]，其断于心，辄曰理如是[35]，古贤圣未尝以为理也。[36]不惟古贤圣未尝以为理[37]，昔之人异于今人之一启口而曰理，其亦不以为理也。[38]昔人知在己之意见不可以理名，而今人轻言之[39]。夫以理为“如有物焉，得于天而具于心”，未有不以意见当之者也。今使人任其意见，则谬；使人自求其情[40]，则得。[41]子贡问曰：“有一言而可以终身行之者乎？”子曰：“其恕乎！己所不欲，勿施于人。”《大学》言治国平天下，不过曰“所恶于上[42]，毋以使下[43]；所恶于下，毋以事上”[44]，以位之卑尊言也[45]；“所恶于前，毋以先后；所恶于后，毋以从前”，以长于我与我长言也[46]；“所恶于右，毋以交于左；所恶于左，毋以交于右”，以等于我言也[47]。曰“所不欲”，曰“所恶”，不过人之常情，不言理而理尽于此。惟以情絜情，故其于事也，非心出一意见以处之。苟舍情求理，其所谓理，无非意见也。[48]未有任其意见而不祸斯民者。[49]

《二程遗书》有“明道先生作县，凡坐处皆书‘视民如伤’四字。尝曰：颢常愧此四字。”大意是：程颢做县令时，在自己所坐之处都写上“视民如伤”以自警，说见到这四个字时常感到惭愧。可见宋儒与清儒一样地关心民生，视民如伤。戴震在这里对“昔之人”与“今之人”作了明确区分，用意可谓深远。

［注释］

[1] 天：凡自然所成非人力所为的都叫天，古人认为天是万物的主宰，宋儒这里就指有意志的天。具：具备、存在。心：心脏、意念，这里指思维器官。古人由于缺乏科学知识，不知道思维乃是大脑的性能，而误认为是心的功效，故常以人心来代表人的思想意识。 [2]《朱子语录》：又名《朱子语类》，是南宋理学家朱熹四十岁以后讲学言论及与弟子问答的语录汇编。先后由池州、饶州、建安、婺州所刊之《语录》，及眉州、徽州所刊之《语类》，有南宋末年黎靖德“考其同异，削其复者”，汇纂成今本《朱子语类》一百四十卷。 [3] 着处：安放、搁置的地方。 [4] 止：副词，只是、仅仅。 [5] 神明：天地万物的创造者和统治者，这里是指神秘性的“理”，即先天的存在和绝对精神。舍：客舍、止息之处。 [6] 引文见《朱子语类》卷九十八，朱熹阐述了理、心、性三者之间的关系。大致意思是：理来自于上天而藏于人心，没有心就没有落处。人心是中空的，里面包藏了很多道理。藏于人

心的理，是得自于上天的，这种性就是“天命之性”，它与“气质之性”不同，为“存理灭欲”论炮制了理论根据。 [7]“固未尝轻以许人”二句：本来就没有认为一般人可以轻易地得到“理”，而只有圣贤能够获得。固，原来、本来。许，附和、赞同。 [8]这句意为：但是人人都有家事，进而才有国家和天下的事情，难道一定要等待圣人智者出现以后才能来做事情吗？ [9]《六经》：是指经过孔子整理而传授下来的六部先秦经典著作，依次为《诗经》《书经》（即《尚书》）《仪礼》《易经》（即《周易》）《乐经》《春秋》。传（zhuàn）记群籍：指诠释儒家经典文献的著作，以及记载历史人物和史实的各种史料和书籍。 [10]至愚：愚昧无知、愚蠢至极。 [11]悖戾（lì）恣睢（suī）：违逆暴戾、任意胡为。 [12]责诘：责问、审讯。 [13]辄（zhé）：总是。 [14]相习成俗：相互感染，习以为常，形成一种民风习俗。 [15]负其气：依仗自己不可一世的嚣张气势。 [16]挟（xié）其势位：凭借他盛气凌人的权势地位。 [17]口给（jǐ）：伶牙利齿、能言善辩。 [18]伸：舒展、伸张。 [19]力弱气慑（shè）：力量弱小而又胆怯畏缩，这里是指社会上无权无势的人。 [20]口不能道辞者：拙于言辞、不善辩论的老实人。 [21]屈：短亏，有理也得不到伸张。 [22]制：裁制、处理。 [23]这句意为：唉，谁又能说用这套理由，来处理事情和制裁别人，是不合理不妥当的呢？戴震在这里用反问句和充满讽刺的口吻，揭露了“今之治人者”依仗权势，专横跋扈，以“歪理”欺压弱者的现象，表达了他对专制社会中劣绅污吏和道貌岸然的伪君子们巧舌如簧、为非作歹的强烈不满。 [24]即：让步连词，即使。廉洁自持：自我克制，保证自己清净廉洁。 [25]心无私慝（tè）：心里没有邪恶的念头。 [26]方：副词，正。严气正性：气，精神；性，秉性。指人精神严肃，秉性正直。 [27]寤：本义为睡醒，引申为觉悟、觉醒。 [28] 治：治理、管制。 [29] 心知明于众人：明，明智、高明，认知程度比一般人要高明许多。 [30] 去：离开、距离。 [31] 共推为智：由公众一起推举为智慧的人。 [32] 蔽：遮蔽、蒙蔽，这里指思想闭塞不通。 [33] 这句话的意思是：在圣人、智者、众人三者之中，用众人与智者的得理多少相比较，自然是众人蔽多而理少；用智者与圣人的得理情况相比较，自然是圣人得理多，而且无蔽。戴震这是用了一种认识和把握“理”的精准度，来作为区分圣人、智者、众人的评价标准。虽然与孔孟程朱的“生而知之”观点有所不同，但他夸大圣人“无蔽”还是很有思想局限的。 [34] 应：反应、响应。 [35] 如是：像这样。 [36] 这句话的意思是：凡是遇到事情而思想上就引起反应，主观上立即作出评判，动不动就说“理”原本就是这样的。但是，古代的贤人圣人并没有把它看作是“理”啊！ [37] 不惟：不仅、不单是。 [38] 这句话的意思是：不仅古代贤人圣人没有认为这就是“理”，从前的人与今天一开口就说“理”的人也不同，他们也不认为这就是“理”。 [39] 轻言：说话轻率、不慎重。 [40] 情：指实情、真情，指事物的客观实际情况。 [41] 这句意为：现在让人随意地按照自己的意见去处理事情，任性而为，那就要犯错误；如果让人能从这件事的真实情况中去寻求来龙去脉，并加认真研究和思考，“以情絜情”，那就能得到真正的“理”。 [42] 恶（wù）：厌恶、讨厌。 [43] 毋（wú）：不要。使：使用、支配。 [44] 事：侍奉、为……服务。 [45] 卑尊：卑与尊，指地位的高低与贵贱。 [46] 长于我与我长：指长辈、晚辈之间的关系。 [47] 等于我：指兄弟朋友之间的平等关系。 [48] 这句话的意思是：只有用自己的真情实感去推度别人的真情实感，处理事情的时候才不会用主观偏见去对待。如果离开客观的实际情况，去求所谓的“理”，那么这样的理即使得到了，无非就是个人的主观偏见而已。戴震在上述论“理”与“情”的基础上，极力主张要“以情絜情”，才能“情得其平”，得到合乎实情的公平与合理。 [49] 这句话的意思是：如果随性以主观偏见来办事，实际上就是在祸害老百姓。

[点评]

由上文可知，戴震认为宋儒混淆“理义”与“意见”之间的区别，随意将自己的“意见”等同于“理义”，导致“今之治人者”依仗权势，专横跋扈，以“歪理”欺压弱者的现象频频出现，这也是当时社会诸多祸害产生的原因之一。有鉴于此，戴震选择以溯源上古圣贤的经典原意，来探讨和还原“理”字的本来含义，指出“理”应该是全社会都能达成一致的共同认识，绝非一人一事的随性而为，“理在事中”“理在欲中”，要在具体“事情”中求得真“理”真“情”。他说“以意见为理，自宋以来莫敢致斥者，谓理在人心故也”，“理在事中”与“理在人心”是迥然不同的观点，自有完全不同的社会效应。社会上各种“意见”之所以都能够被当作“天理”来祸害老百姓，就是因为前有宋儒“理在人心”的思想作为支撑依据，并冠之以“天”，解释为“如有物焉，得于天而具于心”。因此，戴震认为只有将这个“得于天”的“理”批驳到位，击垮摧毁，才有可能纠正时下社会各种以“意见”冒充“理义”的做法，才有可能使民众少受或不受贪官污吏和伪君子的“口给”祸害。于是便有上面一大段自设宾主的感慨陈辞。

戴震的做法，按照今天的俗语来说，该叫做“摆事实，讲道理”。前者是对经典文字“理”的文献考证，后者就从现实生活的实际情况来讲“理在事中”“以情絜情”“情得其平”的哲理所在，这是对“事”（理论学说）不对“人”（理论提出者）的公允做法。至于戴震所批判的对象到底是谁？其实，他并没有确定到哪一位具体的人，而是针对“理”与“势位”的结合，控诉的是“挟其势位，加以口给者”，也就是那些以“理”之名“治事”，或以“理”之名“制人”的“今之治人者”。事实上，“理”的本身是正常无辜的，它不可能自动去坑害别人。那些祸害人的不是“理”，而是那些随时随地将“理”挂在嘴上、举在头上、满口仁义道德的伪君子。他们将所谓的“理”与自己所据的“势位”紧密结合在一起，于是就掌握了绝对的话语权。这样的“理”实际上是“势”，离开了这个“势”，那个高高在上的“理”也就不存在了，因此说它只是一个“虚理”。那些“今之治人者”扛着“虚理”的牌子，到处招摇撞骗，口念“孰谓……非理”，举手投足之间尽是盛气凌人；老百姓“莫敢致斥”，即使受到伤害，也敢怒不敢言，因为没有权“势”，也就没有了道“理”。此时的“理”也真的如同一实在之“物”，“得于天而具于心”，可以横扫一切，尽收于自己的“心”中。这样的“理”，充满了傲慢与偏见，无疑也就成了祸国殃民的工具。究其原因，自然会落实到宋儒自身及其“理在人心”的学说，这便是后儒们赖以言说的最好托辞。所以，戴震的批驳宋儒，当属于寻源究根，直面这个绕不过去的话题。

然而，这里需要特别指出的是，戴震在书中控诉和批判的对象主要是“今之治人者”，而话锋基本上是落在了“后儒”及其所推重的宋儒，并非专门针对“程朱”本身而言。后世学者往往有意无意地将戴震批判的矛头直指“程朱”，将他塑造成了一个“反程朱”的典型形象，确有过度诠释和想当然的成分，背离了历史事实，不是“就事论事”的态度。诚然，程朱学说随着历史的发展，必定产生流弊，这是自然规律，但不能以理学末流之弊而归罪于作始，更不能因程朱创始理学而诋毁其学术之全部，以一眚掩大德不是客观正确的态度。那种以戴震批判朱子为“讥骂洛闽”，忘本负恩，自是简单片面的“不得旨要”而已。

“意见”是古代哲学用语，多指偏于主观的意念。《论语·子罕》：“子绝四：毋意、毋必、毋固、毋我。”这里的“意”就是指“私意”，即“主观臆断”。

问：以意见为理，自宋以来莫敢致斥者[1]，谓理在人心故也。今曰理在事情，于心之所同然，洵无可疑矣[2]；孟子举以见人性之善，其说可得闻欤？[3]

曰：孟子言：“口之于味也，有同耆焉[4]；耳之于声也，有同听焉；目之于色也，有同美焉；至于心独无所同然乎？”[5]明理义之悦心，犹味之悦口、声之悦耳、色之悦目之为性。味也、声也、色也在物，而接于我之血气；理义在事，而接于我之心知。血气心知，有自具之能[6]：口能辨味，耳能辨声，目能辨色，心能辨夫理义[7]。味与声色，在物不在我，接于我之血气，能辨之而悦之；其悦者，必其尤美者也；理义在事情之条分缕析，接于我之心知，能辨之而悦之；其悦者，必其至是者也[8]。子产言“人生始化曰魄[9]，既生魄，阳曰魂[10]”；曾子言“阳之精气曰神，阴之精气曰灵，神灵者，品物之本也”[11]。盖耳之能听，目之能视，鼻之能臭[12]，口之知味，魄之为也，所谓灵也，阴主受者也[13]；心之精爽[14]，有思辄通，魂之为也，所谓神也，阳主施者也[15]。主施者断，主受者听，故孟子曰“耳目之官不思”，“心之官则思”[16]。是思者，心之能也。精爽有蔽隔而不能通之时，及其无蔽隔，无弗通[17]，乃以神明称之[18]。凡血气之属[19]，皆有精爽。其心之精爽，钜细不同[20]，如火光之照物，光小者，其照也近，所照者不谬也，所不照斯疑谬承之，不谬之谓得理；其光大者，其照也远，得理多而失理少。[21]且不特远近也[22]，光之及又有明暗，故于物有察有不察[23]；察者近其实[24]，不察斯疑谬承之，疑谬之谓失理。

戴震反对“理在事先”，而肯定“理在事中”，要人们认识真理，必须用“耳目口鼻”去接触，用“心之明”去分析和研究各种事物。

戴震以光照为喻，认为想要“所照者不谬”，就必须通过后天的学习，“惟学可以增其不足而进于智”，甚至可以达到圣人的高度。

失理者，限于质之昧[25]，所谓愚也。惟学可以增益其不足而进于智，益之不已，至乎其极，如日月有明，容光必照[26]，则圣人矣。[27] 此《中庸》“虽愚必明”[28]，《孟子》“扩而充之之谓圣人”[29]。神明之盛也，其于事靡不得理，斯仁义礼智全矣。[30] 故理义非他，所照所察者之不谬也。[31] 何以不谬？心之神明也。人之异于禽兽者，虽同有精爽，而人能进于神明也。理义岂别若一物，求之所照所察之外；而人之精爽能进于神明，岂求诸气禀之外哉！[32]

[注释]

[1] 致斥：予以斥责，给予反驳。致，给予。 [2] 洵：诚然、确实。 [3] 这句问话的意思是：人们现在已经习惯了那些有权有势的人把自己的意见当作是理，也没有人站出来反驳他。现在你说天理不在人，而在事情中，大家都非常赞同认可，也的确没有什么值得怀疑之处；但孟子用“理义”来说明人性是善的，这种说法是什么意思，能否讲给我们听听呢？ [4] 耆（shì）：同“嗜”，喜爱、嗜好。 [5] 这段引文见《孟子・告子上》，意思是：人们的口对于味道，都有相同的嗜好；耳朵对于声音，也有相同的听觉；眼睛对于容色，有相同的美感；至于人心，难道唯独没有相同的爱好吗？这里，孟子以口、耳、目对于味、声、色的共同爱好，来论证人心也有共同的喜好，以此来宣扬认知、把握理

义是先天就存在于人心之中的能力。戴震借孟子的话来说明人心能够认知理义，它与口、耳、目能够辨别味、声、色一样，都是人本身所具有的禀赋和能力。 [6] 自具之能：自身所具有的天赋能力。 [7] 这里的“夫”是一个虚词。 [8] 至是者：最精确的。 [9] 子产：姓公孙，名侨，字子产，春秋末期郑国的大夫、政治家。始化：最初形成。魄：指依附于人的形体而存在的精神。 [10] 魂：指不依附于人的形体而存在的精神。 [11] 曾子：孔子的学生曾参，字子舆，鲁国人，春秋末期的思想家。品物：指万物、各种具体的事物。以上引文分别见《左传·昭公七年》《大戴礼记·曾子天圆篇》，意思是说：子产称“人一生下来就成形体的叫做身体，有了身体，就有身上所依附的精神”；曾子讲“阳的精气叫做神，阴的精气叫做灵，神灵这个东西，是万事万物的根本所在”。戴震这里借用二人的话，强调形体与精神都是人所天赋本有的，它们有着不同的功用。 [12] 臭：同“嗅”，辨别气味。 [13] 主受者：这里指人接受外界事物的感官，即耳、目、鼻、口。 [14] 精爽：指初始的精神和意识，如感觉、知觉等，泛指认识能力。 [15] 主施者：这里指人主管和支配感觉的思维器官，也就是心。 [16]引文见《孟子·告子上》，意思是“耳目这类感觉器官是不会思考的”，“心这个器官则是用来思考的”。孟子的本意是轻视这种直接感触外物的感觉器官的作用，把它看作是认识的障碍；而强调天赋予人的“心”这个思维器官的思考作用，认为通过“心”的思考就能得到天赋善性。戴震常用“血气心知”来说明人的认识作用是以人的生理结构为前提，这里是借用孟子的话来解释感官与心的作用是有区别的，但人的感知明察可以达到理性的正确认识。 [17] 弗：副词，不。 [18] 神明：古人对于神的总称，这里指人的精神和智慧。这句话的意思是：称之为精爽，是指对事物的初步认识还带有蒙蔽色彩，意识还不能通达明了；到了认识不受任何遮蔽的时候，思想就会清楚明白，畅通无碍，这叫做神明。 [19] 血气之属：这里指人和动物。 [20] 钜细：指大小、著微。钜，同“巨”。 [21] 这句话的意思是：人的认识能力有大有小、有强有弱，好像火光照物一样，光弱的只能照得近，能看清楚明白，就不会发生错误；照不到位就看不清楚，疑惑和错误也会自然产生；光照强的就照得远，人看得分明，容易得到真相，少犯错误。戴震借用光照一事来比喻人们认识事物的能力和过程，肯定了认识对象的客观性、真理的可知性，以及人具有认识事物规律的洞察能力。 [22] 不特：不但、不仅。特，只、独。 [23] 察：洞察、看清楚。 [24] 近其实：充分掌握事物的本质。 [25] 质：本质、才质。昧：幽暗不明，看不清楚。 [26] 容光：指容纳光线的小缝隙，大明照幽微也。容，容纳。 [27] 这句话的意思是：人们只要坚持读书学习，就能弥补先天才质上的不足，逐渐聪明起来，不断进步而达到自己能力的顶点。就像日月之光，能够穿透幽微的隙缝，照亮所到之处，那就相当于达到圣人的境界了。戴震在这里特别强调人可以通过刻苦学习，不断提高认知能力，最终也可达到圣人的精神高度。 [28] 虽愚必明：虽然是很愚昧的人，通过努力学习和内心修养，也一定会变得聪明睿智且有涵养。 [29] 扩而充之之谓圣人：引文出自《孟子·公孙丑上》，原意是说：不断扩充自己固有的善性，即可成为圣人。 [30] 这句话的意思是：人们只要努力学习，扩充认知水平，当思维达到一定高度，对于事物的规律尽行掌握，仁义礼智也就完美无缺了。 [31] 这句话的意思是：理义不是别的，而是对客观事物完全正确的思考和把握。 [32] 气禀：人生来对气的禀受，这里指人和物的实体。这句话的意思是：理义不是独立存在的东西，它不可能在人的认知对象之外求得。人的认知能力虽然可以达到一定的理性思维高度，但也不能从人的形体之外获得。这是戴震用譬喻的方法，对“以理为如有物焉”及“理义若别有一物”所做的具体而微的批判。他认为离开事物本身而去外求所谓理义，就如同在人的形体之外去探求人的认知能力和思维高度，的确是一件很荒谬的事情。由此而进一步肯定了“理在事中”，人的思维活动必须存在于人的形体之中。

[点评]

戴震自来反对宋儒把“性”分为“天命之性”和“气质之性”，认为“性”不是二分的，而是一元的，“血气心知”就是“性”的实体，而老、庄、佛教把血气心知分而为二，是严重错误的。同时，他也不同意宋儒把性归诸天，以别于人和物，又把人与性分而为二的做法。这部分内容就是他从本体论和认识论的角度，展开的对“理义若别有一物”的形上学的切实批判。

戴震认为，天下万事万物，作为认知客体，只有通过心的感知才能认识外物。外部世界的事物不断撞击主体人的感官，从而引起心的回应，产生感知或认知。譬如味、声、色是客观存在的事物，它不存在于我心之中，即“心外无物”“心外无事”。只有物的味、声、色，通过与人的口、耳、目等感官相接触，刺激了口、耳、目的神经系统，才能辨别味、声、色的存在物。心知与口、耳、目的感官不同，它不是通过简单地与外物接触而产生的，它接触的对象不一定是物，更多的是事，即事情；它所分辨的也不仅是味、声、色，而重点在理义。从认知的角度来说，血气（口、耳、目之对于味、声、色）与心知是两个不同的层次，两者不能等同，更不能混淆。简单来说，血气相当于感性认识阶段，心知相当于理性认知阶段。所以，戴震以天下之声、色、嗅、味为客观性标准，是因为主体耳、目、鼻、口与客体声、色、嗅、味的响应，符合了这个主客体之间的真理性标准。

在戴震的哲学逻辑结构中，“物”既指客观世界的万事万物，也指事情经条分缕析之后所得到的规律性的“理”，“照物”也就是“照理”。这段关于“照物”的话有三层意思：一是光照范围小，照不远，只能照近处，照到的地方真实不谬，得到了一种真理性的认识，叫作得理；照不到的地方，虽然不能认清它的真实面目，便会产生疑惑和错误，但在感觉、知觉和表象认识阶段，也包含着对事物真理性、规律性、本质性的认识，即感性认识形式中寓有理性的认知形式。二是光照范围大，照得远，对于事物本质性的认识就多一些，非本质性的错误认识也会少一些。同时，在“中理”“得理”的理性认识中，亦同样富有感性认识的形式。这样，人的认识形式就不是单一的，而是多样的、互补的、交叉性的。三是除了光照的范围大小之外，还有明暗强弱的差别。火光明亮，照到的事物就清晰，人们看得清楚，这就叫作察。明察事物，是讲客观事物的真实面貌能够完全被认识和反映出来。火光微弱暗淡，照事物就不会清晰，看上去很模糊，这就叫作不察。不察，疑惑和错误便存在其中。因此，凡是能对事物做出本质性的认识，都是火光所照所察的结果。既然理义是人的认知对于客观事物所照所察的结果，那么理义也就不可能是离开所照所察之物而独立存在的精神本体。因为理义是人心对于客观事物所照所察的结果，光照是让主体的认识完成由感性认识上升到理性认识的一个过程，两者如果能完美结合，就能使血气上升至心知，最终达到神明之境。

问：后儒以人之有嗜欲出于气禀[1]，而理者，别于气禀者也。今谓心之精爽，学以扩充之，进于神明，则于事靡不得理，是求理于气禀之外者非矣。孟子专举“理义”以明“性善”何也[2]？

曰：古人言性，但以气禀言，未尝明言理义为性，盖不待言而可知也。至孟子时，异说纷起[3]，以理义为圣人治天下之具，设此一法以强之从，害道之言皆由外理义而生。[4]人徒知耳之于声，目之于色、鼻之于臭、口之于味之为性，而不知心之于理义，亦犹耳目鼻口之于声色臭味也，故曰“至于心独无所同然乎”，盖就其所知以证明其所不知，举声色臭味之欲归之耳目鼻口，举理义之好归之心，皆内也，非外也，比而合之以解天下之惑，俾晓然无疑于理义之为性，害道之言庶几可以息矣。[5]孟子明人心之通于理

精爽即精神魂魄。《左传·昭公七年》有“用物精多，则魂魄强，是以有精爽至于神明”。《三国志·蒋济传》有“欢娱之耽，害于精爽；神太用则竭，形太劳则弊”。段玉裁作《戴东原先生年谱》曾以“神太劳则弊”感叹戴震为编纂《四库全书》而鞠躬尽瘁，死而后已。

宋儒认为人的欲望出于气禀，所以他们在气禀之外增加了一个“理义之性”，于是有了“气质之性”与“天命之性”（又名义理之性、天地之性、本然之性）的严重对立。而戴震指出性就是气禀，依据所禀受的阴阳五行之气形成形体和思维。

义[6]，与耳目鼻口之通于声色臭味，咸根诸性[7]，非由后起。后儒见孟子言性，则曰理义，则曰仁义礼智，不得其说[8]，遂于气禀之外增一理义之性[9]，归之孟子矣。

[注释]

[1] 嗜欲：嗜好与欲望，指肉体感官上追求物质享受的愿望和要求。 [2] 性善：这是孟子提出的人性本善、生而有之的观点，即指人先天就具有仁、义、礼、智等道德伦理思想观念。 [3] 异说：这里是指在人性善恶问题上，与孟子的性善论有所不同的学说。 [4] 这段话的意思是：古人说到“性”，是指实实在在的“气禀”，即人物的实体，与谈论“理”是实理一样。到了孟子时代，在人性善恶问题上出现了种种不同的说法，有人以“理义”作为圣人治理天下的工具，设立一个以理义为标准的法则，来强制人们遵从。这种惑乱圣贤之道的做法和言论，都是通过外在的理义而强加于人的内心，从而产生“性”的种种不同观点。 [5] 这两句话的意思是：人们一般只知道耳朵喜欢好听的声音，眼睛笃爱好看的颜色，鼻子喜爱好闻的气味，嘴巴喜好好吃的味道，这些追求物质享受的愿望，都是人的天性。然而，很少有人知道，人心对于理义的喜爱，也像耳、目、鼻、口喜欢声、色、嗅、味的感觉一样，也属于人性的范畴。所以，孟子说：“对于人心来说，难道就独独没有相同的爱好吗？”这就是他根据“已知”去类同和证明“未知”，就是把人对于声色嗅味的欲望归属于耳目鼻口的嗜好，而把人对于理义的爱好归属于心的功能。这些都是人所固有的本性，而不是从外面什么地方强加给人的。对上述这

些现象进行类比综合，来解除天下人的疑惑，使得人们清楚明白地把心对于理义的爱好也看作是人的本性，则害道的言论也就差不多可以休止了。 [6] 明：讲明、阐明。 [7] 咸根诸性：都归根于人的本性。诸，合音词，相当于"之于"。 [8] 不得其说：不能理解和领会孟子性善论的观点。 [9] 遂：于是、就。理义之性：宋儒把血气心知分而为二，以"天命之性"对立于"气质之性"。他们认为理义之性就是"天命之性"，它是人先天具有的善性，是"得于天而具于心"的存在。

［点评］

孟子认为，人心和理义是相通的，如同人的耳朵、眼睛、鼻子、嘴巴与声音、颜色、气味、滋味的对应关系一样，都是根源于人的本性，并非经过后天的训练才形成的。所以，上古圣贤在谈论人的本性时，只是从禀赋气质的角度来说的，没有明确地说到理义就是人性；稍后的各种学说，如扬雄主张善恶相混，董仲舒、韩愈主张"性三品"等层出不穷。到了宋代，儒家学者们则将"理"解释成"如有物焉，得于天而具于心"，以为理义不是人的本性，而是圣人治理天下的工具。设立这样一个标准也是为了强制人们去遵从它，把"理"和"义"看作是从外面强加于人的一种先验的存在，即在人所禀赋的"气质"概念外，又增加一个"理义之性"，于是"理义"或"仁义礼智"就是这个"天命之性"。这无疑使"理"丢掉了客观衡量的标准，为那些以个人"意见"充当"理义"的人寻找到能够横行霸道、胡作非为的理由。

针对宋儒将人的欲望完全归于人的气禀，也叫"气质之性”，戴震则主张所谓性就是气禀，是人禀受阴阳五行之气而形成的形体（血气）和思维（心知）。作为主体的人，对于客体事物的认知，犹如“火光照物”一样，在漆黑的夜里或黑暗的房间里，人们自然看不见东西，但可以借助火光照亮而得以辨认，能够感觉到光照同一事物的不同方面，这种特性属于感官有“自具之能”。其他譬如耳能辨声，目能辨色，口能辨味，鼻能辨嗅等，都是一样的道理。

问：声色臭味之欲亦宜根于心[1]，今专以理义之好为根于心，于“好是懿德”固然矣，抑声色臭味之欲徒根于耳目鼻口欤？[2]心，君乎百体者也[3]，百体之能，皆心之能也，岂耳悦声，目悦色，鼻悦臭，口悦味，非心悦之乎？[4]

曰：否。心能使耳目鼻口[5]，不能代耳目鼻口之能，彼其能者各自具也，故不能相为。[6]人物受形于天地，故恒与之相通。[7]盖天地之间，有声也，有色也，有臭也，有味也；举声色臭味，则盈天地间者无或遗矣。[8]外内相通，其开窍也[9]，是为耳目鼻口。五行有生克[10]，生则相得，克则相逆，血气之得其养、失其养系焉[11]。资于外足以养其内[12]，此皆阴阳五行之所为，外之盈天地之间，内之备于吾身，外内相得无间而养道备[13]。“民之质矣[14]，日用饮食”，自古及今，以为道之经也[15]。血气各资以养，而开窍于耳目鼻口以通之，既于是通，故各成其能而分职司之[16]。孔子曰：“少之时，血气未定，戒之在色；及其长也，血气方刚，戒之在斗；及其老也，血气既衰，戒之在得。”[17]血气之所为不一，举凡身之嗜欲根于血气明矣，非根于心也。[18]孟子曰“理义之悦我心，犹刍豢之悦我口”[19]，非喻言也[20]。凡人行一事，有当于理义[21]，其心气必畅然自得；悖于理义，心气必沮丧自失[22]，以此见心之于理义，一同乎血气之于嗜欲，皆性使然耳[23]。耳目鼻口之官，臣道也[24]；心之官，君道也[25]；臣效其能而君正其可否[26]。理义非他，可否之而当，是谓理义。[27]然又非心出一意以可否之也，非心出一意可否之，何异强制之乎！[28]是故就事物言，非事物之外别有理义也；“有物必有则”[29]，以其则正其物，如是而已矣。[30]就人心言，非别有理以予之而具于心也；心之神明，于事物咸足以知其不易之则，

《诗经》这一句常被戴震引用，也是他的血气心知、人伦日用和“体民之情，遂民之欲”学说的重要思想源头。

戴震《与某书》说：学以牖吾心知，犹饮食以养吾血气，虽愚必明，虽柔必强。

戴震以光照为喻，认为想要“所照者不谬”，就必须通过后天的学习，“唯学可以增其不足而进于智”，甚至可以达到圣人的高度。

譬有光皆能照，而中理者[31]，乃其光盛，其照不谬也。[32]

[注释]

[1] 宜：合适、应该。根于心：根本于心。 [2] 抑：连词，表示轻微的转折，那么。这句话的意思是：人们对于声、色、嗅、味的渴求想往也应该归属于心，或称之为“天命之性”，现在只把对理义的喜好看作是来源于“天命之性”，这对于“爱好美德”来说固然是这样的情况，那么人对于声、色、嗅、味的嗜好难道也只来源于耳、目、鼻、口吗？ [3] 君：君主，引申为统治、支配。 [4] 这句话的意思是：心的作用是统领人的五官四肢，所以五官四肢的功能，也应该都属于心的功能。耳朵喜欢好听的声音，眼睛笃爱好看的颜色，鼻子喜爱好闻的气味，嘴巴喜好好吃的味道，难道不是心所喜爱的吗？ [5] 使：命令、任用。 [6] 这句话的意思是：心能够支配耳、目、鼻、口，而不能代替它们的作用。它们具有各自不同的功能，各行其是，所以不能够相互替代。 [7] 恒：永恒、长久。这句话的意思是：人和物的形体是通过禀受天地阴阳五行之气而形成的，所以人和物永远都与天地之间相连通。 [8] 盈：充满、有余。这句话的意思是：天地之间，除了充满声、色、嗅、味，就再没有遗漏什么其他的东西了。 [9] 开窍：中医指开通人体孔窍，这里指意念贯通，思维畅达。 [10] 五行有生克：五行指水、火、木、金、土五种物质，是古人用来说明世界万物的形成及其相互关系。相生是指相互生发和促进，即木生火，火生土，土生金，金生水，水生木；相克是指相互克服和排斥，即金克木，木克土，土克水，水克火，火克金。五行相生与相克学说在古代颇为流行，

又与阴阳学说连在一起，强调物质世界的整体性和系统性，以及事物之间的运动形式和转化关系。阴阳重在对立统一，五行是原始形态的系统论。 [11] 系：捆绑、连结、关联。 [12] 资：资助、供养。外：指有形的物质养料。内：指无形的滋补营养。 [13] 相得无间：彼此投合，没有隔阂。这里指人体的需要与所供应的营养之间妥当协调。这句话的意思是：从外界获取的物质养料，足以养育人的身体，这都是阴阳五行系统运动的功效。从外部看，是阴阳五行充满了天地之间；从内部看，阴阳五行也存在于人体运行之中。从外界获取的物质养料，足以养育人的身体，内外协调，养生之道也就完备了。 [14] 质：质朴、朴素、不加修饰和掩饰。 [15] 经：织布的纵线叫经，与纬相对，引申为经典、原则。引文见《诗经·小雅·天保》，意思是：老百姓是极为质朴的，他们的要求就是吃饭穿衣过日子。自古以来，都被看作是人伦日用最起码的人生道理。 [16] 各成其能而分职司之：人的耳、目、鼻、口等器官，分别按照各自的功能，主管相对应的职事。能，能力、功能；司，掌管、管理。 [17] 这段引文见《论语·季氏》，语意易解。戴震在此引用孔子的这段话，意在说明每个人的身体都会经历自少到壮到老的过程，而每个过程中对于物质的需求和精神欲望都有所不同，它们都根源于人体本身的应时需要，以此来充分肯定人欲就是人的自然本性，不可或缺。 [18] 这句话的意思是：人的血气在不同年龄阶段，所具有的功能与作用是不一样的。它反映了人身的一切嗜好和欲望，都根源于肉体血气，而不是人心所造成的。 [19] 刍（chú）豢（huàn）：这里指牛羊与猪狗之类。刍，割草，引申为牛羊牲口吃草。豢，喂养，引申为饲养猪狗。引文见《孟子·告子上》，孟子用人们天生就喜欢吃肉食，来比喻人也是天生喜欢心中的理义，道理是一样的。 [20] 非喻言：

不是比喻的说法。 [21] 当：恰当、符合。 [22] 沮（jǔ）丧自失：指心灰意冷、垂头丧气，义与“畅然自得”相对。 [23] 皆性使然：都是人性所造成的。 [24] 臣道：做臣子的道理和本分。 [25] 君道：帝王治国的基本理念与统治权术，也叫帝王之术。 [26] 效：贡献、效力。正：正当、纠正。这句话的意思是：人的耳、目、鼻、口都是感知器官，只有心是思维器官。思维器官是支配感知器官的，就是说心的意念支配着耳、目、鼻、口的活动。感知器官各自具有感知外物的功能，思维器官负责判定它们是否正确。 [27] 这句话的意思是：理义不是别的什么神秘物件，只是人心能恰当判断感觉是否正确，那就叫做理义。 [28] 这句话的意思是：不是任何一个臆断情由的主观偏见，都能用来判断客观是非的。否则，就是用自己的傲慢与偏见，强加给客观事实以随心所欲的理由。 [29] 则：规律、法则。戴震常用“正”“则”二字强调对社会伦理规范的重视。 [30] 这句话的意思是：所以就探讨的事物来说，不是在它本体之外别有一个什么“理义”的存在。只要有事物，就一定有它自己本身的规律和法则。同时，可以用事物自身的法则，去衡量和鉴别它本身所具有的规律。情况就这么简单，没有什么神秘的。 [31] 中（zhòng）：适合、符合。 [32] 这句话的意思是：就人心来说，根本没有别样一个什么“理”被安放在人心中间；心（脑）的思维能力，足以认识到它面对的客观事物所具有的规则，犹如光能照亮所到之处。如果符合事物之“理”，那在明亮的光照之下，一定会照得清楚明白，丝毫不差。

[点评]

戴震认为，人之物欲和心（脑）之理义，都是自然而然的东西，没有什么神秘性可言。心能产生理义，同肉体产生欲望一样，都是由人性所决定的。人的耳、目、鼻、口是感知器官，只有心是思维器官。心的意念支配着耳、目、鼻、口的活动。人心可以指挥人的感觉器官，但不能替代它们的功能。从古到今，日常饮食作为人们滋养身体的常道，四肢器官各自从中获取营养，以耳朵、眼睛、鼻子、嘴巴这些生理器官来实现人体内部血气心知与外部精神的沟通。人的血气心知按照各自功能不同而承担相应的职事。他的行为如果符合理义，就一定会神清气爽、畅然自得；反之，一定会心灰意冷、沮丧自失。

人与世间万物的形体，都是禀受天地阴阳五行之气而成的，所以，人永远都与天地万物相沟通。人心和理义的关系，犹如血气和嗜欲的关系一样，都是人性的客观规律和天地自然运行的结果。所以，理义并非是天所赋予人心之中的某种不可描述的东西，而是通过对事物观察分析而得到的不易之则，它同样也存在于“气禀”之内，且可通过“精爽”能够进于“神明”，正如戴震所言“理义岂别若一物，求之所照所察之外；而人之精爽能进于神明，岂求诸气禀之外哉”，当然也更不会是“如有物焉，得于天而具于心”了，根本就没有别一个什么“理”安放在人心中间。人心的思维能力与生理需求和功能一样，都是自然和天生的，没有什么神秘可言。换言之，“理”不来自于“天”，它是万事万物本身自带的规律，如同饿了吃饭、渴了喝水一样，是一件极其普通平常的事。既然“理”没有什么神秘性、权威性，便从根本上抽空了“以理杀人”的形上学基础。

问：学者多识前言往行[1]，可以增益己之所不足；宋儒谓“理得于天而藏于心”，殆因问学之得于古贤圣而藏于心[2]，比类以为说欤[3]？

戴震指斥“今之人”扛着宋儒“如有物焉，得于天而具于心”的“理”，随心所欲地发表“意见”，颠倒黑白，肆虐无度。

曰：人之血气心知本乎阴阳五行者，性也。[4]如血气资饮食以养[5]，其化也[6]，即为我之血气，非复所饮食之物矣[7]；心知之资于问学，其自得之也亦然[8]。以血气言，昔者弱而今者强，是血气之得其养也；以心知言，昔者狭小而今也广大，昔者暗昧而今也明察，是心知之得其养也，故曰“虽愚必明”。人之血气心知，其天定者往往不齐[9]，得养不得养[10]，遂至于大异。[11]苟知问学犹饮食，则贵其化[12]，不贵其不化。记问之学[13]，入而不化者也。[14]自得之，则居之安[15]，资之深[16]，取之左右逢其源[17]，我之心知，极而至乎圣人之神明矣。[18]神明者，犹然心也，非心自心而所得者藏于中之谓也。心自心而所得者藏于中，以之言学，尚为物而不化之学，况以之言性乎！[19]

孟子最先注重心的作用，认为“心”有先验的道德本性，即其“四端”学说。又认为“心”是思维器官，“心之官则思”，“不思则不得”。心，犹大脑。戴震承续孟子，也认为心（脑）能产生理义，同肉体能产生欲望一样，都由性所决定。而心中形成的理义，是通过对事物观察分析而得到的不易之则，与宋儒所说心是天所给予的理念有很大的不同。

［注释］

[1] 前言往行：指前代圣贤的言与行。 [2] 殆（dài）：副词，大概、恐怕。 [3] 比类以为说：按类排比，通过比较以得出结

论。［4］这句话的意思是：人的形体知觉形成于阴阳五行的运行之气，这是人的本质属性。［5］养：养育、保养，这里指生理上的滋养。［6］化：变化、造化。［7］非复：不再是、不像是。［8］自得之：指自己感到满意或得意。［9］天定者：天命所定、生来具有的。［10］养：教育、培养，这里指后天的知识培育。［11］这句话的意思是：人的身体机能和思维能力，先天就有一些差别；后天在身体上是否得以滋补营养，在智力上是否得以学习提升，其结果是大不相同的。［12］贵：重视、崇尚。［13］记问之学：读书只是死记硬背，对学问没有融会贯通，不成思想体系。［14］这两句话的意思是：如果懂得读书学习对于认知的提升也像饮食健康对于身体强健一样，那么就应重视对所学的东西加以消化和理解，避免只会记诵书本，而无丝毫思想体会的记问之学。［15］居之安：这里指读书环境安宁，心境淡泊安稳。［16］资之深：这里指知识积累丰富，学养根底深厚。成语"居安资深"即由此而来。［17］逢其源：原意是遇到充足的水源，这里比喻做事得心应手，应付自如。［18］这句话由简化《孟子·离娄下》而来，意思是：自己主动去消化和理解所学到的东西，就能够牢固地掌握而不会动摇。这样获得的知识，才能积蓄得很深，用时才能信手拈来，运用自如；就像遇到水源一样，取之不尽，用之不竭。如果能长久做到这样，我们的认知就能达到与圣人一样的神明境界了。［19］这两句话的意思是：神明就是这种人心的知觉和智慧，不是说心是另外一种东西，能把所得知识藏于其中。如果用这种眼光来看待读书学习，那不过是食古不化的死学问，也用不着以它来讨论人性了。戴震这是把神明看作是人心的具体认知或智力活动，与那种"得于天而具于心"的观点是有很大区别的。

［点评］

戴震认为心是一种纯粹的理性判断器官，与其它的人体器官相比而言，心不仅有知觉，而且心的知觉最为灵敏，故称之为“心知”。戴震很重视《孟子》“心之官则思”对于“心”的解读，认为“心”可以感知外物，并且具有自身的思维功能，即“人之神明出心，中正无邪，其明德与天合矣”，意思是当“心知”达到“神明”状态时，便完成了心、理达到统一的境界，主体上则可以与天地合其德了。这里与“心知”相对应的，是“血气”的概念。在戴震的意识里，虽然还没有现代科学意识层面上的心理学认知，但他已经能够把人的认知能力看作某种心理功能，进而来解释“心”能够产生意识的能力，知道血气即是活的身体，是心知的前提和物质基础，这些身体器官与心的关系可比作“君臣”，即上文所言“耳目鼻口之官，臣道也；心之官，君道也”。

戴震十分重视读书学习，认为可以通过学习从古圣贤那里得到的东西，融化而形成自己的思想和个性，重要的是融会贯通，变化气质，否则便是“入而不化”的记问之学。他曾举例说，人的肉体通过取用饮食获得滋养，在消化之后就成为了人的血气；同理，人的心智也是通过获取学问而得到智识滋养，两者的运行方式是一样的。就滋养身体而言，过去身体虚弱的人，现在都变得很强壮了，这是因为人的血气得到滋养的结果；就培育心智而言，过去见识狭窄而浅陋的人，现在都变得广博而深刻了；昔日昏庸愚昧的人，现在也变得异常明智而聪慧了，这都是人的心智得到滋养的结果。但同时，每个人的肉体与心智往往又不一样，加之后天环境的熏染和影响，有的能够得到调养和学习，对所学的东西加以积极地消化和吸收，对所学的知识理解深透，吸收成为自己的东西。然而，大多数的人却根本做不到这些，于是他们之间就越来越拉开了精神品质的差距。诚然，戴震的“心之明”以问学为途径，充满了一定的理智主义色彩，期望最终达到仁义礼智的完美境界。所以，他这里就不厌其烦地强调读书学习的重要性，阐述他的“仁且智”学说。

问：宋以来之言理也，其说为“不出于理则出于欲，不出于欲则出于理”，故辨乎理欲之界，以为君子小人于此焉分。今以情之不爽失为理，是理者存乎欲者也，然则无欲亦非欤？[1]

曰：孟子言“养心莫善于寡欲”[2]，明乎欲不可无也，寡之而已。人之生也，莫病于无以遂其生[3]。欲遂其生，亦遂人之生，仁也；欲遂其生，至于戕人之生而不顾者[4]，不仁也。[5]不仁实始于欲遂其生之心；使其无此欲，必无不仁矣。然使其无此欲，则于天下之人，生道穷促[6]，亦将漠然视之[7]。己不必遂其生，而遂

欲心本是道家强调的观念，指众生所具的希求、欲望之心，即“美善者，生于欲心”，欲心动乱，正性迷失。戴震说人欲并非都是邪恶，但是不可放纵。能让人的情欲既不过分也不缺失，就是得了天理。所以，天理就是节制人的欲望。

人之生，无是情也。然则谓“不出于正则出于邪[8]，不出于邪则出于正”，可也；谓“不出于理则出于欲，不出于欲则出于理”，不可也。[9]欲[10]，其物；理，其则也。[11]不出于邪而出于正，犹往往有意见之偏，未能得理。而宋以来之言理欲也，徒以为正邪之辨而已矣[12]，不出于邪而出于正，则谓以理应事矣[13]。理与事分为二而与意见合为一，是以害事。[14]夫事至而应者，心也；心有所蔽，则于事情未之能得，又安能得理乎[15]！

《诗经·烝民》有“天生烝民，有物有则”，戴震以此对照，明确“欲，其物；理，其则”，“物”是自然的实体实事，“理”是必然的规律。

［注释］

[1] 这一段话的意思是：宋代以来凡谈论“理”的，都认为“不是出于理就是出于欲，不是出于欲就是出于理”，把辨别理、欲的界限作为划分君子与小人的直接标准。现在把情欲得到适当的满足且不出差错，称之为理，这种理存在于人的情欲之中。但是这样说来，难道无欲也是不对的吗？ [2] 养心：涵养心志，保养善心。寡欲：尽量减少欲望。这句引文见于《孟子·尽心下》，意思是：修养内心的方法，没有比减少欲望更好的了。 [3] 病：指病情加重，引申为忧虑、痛苦。遂：通达、满足。这句话的意思是：对于人的一生来说，没有比不能满足自己生存欲望更痛苦的事情了。 [4] 戕（qiāng）：残杀、伤害。 [5] 这句话的意思是：想要满足自己的生存欲望，同时也不要吹灭别人的希望，这就是

仁；为了满足自己的私欲，而去伤害别人，且毫不顾惜，这就是不仁。 [6] 生道穷促：生存条件极为艰难，处境困厄窘迫。穷促，又作“穷蹙”。 [7] 漠然视之：指对人或事物态度冷淡，放在一边不加理会。 [8] 正：中正不斜，这里指思想行为符合“理”的要求。邪：邪恶、不正当，这里指过分追求物质欲望，违背了“理”的原始本义。 [9] 这句话表达的意思是：邪、正是对立关系，二者互不相容；理、欲是统一关系，二者互为融合，故有“理在欲中”之说。 [10] 欲：本义是贪欲，指饮食男女在日常生活中表现出的愿望和要求。 [11] 这句话的意思是：欲是不以人的意志为转移的客观存在的事物，理是客观事物的伦理和法则。欲和理，就是物和则，即《诗经》中的“有物有则”。 [12] 辨：分别、辨认。 [13] 以理应事：用先验性的“理”来看待处理的事情。这句话的意思是：然而，自宋以来谈论理和欲，都是把它俩替换或等同于正与邪的区别，结果便是意见不出于邪而出于正，就等于说是用“理”来处理事情了。 [14] 这句话的意思是：把先验的理与客观的事对立起来，又与“偏见”合成一个东西，这样做的危害性就非常大了。 [15] 安：疑问代词，怎么、哪里。这句话的意思是：事情压过来了，能够产生自然反应的，是心；心若蔽塞了，对于事情的表面现象就看不清楚，这样怎么能够掌握事情的伦理法则呢！

［点评］

戴震认为，人是生物的一种，生存的欲望、衣食住行的需求是必须的，只是合理就行，不要穷奢极欲。这里的合理就包含节制情欲的意思，情欲无过无不及，这便是天理。人生在世，最大的痛苦莫过于无法维持自己的生存所需。一个人想要生存，同时也能考虑到别人如何得以生存，就是仁心仁义；那种为了满足自己的私欲而不惜伤害别人，就是不仁不义。人生需要有欲望，如果没有，那他对困厄窘迫的生存处境也将会漠不关心，视而不见；如果自己都不想维持生命了，他也不可能会费尽心思去顾及他人。所以，“理”与“欲”是互为融合的统一关系。“欲”是客观存在的，“理”是它体现出的规律法则，即“物之则”，故“欲”与“理”体现的是一种事物与该事物自身规律之间的统一关系。戴震就是继承了孟子的思想，认为正、邪为“正偏关系”，而不是非此即彼的“对立关系”，故而提出“理”与“欲”同在、“理存于欲”的学说。但自宋代以后，人们却把“理”与“欲”看作是“正”与“邪”的截然对立，认为人的言论如果不是出于邪恶，就是出于正当，把“理”与“欲”的统一当作势不两立的对抗状态。于是把“义理”与“欲望”完全对立，认为只有“义理”是正当的，“欲望”是邪恶的，由此而转变为一种主观的意见，又将“意见”当作“理”，并与随心所欲的“偏见”合而为一，这样就有害于处理事情，使民众深受其祸。所以，与其说《孟子字义疏证》的内容是批判程朱理学，毋宁说是借批判理学之名，来抨击强权势利者的“以理杀人”。

自老氏贵于“抱一”[1]，贵于“无欲”[2]，庄周书则曰：“圣人之静也，非曰静也善，故静也；万物无足以挠心者[3]，故静也。”“水静犹明，而况精神，圣人之心静乎！”“夫虚静恬淡，寂寞无为者[4]，天地之平[5]，而道德之至。”[6]周子《通书》曰[7]：“‘圣可学乎？’曰：‘可。’‘有要乎[8]？’曰：‘有。’请问焉。曰：‘一为要。一者，无欲也；无欲则静虚动直[9]。静虚则明，明则通；动直则公，公则溥[10]。明通公溥，庶矣哉[11]！’”此即老、庄、释氏之说。朱子亦屡言“人欲所蔽”[12]，皆以为无欲则无蔽，非《中庸》“虽愚必明”之道也。有生而愚者，虽无欲，亦愚也。凡出于欲，无非以生以养之事，欲之失为私[13]，不为蔽[14]。自以为得理，而所执之实谬，乃蔽而不明。天下古今之人，其大患[15]，私与蔽二端而已。私生于欲之失，蔽生于知之失；欲生于血气，知生于心。[16]因私而咎欲[17]，因欲而咎血气；因蔽而咎知，因知而咎心，老氏所以言“常使民无知无欲”；彼自外其形骸[18]，贵其真宰[19]；后之释氏，其论说似异而实同。[20]

周敦颐是北宋理学思想的开山鼻祖，他融合儒、释、道，提出的无极、太极、阴阳、五行、动静、主静、至诚、无欲、顺化等概念，成为中国哲学史范畴体系中的重要内容。其哲学思想的核心就是一个“诚”字。二程的“扩大”，朱熹的“集大成”，实际都是在他的思想基础上的完善和系统化而已。

［注释］

[1] 抱一：见《老子》第二十二章。一，指道；抱一是指执守于一个最普遍、最基本的规律“道”，在天下万事万物的变化中不

断调整，将事情做到尽善尽美。 [2] 无欲：见《老子》第三章。指不被欲望所支配，没有物质欲望。 [3] 挠（náo）心：搅动思绪，扰乱思想。 [4] 虚静恬淡，寂寞无为：虚静恬淡是指一种清虚空明、淡泊宁静的心态。寂寞无为是指内心孤独、无所事事的样子。 [5] 平：平舒、平坦，这里是指公平、平均。 [6] 引文见《庄子·天道》，三句引文的意思是：①“圣人守静，并不是因为静是善的，所以才去守静，而是因为万物不足以扰乱他的思绪，所以能够守静。”②“水静尚且明澈，何况精神呢？圣人的心是多么地安静呀！”③“能够达到虚静恬淡、寂寞无为的那种精神境界，就是天地之极则、道德之高标。”这些话都体现了庄周“守静绝欲”“无欲无为”的思想境界。 [7] 周子：即周敦颐（1017—1073），字茂叔，后人称他濂溪先生，道州营道（今湖南道县）人，北宋著名理学家，著有《太极图说》《通书》。 [8] 要：本义指腰，引申为要领、关键。 [9] 静虚动直：是主谓式联合词组。静虚，指清净无欲。动直，指行为正直。 [10] 溥：同“普”，广大、普遍。 [11] 庶：差不多、可能就。这一段引文见《周子全书》卷九《通书·圣学》，大意是圣人可以通过学习达到抱一无欲的境界，生活恬淡质朴，心境宁静平和，既能虚怀若谷，又能正直有力，这种无私无畏、清静淡泊的心态，就和圣人差不多了。 [12] 人欲所蔽：见朱熹《大学章句》，意思是说人性之所以变坏，是由于被人欲所蒙蔽而造成的。 [13] 私：与“公”相对，指过分地考虑自己而没有公德心。 [14] 蔽：遮盖，这里指思想蔽塞，对事物的认识模糊不清。 [15] 患：灾难、忧虑。 [16] 这两句话的意思是：天下古今之人的最大祸患，就是“私”与“蔽”两事。私产生于欲望过分，蔽产生于认知错误；欲望根源于人体的物质需求，认知错误根源于人心的“私”与“蔽”。 [17] 咎：罪责、归罪于。 [18] 形骸：形体和骸骨，这里指人的肉体。 [19] 真宰：

宇宙的主宰、自然之性，这里指精神实体。[20]这句话的意思是：把个人的私欲完全归罪于人的欲望，又把欲望归罪于人的肉体需要；如同把思想蔽塞归罪于人的认识，又把认知错误归罪于人心一样，所以老氏要求“常使老百姓处于无知无欲状态”，这就属于轻视肉体的基本需求，而重视精神层面的虚空境界。后来有佛教“一切有为法如梦幻泡影”之类的说法，似乎与老氏的思想有所不同，但实质上却是相通相似的。

［点评］

这一节文字主要是罗列老庄之学、宋儒之理，为理学家的“存理灭欲”说找出证据，也是为自己下一步的批判树立目标和靶子。戴震指出，宋明理学家的理欲观，虽属因袭儒家传统思想，但对佛、道两教的“无欲”“坐忘”观也有所吸收，即杂于老、释而不自知，已经不是纯粹的儒家思想正脉。所以，他的批判方法是由对孔孟经典的诠释入手，逐层剥离宋儒的误解和曲解。为了确保自己发言的正统性和正确性，必须借助圣贤的金玉良言为大旗，其良苦用心，在在可见。这是因为清代前中期，还是以理学作为意识形态的政治标准，一如康熙所赞朱熹为“集大成而绪千百年绝传之学，开愚蒙而立亿万世一定之归”，要想动摇程朱理学的历史地位和深远影响，不免会触动朝廷的政治底线，一旦察觉你有所违反或悖逆，便是“冒天下之大不韪”，将会遭受如哥白尼诛心、布鲁诺焚死一样的灭顶之灾，譬如康乾时期的文字狱，就有因此而遭遇满门抄斩、诛灭九族者。有鉴于此，戴震只能“披着经言的外衣”，与宋明理学家来争夺对孔孟经典著作解释的权力空间，虽是不得已而为之，但也是最为明智的选择。因为孔孟经典是封建社会公认的伦理准则，凭借对孟子学说的阐释，从根本上揭露宋儒“阳儒而阴释”的真面目。尽管出于义愤而显得有些片面性，但在打破理学的一统局面，揭露事实真相方面，还是很有积极作用的。

宋儒出入于老释，（程叔子撰《明道先生行状》云[1]：“自十五六时，闻周茂叔论道，遂厌科举之业[2]，慨然有求道之志[3]，泛滥于诸家[4]、出入于老释者几十年，返求诸《六经》[5]，然后得之。”吕与叔撰《横渠先生行状》云[6]：“范文正公劝读《中庸》[7]，先生读其书，虽爱之，犹以为未足，又访诸释老之书[8]，累年[9]，尽究其说[10]，知无所得，返而求之《六经》。”《朱子语类》廖德明《录癸巳所闻》[11]：“先生言：二三年前见得此事尚鹘突[12]，为他佛说得相似，近年来方看得分晓。”考朱子慕禅学在十五六时[13]，年二十四，见李愿中[14]，教以看圣贤言语[15]，而其后复入于释氏。至癸巳，年四十四矣。）故杂乎老释之言以为言。

宋代的儒学，由唐代的韩愈、李翱开其先声，以理学的面目出现，主要特色在于阐释义理，兼谈性命，以北宋五子（邵雍、周敦颐、张载、程颢、程颐）为主导。其中二程被认为是北宋理学的实际开创者。

［注释］

[1] 程叔子：即程颐（1033—1107），字正叔，后人称他伊川先生，河南洛阳人。明道先生：即程颐之兄程颢（1032—1085），字伯淳，后人称他明道先生。兄弟二人同学于周敦颐（茂叔），成为北宋理学主要创始人，世称“二程”，后人编有《二程全书》。行状：也称行述或事略，是叙述死者生平事迹的文章，为撰写墓志和史官立传作依据。 [2] 科举：从隋唐到清代，朝廷为了选拔官吏而设立的考试制度，因采用分科取士之法，所以叫做科举。 [3] 慨然：感慨地、慷慨地，指情绪激动、奋发昂扬的样子。 [4] 泛滥于诸家：广泛地阅览诸子百家的著作。 [5] 返求：回过头来仔细地探求。 [6] 吕与叔：即吕大临（1040—1092），字与叔，北宋著名学者、金石学家，京兆蓝田人，二程的弟子。横渠先生：即张载（1020—1077），字子厚，凤翔郿县横渠镇人，故世称横渠先生，讲学于关中，其学派被称为“关学”，著作由后人编为《张子全书》。 [7] 范文正公：即范仲淹（989—1052），字希文，北宋政治家、文学家，苏州吴县人，著有《范文正公集》。 [8] 访诸：访，本义为询问，引申为探寻、查访。诸，之于。 [9] 累年：连续多年。累，堆叠、积累。 [10] 尽究其说：全部而深入地研究了老、释的学说。 [11] 廖德明：朱熹的弟子，字子晦，福建南平人，著有《槎溪集》，《宋史》有传。癸巳：指南宋孝宗乾道九年，即公元1173年。廖德明《录癸巳所闻》载于《朱子语类》卷一百一十三。 [12] 此事：指儒家普遍遵循的格物致知、居敬持志的修身涵养功夫。鹘（hú）突：指糊涂、不明事理。 [13] 禅学：狭义是指佛教禅宗“见性成道”的学说，广义是指整个佛教戒、定、慧的思想。 [14] 李愿中：即朱熹的老师李侗（1093—1163），字愿中，世称延平先生，福建南平人，朱熹将其语录编辑成《延平答问》一书。 [15] 圣贤言语：指以

孔孟为代表的上古圣贤的著作和言论。圣贤，指品德高尚、才智超凡的人，与一般士人、庸人相对。

［点评］

这一节文字实际上只有一句话："宋儒出入于老释，故杂乎老释之言以为言"，是对宋明理学思想来源因素的一个考定，其他文字都是用前人的著述文献来梳理和考证这一说法，并以附注的形式呈现出来，从周敦颐、二程、张载、吕大临、范仲淹、李侗、廖德明的言行记录中，证实了老氏、佛教与宋儒思想之间密切的关系，说明三者之间思想有所不同，但实质上都是一致的。宋儒对于道教和佛教的理论，都有较为深入的涉猎和钻研，即使他们后来转身而返，入室操戈地批判佛老，但已是浑身浸润濡染了两家的思想，所述所传已不尽是孔孟的原始精神了。

对于人性之私，戴震曾在《原善》和《与某书》里感叹道：今之人，私之见为欺也，在心为无良，必肆其寇虐。在位者多凉德而善欺背，肆其贪而不异寇取。如果明乎怀土怀惠，则为政必有道矣。可谓洞察历史，审视现实，希冀未来。戴震一生困苦至极，但一直心怀乐观。

《诗》曰："民之质矣，日用饮食。"《记》曰[1]："饮食男女，人之大欲存焉。"圣人治天下，体民之情[2]，遂民之欲，而王道备[3]。人知老、庄、释氏异于圣人，闻其无欲之说，犹未之信也；于宋儒，则信以为同于圣人；理欲之分，人人能言之。故今之治人者，视古贤圣体民之情，遂民之欲，多出于鄙细隐曲[4]，不措诸意[5]，不足为怪，而及其责以理也，不难举旷世之高节[6]，著于义而罪之。[7]尊者以理责卑，长者以理责幼，贵者以理责贱[8]，虽失[9]，谓之顺[10]；卑者、幼者、贱者以理争之，虽得[11]，谓之逆[12]。于是下之人不能以天下之同情、天下所同欲达之于上；上以理责其下[13]，而在下之罪，人人不胜指数。人死于法[14]，犹有怜之者；死于理，其谁怜之！[15]呜呼，杂乎老释之言以为言，其祸甚于申韩如是也[16]！《六经》、孔、孟之书，岂尝以理为如有物焉，外乎人之性之发为情欲者[17]，而强制之也哉！[18]孟子告齐梁之君[19]，曰“与民同乐”，曰“省刑罚，薄税敛”，曰“必使仰足以事父母[20]，俯足以畜妻子[21]”，曰“居者有积仓[22]，行者有裹囊[23]”，曰“内无怨女，外无旷夫[24]”，仁政如是，王道如是而已矣。

这段话的所指对象是“今之治人者”，而不是宋儒或程朱，所要表达的诉求也极为具体实在——“体民之情，遂民之欲”。戴震把自己的悲愤和呐喊夹杂在这些学术性文字里，既是无奈，也极具深意。

这段文字是戴震“以理杀人”说的代表性经典语言，已经溢出了文字疏证范围，经常被人引用。其言惨痛之烈，无以复加。

[注释]

[1]《记》：即《礼记》，又名《小戴礼记》，为西汉戴圣编著，凡四十九篇，是秦汉以前儒家有关“礼”的记述和思想的汇编。引文见于《礼记·礼运》。 [2] 民：本义指奴隶，引申为百

姓、普通人。本书指卑者、幼者、贱者，与尊者、长者、贵者相对。 [3] 王道：指先王所行之正道。儒家以“德行仁政”治天下，故称“王道”，与“以力假仁”的“霸道”相对。这句话的意思是：圣人以仁义治理天下，能够“体民之情，遂民之欲”，满足他们人伦日用的基本生存条件，这样就具备了“王道”的品质。 [4] 鄙细：古时指出身地位极为下贱低微的奴隶。隐曲：隐蔽委曲，有难言之隐。这里指微不足道的生活琐事。 [5] 措：本义是放置，引申为安排、处置。 [6] 旷世之高节：旷世指当代没有能相比的，高节指高尚的节操。意为在当代能堪称圣贤君子的典范人物。 [7] 这整句话的意思是：所以，当下那些掌握生杀予夺话语权的尊者、长者、贵者，他们从未把古代圣贤体察百姓日常生活情欲的琐事放在心上，这是由来已久的事，不足为怪；但这些“今之治人者”用“理”来责备别人时，却能张口随意地举出当代一些圣贤君子，作为道德绑架的标准和典范，以道德的名义和不切实际的要求，胁迫或攻击卑者、幼者、贱者，并给予他们以各种不实的罪名。 [8] 尊者、长者、贵者：指当时拥有政权、族权、神权、夫权、绝对话语权的社会上层。 [9] 失：丢失、过失。 [10] 顺：符合、依从，这里指有理、合理。 [11] 得：获取、得到，与“失”相对。 [12] 逆：本义为迎接，引申为背逆、反对，这里指违背、无理。 [13] 理：本义为顺着玉的纹理解剖它，宋儒从中细绎出“天理”的概念，后被统治者利用而发展成为伦理精神工具。 [14] 法：这里是指由朝廷制定或认可，并以依靠强制力来确保对统治者有利的社会秩序为目的的行为规范体系，主要是用来镇压和迫害民众的政治法律制度。 [15] 这句话的意思是：人若死于犯法，还有人去同情和怜悯他；若死在“你没理”上，又有谁去同情你呢！ [16] 申韩：是战国时申不害、韩非子二人的合称，后世常以“申韩”作为法家的代名词。申不害，郑国人，精于刑名权术之学，著有《申子》一书。韩非子，战国末期韩国贵族，荀子的弟子，著有《韩非子》一书，因遭同门李斯嫉妒，冤死在狱中。 [17] 发：本义为射箭，引申为展现、表达。 [18] 这句话的意思是：《六经》、孔、孟之书，从来没有把“理”当作一种先验之物，让它离开人性的自然情欲，而能够独立存在，并强制人们去服从它。 [19] 齐梁之君：指战国时齐国国君齐宣王、魏国国君梁惠王，二人都曾向孟子请教过治国之方。齐宣王，妫姓，田氏，名辟疆，广建稷下学宫；魏惠王，即梁惠王，姬姓，魏氏，名罃，魏国由他迁都于大梁。 [20] 仰：本义是抬头向上，这里指对上负责。 [21] 俯：本义是低头向下，这里指对下负责。畜：饲养禽畜，引申为赡养、抚育。 [22] 积仓：贮存谷物的粮仓。 [23] 裹囊：携带粮食的包裹。 [24] 旷夫怨女：指年龄已大而尚未婚配的男女。以上引文均见《孟子·梁惠王》。

［点评］

这一节文字，是戴震在经典考证基础上的义理和思想的阐发，可谓有理有据，言辞激烈，内容与感情上，与他的《与某书》颇为吻合，常为人所引用。此节多引征《孟子》之言，来论证天理和人欲的关系，正面强调“体民之情，遂民之欲”的社会政治理想，谴责当时那些掌握生杀予夺话语权的尊者、长者、贵者，不把古代圣贤体察百姓日常生活情欲的琐事放在心上，却常用“理”来道德绑架，胁迫或攻击卑者、幼者、贱者，并给予各种不实的罪名，意在保证“存天理，灭人欲”学说能够“长生久视”。特别是在程朱理学被列为官方政治哲学，能长期深入人心的情况下，如何揭露它的虚伪性和欺骗性，则是一个很艰难的工作。究其实，那些“今之治人者”之所以敢于奸诈、残暴、贪婪，就在于他们垄断且掌控着“理”这个绝对超越的形而上的最高法则，加之以康熙《圣谕十六条》及雍正《圣谕广训》之类的经世伦理、宗法制度和道德规范，俨然成为民众生活方式的支配者和制裁者，时时处处干预着老百姓的日常生活，因为他们手上时刻高举着一张得“理”不饶人的大招牌。

作为一介书生，为了砍倒这块金字招牌，当然不可能直接对着皇帝的“圣谕”开刀宣战，怎么办？戴震的策略就是从这个“理”字的思想根源的挖掘入手，反对把“理”看成“如有物焉，得于天而具于心”的超验之物，证明它不是来自于“天”，而只是人世间普通平常的东西，只有在“事情”中才能求得真“理”，后儒所谓的“天理”，上下追溯下来，也不外乎饮食男女的“情”和“欲”而已。如果从朝廷角度来看，只有体恤老百姓的生存之难，满足他们的衣食住行的“情欲”，在保证人的起码生存条件基础上，才能接下去谈论“王道之治”的事情。如果不能“体民之情，遂民之欲”，继续坚持“存天理，灭人欲”的主张，那就必须加以批判，“以理杀人”便是戴震举起的一面与之相对抗的思想旗帜。他鉴于“天下受其害者众”，于是发愤著述，摧毁“天理”与“意见”，“为臣民诉上天”，让尊者、长者、贵者明白“天地之大德曰生”，使卑者、幼者、贱者得以实现“民之质矣，日用饮食”的最低愿望。

问：《乐记》言灭天理而穷人欲，其言有似于以理欲为邪正之别，何也？[1]

曰：性，譬则水也；欲，譬则水之流也；节而不过[2]，则为依乎天理[3]，为相生养之道，譬则水由地中行也；穷人欲而至于有悖逆诈伪之心，有淫佚作乱之事，譬则洪水横流，泛滥于中国也。[4]圣人教之反躬，以己之加于人，设人如是加于己[5]，而思躬受之之情，譬则禹之行水，行其所无事[6]，非恶泛滥而塞其流也[7]。恶泛滥而塞其流，其立说之工者且直绝其源[8]，是遏欲无欲之喻也[9]。“口之于味也，目之于色也，耳之于声也，鼻之于臭也，四肢之于安佚也”[10]，此后儒视为人欲之私者，而孟子曰“性也”，继之曰“有命焉”。命者，限制之名，如命之东则不得而西，言性之欲之不可无节也。[11]节而不过，则依乎天理；非以天理为正，人欲为邪也。天理者，节其欲而不穷人欲也。是故欲不可穷，非不可有；有而节之，使无过情，无不及情，可谓之非天理乎！[12]

戴震强调人的正当情欲是非常必要的、合理的，“天理”应该是“节其欲而不穷人欲”，这才是真正的“天理”。朱熹也说过“饮食者，天理也；要求美味，人欲也”，其用意重在“正君心，去淫奢”。但随着时代的变迁却被赋载了相反的作用，成为统治者剥削和压迫人民的工具。这一点戴震也应该很清楚。

[注释]

[1]这句话的意思是：《乐记》中讲到灭天理而穷人欲，这好像是把理、欲与正、邪一样看待，视为势如水火、不能两存的概念，这是什么原因呢？　[2]节：本义为竹节，引申为法度、节制。　[3]依：依靠、依据。　[4]这句话的意思是：性，就好比水一样；欲，就譬如水的流行。对欲望加以节制而不让它过分，这就是符合天理的，也是人们相生相养的天道伦理，就好像水在地中自然流行一样舒缓雅致，向善而行。但是，如果放纵人欲，骄奢淫逸，存有作奸犯科、大逆不道的罪恶思想，乃至于做尽了虚伪欺诈、违法乱纪的邪恶之事，那就好比洪水泛滥，殃及全国了。[5]设：本义为设置，作虚词的连词，意为假设、倘若。[6]行其所无事：按照事物的运行规律，顺其自然地行动。这里是指按照水流的规律，引导它自然流淌。　[7]恶（wù）：厌恶、憎恨，与"好（hào）"相对。　[8]立说之工者：指在理论学说上粉饰得极为精巧美妙的人。工，精巧、细致。　[9]遏（è）：阻止、压制。这两句话的意思是：圣人教育人们要善于反躬自省，对照着来检查自己是否把意见强加于别人的时候，有没有考虑到如果别人也这样把意见强加于自己头上时，你会产生什么样的感情。这就好比大禹治水一样，要按照水流的规律去引导它顺利地自然流淌，而不是害怕水的泛滥而加以断绝和阻碍。惧怕水泛滥而阻塞它的流淌，却巧舌如簧地从理论上说得天衣无缝，事实上如同直接阻绝了水源，这是一种对"遏欲"和"无欲"的类比论说。　[10]这段文字，上文已有解释，引文见《孟子·尽心下》。戴震认为，后儒把孟子所说的人们对于饮食男女、身体安逸的追求，纯粹看作是"人欲之私"，这就违背了孟子以为是"性也""命也"的原本意义。佚（yì），隐遁、安闲，通"逸"。　[11]这句话的意思是：命，是限制的意思，譬如命令它向东，它就不能朝西，说明这是人的本性

所固有的情欲，不能没有限定和节制。[12]在这三句话中，戴震强调人的正当情欲是非常必要的、合理的，“天理”应该是“节其欲而不穷人欲”。换句话说，就是不可穷奢极欲、过分享乐，但决不能说人不可能没有情欲。这才是真正的“天理”啊！

［点评］

理、欲之辨，由来已久，《礼记·乐记》已经有所探讨，至宋儒程朱而有所论定。戴震所说的“情欲”与“理义”的关系，在于以“以情絜情”为关键和枢纽，从中协调理欲各自的内涵及其对立统一性，说明人的情欲需要得到合理的满足，这合理中就包含了节制情欲的成分在里面。然而，节制不是放弃正常的情感欲望，更不是消灭它，只是不能“过分”，更不能穷奢极欲。反之，如果情欲得不到满足，可能影响到生存问题，那就是“不及”，也是不合“天理”的。情欲无过不及，才是真正的天理。无过不及，是指合理的节度，称为“中和”或“中节”。所以，戴震说人的欲望有节制而不过分，才是顺从天理而行，天理也会支撑你正当存在的理由。天理人欲相互依存，和谐共生，如同水在河里自由流淌一样；如果一味地放纵人欲，骄奢淫逸，人欲就会冲破“合理”的堤坝，如同洪水肆意奔流，最终的毁灭也可想而知。

问：《中庸》言“君子戒慎乎其所不睹[1]，恐惧乎其所不闻[2]”，言“君子必慎其独[3]”，后儒因有存理遏欲之说。今曰“欲譬则水之流”，则流固不可塞；诚使水由地中行，斯无往不得其自然之分理；存此意以遏其泛滥，于义未为不可通。然《中庸》之言，不徒治之于泛滥也，其意可得闻欤？[4]

曰：所谓“戒慎恐惧”者，以敬肆言也[5]。凡对人者，接于目而睹，则戒慎其仪容[6]；接于耳而闻，则恐惧有愆谬[7]。君子虽未对人亦如是，盖敬而不敢少肆也，篇末云“君子不动而敬，不言而信”是也。[8]所谓“慎独”者，以邪正言也。[9]凡有所行，端皆起于志意[10]，如见之端起于隐，显之端起于微，其志意既动，人不见也，篇末云“君子内省不疚[11]，无恶于志，君子之所不可及者，其唯人之所不见乎”是也。[12]盖方未应事，则敬肆分；事至而动，则邪正分。[13]敬者恒自检柙[14]，肆则反是；正者不牵于私，邪则反是。[15]必敬必正，而意见或偏，犹未能语于得理；虽智足以得理，而不敬则多疏失，不正则尽虚伪。[16]三者，一虞于疏[17]，一严于伪[18]，一患于偏[19]，各有所取也。[20]

从《中庸》“戒慎”“恐惧”“慎独”等概念入手，剖析人性，坚守卫道立场。认为如果人有偏见、疏忽或虚伪，都将无法得到理。

[注释]

[1] 戒慎：指警惕而谨慎。戒，警戒、防备。慎，慎重、小心。乎：这里作介词，同“于”，在。睹：看到、瞧见。　[2] 恐惧：指人面临危险情境时所产生的害怕、警惕的情绪。　[3] 慎其独：慎，谨慎；独，独自一人。今“慎独”一词已成为儒学话题中的一个重要概念，指一个人在独处的时候，即使没有其他人监督，也能自觉遵守道德准则。引文见《中庸》第一章。　[4] 这两句话的意思是：你说是人欲就好比水的自由奔流，现在要去堵塞它，当然是不应该、不合理的；如果真让水势自由流淌，那它不管流到什么地方，都会顺应地势，自由自在，涓涓潺潺，所谓上善若水是也；同样的道理，如果想要去遏制人的正常生存需求和人情欲望，也是一样不合情理和道义的。然而《中庸》这里所说的话，不是局限于防范人欲泛滥，那它的真正含义可以讲给我们听一听吗？　[5] 敬：本义为严肃，引申为警惕、恭敬。肆：本义为长发，引申为铺陈、放肆，这里用作与“敬”相对之义，指纵情恣意，放纵一切。　[6] 仪容：指人的仪表和容貌。　[7] 愆（qiān）谬：过失、错误。整句话的意思是：一般人在与人交流时，如果对方盯着自己看，这时就会特别注意自己的仪表和行为动作；当对方仔细听讲时，就会害怕自己什么地方说错了话。　[8] 这句话的意思是：君子即使在没有接触别人时，也会始终如一地注意自己的仪表和行为，恭敬而谦逊，不敢有丝毫放肆行为。《中庸》篇末说“君子不行动也能恭敬自律，不讲话也能笃诚守信”，讲的就是这个道理。　[9] 戴震在这里强调涵养身心，明德修身，认为能够做到“慎独”就是“正”，反之便是“邪”。　[10] 志意：指思想、精神、意志，该词来自《荀子 · 修身》。　[11] 疚：本义指久病，引申为痛苦、愧疚。　[12] 这句话的意思是：凡是人要有所行动，都先

有思想苗头和迹象表现出来，开始的时候是隐约能够感觉得出来，稍后就能看到细微的显露。所以，人刚有意念活动时，别人是看不出来的，就如《中庸》篇末所说“君子反省而问心无愧，没有丝毫坏念头。君子之所以是一般人无法企及的人物，就是从他身上看不出他的意念是好还是坏”，说的也就是这个意思。 [13] 这句话的意思是：没有具体做事的时候，人的思想只有“敬”和“肆”的差别；当事情来了，并在意念指导下有所行动，才能呈现出“正”和“邪”的不同。 [14] 检柙（xiá）：指检查、约束。 [15] 这句话的意思是：正直的人都能做到对自己要求严格，谦虚谨慎，恭敬博爱；邪恶的人则与此相反。正大光明的人不会处处受私心牵扯而见利忘义；行为邪辟、唯利是图的人正与此相反。 [16] 这句话的意思是：即使能够做到光明正大、公正无私，如果心中还有一丝偏见，那还不能说你就得到“理”了；虽然凭着自己的聪明才智也得到了所谓的“理”，但如果不能恭敬待人，就容易轻率敷衍，乃至徇情枉法，这样就是严重的不公正，完全属于虚伪一路了。 [17] 虞：本义为驺虞（一种兽），这里意为预料、忧虑、避免。 [18] 严：严峻、庄重、谨严。 [19] 患：担忧、祸害、防患。 [20] 这句话的意思是：以上三点，一是避免敷衍了事，一是严防弄虚作假，一是杜绝傲慢与偏见，它们都各司其职，各尽其责。

［点评］

戴震对《中庸》“戒慎”“恐惧”“慎独”几个哲理概念所进行的分析和阐释，充分体现了他的哲学思考和理论主张。基于人性善的思想基础，戴震认为，“戒慎”和“恐惧”是人性的自然表现，就像一般人在与人直接交流时，如果对方盯着自己看，自己自然会对仪表和行为多加小心，不敢有丝毫的邋遢和放肆。人的思想确实具有“敬”和“肆”的差别，但不能把这两个概念用于“正”和“邪”，如同不能把理、欲的内涵用正、邪标准来划分，是一样的道理。同时，“慎独”如果与“戒慎”“恐惧”比较起来，又体现出更高的道德诉求，它要求一个人在独处的时候，即使没有其他人在场，也能自觉遵守道德准则，显示出令人敬仰的人格品行。就如《中庸》篇末所说的，君子时刻反省而问心无愧，没有丝毫不好的念头存在，光明正大，心底无私。

孟子认为人性本善，如若不善，就是违背本性的。戴震接续孟子性善说，在对待理、欲关系问题上，相信人之禀性固有不齐，但理义和情欲不存在正与邪的问题，而属于自然人性的同一层级，不能以“不善”归诸情欲。事实上，“恶”的产生源于人无法克服一己之私，所以相应的涵养工夫应重在防范情欲之私上，只有通过学习，细心讲“理”，才可以作为达到“无过情，无不及情”的手段。因此，就需要对“理”“欲”的对立思维加以寻根究源，条别清晰，不让儒、释、道思想互相渗透，混杂不清。在肯定“情欲”、提倡“节欲”、反对“绝欲”的思想前提下，应该极力摆脱宋明儒者“存理灭欲”的固化模式。戴震的这一超前理念，确实具有引领时代、启蒙后世的重要作用。蔡元培曾深受启发，认为戴震以情、欲、知三者为人性的本质，这与西洋心理学家分别人心的能力为意志、感情、知识三部分极为相似，并与西洋功利派的伦理学所谓的“人各自由而以他人之自由为界”

的观点也完全吻合。

东汉明帝（刘庄）时，印度佛教传入中国。两宋时期，业已中国化的佛教与儒家、道家进一步融合，儒家学者多与佛教徒有着不同程度的联系和交往。

问：自宋以来，谓“理得于天而具于心”，既以为人所同得，故于智愚之不齐归于气禀，而敬肆邪正概以实其理欲之说。[1]老氏之“抱一”“无欲”，释氏之“常惺惺”[2]，彼所指者，曰“真宰”，曰“真空”[3]，（庄子云：“若有真宰而特不得其朕[4]。”释氏书云：“即此识情[5]，便是真空妙智[6]。”又云：“真空则能摄众有而应变[7]。”又云：“湛然常寂[8]，应用无方[9]，用而常空[10]，空而常用。用而不有，即是真空；空而不无，即成妙有[11]。”）而易以理字便为圣学。[12]既以理为得于天，故又创理气之说，譬之“二物浑沦”[13]；（《朱子语录》云：“理与气决是二物，但在物上看，则二物浑沦，不可分开各在一处，然不害二物之各为一物也[14]。”）于理极其形容[15]，指之曰“净洁空阔”[16]；（问“先有理后有气”之说。朱子曰：“不消如此说[17]。而今知他合下先是有理后有气邪[18]？后有理先有气邪？皆不可得而推究。然以意度之，则疑此气是依傍道理行[19]，及此气之聚，则理亦在焉。盖气则能凝结造作，理却无情意[20]，无制度[21]，无造作[22]，止此气凝聚处，理便在其中。且如天地间人物草木禽兽，其生也莫不有种；定不会无种了，白地生出一个物事[23]，这个都是气。若理则止是个净洁空阔底世界，无行迹，他却不会造作，气则能酝酿凝聚生物也。”[24]）不过就老、庄、释氏所谓“真宰”“真空”者转之以言夫理，就老、庄、释氏之言转而为《六经》、孔、孟之言。今何以剖别之[25]，使截然不相淆惑欤？[26]

曰：天地、人物、事为，不闻无可言之理者也，《诗》曰“有物有则”是也。物者，指其实体实事之名[27]；则者，称其纯粹中正之名[28]。实体实事，罔非自然[29]，而归于必然[30]，天地、人物、事为之理得矣。[31]夫天地之大，人物之蕃[32]，事为之委曲条分[33]，苟得其理矣，如直者之中悬，平者之中水，圆者之中规，方者之中矩[34]，然后推诸天下万世而准[35]。《易》称“先天而天弗违，后天而奉天时；天且弗违，

道家起源于春秋战国，以老子、庄子、列子为代表，认为“道”是宇宙的本源，是天地自然运动的法则，故以自然为本，天性为尊，讲求心斋坐忘，清净自守。东汉以后，道教依托道家的经典与思想建立起来，把老庄黄老之学、神仙长生之术及民间巫术结合起来，形成一种特定的宗教形态，渗透力更为强大。

而况于人乎，况于鬼神乎”，《中庸》称“考诸三王而不谬[36]，建诸天地而不悖[37]，质诸鬼神而无疑[38]，百世以俟圣人而不惑”。[39]夫如是，是为得理，是为心之所同然。孟子曰：“规矩，方圆之至也[40]；圣人，人伦之至也。”语天地而精言其理[41]，犹语圣人而言乎其可法耳[42]。尊是理[43]，而谓天地阴阳不足以当之，必非天地阴阳之理则可。[44]天地阴阳之理，犹圣人之圣也；尊其圣，而谓圣人不足以当之，可乎哉？[45]圣人亦人也，以尽乎人之理，群共推为圣智。[46]尽乎人之理非他，人伦日用尽乎其必然而已矣。[47]推而极于不可易之为必然，乃语其至，非原其本。[48]后儒从而过求，徒以语其至者之意言思议视如有物[49]，谓与气浑沦而成，闻之者习焉不察，莫知其异于《六经》、孔、孟之言也。[50]举凡天地、人物、事为，求其必然不可易，理至明显也。从而尊大之[51]，不徒曰天地、人物、事为之理，而转其语曰“理无不在”[52]，视之“如有物焉”，将使学者皓首茫然[53]，求其物不得。非《六经》、孔、孟之

戴震针对宋儒的“理气二本”说，考证其“天理人欲不能并立”的根源乃是杂糅了老庄的道法自然、无为而治，以及佛教的无色无相、不生不灭之说。后儒又加附会，将程朱“存天理，灭人欲”的原意加以恶化，以至近乎残忍，尽失人性。

言难知也，传注相承[54]，童而习之[55]，不复致思也[56]。

[注释]

[1] 这句话的意思是：自宋代以来，学者已认同“理是来自于上天，而存在于人心之中”，既然大家认为理是人人都具有的，所以就把聪明和愚笨的差别都归之于人的气禀不同，而把敬、肆、邪、正统统都用来充实他们的理、欲对立之说。 [2] 常惺惺：佛教禅宗用语，是禅宗的一种修持方法，意为常常警醒自己，使内心保持警觉清醒的状态。常，时常、经常。惺惺，警省、清醒。 [3] 真空：佛教用语，指理上讲万法本体空寂，常与“妙有”连用，既说物质世界是空虚幻境，又称精神世界的真实存在，即“空是真空，有是妙有”。 [4] 特：副词，仅仅、只是。朕（zhèn）：裂缝，引申为预兆、迹象。 [5] 识情：佛教用语，指认识了自己的本来面目时的思想境界。 [6] 妙智：精妙无比的智慧。 [7] 摄：收取、管辖。众有：即万物，指众多事物呈现出来的景象，相对于“无”和“空”而言。 [8] 常寂：指精神超脱了生与死，摆脱了一切人间烦恼而永恒存在与绝对安静。常，真体离无灭之相。寂，绝烦恼之相。 [9] 无方：无所不在，“妙应无方”。 [10] 用：作用、使用。常空：指一切万物本体不存在，无所有。 [11] 妙有：佛教指非有之有，与非空之空的“真空”相对，即物质世界是无所有的，神灵世界才是真实存在的。 [12] 这几句话的意思是：老子的“抱一”和“无欲”，佛教的“常惺惺”，他们的意思指向叫做“真宰”“真空”，（庄子说：“好像有一个真正的主宰在那里，只是不能用具体语言来描绘它的迹象。”佛教经书上说：“这种看破了红尘，认识到自己本来面

日时的思想境界，就叫做真空妙智。”又说：“真空就是能够统摄万象，而能自由应付一切变化。”又说：“真空就是万法皆空而因果不空，它是绝对的安静、永恒的存在。它的作用无所不在，而又永远是空的。虽然是空，但又时刻在起作用。能起作用，却又无迹可寻，这就叫做真空；它是空的，却是绝对的存在，这就叫做妙有。”）而宋儒又把真宰或真空，换成了“理”字，把它当作儒家的圣贤之学。戴震在这里采用问答的方式，通过问者之口，来揭露宋儒的所谓“圣学”，实质上就是老、庄、释氏的先验神秘如“真空”说的别一种概念表达。 [13] 二物浑沦：指理与气两种东西混合掺杂，不可分离。浑沦，道教名词，义同混沌、太极、无极，形容“道”的初始状态，亦作浑仑、囫囵等。 [14] 害：伤害、妨碍。 [15] 极其形容：用无以复加的词汇来加以形容。 [16] 净洁空阔：这里是用澄明纯洁、空阔辽远的意境来表示纯粹抽象的思想状态。 [17] 不消：不用、不必。 [18] 合下：即时、当下，指事物形成的那个瞬间。邪：同疑问词“耶”，表示疑问或反问。 [19] 疑：犹豫、猜测。 [20] 无情意：这里指没有意志。 [21] 无制度：这里指没有主张。朱子原文作“无计度”。只：朱子原文作“止”。 [22] 无造作：这里指没有作为。 [23] 白地：凭空、平白无故。 [24] 酝酿凝聚：指逐步凝合积聚，感化而成的过程。这一段话的意思是：朱熹回答了弟子所问“理气先后”的问题，认为“理气不分”，“理在气先”，就具体事物来说，理与气是不可分离的，但理先于气而存在，气依附理而运行，气凝聚生物以后，理已在其中。 [25] 剖别：剖析分别。 [26] 截然：界限严整分明的样子。淆惑：混淆迷惑，模糊不清。这段话的意思是：朱子的回答主要提出了宋儒的“理”，不过是把老、庄、释氏的抱一、真宰、真空、太极调换成《六经》、孔、孟的思想概念，但在表面上却又要求划清它们之间的思想界限。[27]实体实事之名：客观存在的具体事物的名称。[28]纯粹中正之名：纯正美好、中正平和的抽象名称。[29]罔非：副词性结构，无不、没有不。自然：物理世界的一切现象，这里指客观事物的本来面貌。[30]必然：指不以人的主观意志为转移的客观规律，这里指人的自然情欲所应遵守的规律和准则。[31]这句话的意思是：客观存在的事物都是自然而然的，如果能从具体事物中归纳出当然的准则，就能获得对天地、人物、事为的正确认识和道理了。[32]蕃（fán）：草木繁茂，引申为繁殖、滋生。[33]委曲条分：指事情的底细原委虽然复杂曲折，但处理得条理清楚，井然有序。[34]悬、水、规、矩：这里是指测定垂直、水平、圆形、方形的几种标准器具。[35]推诸天下万世而准：这里指把“理”推广到天下万事万物都是永远正确合理的。[36]考：考察、研究。三王：指夏、商、周三个朝代的开国君主，即夏禹、商汤、周文王姬昌和周武王姬发的合称。[37]建：建立、创立。[38]质：责问、辨明是非。[39]俟（sì）：等待、等候。这段话的意思是：《周易》讲圣人的行动超前于天时，因为他有符合天道的预见，所以天不会违背他；他的行动落后于天时，能遵循天昭示的规律行事；圣人行事，天尚且不违背他，何况是人和鬼神呢，更不可能违背圣人的意志了。《中庸》讲君子治理天下的道，考证于三王的礼法而没有差错，建立于天地之间而没有丝毫抵触，质证于鬼神而没有疑问，就是等到百代以后的圣人出来，对它也没有丝毫的疑惑，才会使民众信任和服从。[40]至：到达极点，比喻最高标准。戴震在此借以说明遵循客观规律是人们认识和把握事物、确立正确行动的规矩和法则，是不能轻易违背的。[41]精：精致、准确。[42]法：法令、仿效。这句话的意思是：讲起天地来，能精准地说明它的合理法则；就像讲到圣人的时候，能说出他具备的、可供效法的美好品德一样。 [43] 尊：敬重、崇拜。 [44] 这句话的意思是：尊崇这个理，却又说天地阴阳不能够代表它，那它就一定不是天地阴阳的理，才可以这样说它。这是戴震反对宋儒把“理”说成是超乎天地阴阳之上的神秘存在。 [45] 这句话的意思是：天地阴阳的运行规律，就好像是圣人身上具备的极致美德一样；尊重圣人的美德，而又说圣人不足以体现和代表它，难道可以这样说吗？ [46] 这句话的意思是：圣人首先也是一个人，因为他能完美地按照做人的道理去做好每件事情，所以大家共同推举他为圣智。 [47] 这句话的意思是：能够完全按照做人的道理去做好事情，并不是什么了不起的事，实际上就是不折不扣地按照人们日常衣食住行的生活需求，以及人伦礼仪的规矩法则，去做好事情而已。 [48] 这句话的意思是：推究人们日常生活和相互之间的关系，能够总结出其中最为重要的规律和法则，获得事物的本质联系所规定的、确定不移的发展趋势。这是我们顺着它的发展而得出的结论，而不是上溯追究它的本源问题。 [49] 意言思议：指反映事物本质属性的概念、宗旨，这里就是指“理”。意言，宗旨、意会之言。思议，理解、想象。 [50] 这句话的意思是：后儒对古人经典的过度诠释，凭空地创造出一个先验的概念“理”，把它看成是不以人的意志为转移的独立存在，且与客观实在的“气”混杂融合在一起。那些听惯了这种说法的人习以为常，不能明辨是非，不知道它与《六经》、孔、孟的思想是根本不同的。 [51] 尊大：敬重、至高至大，作意动词用。 [52] 转其语：转换语意、改变说法。理无不在：理是无所不在，也无时不在，它主宰万事万物的一切。 [53] 皓首茫然：到了头发都白了的年纪，也没有找到任何头绪。 [54] 传注：泛指解释古代经籍的文字。传主要是对经义的解说，注是对经传的解释。相承：指先后继承，上下相托。 [55] 童而习之：这里是指从儿童时候就开始学习这些经传笺疏。 [56]不复致思：不再集中心思去考虑它了。

［点评］

这一部分只是一问和一答，但涉及的内容及其论证环节都比较深入。戴震从老子的“抱一”“无欲”、佛教的“常惺惺”中，拈出“真宰”“真空”的概念作为关注点，揭示出宋儒是如何把它换成了“理”字，把“抱一”“无欲”移植到儒家人性论中，转而成为儒家的圣贤之学，实质上却是老、庄、释氏的思想翻版，从而创造出“理气不分”“理在气先”的所谓道学、理学或“新儒学”。有鉴于此，戴震也是上溯古义，而求之经典，引用《诗经》的“有物有则”来对抗“真宰”说，旁征博引《周易》《中庸》的思想，来对抗朱熹“理气先后”学说，认为“物”就是客观存在的实体和实事，“则”就是万事万物的规律，这是由自然到必然的一个实实在在的自然过程，并不存在“理先于气而存在，气依附理而运行，气聚生物而理已在其中”的那个“无时无处不在的万物主宰”。这虽然看起来只是对先秦经典的文字解读、圣贤哲理的源流考证，但确实能从深层思想的意识层面理清观念和范畴的来龙去脉，进而可以探究社会现实和人性伦理中的种种是与非、善与恶，寻找到造成下层平民血泪史的“以理杀人”的症结所在。

问：宋儒以理为“如有物焉，得于天而具于

心”，人之生也，由气之凝结生聚[1]，而理则凑泊附着之[2]，（朱子云：“人之所以生，理与气合而已。天理固浩浩不穷[3]，然非是气，则虽有是理而无所凑泊，故必二气交感[4]，凝结生聚，然后是理有所附着。”）因以此为“完全自足”[5]，（程子云：“贤圣论天德[6]，盖自家元是天然完全自足之物[7]，若无所污坏，即当直而行之[8]；若少有污坏，即敬以治之[9]，使复如旧。”）如是，则无待于学。[10]然见于古贤圣之论学，与老、庄、释氏之废学[11]，截然殊致[12]，因谓“理为形气所污坏，故学焉以复其初”。[13]（朱子于《论语》首章，于《大学》“在明明德”[14]，皆以“复其初”为言。）“复其初”之云，见庄周书。（《庄子·缮性篇》云：“缮性于俗学[15]，以求复其初；滑欲于俗知[16]，以求致其明，谓之蔽蒙之民[17]。”又云：“文灭质[18]，博溺心[19]，然后民始惑乱，无以返其性情而复其初。”[20]）盖其所谓理[21]，即如释氏所谓“本来面目”[22]，而其所谓“存理”，亦即如释氏所谓“常惺惺”。（释氏书云：“不思善、不思恶，时认本来面目。”[23]上蔡谢氏曰[24]:“敬是常惺惺法。”王文成解《大学》“格物致知”[25],主扞御外物之说[26],其言曰:“本来面目,即吾圣门所谓良知[27]。随物而格,是致知之功。”)岂宋以来儒者,其说尽援儒以入释欤?[28]

戴震认为佛教不懂天性,所以归于虚无幻灭。视六合如尘芥,看人世如梦幻,就知道它不可能探究人身来由。宋明儒者的“复其初”“致良知”,只能“入室”浸染,无法“操戈”反击。

[**注释**]

[1] 凝结生聚:凝结、积聚,这里指由气凝聚成为人的形体。 [2] 凑泊附着:指用某物从外部粘贴上去。凑泊,凝合、拼凑。附着,粘附、黏贴。 [3] 浩浩不穷:广阔辽远、无穷无尽。这里是指“理”无处不在。 [4] 二气交感:指阴阳二气在运动过程中相互交合感应的过程,是万物化生的根本条件。 [5] 完全自足:佛家理念,个人已觉悟而达到圆满。这里指“理”是完美无缺、独立存在的东西。 [6] 天德:天的德行,实指天理。 [7] 元是:最初是。 [8] 直而行之:直接依照天理去行动。 [9] 敬以治之:指守真心,除妄念,以主敬守诚来恢复人的天德,整治已被污坏的人性。 [10] 以上所引朱子语,见《朱子语类》卷四。其意在于说明人的诞生,是由于“天理”与“气”的结合,“天理”无处不在,但如果没有“气”的存在,理就没有着落。理看上去是从外面附着到“气”上去的一个神秘的东西,它是气和人的主宰。所引程颢语,见《二程遗书》卷一。其意在于说明,“天理”原是完美无缺的东西,它附着并呈现在人的身体上,就成为人的本性。等到人性受到玷污时,就需要用“主敬”的手段,清除浑浊,刮垢磨光,使它恢复到原来涵养心性、修辞立诚的样子。 [11] 废学:辍学,指放弃后天的学习。 [12] 截然殊致:

指界限分明，丝毫不同。 [13] 复其初：重新找回最初的状态，这里指恢复人先天具有的善性。整句话的意思是：程朱认为古代的圣贤劝勉后学要勤奋学习，有所作为；而老、庄、释氏则坚决否定后天学习的重要性，两者态度截然相反，有霄壤之别。宋儒认为天理若被人的形体气质“所污坏”，可以通过修养身心来“恢复人的最初的本性”。 [14] 在明明德：前一个“明”字是动词，发扬光大的意思；后一个“明”字是形容词，光辉、明朗的意思。“明德”，即光明的德性。“在明明德”，意思是在于发扬天所赋予人的固有美德。 [15] 缮：修缮、整治。俗：习惯、风俗。 [16] 滑（gǔ）：通“汩”，扰乱、烦扰。 [17] 蔽蒙：遮蔽、堵塞。 [18] 质：朴实、质朴。 [19] 溺（nì）：淹没、沉没。 [20] 这两句话的意思是：《庄子·缮性篇》说：“在世俗的不良流习范围内修冶性情，靠仁义礼智的儒俗学说，来期求复归原始的真性；内心欲念早已被恶劣习俗所扰乱，还一心希望能达到明彻与通达，这就叫做蔽塞愚昧的人。”又说：“社会的变迁，摧毁了人的质朴善良的禀性；知识的积累，淹没了人的纯洁心灵，于是人们陷入了迷惑和混乱状态，没有办法能够使其本真的性情回复到最初无欲无求的状态。” [21] 其：这里是指宋儒。 [22] 本来面目：佛家语，指人的本性，比喻事物原来的模样。 [23] 这句引文见《六祖坛经》，原文为惠能说“不思善，不思恶，正与么时，那个是明上座本来面目”。这是禅宗六祖惠能对惠明和尚讲的话，意思是说，只要对善恶都不考虑，这个时候就可以悟得佛性，就能自然成佛。这是禅宗最根本的思想之一。 [24] 上蔡谢氏：即谢良佐（1050—1103），字显道，寿春上蔡人，时人称上蔡先生，二程弟子。为学主张穷理居敬，实开陆九渊的心学先声，著有《上蔡语录》。 [25] 王文成：即王守仁（1472—1529），字伯安，世称阳明先生，谥文成。为学倡导“心外无物”“心外无理”，推崇

“致良知”的内省体验功夫，是宋明心学的集大成者，有《传习录》传世。格物致知：指探究事物原理和规律，从中获得认知和智慧。语出《大学》。格，推究。致，求得。 [26] 扞（hàn）御外物：这里指抵御外物对人的诱惑。扞御，保卫、防御。 [27] 良知：语出《孟子·尽心上》：“人之所不学而能者，其良能也；所不虑而知者，其良知也。”王阳明在继承孟子、陆九渊、谢良佐思想的基础上，进一步提出“致良知”学说，认为良知人人具有，个个自足，需要加强内心反省的功夫，克服私欲，知行合一，使人心中固有的天赋充分展示出来。 [28] 这句话的意思是：难道从宋代以来的儒家学者，都把儒家思想放入到佛学里面沾染去了吗？戴震在这里借用问者之口，说明宋以后的儒者所倡导的“完全自足”“敬以治之”“复其初”和“格物致知”等思想，都是从老、释学说里相互融合、转相化用而来的，已经失去了原始儒家的纯正性，成为新的儒学形态，即称道学或理学了。

[点评]

这一段落虽然只是一个提问，但并不影响问与答之间的思维连贯，从某种意义上说，这种“寓答于问”的形式，也更能调动读者的讨论兴趣和深度思考。在此前后，戴震多次指出程朱理学渊源于老、庄、释氏，而这一段论述当数最具系统性的部分。在这里，戴震紧紧抓住程朱理学把那个作为天地万物本原的精神本体的“理”，与老、庄、释氏作为天地万物本原的“神”做了逐一的对比，结论是程朱理学与老、庄、释氏并无本质区别。这一文字的、文献的、思想的比较解剖，无疑是极具说服力的，已经远远超过了以往学者对程朱理学的批判水准。

曰：老、庄、释氏以其所谓“真宰”“真空”者为“完全自足”，然不能谓天下之人有善而无恶，有智而无愚也，因举善与智而毁訾之[1]。老氏云：“绝学无忧。唯之于阿[2]，相去几何？善之与恶，相去何若？”又云：“以智治国，国之贼；不以智治国，国之福。”又云：“古之善为道者，非以明民，将以愚之。”[3]彼盖以无欲而静[4]，则超乎善恶之上，智乃不如愚，故直云“绝学”，又主“绝圣弃智”“绝仁弃义”[5]，此一说也。荀子以礼义生于圣心[6]，常人学然后能明于礼义，若顺其自然，则生争夺。[7]弗学而能，乃属之性；学而后能，不得属之性，故谓性恶[8]。而其于孟子言性善也辩之曰：“性善，则去圣王[9]，息礼义矣[10]；性恶，则与圣王[11]，贵礼义矣。”[12]此又一说也。荀子习闻当时杂乎老、庄、告子之说者废学毁礼义，而不达孟子性善之旨[13]，以礼义为圣人教天下制其性[14]，使不至争夺，而不知礼义之所由名。[15]老、庄、

儒家重义理，佛教重心性。戴震认为，对于佛教学说，如果想研究透彻并加以取舍，那么其学说尚未能够完全穷尽，而研究者却已经化归为佛了。

告子及后之释氏，乃言如荀子所谓“去圣王，息礼义”耳。[16]

孟子与荀子因为对“性”的认识不同，致使后世有着对立的看法。但在戴震眼里，二者各有优长，也各有缺失，体现了他“不以人蔽己，不以己自弊”的治学思想。戴震以孟子为道统正宗，始终认同性善、仁政、重学之说，但在认识论、礼欲关系，以及“去私”“解蔽”等方面，对荀子倒是有更大的继承性。

[注释]

[1] 毁：破坏、毁弃。訾（zǐ）：诋毁、诽谤。这段话的意思是：人世间的善与恶、智与愚，是客观存在的，不能说天下人只有善而没有恶，只有聪明而没有愚昧。老、庄、释氏把他们所谓的“真宰”“真空”，看成是超越善与智的完美无缺与尽善尽美，因此而“迁怒”于善和智，对它们竭力加以诋毁和抛弃。戴震一语中的地指出了老、庄、释氏之所以反对“善”与“智”，目的就是为了弥补“真宰”“真空”说的虚无漏洞。 [2] 阿（hē）：通“呵”，呵斥、斥责。 [3] 三句话的引文意思是：“断绝读书学习，就能免于忧患。恭敬文雅的应诺声和粗野暴怒的斥责声，又有什么不同呢？善好与丑恶，又有多大差别呢？”“用巧妙的智谋来治理国家，那是国家的厄运和劫难；不用智谋来治理国家，才是国家的幸运和福气。”“古代善于统治和管理的人，尽量不让老百姓活得明白，而是让他们愚昧无知。” [4] 彼：这里指老子。 [5]“绝圣弃智”“绝仁弃义”见于《老子》第十九章，这些都是老子“小国寡民”思想的集中体现，业已成为今天人们口中的成语。 [6] 荀子：名况，战国末期赵国人，思想家，著有《荀子》一书，其“人之性恶，其善者伪”的观点，深为后世所争议。伪：这里是指人为的努力。礼义：礼法道义。生：产生、制造，这里是制定的意思。 [7] 这句话的意思是：荀子认为道德礼义是由圣人制定出来的，一般人通过学习然后才能明白其中的道理。如果不加学习和修养，任凭人性自由自在、无拘无束地发展，那么他们相互之间必定会产生暴力的抢夺和厮杀。 [8] 性恶：指人

性本恶。这一学说由荀子提出，与之前孟子的“性善”论相对立。荀子认为人性生来都是险恶凶狠的，慈爱和善的品德是后天涵养修为的；必须通过环境的影响和后天的学习，以及加强功令法律的制约，才能弃恶从良，择善而行。这句话的意思是：不需要通过学习，而生来就具有的耳目之欲，属于人的本能，才是性；通过学习修养而获得的品德和才能，就不能算作是性。所以说，人性就是天生的险恶凶残。 [9] 去：离开、舍弃。 [10] 息：停止、歇息。 [11] 与：赐予、赞助。 [12] 贵：贵重、尊重。这句话的意思是：荀子对于孟子性善论加以辩驳说：“如果说人性善，那就会抛弃圣王，废除礼义；若说人性恶，就会赞助圣王，尊崇礼义。” [13] 旨：旨意、含义。 [14] 制：裁制、制约。 [15] 这句话的意思是：荀子听惯了那些精通老、庄、告子学说的人，主张废除学习、诋毁礼义的言论，而又不理解孟子性善说的真正含义，就把礼义当作圣人教育天下的人，并用来钳制和约束他们本性的一种工具，使他们不至于发生利益争夺，却不懂得礼义这个名称的实际由来。 [16] 这句话的意思是：老、庄、告子以及后来的释氏，讲的正是荀子所说的“舍弃圣王，取消礼义”啊！

[点评]

老子主张“道法自然”，倡导绝圣弃智、摒除仁义、减少欲望。庄周鼓吹消除文明，反对仁且智，要回归无知无觉的原始状态。佛家则倾向四大皆空，苦集灭道。这些都被宋代儒家学者所汲取，并由此创造出一套新的思想理论体系——理学。戴震深入老、庄、释氏所谓“真宰”的思想领域，展开批判，从而证明程朱的“复其初”，就是从老庄那里转相贩卖来的。朱熹在《四书章句集注》中，对“复其初”就曾着意突出阐释，如“学而”首章就开门见山、直截了当地说“人性皆善，而觉有先后，后觉者必效先觉之所为，乃可以明善而复其初也”。在《大学》首章也是开宗明义地说：“明德者，人之所得乎天，而虚灵不昧，以具众理而应万事者也。但为气禀所拘，人欲所蔽，则有时而昏，然其本体之明，则有未尝息者。故学者当因其所发而遂明之，以复其初也。”戴震针对朱熹所着意且带有浓重的老、庄、释氏气息的“复其初”问题，认为不仅有“老、释同质论”的问题，而且也认定朱子的思想已混有抱一、无欲和“完全自足”的佛学性质。因此，朱子《四书章句集注》与孔孟、《四书》的三纲（明德、新民、止于至善）八目（格物、致知、诚意、正心、修身、齐家、治国、平天下）思想，已经不在一个直线上了，这是一向要求“实事求是，空所依傍”的戴震所不能容忍的，所以极力主张孔孟的归于孔孟，老释的归于老释，严格坚守儒、释之间的“楚河汉界”。

程子、朱子谓气禀之外，天与之以理，非生知安行之圣人[1]，未有不污坏其受于天之理者也，学而后此理渐明，复其初之所受。[2]是天下之人，虽有所受于天之理，而皆不殊于无有，此又一说也。[3]今富者遗其子粟千钟[4]，程颢、程颐所创建的“天理”学说，上承孔孟“道统”，下启朱熹、陆九渊、王阳明的理学和心学，成为此后官方哲学的正统，受到后世王朝的尊崇。宋理宗时追封程颢为“河南伯”，程颐为“伊川伯”，从祀孔庙。元明宗时，诏封程颢为“豫国公”，程颐为“洛国公”，他们的学术思想已被朝廷意识形态充分采纳。

王阳明继承陆九渊“心即理”的思想，反对朱熹事事追求“至理”的“格致”之法，主张从自己内心去寻求“理”，强调“知行合一”和“致良知”，终究不离儒学本质。他的心学四句教（无善无恶心之体，有善有恶意之动。知善知恶是良知，为善去恶是格物）在社会上流传极广。

贫者无升斗之遗；贫者之子取之宫中无有[5]，因日以其力致升斗之粟[6]；富者之子亦必如彼之日以其力致之，而曰所致者即其宫中者也，说必不可通，故详于论敬而略于论学[7]。（如程子云“敬以治之，使复如旧”，而不及学；朱子于《中庸》“致中和”[8]，犹以为“戒惧慎独”[9]。）陆子静、王文成诸人[10]，推本老、庄、释氏之所谓“真宰”“真空”者，以为即全乎圣智仁义，即全乎理，（陆子静云：“收拾精神，自作主宰[11]，万物皆备于我[12]，何有欠阙！当恻隐时[13]，自然恻隐；当羞恶时，自然羞恶；当宽裕温柔时[14]，自然宽裕温柔；当发强刚毅时[15]，自然发强刚毅。”王文成云：“圣人致知之功，至诚无息[16]。其良知之体[17]，皦如明镜[18]，妍媸之来[19]，随物现形，而明镜曾无所留染，所谓‘情顺万物而无情’也[20]。‘无所住而生其心[21]’，佛氏曾有是言，未为非也。明镜之应，妍者妍，媸者媸，一照而皆真，即是‘生其心’处；妍者妍，媸者媸，一过而不留，即‘无所住’处。”）此又一说也。程子、朱子就老、庄、释氏所指者[22]，转其说以言夫理[23]，非援儒而入释，误以释氏之言杂入于儒耳；陆子静、王文成诸人就老、庄、释氏所指者，即以理实之[24]，是乃援儒以入于释者也。[25]

从心外无物、心外无理出发，王守仁继承了陆九渊“心即理”的观点，提出了“致良知”的学说。既然物与理都不外吾心而存在，它们都包容在我的心中，那么认识万物及其道理，就不是对外寻求，而是向内用功。

[**注释**]

[1] 生知安行：是《中庸》“生而知之”“安而行之”的省语，意为生来就知道天下通行的大道，并能自觉自愿、从容安然地去实行。这是圣人才具有的品质。 [2] 这句话的意思是：程子、朱子认为在人的形体之外，上天把“理”赋予到人的身体上。除了圣人之外，普通人都污坏了从上天接受来的这个理。所以，只有通过学习修养，才能使附着在“理”上的污垢剥离脱落掉，使得天理渐渐明朗，恢复到最初从上天所接受来的那个样子。 [3] 这句话的意思是：照这样说，普天下的人们虽然都有从上天获得的这个理，但实际上却等于都没有，这又是一种说法。 [4] 粟：谷子，泛指谷物粮食。钟：古代的一种容器和量器。 [5] 宫：居室、房屋。 [6] 致：招引、得到。 [7] 详于论敬而略于论学：对“敬”的修养方法谈得很是详细，而对“学”的内容则谈得极为简略。在这段话中，戴震做了个比喻：一个富人遗留给儿子很多粮食，另一个穷人没有丝毫东西遗留给儿子。穷人家的孩子只能每天用苦力挣得粮食，用来维持生活；同时，富家孩子也同样用苦力挣得一些粮食，却说这些粮食都是从家中拿来的。这不是自相矛盾吗？这个比喻揭露了程朱“天理人人都有，但必须通过学习才能得到”的这一自相矛盾的说法。 [8] 致中和：《中庸》认为人性本于天，当人的喜怒哀乐还没有表现出来的时候，叫做

“中”；表现出来了，并符合道德规范，叫做“和”；达到了中正平和、仁义礼智的境界，叫做“致中和”。 [9] 戒惧慎独：这是朱熹注释《中庸》“致中和”的话，认为人的行为如果做到小心谨慎，与人为善，整个社会才能和睦融洽，天地自然安定，万物祥和成长。 [10] 陆子静：即陆九渊（1139—1193），字子静，江西抚州金溪人，讲学于贵溪象山，故称象山先生，有《象山语录》传世。 [11] 收拾精神，自作主宰：这是陆九渊的伦理主体意识的重要命题，“收拾精神”即是把精神收摄向里，不要把精神花费在对外部事物包括古人传注的追求上面；“自作主宰”就是不要依傍外在的权威包括圣贤经典，而要以自己的本心作为判断和实践的准则。 [12] 万物皆备于我：《孟子·尽心上》说：天下万事万物的本性和道理在我身上都具备了。于：介词，在。 [13] 恻（cè）隐：对遭受不幸的人表示同情和怜悯。 [14] 宽裕温柔：性格宽容大度、温和柔顺。 [15] 发强刚毅：指性情和志向矢志不渝，刚强坚毅。发，发作、兴起。 [16] 至诚无息：已达到诚的最高精神境界，却仍不止息。 [17] 良知之体：指良知这个天赋的精神本体。 [18] 皦（jiǎo）：洁白明亮。 [19] 妍媸（yán chī）：美好与丑恶。 [20] 情顺万物而无情：情感能顺应万事万物，但没有为自己的利害和好恶触动感情。这是程颢所推崇的不为物质利益所诱惑的圣人修养功夫。 [21] 无所住而生其心：佛教认为物质世界只是幻觉，无需留恋。《金刚经》的这句话是要求人们不要被现象所迷惑，只有无所执着，才能领悟佛理而生清净心和平常心。 [22] 所指者：这里是指真宰、无欲、戒定慧。 [23] 转其说：改换成老、庄、释氏的文字表述。 [24] 实：充实、填补。 [25] 这句话的意思是：程子、朱子把老、庄、释氏的真宰、真空替换为“理”，这不是把儒家思想引入到佛教的概念世界，而是错误地把佛教的理念混杂到儒家思想中来了；陆子静、王文成则用儒家的“理”，来充实甚至替代了老、庄、释氏的真宰、真空，这倒是把儒家思想引进到佛教的概念世界里了。一则“援佛入儒”，一则“援儒入佛”，二者可谓以儒释道融合为标识，在错误的道路上殊途而同归，硬是要寻找出儒道佛互通融合的契机，戴震因此而竭力批判和纠弹之。

［点评］

孟子说过：万物皆备于我；学问之道无他，求其放心而已。两宋儒者以接续孟子“道统”为己任，同时又广泛吸收佛家、道家思想加以融会贯通，从而形成一种新的哲学思想体系——“道学”或“理学”。尤其是在朱、陆时代，大多数学者精研佛、道而又超越佛、道，或“援佛入儒”，或“援儒入佛”，在“真如”与“虚空”的本体论和修养论中，砥砺道德情操，追求圣人气象，使多少带有释道色彩的“涵养须用敬，进学则在致知”，逐渐成为儒家修齐治平理想的主要内涵。戴震深知理学的根源实质及其来龙去脉，故而在此从孔、孟、荀、告、老、庄、释、董、韩、程、朱、陆、王以及《大学》《中庸》和《大戴礼记》的文献与思想的考证入手，揭示宋儒“儒学为体，释道为用”的真实面目。所以，在戴震论“理”的十五条中，虽然说是在疏证《孟子》，但文字落脚点更多的是把老庄的著作、释道的哲理作为重要的“夹注”内容，不厌其烦地“摆事实，讲道理”，实际上就是把它当做批驳的靶子。在理学仍然作为朝廷主流意识形态，以及儒释道普遍融合的时代背景下，戴震着意排斥佛老，连带理学一起批判，其中所蕴含的学术责任与思想担当，自然有其无限的时代深意。

试以人之形体与人之德性比而论之[1]，形体始乎幼小，终乎长大；德性始乎蒙昧[2]，终乎圣智。其形体之长大也，资于饮食之养，乃长日加益，非“复其初”；德性资于学问，进而圣智，非“复其初”明矣。[3]人物以类区分[4]，而人所禀受，其气清明[5]，异于禽兽之不可开通[6]。然人与人较，其材质等差凡几[7]？古贤圣知人之材质有等差，是以重问学，贵扩充[8]。老、庄、释氏谓有生皆同[9]，故主于去情欲以勿害之[10]，不必问学以扩充之。在老、庄、释氏既守己自足矣[11]，因毁訾仁义以伸其说[12]。荀子谓常人之性，学然后知礼义，其说亦足以伸。[13]陆子静、王文成诸人同于老、庄、释氏，而改其毁訾仁义者，以为自然全乎仁义，巧于伸其说者也。[14]程子、朱子尊理而以为天与我，犹荀子尊礼义以为圣人与我也。[15]谓理为形气所污坏，是圣人而下形气皆大不美[16]，即荀子性恶之说也；而其所谓理，别为凑泊附着之一物，犹老、庄、释氏所谓“真宰”“真空”之凑泊附着于形体也。理既完全自足，难于言学以明理，故不得不分理气为二本而咎形气。[17] 盖其说杂糅傅合而成[18]，令学者眩惑其中[19]，虽《六经》、孔、孟之言具在，咸习非胜是[20]，不复求通。呜呼，吾何敢默而息乎！[21]

戴震《绪言》说：人之初生，不食则死；人之幼稚，不学则愚；食以养其生充之使长；学以养其良充之至于圣人。又《郑学斋记》说：学者大患，在自失其心。可以相互参阅理解。

［注释］

[1] 德性：指人的自然至诚之性，这里指道德品质和知识才能。 [2] 蒙昧：没有开化，不懂事理。 [3] 在这两句话中，戴震用比喻的方法，说明人身体的成长过程与人的德性增长过程，都不具有“复其初”的特点，这是对宋儒的观点从生物学、认识论两个方面的否定。 [4] 类：种类、类别。 [5] 气：指阴阳五行之气。 [6] 不可开通：指无法启示劝导，使他懂得事理。 [7] 材质：先天具有的才能和素质。等差凡几：等级差别总共不知有多少。 [8] 重问学，贵扩充：这是戴震针对程、朱的“复其初”理论所提出的对立主张。他认为，人的知识才能和道德品质，必须通过后天的不断学习和不断扩充，才能日益进步，最后进于圣智的境界。 [9] 有生皆同：有生，指有生命的人。意为人一生下来都具有相同的本性。 [10] 主：主张、决定。勿害之：指不要让情欲毁坏了人所固有的本性。 [11] 守己自足：以保守自己的天生本性为满足。 [12] 伸：舒展、表白。 [13] 这句话的意思是：荀子认为普通人的天性，需要通过后天的努力学习，才能懂得道理，通晓礼仪，这种观点足以让人理解和明白。 [14] 巧：技艺、巧妙。这句话的意思是：陆子静、王文成等人同老、庄、释氏一

样，都是反对后天的学习，只是稍微改变一下诋毁仁义道德的做法，认为人都先天就具备仁爱与正义。这种说法只不过是一些巧言诡辩罢了。 [15] 这句话的意思是：程子、朱子抬高了“理”的独特地位，把它看作是上天赋予人的神秘东西，就好像荀子尊重礼义，就把它看成圣人给予的东西一样。戴震始终坚持以孟子思想为“道统”，而荀子与孟子在人性论上是对立的，所以他把荀子与程朱等同在一起，目的在于加强论证程朱思想与孟子的根本不同。事实上，在“求放心”的问题上，程朱理学是接续孟子的，倒是荀子的“劝学”与理学的“尊德性”大相径庭。 [16] 皆大不美：都不是很好。 [17] 这句话的意思是：得于天而具于心的“理”，既然是完美无缺的，那就不要说可以通过后天的学习才能明“理”。宋儒为了弥补这个理论上的自相矛盾，就不得不把理和气分为两个本原，于是提出在“义理之性”以外附加一个“气质之性”，论定“义理之性”至善至美，而“气质之性”有善有恶。这样可以通过后天的教育，来革尽人欲，复尽天理，达到“复其初”的目的。 [18] 杂糅傅合：指把各家学说牵强附会地混杂拼凑在一起。杂糅，把不同的事物混杂在一起。傅合，附会、附着。 [19] 眩惑：对事物感到迷惑，或眼睛昏花看不清楚。 [20] 习非胜是：错误的事情做得习惯了，反以为它本来就是正确的。 [21] 这句话的意思是：唉！（韩愈说不平则鸣），我又怎么敢沉默不言呢！

［点评］

《中庸》说：君子尊德性而道问学，致广大而尽精微。宋儒接续之而提出“尊德性而道问学”乃至“复其初”。为了“革尽人欲，复尽天理”，他们又将人性分为天命之性和气质之性。天命之性至善完美，体现天理；气质之性有清有浊，清为天理，浊为人欲，且“气质之性”出于“天命之性”。因为人性掺杂了气质之性，使得珠玉蒙尘，有善有恶，看来只有通过后天的学习和教育来变化气质，恢复完美至善的天命之性了。戴震上承孔孟，近接程朱，不认同宋儒“天命之性”与“气质之性”的二分法，却认同加强学习和教育的“道问学”，于是提出了“重问学，贵扩充”的思想主张，并从生物学和认识论的角度展开论述。

戴震认为人的德性与人的形体一样，都有一个逐渐生长和发育的过程。形体由幼小而长大，靠的是饮食的滋养；德性学识是从蒙昧而达到圣智，靠的是“重知”，即“重问学，贵扩充”。可以说，不同人之间的素质有等级似的差别，若要提升个人素质，必须重视学习和修养，加强对仁义善端的扩充和发展。就连主张“性恶论”的荀子，都认为人是要通过后天的学习才能知道礼义，这与老庄、释道及陆九渊、王阳明反对后天的学习也很不一样。但问题是，现在的人们对杂糅了真宰真空的“假道学”已经习以为常了，反而以为它本来就是正确的。面对这样的情况，戴震“不平则鸣”，用文章做匕首投枪，登高一呼，响遏行云！

问：程伯子之出入于老、释者几十年[1]，返求诸《六经》，然后得之，见叔子所撰《行状》[2]。而朱子年四十内外，犹驰心空妙[3]，其后有《答实际上，程明道也说过：饥食渴饮，冬裘夏葛，若致些私吝心在，便是废天职。参见《近思录》卷五。他也认为人的生理需求应适可而止，饿了就吃，渴了就喝，冬穿皮裘夏穿葛，但稍有私心杂念，便是废弃天职的表现。戴震读过《近思录》而如此批评程子，他的真实用意当在透过学术批判现实。

汪尚书书》[4]，言“熹于释氏之说，盖尝师其人，尊其道[5]，求之亦切至矣[6]，然未能有得。其后以先生君子之教[7]，校乎前后缓急之序[8]，于是暂置其说而从事于吾学[9]。其始盖未尝一日不往来于心也[10]，以为俟卒究吾说而后求之未为甚晚[11]。而一二年来，心独有所自安[12]，虽未能即有诸己[13]，然欲复求之外学以遂其初心[14]，不可得矣。”程朱虽从事释氏甚久，然终能觉其非矣，而又未合于《六经》、孔、孟，则其学何学欤？[15]

[注释]

[1] 程伯子：指程颢。 [2] 叔子：指程颐，二人生平已见前文。 [3]驰心空妙：专心于释道之学，抒发慈悲空妙之义。 [4]汪尚书：即汪应辰（1119—1176），字圣锡，信州玉山（今属江西）人，翰林学士，著有《玉山集》。朱熹的表叔。 [5] 师其人，尊其道：学习他的为人，尊崇他的学说。 [6] 切至：恳切周到。 [7] 先生君子：古代对有德行和才能的人之通称，这里指朱熹的老师和同辈中有声望的一些人。 [8] 校（jiào）：校对、比较。 [9] 暂置其说：暂时把佛学放置一边。吾学：这里指儒家学说。 [10] 往来于心：指心里颠来倒去地想着佛学的事。 [11] 卒究吾说：最终彻底悟通了儒家学说。 [12] 心独有所自安：独有所得，内心安宁。 [13] 有诸己：有自己的心领神会。诸，之

于。 [14] 外学：佛教指佛经以外的典籍为外学，这里指儒家六经之学。 [15] 这句话的意思是：程朱虽然研读佛学很多年，但最后还能意识到佛学的错误，而你认为程朱的思想又与《六经》、孔、孟学说不一致，那么他们的理论到底是一种什么学问呢？

［点评］

这几节主要针对二程的哲学概念及其解读，来贯穿自孔孟到朱熹的学脉传统在各个不同时期新的表现形式。事实上，宋明理学家都有各自的修养方法，朱熹的“主敬涵养”是来自于程颐的“持敬”说，还有北宋学者杨时（杨龟山）出入佛、道的影响。南宋学者与佛、道的交往已属平常习见的事了，他们已认同孟子的勿忘勿助，与佛家的作止任灭几乎类同；儒家讲形色即天性，与佛家讲色即是空，至少在形式上是很近似的。儒家讲性善，佛家讲白净无垢，在伦理意义上也是相通的。诸如此类，其来龙去脉已被清代学者考证得清楚明白。戴震列举老庄、佛道与宋儒之间的密切联系，目的就在于证明宋儒对于“理”的见解，完全是杂糅了道藏、内典的言辞意蕴，从中加以摄取融合，附会而成。

曰：程子、朱子其出入于老、释，皆以求道也，使见其道为是，虽人以为非而不顾。[1] 其初非背《六经》、孔、孟而信彼也，于此不得其解，而见彼之捐弃物欲[2]，返观内照[3]，近于切

“明心见性”是禅宗悟道的最高境界，所谓“言语道断，心行处灭”。明心是发现自己的真心，见性是见到自己本来的真性。“道法自然”是出自《道德经》“人法地，地法天，天法道，道法自然”，老子将天、地、人乃至整个宇宙的深层规律做了精辟阐述。

己体察[4]，为之，亦能使思虑渐清[5]，因而冀得之为衡鉴事物之本[6]。然极其致，所谓“明心见性”“还其神之本体”者[7]，即本体得矣，以为如此便足，无欠阙矣，实动辄差谬。在老、庄、释氏固不论差谬与否，而程子、朱子求道之心，久之知其不可恃以衡鉴事物，故终谓其非也。[8]夫人之异于物者，人能明于必然，百物之生各遂其自然也。[9]老氏言“致虚极，守静笃”[10]，言“道法自然”[11]，释氏亦不出此，皆起于自私，使其神离形体而长存。（老氏言“长生久视”[12]，以死为“返其真”[13]；所谓长生者，形化而神长存也；释氏言“不生不灭”[14]；所谓不生者，不受形而生也；不灭者，即其神长存也。）其所谓性，所谓道，专主所谓神者为言。

[注释]

[1] 这句话的意思是：程子、朱子出入于老、释，也都是为了求“道”。如果他们以为这个道是正确无误的，虽然别人指出它是荒谬无比的，他们也丝毫不予理会。 [2] 捐弃物欲：道家修养的术语，指抛弃物质欲望，去追求精神上的提升。 [3] 返观内照：佛家修身养性的术语，指用心中固有的佛性对照检查自己，做到自我反省。 [4] 切己体察：儒家修养的术语，用

所学到的知识和道理，亲自去加以体验和实践，以提高认知水平。[5]思虑渐清：思索和考虑的问题逐渐明晰。[6]冀：期待、希望。衡鉴：指衡器和镜子，比喻准绳与楷模。这句话的意思是：程、朱早期用功于《六经》、孔、孟之学，但因对儒家的精神实质理解得不够深透，结果一看到老庄的捐弃物欲、释氏的返观内照，感觉他们与儒家切己体察的修养方法很相似，认为照这样做，也可以使人心境澄明，于是就把老、释之学作为鉴别人性和事物的根本法则。[7]明心见性：指佛教禅宗宣扬的悟道境界。明心是指发现自己的真心，见性是见到自己本来的真性。见真性，就是直指本心；明本心，即见不生不灭的本性。做到了明心见性，就可立地成佛。还其神之本体：还原到神妙的精神本体。[8]这句话的意思是：对于老、庄、释氏本身来说，我们可以不管它的对与错，但程子、朱子从求"道"的心愿出发，经过长时间的探究发现，不能依靠释道的办法衡量和鉴别事物，所以最终还是认为它是错误的。[9]这句话的意思是：人之所以不同于物的原因，在于人能够懂得人伦物欲的必然规律和法则，但万事万物的生存，则是放任自流、顺其自然罢了。[10]致虚极，守静笃：使心灵保持"虚"和"静"的极致状态，内心笃定安稳，不受外界的丝毫影响。[11]道法自然：老子认为"道"既非客观事物，也非抽象的存在，它只是事物自身发展的规律，是本然，是自然而然。[12]长生久视：长生不老、灵魂不灭。[13]返其真：恢复到原来天真的本性。[14]不生不灭：佛家语。

[点评]

事实上，清初学者对于程朱理学的批判已屡见不鲜，诸如陈确、毛奇龄、姚际恒等，他们都是直面程朱理学的著作和思想，予以尖锐犀利的口诛笔伐，甚至不惜人身攻击，虽言辞激烈，但也只能算作是一偏之见。而戴震反理学的高明之处抑或称为亮点的，则在于他的“刨根问底”，是针对理学体系中的哲理范畴，从文字本义、语言阐释、思想渊源、现实功用等方面加以综合批评，从文献考证中清理出他们从文字到思想的整个“内在理论”的衍变，让世人看到他们与老、庄、释氏的“明心见性”“长生久视”“不生不灭”密不可分的联系。同时，从思想理论高度上，对人性自然与必然的分析，绕过了宋明理学而直取原始儒学的真精神，可谓实现了对古与今、善与恶、理与欲的比较完满的解释。他以自然而然来规定自然，以“至当不易之则”来规定必然，以“归于必然，适完其自然”规定了自然与必然的关系。所以说，戴震人性之论的确切贡献，就在于阐明了自然与必然、情欲与理义的本质内涵及其相互关系。

邵子云[1]：“道与一[2]，神之强名也[3]。”又云：“神无方而性有质[4]。”又云：“性者，道之形体；心者，性之郛郭[5]。”又云：“人之神即天地之神。”[6]合其言观之，得于老庄最深。所谓道者，指天地之“神无方”也；所谓性者，指人之“性有质”也，故曰“道之形体”。[7]邵子又云：“神统于心[8]，气统于肾[9]，形统于首[10]；形气交而神主乎其中，三才之道也。”[11] 此显指神宅于心[12]，故曰“心者，性之郛郭”。邵子又云：“气则养性[13]，性则乘气[14]，故气存则性存，性动则气动也。”[15] 此显指神乘乎气而资气以养。（王文成云：“夫良知一也，以其妙用而言谓之神，以其流行而言谓之气。”立说亦同。[16] 又即导养家所云“神之炯炯而不昧者为性[17]，气之缊细而不息者为命”[18]。）朱子于其指神为道、指神为性者，若转以言夫理。

邵雍的哲学思想受到列子、庄子的影响为多，在探究河图洛书、编制宇宙年谱及易学研究上特具开创性的见解，其《皇极经世》的基本精神就是“质诸天道而本于人事”，对宋代理学的形成与发展起到了至关重要的作用。

［注释］

[1] 邵子：即邵雍（1011—1077），字尧夫，谥康节，北宋象数易学家、理学开创者，著有《皇极经世》。 [2] 道：指一种有而若无、实而若虚的本体无所不在，却又无形象可见，相当于老子的“虚无”。一：指没有运动和变化的宇宙精神本体，相当于“道”。 [3] 神：指天地万物的创造者和主宰者、具有超凡能力和德行的精神存在，这里指自然规律。强（qiǎng）名：虚名、勉强称做。 [4] 无方：无极限、无方位，即无所不在。性：人的天生本性，这里指精神性的宇宙本体“太极”在人身上的体现。这句话的意思是：神是无所不在的，而人性是有形质的。 [5] 郛（fú）郭：城外加筑的城墙、外城，这里指城区、住所。这句话的意思是：性是道的形体，心是性的住所。 [6] 这句话的意思是：人的精神就是宇宙的精神。 [7] 这句话的意思是：所谓“道”，是指宇宙的精神，它是无时不在、无所不在的；所谓

“性”，是指人的精神，它是有形质、可以看见的，所以叫做道的形体。[8]统：总括、管辖。[9]气：气息、气魄。[10]形：可感知的真实存在物、形体。[11]三才：《易·说卦》指天、地、人为三才，这里指首（头部）、肾、心。这句话的意思是：心管制神，肾执掌气，首经管形体，形气相交，而神在其中起着统领作用，这就是心、肾、首三者之间相互依存的关系。[12]宅：居住、住所。[13]养：抚育、滋养。[14]乘：搭乘、利用。[15]这两句话的意思是：邵子又说：“气滋养着性，性搭载上气，所以气若存在，性也就存在；性若发生变化，气也就变化。”这显然是指神搭乘着气，而又依赖气来滋养。[16]这两句话的意思是：王阳明说：“良知也是一个精神本体，从它的神妙作用来讲叫做神，从它的运动变化来讲叫做气。”这种观点也与邵雍相同。[17]导养家：指道家中善于导气养身的人。炯炯：光明灼烁、明亮有神。[18]缊细（yūn yīn）：这里指天地阴阳二气交互作用的状态。

［点评］

这一节主要通过引用邵雍的道、一、心、性、无方、三才等概念及其解读，来揭示朱熹思想所受到的影响。邵雍作为“北宋五子”之一，与周敦颐、二程、张载一起，被当作伊洛之学的渊源，也曾提出了一套宇宙发生论及其构成学说，认为“太极”是宇宙的本体，又叫“道”。太极或道是宇宙的本源，它无处不在，又不可见，是一种形而上的实体存在，也是万物产生的根源。邵雍的思想与周敦颐在某些方面很相似，只是他所理解的太极不是气，而是性。这种思想后来被胡宏和朱熹所认同和采用。但与二程相比，邵雍所论的太极和道，多作为宇宙形而上的根据，没有赋予它更多的理性内容和伦理法则。所以，他尽管年龄较长，但在理学发展史上，并不如其他几位影响大，原因也在于此。但他的象数易学及其“性者，道之形体；心者性之郛郭”的观点，对后来的宋明理学者，尤其是朱熹产生了深远影响。

张子云：“由太虚[1]，有天之名；由气化[2]，有道之名[3]；合虚与气，有性之名；合性与知觉，有心之名。”[4]其所谓虚，《六经》、孔、孟无是言也。张子又云：“神者，太虚妙应之目。”[5]又云：“天之不测谓神，神而有常谓天。”[6]又云：“神，天德；化，天道。”[7]是其曰虚曰天，不离乎所谓神者。[8]彼老、庄、释氏之自贵其神，亦以为妙应，为冲虚[9]，为足乎天德矣。[10]（如云：“性周法界[11]，净智圆妙[12]，体自空寂。”[13]）张子又云：“气有阴阳，推行有渐为化，合一不测为神。”斯言也，盖得之矣。[14]试验诸人物，耳目百体，会归于心[15]；心者，合一不测之神也。[16]

张载之学以《易》为宗，以《中庸》为体，以孔、孟为法。认为世界万物的一切存在和现象都是“气”（即“太虚”），主张“理在气中”。提倡以德育人，变化气质，求为圣人，“为天地立心，为生民立命，为往圣继绝学，为万世开太平”的“横渠四句”言简意赅，历来传颂不衰。宋理宗时赐封郿伯，从祀孔庙。

[注释]

[1] 太虚：道教术语，指空寂玄奥的宇宙之境，即老庄所谓的“道”。 [2] 气化：指阴阳二气的运动变化。 [3] 道：指阴阳二气化生万物的自然规律。 [4] 这两句话的意思是：张载说：“从充满着缊䌹之气的太虚来说，叫做天；从阴阳二气的运动变化规律来说，叫做道；太虚与气的结合，叫做性；性和知觉的结合，叫做心。”戴震认为张载所讲的“虚”就是“神”，是超凡能力和德行的精神存在，所以在《六经》、孔、孟那里是没有的。 [5] 这句话的意思是：天的变化巧妙、莫测高深叫做神。此语源自《周易·系辞上》“阴阳不测之谓神”。 [6] 这句话的意思是：天有难以预测的物象变化，叫做神；而神奇的变化遵循着自然万物运行的规律，叫做天。 [7] 这句话的意思是：神是天的本性特质，化是天的运行规律。德，道德品行，这里指人的本性特质。 [8] 这句话的意思是：张载所讲的“虚”和“天”，都没有离开一个“神”字。戴震认为张载所讲的“虚”与“天”，同老、庄、释氏的“超凡能力”“精神存在”，基本是在同一条思想路线上，根本没有划清界限。 [9] 冲虚：道家用语，指淡泊空灵，清净无为。 [10] 这句话的意思是：老、庄、释氏很是看重自己的那个神，认为它玄妙莫测、淡泊空灵，是上天空阔虚静特性的呈现。 [11] 性：人的天生特性，禅宗认为性就是心，即先天完美的主观精神。周：周密、全面，这里指普遍存在。法界：佛家用语，泛称各种事物的现象与本质。法指宇宙中的一切事物，界指不同事物各守界限，诸法各有自体而分界不同，故称法界。 [12] 净智：指脱离了欲望世界干扰的纯净智慧。 [13] 体：身体、物体，这里指抽象的精神本体。这两句话的意思是：人的善性充满了整个宇宙，作为纯洁智慧，它圆融通达，虚静玄妙；作为精神本体，它高深莫测，淡泊空灵。 [14] 这句话的意思是：张载又说：“气有阴有

阳，阴阳二气相互促进，逐渐产生变化，就称为化；阴阳互动，连为一体，而又变化莫测，就称为神。”张载认为事物变化的主要原因是阴阳二气的对立统一，这种观点得到了戴震的充分肯定。[15] 会归于心：最终归结统一于心。[16] 这两句话的意思是：试着拿人体来加以测试和检验，耳目百体都统一受心的支配；而心是阴阳二气的互相结合，对立互动，连为一体，而又变化莫测，可谓之神妙也。

［点评］

这一节主要通过引用张载所言的道、气、心、性、太虚、天、神等概念及其解读，来揭示宋儒关于本体论、宇宙论及心性学说。他认为宇宙万物的始基是气，尽管形态万千，但都是气的不同表现形态。虚空并非一个绝对的空间，而是中间充满着一种无法直接感知的极为稀薄的气。太虚是气的本来存在状态，叫做“本体”。万物由气产生，而又不断复归于气，所以气无所不在，仅在自己的规定中千变万化。张载的这种气一元论，是中国古代气论思想中比较完备的本体论形态。基于这一体系，他把太虚之“气”作为人性的根源，但如何与“理”（仁义礼智）联系起来，则无法解决。所以，接下来的二程只能提出理一元论来。戴震倒是很认同张载思想中的“气一元论”乃至“气质之性”，特别是对他的读书“变化气质”说发挥颇多。

天地间百物生生，无非推本阴阳。[1]《易》

揭示“理”的来源及其与老庄、佛教“真宰”“真空”的关系，批判宋儒“天理存则人欲亡，人欲胜则天理灭”的思想，反对将天理与人欲对立起来，主张应该辩证地看待，合理施欲，不遏人欲。

曰：“精气为物。”[2]曾子曰：“阳之精气曰神，阴之精气曰灵，神灵者，品物之本也。”因其神灵，故不徒曰气而称之曰精气。[3]老、庄、释氏之谬，乃于此歧而分之。内其神而外形体，徒以形体为传舍[4]，以举凡血气之欲、君臣之义、父子昆弟夫妇之亲，悉起于有形体以后[5]，而神至虚静，无欲无为。在老、庄、释氏徒见于自然，故以神为已足。[6]程子、朱子见于《六经》、孔、孟之言理义，归于必然不可易，非老、庄、释氏所能及，因尊之以当其所谓神者，为生阳生阴之本，而别于阴阳；为人物之性，而别于气质；反指孔孟所谓道者非道，所谓性者非性。[7]

［注释］

[1] 这句话的意思是：天地之间各种生物不断产生和发展，无不是阴阳二气运动变化的结果。 [2] 引文的意思是：精气产生万物。 [3] 这句话的意思是：曾子说：“阳的精气叫做神，阴的精气叫做灵，神灵是天地万物的创造者和主宰者，也是万事万物的根本。”因为精气是一种神灵，所以不仅仅称它为气，而且还称之为生命的本源。曾子：即曾参，字子舆，鲁国人，孔子晚年弟子，孔庙四配之一，被尊为宗圣，著有《大学》《曾子十篇》。不徒：不仅仅、不只是。 [4] 传舍：古代驿站所设供行人饮食休息的房舍，这里指临时寄居的处所。 [5] 悉：穷尽、全部。 [6] 以

上三句话的意思是：老、庄、释氏的错误，就在于把精气分别为精神和形体两个方面。他们非常重视精神，而轻视形体，仅仅把形体当成精神临时寄居的处所，把人的自然情欲、君臣关系、父子兄弟夫妇等亲情关系，都看成是人有了形体以后才产生的，且在精神上要求能够达到空灵虚静、无欲无求的境界。由于老、庄、释氏仅仅看到有了形体就会产生自然情欲，所以认为只要有了无欲无为的精神也就足够了。 [7] 这句话的意思是：程子、朱子看到《六经》、孔、孟谈理义，把理义归结为必然不可改变的先验存在，这不是老、庄、释氏所能达到的，因而把理义抬高到相当于老、释所讲的神的地位，作为产生阴阳二气的本源，而又区别于阴阳二气；把理义作为人物的先天本性，而又区别于人物的气质，反而认为孔孟所讲的道根本不是道，孔孟所讲的性也从来不是性。

独张子之说，可以分别录之[1]，如言“由气化，有道之名”，言“化，天道”，言“推行有渐为化，合一不测为神”，此数语者，圣人复起[2]，无以易也。张子见于必然之为理，故不徒曰神，而曰“神而有常”。[3] 诚如是言，不以理为别如一物，于《六经》、孔、孟近矣。[4] 就天地言之，化，其生生也；神，其主宰也，不可歧而分也。故言化则赅神[5]，言神亦赅化；由化以知神，由化与神以知德；德也者，天地之中正也。[6] 就人言之，有血气，则有心知；有心知，虽自圣人而张载创立了人性二元论，朱熹承之而有“天理人欲”之说。戴震则强调人性与天性本质上的一致，即“人性一本”论。

下，明昧各殊，皆可学以牖其昧而进于明[7]。天之生物也，使之一本，而以性专属之神，则视形体为假合；以性专属之理，则苟非生知之圣人，不得不咎其气质，皆二本故也。[8]

［注释］

[1] 分别录之：分条目地摘录采用之。 [2] 复起：再次出现。 [3] 这句话的意思是：张载认识到必然就是理，所以不仅说它是神妙变化，而且说是“神妙变化有常规”。 [4] 这句话的意思是：果真如此的话，不把理看成是脱离具体事物而独立存在的精神，这样就和《六经》、孔、孟的儒家思想非常靠近了。戴震认为张载与程朱之间的思想是不同的，充分肯定了张载“理在气中”的观点。 [5] 赅（gāi）：完备、包括。 [6] 这两句话的意思是：就自然界的万事万物来说，化就是万物不断产生、变化和发展，神就是它们产生的内在动力，化和神两者是不可分割的统一体。所以讲化就包括了神，讲神就包括了化；由化而知道神，由化和神就可以知道德。所谓德，就是天地之间不可改变的规律法则。 [7] 牖（yǒu）：本义为窗户，这里作动词用，开通、开明。 [8] 这两句话的意思是：阴阳二气的运行是天地之间万事万物产生的根源，它们都遵循一个自然规律。若把性归属于神，就会把形体看成是凑合于神的虚假外壳；若把性归属于理，除了生而知之的圣人以外，就不得不把人欲归咎于人的气质，这是由于把形与神、理与气看成了两个本原所造成的认知结果。

［点评］

在北宋五子中，戴震对张载颇为推崇，有“独张子之说，可以分别录之”，所以录用张氏之说较多。张载创立的关学，根源于《易经》和孔孟，并在自身发展过程中善于吸收融合、开拓创新，包括对老、庄、佛学的批评和纠正，也是独具个性的。他认为人的本然之性，即天地之性，其本源是先天禀赋的纯善纯美；而外在的“气质之性”有清有浊，决定了人性也是有善有恶，千差万别。为了开启民智，使得人心向善，就必须破除认知蔽障，通过读书学习来变化气质，获得正直刚大的浩然正气，从而成为有仁义道德的人，最终达到圣人境界。可以说，张载的解释既为人性的善与恶找到了合理的答案，又为天理、人欲之辨提供了理论依据，对于后来朱熹的思想影响很大，因此也得到了朱子“极有功于圣门，有利于后学”的赞誉。

老、庄、释氏尊其神为超乎阴阳气化，此尊理为超乎阴阳气化[1]。朱子《答吕子约书》曰：“阴阳者，君臣父子也，皆事物也；人之所行也，形而下者也，万象纷罗者也[2]。是数者各有当然之理[3]，即所谓道也，当行之路也，形而上者也[4]，冲漠无朕者也[5]。”然则《易》曰“立天之道曰阴与阳”[6]，《中庸》曰“君臣也，父子也，戴震反对佛老的驰心高妙，强调生活要落实在人伦庶物之中。正如洪榜所说：戴氏之学，其有功于《六经》、孔、孟之言甚大，使后之学者无驰心于高妙，而明察于人伦庶物之间，必自戴氏始也。

夫妇也，昆弟也，朋友之交也，五者，天下之达道也”，[7] 皆仅及事物而即谓之道，岂圣贤之立言，不若朱子言之辨析欤？

［注释］

[1] 此：这里对应的是程朱宋儒。 [2] 万象纷罗：宇宙之间一切事物景象，盘根错节，纷繁复杂。 [3] 是数者：这几个问题，指阴阳、君臣、父子等具体对象。 [4] 形而上、形而下：中国古典哲学中的一对概念范畴，语出《周易・系辞上》“形而上者谓之道，形而下者谓之器”，大意是指规律法则是无形的，称为形而上；器用什物是有形的，称为形而下。朱熹和戴震对这两个术语的解释很不同：朱熹认为形而上是存在于事物之先、凌驾于事物之上的无形主宰，称作“理”或“道”；形而下是由“理”或“道”派生出的有形体的具体事物。戴震则把未成形质之前的阴阳二气看成是形而上，把已成形质之后的阴阳二气看成是形而下。 [5] 冲漠无朕：指太虚辽阔，空寂无形。老庄用以形容他们的真空真宰，朱熹借以形容“天理”，即把具体事物与体现事物的理分割开来，把理看作是凌驾于具体事物之上的独立主宰或精神存在。 [6] 立：建立、形成。整句话的意思是：形成天道的是阴和阳。 [7] 整句话的意思是：君臣、父子、夫妇、兄弟、朋友，这五种关系是天下通行的道理。《中庸》把“五伦”绝对化和永恒化，宋儒则归之于形而上的“天理”中，戴震从形而下的视角认为“道在人伦日用间”，“五伦”只是存在于社会生活和道德规范中的实实在在的“物”，而不是什么别的东西，否定了程朱把“理”或“道”看成是独立于具体事物之外、超越于人伦日用之上的观点。

［点评］

在戴震看来，老子、庄子以及佛教思想有违背人性的错谬，在于不讲阴阳气化，而只论“尊其神”，认为人世间应该是清虚恬静，空虚安定，无欲无求的，进而又把人的“精气”断然分割为精神和形体两种东西，重“神”而轻“形”，认为精气之“精”才是超越现象界的本体世界，才是实现人的终极目的。宋儒在借鉴佛、道思想以后，由此而生发出“气质之性”和“天命之性”，模拟释道“尊神”而建构了一个“尊理”的新范式。按照程朱的说法，性所具备的礼义德性，是上天的赋予，不是人的自身禀赋。这样既把天与人区分开来，又把人的性与人的身体割裂开来。说到底，程朱学说就是把老子、庄子以及佛教的理论作为基础台阶，而用理这个名词替换掉佛道那一套“真宰无欲”的概念。所以，程朱分理与气为“二本”，这是戴震所极力反对的。

圣人顺其血气之欲，则为相生养之道，于是视人犹己，则忠；以己推人，则恕；忧乐于人，则仁；出于正，不出于邪，则义；恭敬不侮慢，则礼；无差谬之失，则智。曰忠恕，曰仁义礼智，岂有他哉？[1]常人之欲，纵之至于邪僻[2]，至于争夺作乱；圣人之欲，无非懿德。欲同也，善不善之殊致若此。欲者，血气之自然，其好是懿这里把人性分为欲、情、知，与近代西方心理学把人的心理活动分为知、情、意的观点十分相似。因为欲望是人生而具有的，是人的自然生理需求，人没有欲望，也就不会有形体生命。

德也，心知之自然，此孟子所以言性善。[3] 心知之自然，未有不悦理义者，未能尽得理合义耳。[4] 由血气之自然[5]，而审察之以知其必然，是之谓理义；自然之与必然，非二事也。就其自然，明之尽而无几微之失焉，是其必然也。如是而后无憾，如是而后安，是乃自然之极则。若任其自然而流于失，转丧其自然，而非自然也，故归于必然，适完其自然。[6]

[注释]

[1] 戴震由上述批驳释、道不近人情的“尊神”“无欲”，转而进入对儒家人性化的极力推崇，从“以情絜情”“情得其平”的观点出发，对儒家的忠、恕、仁、义、礼、智等概念范畴，作出了有别于前人的一套思想体系的新阐释。他认为这些道德政治范畴都是周公、孔孟根据人的自然情欲，以适应人类生存发展的需要，制定出来的一套人伦规范，并结合自己的长期研究，提出了“体民之情，遂民之欲”的人道主义人性论。 [2] 邪僻：乖谬不正、品行不端。 [3] 这句话的意思是：普通人如果放任其欲望，或许会放荡无度，犯上作乱；圣人则善于谨身节用，厚德载物，这显然是夸大了圣人与常人之间的差别。欲望是人的肉体固有的本能，对美德的喜好，是人的知觉的自然属性，这就是孟子性善论的思想根源。戴震承接孟子学说，把人的合理欲望与对美德的追求一样都看作是仁爱善良的，并用以肯定人欲的合理性，从而对孟子的“性善”说作出了自己的理

解和阐释。 [4] 这句话的意思是：从人的认知属性来讲，没有人不喜欢理义，只是有些人不能够准确地把握“理”，符合“义”而已。 [5] 自然：这里指人性天生本有的欲望，即自然情欲。 [6] 这段话的意思是：通过仔细观察人的血气的自然表现，进而明白其中的必然规律，这就是理和义。自然表现和必然规律，并非是两件事情。我们对于自然表现的观察，达到了完全明白而不存在些许失误的时候，就会发现其中的必然规律，这样的话我们以后就不会有遗憾，就会心安理得，这就是对自然追求的最高准则。如果放任人的自然表现，就会演变为失误，进而丧失了自然，也就适得其反了。所以说，只有最后回归于必然，才能保全人的自然。

［**点评**］

这一部分涉及到戴震对于自然与必然的详细区分。他的人性论将自然、必然用于表达顺从“自然之道”、遵循“必然之理”的理性自觉；他反对宋儒的人性二本论，认为人性就是人的“血气心知之欲”，包括了“欲、情、知”，三者不是人先天的固有，而是在人生之后“感而接于物”的结果，是构成血气心知之性的重要组成部分，体现出戴震人性综合论的基本特征。在戴震的眼中，自然就是事物的自然状态，是事物的自然之性，也是人的血气心知的本性；放在天地万物上说，便是万事万物存在的本然状态。在天道那里，必然与自然是同一的。如果我们对于天地万物的自然，不以必然的法则加以规范和限定，任由万物自然流行而不加干预，就会失去天地之间内在蕴含的轨则，从而走向自然的反面；只有真的实现了必然，也才能实实在在地成就它的自然。

夫人之生也，血气心知而已矣。老、庄、释氏见常人任其血气之自然之不可，而静以养其心知之自然；于心知之自然谓之性，血气之自然谓之欲，说虽巧变，要不过分血气心知为二本。[1]荀子见常人之心知，而以礼义为圣心；见常人任其血气心知之自然之不可，而进以礼义之必然；于血气心知之自然谓之性，于礼义之必然谓之教；合血气心知为一本矣，而不得礼义之本。[2]程子、朱子见常人任其血气心知之自然之不可，而进以理之必然；于血气心知之自然谓之气质，于理之必然谓之性，亦合血气心知为一本矣，而更增一本。[3]分血气心知为二本者，程子斥之曰“异端本心”[4]，而其增一本也，则曰“吾儒本天”[5]。如其说，是心之为心，人也，非天也；性之为性，天也，非人也。[6]以天别于人，实以性为别于人也。[7]人之为人，性之为性，判若彼此[8]，自程子、朱子始。告子言“以人性为仁义，犹以杞柳为桮棬”[9]，孟子必辨之[10]，为其戕

《孟子》一书记载了孟子与告子的四个辩论（杞柳杯棬之喻、湍水之喻、生之谓性、仁内义外之辩），很有趣味，可以参阅理解。

贼一物而为之也[11]，况判若彼此，岂有不戕贼者哉！[12]

［注释］

[1] 这句话的意思是：关于人的生命，其实包含着血肉气质和心灵感知两个方面。老子、庄子以及佛教看到普通人放纵自己肉体血气的自然本性是错误的做法，于是就以静虚无为的修养方法来滋养心灵认知的自然本性，并把这种知觉心智的自然本性称为性，把肉体血气的自然本性称为欲。尽管这种说法属于巧妙变通，也只是把肉体血气和精神知觉，分别看作是人的两个独立本原而已。 [2] 这句话的意思是：荀子看到普通人的心智之中没有礼义的思想，只有圣人的心智才能产生和具有礼义观念；看到普通人放纵他们血气心知的自然需求是荒谬的，于是他就制定了作为必然准则的礼义。把人的血气和心智的自然本性称之为性，把礼义的必然准则称之为教。这种说法虽然将血气和心智看作一体，都是人的本原，却并没有认识到礼义的由来及其本原。戴震在这里肯定了荀子"合血气心知为一本"，但又指出他"以礼义为圣心""不得礼义之本"的失误之处。 [3] 这句话的意思是：程子、朱熹看到普通人放纵他们的自然本性是很有毛病的，于是就提出用必然准则的理来加以遏制，把人的自然需求称之为气质，把理的必然准则称之为性，这是将血气和心智看作一体，都是人的本原，但又增加了一个理的本原来。 [4] 斥：责备、指责。异端本心：佛家把人的精神看成一切事物的本原，失其本心的都是异端。异端，不符合正统思想的主张或教义。儒家把孔孟学说奉为正统，称其他学派学说为异端，这里主要指佛教和道教。 [5] 吾儒本天：相对于"异端本心"，这里指儒家把"天

理”作为一切事物的本原。 [6] 这句话的意思是：按照程朱的说法，心产生心理意识的能力，是人本来具备的，不是上天的赋予；性所具备的礼义德性，则是上天的赋予，而不是人自身所具有的。 [7] 这句话的意思是：把天与人相割裂，其实就是把人的性与人的自身区分开来。 [8] 判若彼此：形容彼此明显不同，像两个不相干的东西。 [9] 引文见《孟子・告子上》。杞（qǐ）柳：一种柳属灌木，枝条细长柔韧，可编制各种用具。桮棬（bēi quān）：桮，即“杯”的异体，本义是指盛羹注酒的器皿。棬，用曲木制成的钵盂形状的饮器。 [10] 辨：通“辩，辩论、申辩。 [11] 戕（qiāng）贼：二字同义复用，残杀、损害。 [12] 这句话的意思是：告子认为“用人性去成就仁义，就如同把天生的杞柳强制性地加工成杯盘用具一样”，孟子予以强力辩驳，认为杯盘是通过破坏杞柳的本性而做成的，而现在程朱也把人性与人截然分成两个互不相干的东西，这种做法又怎么会对人不产生破坏性呢？

盖程子、朱子之学[1]，借阶于老、庄、释氏[2]。故仅以理之一字易其所谓真宰真空者而余无所易。[3] 其学非出于荀子，而偶与荀子合，故彼以为恶者，此亦咎之；彼以为出于圣人者，此以为出于天。出于天与出于圣人岂有异乎！[4] 天下惟一本，无所外。有血气，则有心知；有心知，则学以进于神明，一本然也；有血气心知，则发乎血气心知之自然者，明之尽，使无几微之失，斯无往非仁义，一本然也。苟歧而二之，未有不外其一者。[5]《六经》、孔、孟而下，有荀子矣，有老、庄、释氏矣，然《六经》、孔、孟之道犹在也。自宋儒杂荀子及老、庄、释氏以入《六经》、孔、孟之书，学者莫知其非，而《六经》、孔、孟之道亡矣。[6]

戴震认为邵雍、张载、朱熹在“神”的概念上，与老、庄、佛教有着密切的关联，除了张载的某些观点坚守正统外，宋儒对儒家经典的阐释，几乎都掺杂了佛老因素。

［注释］

[1]盖：句首语气词。 [2]借阶于：凭借……的阶梯。 [3]这句话的意思是：程子、朱熹的学说，其实就是把老子、庄子以及佛教的理论作为基础台阶，所以只凭借“理”这个名词，就能替换掉佛道的“真宰”“真空”概念，而其他内容都有没什么变化。 [4]这两句话的意思是：程子、朱熹的学说并不是从荀子那里来的，只是偶然与荀子的观点恰好相近。荀子认为人性是恶的，程朱也把它归罪于人的气质之性而予以批评；荀子认为礼义来自于圣人的制定，程朱却认为是由上天赋予的。那么，来源于上天赋予和来源于圣人制定，又有什么不同呢？ [5]这三句话的意思是：天下只有一个本原，没有另外的本原。有了形体就有知觉；有了知觉，就可通过学习达到理性思维的高度，可见这就是一个本原；有形体知觉，对形体知觉产生的自然情欲，认识清楚透彻，使它没有丝毫差错，这样就会符合道德仁义了，这也是一个本原。如果把它截然分成两个本原的话，那就没有不把其中的一个本原看成是外加的。 [6]这两句话的意思是：在《六经》、孔、孟之后，有了荀子，又有老子、庄子以及佛教，孔孟之道依然存在，但从宋儒把荀子、老子、庄子以及佛教的说法杂糅到孔孟之书中，使

得后人竟然不辨是非，看到其中的错误根源，所以孔孟之道也就此消亡了。戴震借着捍卫儒家正统的名义，指出了杂糅老释思想的宋明理学所附着的危害性与欺骗性，以此来证明批判理学的必要性和重要性。

[点评]

天地之大德曰生。戴震认为人物之所以创生，人性物性之所以形成，在于阴阳二气的自然运行，但最终落实于血肉气质和心灵感知两个方面。欲望所在的血肉气质本身不是罪恶，只是凭借欲望无节制地为所欲为，才是罪恶。佛道主张完全抛弃物质欲望、追求精神满足，那是有违人伦道德的；宋儒虽然反对释氏、道家的人性论，将目光上溯孔孟，但他们对孔孟人性论的理解全是一种“《六经》注我”的心态，以致误读了孔孟而落入到释、老、荀子的窠臼之中，而陷于儒释道思想杂糅的泥沼，至死不能明白其中思想分歧的根源。戴震为了帮助宋儒理清脉络，分清是非，从先秦经典诠释入手，把“阴阳五行”看作是“道之实体”，把“血气心知”视为“性之实体”，由阴阳五行的渊源探讨，到天道人道的哲理辩证，为儒家的“性与天道”找到存在的根据，摈弃了他们“天命之性”的超越和玄妙，而回到“民之质矣，日用饮食”的现实生活中来。

“人道本于性，而性原于天道”，是戴震哲学贯穿天地人的逻辑结构。他关注“天道”，但更看重“人道”，他的“形而上”和“形而下”理念，正是建构在“天生烝民，有物有则”的原始儒学基础上，有别于程朱理学对形而上的精神信仰。作为一代朴学大师，戴震的经典阐释不尚“义解”而重“考核”，走的是“由字以通其词，由词以通其道”（张之洞后来归纳为：由小学入经学者，其经学可信；由经学、史学入理学者，其理学可信）之路，由讲明文字、历算、礼制、博物之学出发，以落实道德之“善”于日用伦常之中，为人们提供可遵循的人伦规范。戴震并非不说“理”，只是他的经验取向和进路方式与宋儒不同，结局自然也是大相径庭。

卷　中

天　道

道[1]，犹行也[2]；气化流行[3]，生生不息[4]，是故谓之道。[5]《易》曰："一阴一阳之谓道。"[6]《洪范》："五行[7]：一曰水，二曰火，三曰木，四曰金，五曰土。"行亦道之通称。（《诗·载驰》："女子善怀，亦各有行。"[8]毛《传》云[9]："行，道也。"《竹竿》："女子有行，远兄弟父母。"[10]郑《笺》云[11]："行，道也。"）举阴阳则赅五行[12]，阴阳各具五行也；举五行即赅阴阳，五行各有阴阳也。[13]《大戴礼记》曰："分于道谓之命，形于一谓之性。"言分于阴阳五行以有人物，而人物各限于所分以成其性。[14]阴阳五行，道之实体也；血气心知，性之实体也。有实体，故可分；惟分也，故不齐。古人言性惟本于天道如是。[15]

戴震在批判宋儒学说的同时，一般都会提出相对应的观点，形成自己的思想体系，这就叫做有破有立，吐故纳新。基于宋儒的"道即理""理在气中"，而提出：阴阳五行是道的实体，血气心知是性的实体。

［注释］

[1]道：道路、途径，引申为合乎事理的标准和规律。 [2]行：行路、走动。 [3]气化：指阴阳二气的运动变化。 [4]生生：孳生不绝，繁衍不已，指事物的不断产生、变化和发展。 [5]这句话的意思是：道就是运动的过程；天地之间阴阳二气的运动变化，使事物不断产生、变化和发展，所以这个过程就叫做道。 [6]一阴一阳之谓道：阴阳二气的对立统一及其相互作用的规律，就是道。 [7]五行：指水、火、木、金、土五种物质形态，古人试图用这五种形态说明世界万物的起源和多样性的统一。戴震引用《洪范》中的这句话，意在说明"行"就是物质性的阴阳五行的运动、变化过程，也称为"道"。如果说阴阳是一种对立统一，那么五行就是原始的系统控制论。 [8]引文见《诗经 · 鄘风 · 载驰》，意思是：女子善于思考，各有自己的路径条理。 [9]毛《传》：秦汉时期研究《诗经》的重要著作《毛诗故训传》，郑玄《诗谱》定为毛亨（大毛公）所作、毛苌（小毛公）相传的一部书。 [10]引文见《诗经 · 卫风 · 竹竿》，意思是：女子要远行，离别了兄弟和爹娘。 [11]郑《笺》：东汉著名经学家郑玄（字康成，北海高密人）兼通经今古文学，以《毛传》为本，

兼采齐、鲁、韩三家《诗》说，作《毛诗笺》一书。［12］举：托举、提出。赅：包括、兼备。［13］这句话的意思是：说到阴阳，就包括五行，因为阴阳都具备五行；提到五行，就包括阴阳，因为五行各自具有阴阳。［14］引文见《大戴礼记·本命篇》，意思是：从道那里分出阴阳五行的过程叫做命，人和物因此形成一定的特点叫做性。这就是说，人和物从上天那里分得阴阳五行之气，就形成了自身的命；而人和物一旦形成具体的形体，就会受限于他从上天所分得的阴阳五行之气，形成了自身的性。戴震认为“道”的实体是物质性的阴阳五行，所以人和物是从阴阳五行中分出来的，由于所分得的不同，所以形成的性也不同。［15］惟：同“唯”，只是、唯独。这三句话的意思是：物质性的阴阳五行之气，是道的实体；而阴阳五行之气所形成的血肉气质和心灵知觉，是性的实体。有了实体就可以加以区分；既然能够做出区分，那么其性之间必定有许多不同。古人认为性只来源于天道，就是这么说的。

［点评］

戴震说“人道本于性，而性原于天道”，说明他的哲学基本结构就是围绕天道、性、人道（即自然、人性、社会伦理）三个部分展开的。用今天的话来说，就是社会的伦理道德根据于人的本性，而人的本性则源于天地自然。戴震观念中的道与理，一直都是充满着生活气息的“气化流行”，即阴阳之气化生万物也。气是实体，道指流行；道并非一个实体范畴，而特具气化流行的属性。所以说这种意义上的道，不具有超越性的本体意义，而是具体的气化流行，它不仅仅是一种状态的描述，更是物质性的阴阳五行之气。因此，他说只有实体，才可以分；只有分，才有差别。这样把“血气心知”看作性的实体，那么天道的先验和超越性自然会被取消，人的各种情感欲望得以肯定。所谓“女子善怀，亦各有行”，就是讲明了人的不同需要及其存在的合理性。

问：《易》曰：“形而上者谓之道，形而下者谓之器。”[1] 程子云：“惟此语截得上下最分明，元来止此是道，要在人默而识之。”[2] 后儒言道，多得之此。[3] 朱子云：“阴阳，气也，形而下者也；所以一阴一阳者，理也，形而上者也；道即理之谓也。”[4] 朱子此言，以道之称惟理足以当之。[5] 今但曰“气化流行，生生不息”，乃程朱所目为形而下者；其说据《易》之言以为言，是以学者信之。然则《易》之解可得闻欤？[6]

认为“形而上”和“形而下”、“太极”和“阴阳”并不是精神和物质的区别，而是同一物质性的“气”的不同形态，“太极”是“气化之阴阳”。

[注释]

[1] 两句引文见《周易·系辞上》。道与器，是中国学术思想史上的一对基本范畴，无形的规律、原则、道理，为形而上之“道”；天地、动植物、器械等，为形而下之“器”。道是体，是抽象道理；器是用，是具体事物，道不离器，器不离道，二者两位一体。 [2]引文见《程氏遗书》卷十一，意思是：只有这句话把道和器截然分为形而上与形而下，分得最为清楚，讲得最为明白，原来只有形而上

才算作是道啊。关键还要看人们能否认真领会，铭记在心。 [3] 这句话的意思是：后来的儒家学者就此谈经论道，大多都是从这句话里得来的。 [4] 引文见周敦颐《通书·诚上》朱熹注，意思是：阴、阳都是气，属于形而下的东西；产生阴阳并使它运行变化的原动力，就是理，它是属于形而上的层面。道，说的就是理。 [5] 这句话的意思是：朱熹这句话，以为道这个概念只有理才能与它相等。 [6] 这两句话的意思是：现在你解释“道”这个概念，只说是“宇宙中的阴阳二气在流动运行之中，不断生成和变化，永不停息”，这正是程子、朱熹所认为的形而下的东西；程朱的说法是根据《周易》而来的，所以学者们都相信他们的观点。那么，对于《周易》这句话的真实含义，能否给我们详细地解释一下呢？

《孟子字义疏证》虽是披着经学的外衣来做思想的表达，但顾名思义，其中文字声训的内容也占有重要的比例。这是戴震治学对“尊德性”与“道问学”的融会贯通，义理、考据、辞章丝毫不曾割裂的具体表现。

曰：气化之于品物[1]，则形而上下之分也。形乃品物之谓，非气化之谓。[2]《易》又有之：“立天之道，曰阴与阳。”直举阴阳，不闻辨别所以阴阳而始可当道之称，岂圣人立言皆辞不备哉？[3] 一阴一阳，流行不已，夫是之谓道而已。[4] 古人言辞，“之谓”“谓之”有异[5]：凡曰“之谓”，以上所称解下，如《中庸》“天命之谓性，率性之谓道，修道之谓教”[6]，此为性、道、教言之，若曰性也者天命之谓也[7]，道也者率性之谓也，教也者修道之谓也；《易》“一阴一阳之谓道”，则为天道言之，若曰道也者一阴一阳之谓也。凡曰“谓之”者，以下所称之名辨上之实，如《中庸》“自诚明谓之性[8]，自明诚谓之教”，[9]此非为性、教言之，以性、教区别“自诚明”“自明诚”二者耳。《易》“形而上者谓之道，形而下者谓之器”，本非为道、器言之，以道、器区别其形而上、形而下耳。形谓已成形质，形而上犹曰形以前，形而下犹曰形以后[10]。（如言“千载而上，千载而下”。《诗》：“下武维周[11]。”郑《笺》云：“下，犹后也。”[12]）阴阳之未成形质，是谓形而上者也，非形而下明矣。器言乎一成而不变，道言乎体物而不可遗[13]。不徒阴阳非形而下[14]，如五行水火木金土，有质可见，固形而下也[15]，器也；其五行之气，人物咸禀受于此，则形而上者也。[16]《易》言“一阴一阳”，《洪范》言“初一曰五行”[17]，举阴阳，举五行，即赅鬼神[18]；《中庸》言鬼神之“体物而不可遗”，即物之不离阴阳五行以成形质也。由人物溯而上之，至是止矣。[19]《六经》、孔、孟之书不闻理气之辨[20]，而后儒创言之，遂以阴阳属形而下，实失道之名义也[21]。

宋代学风，由二程提出了“穷经以致用”的主张，突破了汉儒不敢独立思考、墨守成规的治学方法，堪为思想发展的一大进步。然而，在理学后来被定为属于支配地位的意识形态后，长期束缚了人们的思想，确实妨碍了社会思想的开放和创新，特别是阻碍了自然科学的发展，其消极方面也是显而易见的。

[注释]

[1] 品物：即万事万物。品的本义指数量众多。 [2] 这两句的意思是：阴阳二气的运行变化与世间万物的关系，就是形而上、形而下的区分。形就是指世间万物，而不是指气的运动变化来说的。 [3] 引文见《周易 · 说卦》。这两句话的意思是：《周易》又说：创立天道的是阴和阳。直接提出阴阳就是道，而没听说要从中辨析和分别出促使阴阳运行的动力，才可以称之为道，难道圣人立论的语言还不够清晰完备吗？ [4] 这句话的意思是：阴阳二气相互交感所呈现出的那种流动运行、永不停息的状态，可以称得上是道。 [5] 之谓：就是、可以称得上是。戴震这里对"谓之"和"之谓"的语辞语法辨析得极为精妙，已经成为今天语言哲学领域最重要的诠释范例。谓之：叫做、称这是。戴震说"凡曰之谓，以上所称解下"；"凡曰谓之者，以下所称之名辨上之实"，两相对比，异同立现。 [6] 语见《中庸》第一章。意思是：天所命令给予的就是性，按照性的规定而行动就是道，对道进行修养治理就是教。这句引文是为了说明"之谓"的用法。 [7] 若曰：这样说、如同说。 [8] 诚：古代哲学术语，《中庸》认为"诚"是一精神实体，起着化生万物的作用；后人又把"诚"当作宇宙本原、圣人之性，以及道德修养的最高境界。 [9] 引文见《中庸》第二十一章，意思是：由秉性真诚而明白了天理，这就叫做天性；由明白天理而内心真诚，这就称为教化。这句引文是为了说明"之谓"的用法。 [10] 形质：这里指有形的实体。形，事物表现出的形状；质，事物的客观实体和材质。在这两句中，戴震认为《周易》这句话本来也不是为了解释"器"和"道"这两个概念的，而是用"器"和"道"这两个概念来区分"形而上"和"形而下"这两种状态的。"形"指具体形质，形而上就是"具体形质形成之前的状态"，形而下就是"具体形质形成之后的状

态”。[11]维：同“惟”，只有。武：继承。[12]语见《诗经·大雅·下武》。这三句话的意思是：就好像我们常说的“千载以上，千载以下”一样。《诗经》说：“后代能够继承先祖的只有周朝。”郑玄注解说：“下，犹后也。”戴震引用这句话，是用来说明“形而下”是“形以后”的意思。[13]遗：遗漏、丢失。这句话的意思是：阴阳二气在还没有形成具体的形体之前，就是形而上的状态，不是形而下的状态，这是非常明显的。器是讲具体事物一旦形成，就不会再发生什么改变；道是讲阴阳二气存在于世间一切事物之中，而不会与事物发生分离。戴震坚持了“道在事中”，但说“器”是一成不变的，就很有局限和失误。[14]不徒：不仅、不但。[15]固：固有、本来。[16]这句话的意思是：不仅阴阳二气不是形而下的，如水、火、木、金、土五行，有形质可见，是形而下的具体器物；而没有成形的五行之气，人和万物都要从中禀受的，那也是形而上的。戴震不但肯定了“阴阳之未成形质”是形而上的，即使“五行之气”也是形而上的，那“有质可见”的五行才是形而下的，目的就在于说明程朱对《周易》的解释是误读。[17]初一：起初、开始。[18]鬼神：古代哲学术语，指天地之间精气的聚散运动。《周易·系辞上》：“精气为物，游魂为变，是故知鬼神之情状。”戴震在这里释为阴阳五行的自然变化和作用。[19]这句话的意思是：顺着人和世间万物的本原往上追溯，到阴阳二气这里也就到终点了。戴震坚持物质性的“阴阳五行”是万物本原的一元论思想，批判宋儒“理在气上”的论点。[20]理气之辨：是宋明儒学内部对理、气关系争议不休的一个话题，主要有理本论、气本论、心本论等观点。朱熹坚持理本论，认为“理在气先”“理在气上”，颇为清代学者所反对。[21]实失道之名义：失去了“道”这个概念的真实含义。

［点评］

这一节内容的一问一答，主要是戴震针对道与器、形而上与形而下、道与气这几对哲学范畴的语法训释和文献考证，用以说明在宋儒的哲学逻辑结构中，阴阳之“气”与“器”相当，处于形而下的地位；“道”或“理”属于形而上的层次，是阴阳之气背后所赖以支配的所以然，所以有道器、理气的形而上、下之分。作为清代著名的语言学家，戴震善于从语法角度考证经典文意，他认为“之谓”与“谓之”的区别，在于“之谓”是指以上面的词句解释下面的词句，用“阴阳”给“道”下定义；而“谓之”是指用下面的词句说明上面的内容，即以“道与器”给“形而上与形而下”下定义，形而上下之别，即成形质之前、之后的区别。形而上并非超越形质，而是成形质以前；形而下是已成形质，即成形质以后。阴阳五行之气化生万物之前，未成具体形质，属形而上；当其凝聚成有形质的事物，便是形而下。戴震将“形”定义为“已成形质”，然后将形而上、形而下解释为“形以前”“形以后”。因此，阴阳尚未成形，被称为形而上；器具有形质，故称形而下。在此之外，并不存在一个超越的本体。这就意味着，儒家所有的道德意义都只能在经验性层面上建立起来，这应该是戴震哲学思想对宋明儒家的一个突破之处。尽管程颢也曾说过“唯此语截得上下最分明”，但不及戴震通过对“之谓”与“谓之”的辨析，彻底理清了形而上与形而下的本来意蕴，已被今天的语言哲学界所广泛接受。

问：后儒论阴阳，必推本“太极”[1]，云：“无极而太极[2]，太极动而生阳；动极而静，静而生阴；静极复动。一动一静，互为其根；分阴分阳，两仪立焉。”[3] 朱子释之云：“太极生阴阳，理生气也。阴阳既生，则太极在其中，理复在气之内也。”又云：“太极，形而上之道也；阴阳，形而下之器也。”[4] 今既辨明形乃品物，非气化，然则“太极”“两仪”，后儒据以论道者，亦必傅合失之矣[5]。自宋以来，学者惑之已久，将何以解其惑欤？[6]

认为“形而上犹曰形以前，形而下犹曰形以后”，“分于道谓之命，形于一谓之性”，是对传统说法所赋予的新涵意。

［注释］

[1] 太极：古代哲学重要范畴，语本《周易·系辞上》，指天地未开、混沌未分阴阳之前的状态。朱熹认为“总天地万物之理，便是太极”，这是把太极看成是超自然的“理”，或精神性的宇宙本原。戴震却认为太极就是“气化之阴阳”，是天地万物的运行及其规律。 [2] 无极：哲学概念，语见《老子》二十八章“复归于无极”，意为恢复到宇宙最原始的本体，无形无象，不可穷极。周敦颐《太极图说》提出“无极而太极”，朱熹解释为“只是一个实理”，“无形而有理”。 [3] 两仪：两体容仪，指天地或阴阳。引文见《周子全书》卷一《太极图说》，这句话的意思是：在最原始的无形无象的宇宙本体中形成了太极。太极在运动的时候就会产生阳气，运动达到极点时就会安静下来，安静的时候就会产生

阴气，安静达到极点又会运动起来。运动、安静这两种状态互相作为彼此的根由，于是就区分出了阴阳二气，从而确立了两仪。周敦颐是把天地、阴阳、动静都说成是无形无象的精神本体“太极”运动的结果。　[4] 引文均见朱熹《太极图解》。朱子解释这段话说：“太极产生阴阳，就是指理产生气。阴阳产生之后，太极就蕴含在阴阳之中，理也就存在于气之中了。”又说：“太极是形而上的道，阴阳二气是形而下的器。”朱熹是把太极、理和道都看成是一个东西，就是宇宙的精神本原。　[5] 傅合：附会。傅，通“附”。　[6] 这两句话的意思是：现在已经辨析清楚，形就是指有形的世间万物，而不是指无形的气的运动变化，那么后世学者用来谈论道的“太极”“两仪”这两个概念，也一定是牵强附会，错谬百出，失掉道的原意了。从宋代以来，学者受到这种理论的迷惑已经很久了，怎么来解除他们的迷惑呢？

［**点评**］

自周敦颐作太极图，阐发心性义理之精微，奠定了理学的基础。此后宋明理学昌盛，大致有三个系统：二程、朱熹讲“理”，陆象山、王阳明讲“心”，张载、王夫之讲“气”，他们的共同特征是玄想的、本体的，“求垂教之本原于心性，求心性之本原于宇宙”。清代学者厌弃主观的冥想而偏重客观的考实，“以复古为解放”，回归原始儒学，以实行、实用为宗旨，所以非常重视人伦日常，躬行社会实践，讲求人情道理，戴震就是其中的代表人物。他反对宋明学者的“太极”“天理”说，批判程朱的理气二元、理欲二分论，以血气心知（人性一本论）来理解理气，沟通理欲，提出了“理在欲中”的人性论，与宋儒“存理灭欲”说截然不同。在批判和总结前人思想成果的基础上，贡献出一种新的天道伦理观，也赋予了“天理”与“人欲”以新的时代意义。

曰：后世儒者纷纷言太极，言两仪，非孔子赞《易》太极两仪之本指也。[1]孔子曰：“《易》有太极，是生两仪，两仪生四象[2]，四象生八卦[3]。”曰仪，曰象，曰卦，皆据作《易》言之耳，非气化之阴阳得两仪四象之名。[4]《易》备于六十四，自八卦重之，故八卦者，《易》之小成[5]，有天、地、山、泽、雷、风、水、火之义焉。[6]其未成卦画[7]，一奇以仪阳[8]，一偶以仪阴[9]，故称两仪。奇而遇奇，阳已长也，以象太阳；奇而遇偶，阴始生也，以象少阴；偶而遇偶，阴已长也，以象太阴；偶而遇奇，阳始生也，以象少阳。[10]伏羲氏睹于气化流行[11]，而以奇偶仪之象之。[12]孔子赞《易》，盖言《易》之为书起于卦画，非漫然也[13]，实有见于天道一阴一阳为物之终始会归[14]，乃画奇偶两者从而仪之，故曰“《易》有太极，是生两仪”。[15]既有两仪，而四象，而八卦，以次生矣[16]。孔子以太极指戴震论性，不离于《易》，其“人道本于性，而性原于天道”；“气化流行，生生不息，是故谓之道”；“道者，居处、饮食、言动，自身而周于身之所亲，无不该焉也”，皆是有理有据，诚为不刊之论。

气化之阴阳，承上文“明于天之道”言之[17]，即所云“一阴一阳之谓道”，以两仪四象、八卦指《易》画。[18]后世儒者以两仪为阴阳，而求太极于阴阳之所由生，岂孔子之言乎！[19]

［注释］

[1] 赞：进见、称述。本指：亦作“本旨”，主旨、原意之义。 [2] 四象：指少阳、太阳、少阴、太阴四种爻象，常对应着春夏秋冬、日月星辰、东南西北等自然意象。 [3] 八卦：《周易》中用“━”（阳）和“--”（阴）两种符号组成八种具有象征意义的图形，即乾（☰）、坤（☷）、坎（☵）、离（☲）、巽（☴）、兑（☱）、震（☳）、艮（☶），依次象征天、地、水、火、风、泽、雷、山八种自然现象。这段引文见《周易·系辞上》，意思是：作《易》先立一个开头，叫做太极，太极产生两仪，两仪产生四象，四象产生八卦。 [4] 这句话的意思是：所谓的“仪”“象”和“卦”，都是从创作《周易》的需要而使用的概念，并不是说从运行变化着的阴阳二气，可以得到“两仪”“四象”的称谓。 [5] 小成：初成八卦、初步形成。语见《周易·系辞上》“八卦而小成”。 [6] 这句话的意思是：《周易》所具有的六十四卦，是来自于八卦的相互重叠和组合而成。所以说，八卦是《周易》卦象初步形成的基础，它象征着天、地、山、泽、雷、风、水、火八种自然现象的特点。 [7] 卦画：卦的符号。 [8] 奇：与“偶”相对，这里指单数的笔画“━”。 [9] 偶：与“奇”相对，这里指双数的笔画“--”。 [10] 这两句话的意思是：在没有构成卦画之前，用奇（━）来代表阳，用偶（--）来代表阴，所以成为两仪。在

“⚊”的上面再加上“⚊”，表示阳气已经成长，用它来象征太阳（⚌）；在“⚊”的上面再加上“⚋”，表示阴气开始生长，用它来象征少阴（⚍）；在“⚋”的上面再加上“⚋”，表示阴气已经成长，用它来象征太阴（⚏）；在“⚋”的上面再加上“⚊”，表示阳气开始生长，用它来象征少阳（⚎）。 [11] 伏羲氏：传说中的华夏人文始祖、三皇之一，相传他教民渔猎畜牧，制作八卦。睹：看见、看到。 [12] 这句话的意思是：伏羲氏观察到宇宙间阴阳二气的运行变化，而用奇（⚊）和偶（⚋）这两种符号来作为象征阳与阴的符号。 [13] 漫然：轻率、随意的样子。 [14] 会归：归结、集中。 [15] 这句话的意思是：孔子解说《周易》时所说的话，大概只是表明《周易》这本书来源于先人的卦画，它以八卦的符号为基础，并不是随意的行为。事实上，他是在认识到阴阳二气交感变化，集中贯穿了世间万物发展的始与终，于是画出了奇（⚊）、偶（⚋）这两种符号来象征阳和阴，所以说“《易》有太极，于是产生两仪”。 [16] 以次：依照次序。 [17] 明于天之道：语见《周易 · 系辞上》，意为明白上天的意志。戴震这里指了解和懂得自然规律。 [18] 这句话的意思是：孔子把太极看作是运动变化着的阴阳二气，是承接《周易》上文所说的“明白上天的意志，懂得自然规律”来说的，也就是应该按照“一阴一阳之谓道”来理解，用两仪、四象、八卦来指称《周易》的卦画符号。 [19] 这句话的意思是：后世儒者却认为两仪就是阴阳二气，并从阴阳二气的产生过程来探求太极的根源与内涵，这哪里是孔子的本意呢？

[点评]

作为“气论”一脉的哲学家，戴震讲求人情实际，重视人伦日常，认为八卦只是一种由符号组成的卦画。

孔子所讲的仪、象、卦，是根据作《易》的需要而使用的概念，两仪四象并非由太极所生。《易经》起于卦画符号，是因为古人看到天道阴阳交感变化，贯穿于事物发展的终始，就以画奇、偶两种符号作为象征，致有“《易》有太极，是生两仪”，又生四象、八卦之说。换言之，孔子并没有说太极生阴阳，理生气，或者是说太极和理为形而上之道，阴阳和气为形而下之器的意思。同理，《六经》和孔孟没有关于理、气关系的分辨，后儒程、朱等以两仪等同阴阳，把太极看成阴阳所以产生的根源，又将阴阳归于形而下，说什么理在气先、理在气上，这是根本违背孔子原意的。

可以说，自宋代以来，朱子根据周敦颐《太极图说》的框架，将太极生阴阳解释为“理生气”，把太极和阴阳纳入形而上之道与形而下之器。对于这种做法，戴震明确指出这是有违圣人本意的。但当时学者早年接受《四书章句集注》思想的濡染，为程朱理学的信徒，潜意识中的理学思想根深蒂固。当时许多大学者口头上即使鄙夷宋学，实际上却如梁启超所言：“一个个都是稀稀薄薄朦朦胧胧的程朱游魂披上一件许、郑的外套，那时候思想界的形势大略如此。”鉴于当时学术界的迷茫与困惑，戴震挺身而出，大声呼吁要“发狂打破宋儒家中《太极图》！”由此可见戴震的“打破”之处，就是从揭示《太极图》所开启的宋明理学的思想理路入手，从根源上否定了理学形上学的本质所在。

问：宋儒之言形而上下，言道器，言太极两仪，今据孔子赞《易》本文疏通证明之，洵于文义未协[1]。其见于理气之辨也，求之《六经》中无其文，故借太极、两仪、形而上下之语以饰其说[2]，以取信学者欤？[3]

戴震名言：圣人之道在《六经》，汉儒得其制数，失其义理；宋儒得其义理，失其制数。又：舍圣人立言之本旨，而以己说为圣人所言，是诬圣；借其语以饰吾之说，以求取信，是欺学者也。

［注释］

[1] 洵：实在、的确。协：符合。整句话的意思是：宋儒解释形而上和形而下、道和器、太极和两仪的说法，现在根据孔子解说《周易》的原文来进行对比、分析和证明，发现他们的解释确实与孔子的原意不一致。 [2] 饰：假托、掩饰。 [3] 这句话的意思是：难道是他们看到理、气之间关系的分别，在《六经》中根本找不到相对应的文字，所以才假借太极、两仪、形而上、形而下之类的词语来掩饰他们的学说，以骗取学者们的信任吗？

曰：舍圣人立言之本指，而以己说为圣人所言，是诬圣；借其语以饰吾之说，以求取信，是欺学者也。诬圣欺学者，程朱之贤不为也。盖其学借阶于老、庄、释氏[1]，是故失之。[2] 凡习于先入之言，往往受其蔽而不自觉。[3] 在老、庄、释氏就一身分言之，有形体，有神识[4]，而以神识为本。推而上之，以神为有天地之本，[5]（老戴震批判程朱理学的先验论和超自然的修养方法，多方面地发挥荀子的“重学”理念，不意间也就否定了孔子“唯上知下愚不移”的思想。他强调刻苦学习和实践修养，贵在能融化圣贤之教，形成自己的思想与个性，否则便是“入而不化”的记问之学。

氏云：“有物混成[6]，先天地生。”又云：“道之为物，惟恍惟忽[7]。忽兮恍兮[8]，其中有象[9]；恍兮忽兮，其中有物。”[10]释氏书：“问：‘如何是佛？’曰：‘见性为佛[11]。’‘如何是性？’曰：‘作用为性。’‘如何是作用？’曰：‘在目曰见，在耳曰闻，在鼻臭香，在口谈论，在手执捉，在足运奔。遍见俱该法界[12]，收摄在一微尘[13]，识者知是佛性，不识唤作精魂。’”[14]）遂求诸无形无迹者为实有，而视有形有迹为幻。[15]

［注释］

[1]阶：台阶、依据。 [2]以上几句话的意思是：抛弃圣人著书立说的本来意义，而把自己的说法当作是圣人曾经说过的言论，这是在歪曲和诬蔑圣人；假借圣人的言语来修饰自己的学说，希望取得别人的信任，那是在欺骗学者。诬蔑圣人、欺骗学者的事情，程子、朱熹作为有道德的贤人是不会去做的。他们之所以会产生错误，是由于他们的学问是以老子、庄子以及佛教的理论作为基础的。 [3]这句话的意思是：凡是习惯于先入为主的人，往往容易受到最初听到的话的影响，时常受到蒙蔽，但自己不易察觉。 [4]神识：佛家用语，指有情所具的超级心识，灵妙的思维高敏状态。 [5]这两句话的意思是：老子、庄子以及佛教的理论认为，人身整体可以分为形体和神识两个部分，并且把神识作为人的根本。进一步向上推论，就会把宇宙分成神与天地，而以神作为产生天地的本原。 [6]有物混成：有一个混然一体的东

西，在天地出现之前就存在了。这里是指精神性的道。 [7] 惟：语助词。 [8] 兮：语气助词，无实义，相当于呀、啊。恍兮：指事物隐约模糊，不易辨认。形容“道”的虚实不定，不可捉摸。 [9] 有象：具有实象。 [10] 引文分别见《老子》二十五章和二十一章，意思是：“有一个混然生成的东西，它先于天地的产生而存在。”又说：“道是一个恍恍惚惚、没有固定形态而难以名状的东西。但在这恍惚之中，又有形象显现；惚恍之中，又有实物产生。” [11] 见性：佛教用语，指摒弃世俗一切杂念，大彻大悟，见到自己因杂念而迷失了的佛性。 [12] 遍：到处、普遍。俱：副词，全、都。该：同“赅”，兼备、包括。 [13] 微尘：佛教用语，色体的极小者称为极尘，七倍极尘谓之微尘。常指极细小的物质。 [14] 精魂：精神魂魄。引文见《景德传灯录》卷三。以上几句话的意思是：有人问：“什么是佛呢？”回答说：“见到人的本性就是佛。”又问：“那什么又是本性呢？”回答说：“作用就是本性。”又问：“那什么又是作用呢？”回答说：“眼睛的作用就是看，耳朵的作用就是听，鼻子的作用就是闻香气，嘴巴的作用就是谈论，手的作用就是拿握东西，腿的作用就是奔走。这样的佛性扩大开来，它的作用既普遍存在于宇宙世界之中，又汇聚于一颗微小的尘埃之中。懂得的人，都知道这就是佛性；不理解的人，只是把它称呼为精灵鬼怪而已。” [15] 这句话的意思是：于是，他们就在无形无迹的精神中，去寻求那些没有形体痕迹的东西作为实有之物，反而把那些有形的实体看作是虚幻的东西。

［点评］

戴震之所以批判程朱理学的人性二本论，是因为它们杂糅了老释，背离了孔孟。这在儒释道三家已经深度融合的时代，戴震却能够仿效韩愈，高举起“辟佛驳道”

的大旗，倡言回到纯粹的原始儒学，其艰难程度可想而知。况且，佛家所讲求的明心见性，普教一切众生脱离苦海，到达彼岸；道家所讲求的道法自然，天人合一，无为而治等，在这些思想观点中，也有某些符合人心需求、满足社会和谐的有益之处。戴震以儒家的仁义礼智、入世治世的圣贤德性论来批判老、释两家“弃人伦以成其自私”的主张，既有“体民之情，遂民之用”的现实社会用意，更多的是从学术上深刻揭露老、庄、释氏的思想本质，证明他们所谓的四大皆空、无求无欲，实质上是要求人们放弃人伦日用，一切归于虚无或极乐世界，以此来掩盖他们深藏的自私自利之心，这是一种违反自然人性和社会公德的愚蠢做法和论调，应该予以彻底批判。

在宋儒以形气神识同为己之私，而理得于天。[1]推而上之，于理气截之分明，以理当其无形无迹之实有，而视有形有迹为粗[2]。益就彼之言而转之，（朱子辨释氏云：“儒者以理为不生不灭，释氏以神识为不生不灭。”）因视气曰“空气”[3]，（陈安卿云[4]：“二气流行万古，生生不息，不成只是空气[5]，必有主宰之者，理是也。”）视心曰“性之郛郭”，（邵子云：“心者，性之郛郭。”）是彼别形神为二本，而宅于空气、宅于郛郭者，为天地之神与人之神。此别理气为二本，（朱子云：“天地之间，有理有气。理也者，形而上之道也，生物之本也；气也者，形而下之器也，生物之具也。是以人物之生，必禀此理然后有性也，禀此气然后有形。”）而宅于空气、宅于郛郭者，为天地之理与人之理。[6]

《礼记》说“饮食男女，人之大欲存焉”，既然圣贤有言如此，但宋儒不能传承孔孟之道，却以袭取老、庄、佛教“断欲去爱”“识自心强”之说为能事，其实并无新意可言。

［注释］

[1] 这句话的意思是：在宋儒看来，人的形体气质和精神意识都是自己私有的，而只有理才是得自上天的。　[2] 粗：粗糙、不精致。这句话的意思是：进一步向上推论，就会把理和气截然分开，把理看作是佛老那个没有形体痕迹而实际存在之物，而把那些具有形体痕迹的东西视为粗疏之物。　[3] 空气：这里是指没有“理”所主宰的空幻太虚之气。　[4] 陈安卿：即陈淳（1159—1223），字安卿，号北溪，漳州人，朱熹的得意门生，朱子理学的重要继承和阐发者，著有《北溪字义》等。　[5] 不成：助词，用于句首，表示反诘，常与难道、莫非等词相呼应。　[6] 这一段话的意思是：这样看来，老子、庄子以及佛教徒把形体和神识分为彼此独立的东西，作为两个本原，认为存在于空气中的神，就是天地之神；存在于人心中的性，就是人之神。宋儒把理和气作为两个本原。（朱熹说：“在天地之间存在着理和气两个东西。理是形而上的道，是产生万物的本原和动力；气是形而下的器，是构成万物的材料及其具体形态。所以，人和物的产生必须接受了这个理，然后才有性；必须接受了这个气，然后才有形体。”）而存在于空气中的神，就是天地之理；存在于人心中的性，就是人之理。

[**点评**]

这一节文字，是在接续驳斥老庄和释氏“神识为形体之本”“以神为气之主宰”的基础上，加强对宋儒“理能生气”及其解读理、性、心等概念范畴的批判。戴震通过概括老释在形神问题上和宋儒在理气问题上的基本观点，揭露了二者在思想本质上的一致性。在戴震看来，程朱以理为气的主宰，犹如老庄佛教以神为气的主宰一样；程朱以理能生气，犹如老庄佛教以神能生气，其内涵和形式都很相似。宋儒把形体和精神都视为自己私有的，而理则是上天给的，这样理就成了无形无迹而又实有的精神本体。这种观点实际上就是用老庄佛教的思想比附孔孟思想，由此而引起“理气之辨”等问题，却根本没有详细研究过形上、形下、太极、两仪等概念的真正含义。戴震由此而将程朱陆王及道家佛学都归于一处，逐一批驳“有物混成”“见性为佛”“理在气先”“道即理”的错误观点，严立儒释之辨，反对儒道调和，进而提出“气化即道”“性本于天道”的新思想。这在宋明理学仍被奉为朝廷正统、儒释道三家深度融合的时代，确是凤鸣高岗，难能可贵。

由考之《六经》、孔、孟，茫然不得所谓性与天道者[1]，及从事老、庄、释氏有年[2]，觉彼之所指[3]，独遗夫理义而不言，是以触于形而上下之云，太极两仪之称，顿然有悟[4]，遂创为理气之辨，不复能详审文义。[5] 其以理为气之主宰，如彼以神为气之主宰也。以理能生气，如彼以神能生气也。[6]（老氏云：“一生二[7]，二生三[8]，三生万物。万物负阴而抱阳，冲气以为和。”[9]）以理坏于形气，无人欲之蔽则复其初，如彼以神受形而生，不以物欲累之则复其初也。[10] 皆改其所指神识者以指理，徒援彼例此，而实非得之于此。[11] 学者转相传述[12]，适所以诬圣乱经。善夫韩退之氏曰：“学者必慎所道[13]。道于杨、墨、老、庄、佛之学而欲之圣人之道，犹航断港绝潢以望至于海也。”此宋儒之谓也。

佛老的“神识为形体之本”“神能生气”“以神为气质主宰”，与程朱宣扬的“理为生物之本”“理能生气”“以理为气质主宰”，说法虽异，实质相同，都主张精神是世界的本原，精神产生并主宰物质。

[注释]

[1] 茫然：完全不知道或不知所措的样子。　[2] 有年：经过很多年。　[3] 指：通“旨”，旨意、意图。　[4] 顿然：突然、立刻。　[5] 这句话的意思是：程子和朱子在考察《六经》及孔子、孟子的书以后，对所谓的性与天道的精神实质不能掌握，茫然无知；等到他们研究老子、庄子以及佛教的理论多年以后，感觉他们阐释的学说中，唯独遗漏了理义，丝毫未加谈论。所以，当他们看到《周易》中关于形而上和形而下、太极和两仪的说法时，突然有所醒悟，于是就创立了分辨理与气的理论，而不再去详细核查和研究《六经》、孔、孟这些话的真正含义。　[6] 这两句话的意思是：宋儒把理作为气的主宰，就好像老子、庄子及佛教把

神作为气的主宰一样。他们认为理能够产生气，就像老庄佛教认为神能够产生气一样。 [7] 一：指万物统一于精神性的“道”，即“道生一”。这里的一、二、三不是具体的数字，只是表示道生万物、从少到多的一个过程。 [8] 二：指阴阳二气，对立双方包含在“一”中。三：指两个对立面相互矛盾冲突所产生的中和物，进而生成万事万物。 [9] 冲气：指阴阳二气互相冲击而产生的中和之气。引文见《老子》四十二章，意思是说：道是独一无二的，道本身包含阴阳二气，阴阳二气相交而形成一种适匀的状态，万物在这种状态中自然产生。万物背阴而向阳，并在阴阳二气的互相激荡中生成新的和谐统一体。 [10] 这句话的意思是：宋儒认为天理会受到形气的污损和破坏，只有消除欲望对人的遮蔽，才能恢复到人的本来状态，就好像老子、庄子及佛教认为神和形体结合之后就会产生生命，如果它能够不受到物欲的牵累，就可以恢复神的本来状态。 [11] 这句话的意思是：程朱是把老子、庄子及佛教用来阐释神识的内容，改换过来用以阐释儒家的天理，他们仅仅是引用老庄佛教的思想来比附孔孟理论，并非是从《六经》中得到的这种认识。 [12] 转相传述：上下相传，互相转述。 [13] 必慎所道：一定非常慎重地选择方向和道路。此段引文参见《韩昌黎集》卷二十《送王埙秀才序》，本书首序已做注释，可参阅。

[点评]

这一节文字，戴震列举了老、庄、释氏以神能生气，宋儒以理能生气的错误思想，揭示了两者在理论结构、思维模式和思想本质上的同质性，都是把无形无迹的神或理，与有形有迹的形或气截然分开，看成各自独立的神秘存在，以为“以理能生气，如彼以神能生气也”。对于这种援引老释来比附孔孟的做法，戴震斥之为“诬圣欺学”，明确指出要从佛道的学问路径踏上圣人之道，那是“适所以诬圣乱经”，绝对不可能做到的。戴震这样拉起韩愈的卫道大旗，来维护孔孟精神和儒学传统，正是继承前贤传疏并光大之的做法；且目的也很明显：利用韩愈恪守的孔孟传统来反对程朱传统。还可进一步看到，作为孔孟正统儒学的传承者，戴震为了“求观圣人之道”而表现出来的理论探索精神，是值得后人充分肯定的。他对程朱理学的批判具有重要的认识论价值和社会历史意义，是明清社会转型时期思想启蒙的重要篇章。

性

性者[1]，分于阴阳五行以为血气、心知、品物[2]，区以别焉，举凡既生以后所有之事[3]，所具之能[4]，所全之德[5]，咸以是为其本。故《易》曰“成之者性也”。[6]气化生人生物以后，各以类滋生久矣[7]；然类之区别，千古如是也，循其故而已矣。[8]在气化曰阴阳，曰五行，而阴阳五行之成化也，杂糅万变，是以及其流形[9]，不特品物不同，虽一类之中又复不同。凡分形气于父母，即为分于阴阳五行，人物以类滋生，皆气化之自然。[10]《中庸》曰：“天命之谓性。”[11]以生而限于天，故曰天命。《大戴礼记》曰：“分于道谓之命，形于一谓之性。”分于道者，分于阴阳五行也。一言乎分，则其限之于始，有偏全、厚薄、清浊、昏明之不齐，各随所分而形于一，各成其性也。[12]然性虽不同，大致以类为之区别，故《论语》曰“性相近也”，此就人与人相近言之也。[13]孟子曰“凡同类者举相似也，何独至于人而疑之！圣人与我同类者”[14]，言同类之相似，则异类之不相似明矣；故诘告子“生谓之性”曰：“然则犬之性犹牛之性，牛之性犹人之性与。”明乎其必不可混同言之也。[15]天道，阴阳五行而已矣；人物之性，咸分于道，成其各殊者而已矣。[16]

三个要点：1.人和万物的性由自然界阴阳五行所构成，因形体气质成分不同，本性也有诸多差异。2.人和物的性按照种类不同，各自不断地遗传繁衍。3.人所表现的特点，所具有的能力，所完成的事为，都是由性的因素所决定的。

[**注释**]

[1] 性：一般是指人性，即天命自然之道在人身上的体现，也是“人之所以异于禽兽者”。戴震反对宋儒的以理为性，认为性就是血气心知。 [2] 血气、心知、品物：这里指天地间动物和人的身体与意识，以及各类众多事物。戴震认为人的认识作用是以人的生理机能为前提的。 [3] 事：自然界和社会上的一切现象和活动，这里指做事、欲望。 [4] 能：技能、才干，这里指知觉能力。 [5] 德：道德品行，指天赋的仁义德性。 [6] 这两句话的意思是：性这个概念，就是从自然界的阴阳五行之气所分得的、形成人和动物及各类事物赖以存在和区别的特点。凡是在生

物生成以后所做的事、所具有的知觉能力，以及适应客观秩序的特性，都是以性为根本和基础。所以《周易》说“能够完成和体现出道的就是性”。 [7] 滋生：繁殖、生育。 [8] 这句话的意思是：阴阳五行之气通过运行变化生成人和世间万物之后，他们按照自己的方式滋长繁衍，已经有很长的时间了。然而，万物不同类别之间的区分，千万年以来就是如此，一直遵循他们原本的类别和方式加以繁殖而已。 [9] 流形：指天地间万物运行变化为各种不同体形。 [10] 这两句话的意思是：气在运行变化状态时有阴阳、有五行，而阴阳五行之气在运动变化时，却是纷繁复杂、变化万端的，所以等到形成实在的事物时，不但会有各种不同类别的生物，即使在同一类别的生物之中，也会有各种差别。凡是从父母那里分得的形体气质，其实就是从阴阳五行之气所分得的。人和其他生物各自按照自己的类别进行繁衍生成，都是气的运行变化自然而然形成的状态。 [11] 天命：上天的意志，天道主宰众生命运。引文见《中庸》第一章，意为：上天给予人的忠孝仁义等道德观念，就是人的本性。戴震认为“天命”就是先天自然的禀赋。 [12] 这句话的意思是：一说到“分”，就表明在最开始的时候就有限制，上天对于人的限制有片面与全面、深厚与浅薄、清澈与浑浊、昏暗与明亮的不同，人与万物各自按照所分得的不同，而形成一个具体的生物，并形成各自不同的本性。 [13] 这句话的意思是：虽然不同生物的性千差万别，但大致可以按照生物的类别进行区分，所以《论语》说“人性是相近的”，这就是说人与人属于同一类别，所以他们的性是相近的。引文见《论语·阳货》。孔子认为除了上智与下愚，中等人的本性都大致接近于善，戴震借此来证明《论语》之说。 [14] 引文的意思是：凡是同一类别的生物，大体都是类似的，为什么单单说到人的时候，就怀疑这种类似性呢？圣人和我应该也是同一类别的。引文见《孟子·告子上》，意在论证人心相同，人们都喜爱共同的道德规范——理义。戴震用孟子的话来证明同类事物的特性大体相同。 [15] 这段话的意思是：孟子在反驳告子“生就是性”的观点时就说：“既然如此，那么狗的性就如同牛的性，牛的性就如同人的性吗？”很明显，不能把人与物的性等同和混淆起来相提并论。引文见《孟子·告子上》。生之谓性，这是告子人性论的一个基本观点，认为性是生来具有的饮食男女、人伦日用等自然欲望。这里，孟子利用告子混同人性与物性的破绽漏洞，来为他的性善论寻求支撑。戴震秉承孟子之说，强调人和动物的本性是不能混同的。 [16] 这句话的意思是：天道就是阴阳五行之气而已，人和物的性，都是从天道分得一部分阴阳五行，因而形成他们各自不同的特定本性罢了。

[点评]

人性论是中国哲学史上十分重要的问题，一直以来争论不休，大致而言，有性善论、性恶论、性无善无恶论、性善恶混论、性三品论，乃至于当代还有性朴论等。其中，多数学者赞同孟子性善论，包括戴震。宋代的张载、二程，为了破解人性清浊雅俗的纷乱情况，他们借用佛老思想的有益之资，在确保人性本善的前提下，提出了“天命之性”和“气质之性”，以此调和在人性探讨中错综复杂的问题，朱熹称赞他们“有功于圣门，有补于后学”，并踵事增华，集其大成。

几百年之后，戴震强烈反对宋儒“气”的二分法，否定在“气质之性”外再添所谓“天命之性”或“义理之性”，认为性是从自然界的阴阳五行之气所分得的，也是“人之所以异于禽兽者”的根本特征，只有“气质之性”，别无“天命之性”。具体来说，人与禽兽之别以及相应的人性与禽兽之性的分别，本质上不是像程朱所说的那样，是“性善之性”与“气质之性”之间的区别。人和其他生物各自按照自己的类别进行繁衍生成，都是气的运行变化形成的状态。因此，戴震对于告子“生之谓性”的分析阐释，以及对于程朱之论的相应批驳，不仅有理有据，而且是切中要害的。

问：《论语》言性相近，《孟子》言性善[1]，自程子、朱子始别之，以为截然各言一性[2]，（朱子于《论语》引程子云：“此言气质之性[3]，非言性之本也。若言其本，则性即是理。理无不善，孟子之言性善是也，何相近之有哉！”）反取告子“生之谓性”之说为合于孔子，（程子云：“性一也，何以言相近？此止是言气质之性，如俗言性急性缓之类。性安有缓急？此言性者，生之谓性也。”又云：“凡言性处，须看立意如何。且如言人性善，性之本也；生之谓性，论其所禀也。孔子言性相近，若论其本，岂可言相近？止论其所禀也。告子所云固是，为孟子问他，他说便不是也。”[4]）创立名目曰“气质之性”[5]，而以理当孟子所谓善者为生物之本，[6]（程子云："孟子言性，当随文看[7]。不以告子'生之谓性'为不然者，此亦性也，被命受生之后谓之性耳[8]，故不同。继之曰'犬之性犹牛之性，牛之性犹人之性与'，然不害为一[9]。若乃孟子之言善者[10]，乃极本穷源之性[11]。"）人与禽兽得之也同，（程子所谓"不害为一"，朱子于《中庸》"天命之谓性"释之曰："命，犹令也。性，即理也。天以阴阳五行化生万物，气以成形而理亦赋焉[12]，犹命令也。于是人物之生，因各得其所赋之理以为健顺五常之德[13]，所谓性也。"）而致疑于孟子。（朱子云："孟子言'人所以异于禽兽者几希'[14]，不知人何故与禽兽异；又言'犬之性犹牛之性，牛之性犹人之性与'，不知人何故与牛犬异。此两处似欠中间一转语[15]，须着说是'形气不同故性亦少异'始得[16]。恐孟子见得人性同处，自是分晓直截，却于这些子未甚察。"[17]）是谓性即理，于孟子且不可通矣，其不能通于《易》《论语》固宜。孟子闻告子言"生之谓性"，则致诘之；程朱之说，不几助告子而

以程朱为代表的理学一系，由周敦颐的太极宇宙论生成模式，再到圣人确立天道法则的人性论，完整地体现出儒家的内圣外王和修养实践功夫，然后将社会的纲常名教提升到天理本体的高度，对其绝对性、权威性和合理性进行了充分的论证。随着时代的发展，不少思想家开始对这一系统学说进行反思。戴震就是其中的主要人物。

议孟子欤[18]？

[注释]

[1] 性善：是战国中期孟子所提出的人性论述，认为人生来就有善性，表现为仁义礼智诸善端。其不善者，是因为后天接触社会产生物欲，放纵悖乱，而有恶性。所以提倡读书学习，扩充先天固有的善性，多向内心探求。 [2] 截然各言一性：断然分别出两种不同的性，即程朱把孔子“性相近”说成是“气质之性”，同时把孟子的“性善”说成是“天命之性”。 [3] 气质之性：与“天命之性”相对而称，是北宋张载所提出的两种人性论的范畴。认为天地之性从天道而来，清澈纯一，至善无恶；气质之性由气化而成，有清浊刚柔之混杂，故有善与恶的可能性。 [4] 这段话的意思是：程子说：“性本来都是一样的，怎么能说是相近呢？孔子这里只是在说人的气质之性，就像俗话所说的性子急躁、性子缓慢是一样的。人性怎么会有缓慢和急躁呢？所以孔子这里所说的性，就是告子所说的生就是性，即人出生后的一种生理本能。”程子又说：“凡是讲性的地方，都需要考察它的立意出发点是什么。那就好像说人性是善的，这里讲的性就是性的本来状态；说生就是性，这里的性就是说人和万物所禀赋的气质之性。孔子所说的人性是相近的，如果从性的本来状态来说的话，又怎么能说是相近的呢？孔子只是就人所禀受的气在形成形体以后所具有的气质之性而已。告子所说的生就是性，本来也没有什么错，只是因为孟子是从性的本来状态角度来责问他的，所以他的说法也就显然不对了。”引文参见《二程遗书》卷十八。 [5] 名目：事物的名称，这里指花样、伎俩。 [6] 这句话的意思是：为这个“性”巧立一个“气质之性”的名目；并把“理”等同于孟子所说的“性善”，认为理是一切生物繁衍生成的根本。 [7] 随文：这里指依

照文章的自然脉络来看。 [8] 被命受生：承受天命而降生。被命，承受天命；受生，赋予生命。 [9] 不害为一：不妨碍在性善这个意义上说，性是相同的。害，伤害、妨碍。 [10] 若乃：用于句子开头，表示另起一事，相当于“至于”。 [11] 极本穷源：指彻底地推究本源，追根溯源。 [12] 赋：铺陈、给予。 [13] 健顺：刚健柔顺。五常之德：指古代社会的五种（仁、义、礼、智、信）道德规范，来自于“三纲五常”的伦理标准。 [14] 几希：相差甚微、极少。 [15] 转语：启承转合的话语。 [16] 须着：应该、必须。 [17] 这段话的意思是：朱熹说：“孟子说人和禽兽的性质差异是非常微小的，他这是不知道人为什么与禽兽存在差异；孟子又说难道狗的性就如同牛的性，牛的性就如同人的性吗？他却不知道人为什么与狗和牛存在根本差异。这两个地方中间似乎缺少一句承上启下的话来作为衔接，应该加上一句‘由于禀赋的形体气质不同，所以人和动物性也稍有不同’，这样才可以说得通达顺畅。我想恐怕是孟子对于人性都是善的这个相同点，他的认识是非常清楚而直截了当的，从而对于这些地方有所忽略，而显得没有特别仔细的研究。”引文见《朱子语类》卷四。 [18] 几：副词，几乎、将近。议：议论、商讨。这两句话的意思是：这里程朱讲性就是理，与孟子讲的性善，尚且不能相通，那么，它不能通于《周易》《论语》更是必然的了。孟子听到告子讲“生之谓性”，就责问告子；现在程朱的说法，不是几乎等于帮助告子反对孟子吗？程子、朱熹所讲“性即理”的观点，在孟子那里尚且讲不通，那么在《周易》《论语》那里也是讲不通的，这原本就是很正常的事情。孟子听说告子讲“天生的素质叫本性”，于是就对他加以责问和反驳；那么程子、朱子的说法，不就是在帮助告子而非议孟子的观点吗？

[点评]

“生之谓性”一语出自告子之口，他与孟子曾就人性善恶问题进行过详细的辩论。宋儒秉持孟子的“性善”说，却又节外生枝地将人性分为“天命之性”与“气质之性”。戴震同宋儒一样，也坚守孟子的“性善”说，但又坚持认为“性”仅仅是“气质之性”，根本没有“天命之性”，认为性是人性、物性相区别的称谓，具有特殊的个性，这种特殊性，既不是先验理性决定的，也不是生理环境决定的，而是“血气心知”的“分”有。戴震的分有说，就是性的生成论或本原论，这与宋儒的“性即理”学说大相径庭。

戴震所说的“血气心知”，不是形而上的洁净空阔的理的世界，而是现实人的情感欲望和认知理性。血气心知可以分为两个方面：一是血气，有血气即有欲，某种程度上就是人的生命滋养；另一面则是心知，是人之能，人所具有的性质与能力，都是来自于血气心知。因此，戴震与告子的不同，不在于人有怀生畏死、饮食男女、情感欲望的感性存在，而在于认为人具有“不惑乎所行”的理性自觉。戴震的人性论与程朱的不同，不在于讨论人有道德理性，而在于主张人是一个活生生的现实的人，而不是一个抽象的、理想的化身。关于这个复杂的问题，戴震继续着他的详细阐述。

曰：程子、朱子其初所讲求者[1]，老、庄、释氏也。老、庄、释氏自贵其神而外形体，显背圣人，毁訾仁义。[2]告子未尝有神与形之别，故言“食色性也”，而亦尚其自然[3]，故言“性无善无不善”[4]；虽未尝毁訾仁义，而以桮棬喻义，则是灾杞柳始为桮棬，其指归与老、庄、释氏不异也。[5]凡血气之属[6]，皆知怀生畏死，因而趋利避害；虽明暗不同[7]，不出乎怀生畏死者同也[8]。人之异于禽兽不在是。禽兽知母而不知父，限于知觉也；然爱其生之者及爱其所生[9]，与雌雄牝牡之相爱[10]，同类之不相噬[11]，习处之不相啮[12]，进乎怀生畏死矣[13]。一私于身[14]，一及于身之所亲，皆仁之属也。私于身者，仁其身也；及于身之所亲者，仁其所亲也；心知之发乎自然有如是。[15]人之异于禽兽亦不在是。告子以自然为性使之然，以义为非自然，转制其自然[16]，使之强而相从，故言“仁，内也，非外也；义，外也，非内也”，立说之指归，保其生而已矣。[17]陆子静云：“恶能害心，善亦能害心。”[18]此言实老、庄、告子、释氏之宗指，贵其自然以保其生。诚见穷人欲而流于恶者适足害生[19]，即慕仁义为善，劳于问学[20]，殚思竭虑[21]，亦

戴震改造和发挥荀子性恶论，认为“饮食男女”“好利恶害之欲”是人的本性，只要“知其限而不逾之”，“能不惑乎所行”，就是善。这是融汇孟、荀而出新，进而由朱子“性即理”，到王阳明“心即理”，自证完成他自己“欲即理”的思想理路。

于生耗损，于此见定而心不动。其“生之谓性”之说如是也，岂得合于孔子哉！[22]

[注释]

[1] 讲求：修习研究、钻研深造。 [2] 这句话的意思是：老庄与佛教的学说，都是尊崇自己内在的精神世界而轻视形体，把身体看作是外在的东西，这明显是与儒家圣人的意旨相违背的，而且又诋毁、指责仁义道德。 [3] 尚：尊崇、注重。 [4] 性无善无不善：战国时代告子的人性论观点，语见《孟子·告子上》。 [5] 这句话的意思是：告子没有把人的精神和形体分开，所以说“饮食男女等生理欲望是人的本性”；但他同时又主张性是自然而然的，就是“性无所谓善，也无所谓不善”。他虽然没有指责和诋毁儒家的仁义，却用杞柳做成杯盘来加以比喻，认为只有损坏杞柳才能够做成杯盘，所以他的思想主旨与老子、庄子及佛教的理论并没有什么大的不同。 [6] 血气之属：有血液气息的生物，这里指人与动物。 [7] 明暗：明亮、阴暗，这里比喻在认知能力上是聪明睿智还是昏庸愚昧。 [8] 怀生畏死：爱惜生命，畏惧死亡，这是血气之属的共同特性。 [9] 爱其生之者：敬爱生养自己的父母。爱其所生：宠爱自己所生的子女。 [10] 牝（pìn）牡：与阴阳有关的如雌雄、男女等。 [11] 噬（shì）：吃、咬。 [12] 啮（niè）：用牙啃或咬。 [13] 进：前进、接近。 [14] 私：只顾个人的，与“公”相对。这里是指爱惜自己。 [15] 这两句话的意思是：一方面对自身有所私爱，一方面又对与自身亲爱的同类有所偏爱，这都是属于仁的范畴。对自身有所私爱，就是对自身的仁爱；对自己亲近者的偏爱，就是对亲人的仁爱，思想感情的自然表现本来就是这个样子。戴震强调的是，“仁”来自于人所固

有的生理欲求。 [16] 转制：反过来加以限制。 [17] 这句话的意思是：告子认为人有自然而然的情欲，这是人性的本来面目；义不是性的自然和本来所有，而是外在带有限制性的，是强制使他服从的事情，所以告子说："仁是内在的，不是外在的；义是外在的，不是内在的。"这种理论的真实目的，就是为了保养自身的生命而已。引文见《孟子·告子上》。 [18] 作为心学的代表人物，陆九渊认为无论是善是恶，都能伤害人心，但"宇宙便是吾心，吾心即是宇宙"，"心"中自具一切，无须致善去恶的修养功夫。引文见《象山全集》卷三十五。 [19] 诚见：确实看到了。穷：穷尽、用完。 [20] 劳：勤苦、辛苦。 [21] 殚思竭虑：竭尽了精力与思虑。 [22] 这几句话的意思是：这句话与老子、庄子、告子以及佛教的精神实质相一致，都是崇尚自然本性，以求保养自身而已。确实可以看到那些放纵情欲、穷尽欲望的人滑入邪恶的泥潭，从而戕害了自己的生命；也看到了那些爱慕仁义、行为善良、辛苦地从事学问研究的人，夜以继日，殚精竭虑，也同样对生命有所损耗。告子认定了情况确实如此，而不为其他思想观点所动摇，他的"生之谓性"的学说，就是如此而已，怎么会和孔子的观念相一致呢？

[点评]

告子是战国时期的思想家，生平事迹不详，也无著作流传，其学说仅有吉光片羽留存于《孟子·告子》中，后人通过"告孟之辩"，可以得知其思想学说之大略。如"生之谓性""性无善无不善""食色性也""人之性无分于善与不善也，犹水之无分于东西也"等著名论点。他认为人生来具有的生理欲望就是人的本性；肯定了人的本性没有善恶之分，而人的道德观念，就像杞柳经过加工做成杯盘一样，完全是后天教育和环境影响的结果。告子这些关于人的自然情欲的论述，得到了戴震的肯定，但同时也否定了他的“桮棬喻义”，并把他与老、庄、释氏并列同等看待，并予以严厉的批判。由此我们可以领悟到戴震学术的精神品质，就是秉承孟子的天赋道德论，对孔孟以下有违儒学正统的所有思想，如老庄、杨墨、程朱、陆王等，都给予程度不同的批判，尤其是对朱熹思想的剖析与评价，也是实事求是，有褒有贬，既有揭露和批评之实，也有传承与开拓之功。人们只知道戴震攻击宋儒的理学，有破坏之功，却不知道戴震之功正在于提倡用一种新理学来代替那种不彻底的、矛盾的旧理学。实际上，戴震对宋明理学的批判着力在“希附末光者”的“诡辩”，而以“先辈”之“精要之义”去“建立他的新理学”。作为“后戴震时代”的学者，我们应该以“订讹规过”“不必为贤者讳”的心态来对待戴震与朱熹之间的关系，“当乐有诤友，不乐有佞臣”，去其一非，成其百是，学术才能正确而稳步地前进。

《易》《论语》《孟子》之书，其言性也，咸就其分于阴阳五行以成性为言；成，则人与百物，偏全、厚薄、清浊、昏明限于所分者各殊，徒曰生而已矣，适同人与犬牛而不察其殊。[1]朱子释《孟子》有曰：“告子不知性之为理，而以所谓气者当之，盖徒知知觉运动之蠢然者[2]，人与物同，而不知仁义礼智之粹然者[3]，人与物异也。”[4]如其说，孟子但举人物诘之可矣，又何分牛之性犬之性乎？犬与牛之异，非有仁义礼智之粹然者，不得谓孟子以仁义礼智诘告子明矣。[5]在告子既以知觉运动为性，使知觉运动之蠢然者人与物同，告子何不可直应之曰“然”？斯以见知觉运动之不可概人物，而目为蠢然同也。[6]凡有生，即不隔于天地之气化。阴阳五行之运而不已，天地之气化也，人物之生生本乎是，由其分而有之不齐，是以成性各殊。知觉运动者，统乎生之全言之也，由其成性各殊，是以本之以生，见乎知觉运动也亦殊。气之自然潜运[7]，飞潜动植皆同[8]，此生生之机肖乎天地者也[9]，而其本受之气[10]，与所资以养者之气则不同[11]。所资以养者之气，虽由外而入，大致以本受之气召之[12]。五行有生克，遇其克之者则伤，甚则死，此可知性之各殊矣。本受之气及所资以养者之气，必相得而不相逆[13]，斯外内为一，其分于天地之气化以生，本相得，不相逆也。[14]气运而形不动者，卉木是也[15]；凡有血气者，皆形能动者也。由其成性各殊，故形质各殊；则其形质之动而为百体之用者，利用不利用亦殊。[16]知觉云者，如寐而寤曰觉[17]，心之所通曰知，百体皆能觉，而心之知觉为大。凡相忘于习则不觉[18]，见异焉乃觉。鱼相忘于水，其非生于水者不能相忘于水也，则觉不觉亦有殊致矣。闻虫鸟以为候[19]，闻鸡鸣以为辰[20]，彼之感而觉，觉而声应之，又觉之殊致有然矣，无非性使然也。若夫乌之反哺[21]，雎鸠之有别[22]，蜂蚁之知君臣[23]，豺之祭兽，獭之祭鱼[24]，合于人之所谓仁义者矣，而各由性成。人则能扩充其知至于神明，仁义礼智无不全也。仁义礼智非他，心之明之所止也，知之极其量也。知觉运动者，人物之生；知觉运动之所以异者，人物之殊其性。[25]

凡是具有血气的，知觉和运动都是人和动物生来就具有的，但在程度上有所不同，是由人和动物在本性上的差别所造成的。戴震有言：人之初生，不食则死；人之幼稚，不学则愚。食以养其生，充之使长；学以养其良，充之至于圣贤。

[**注释**]

[1] 这句话的意思是：《周易》《论语》《孟子》这些书里面所说的性，都是从人和物分得阴阳五行之气而形成性的角度来说

的。性一旦形成，人和世间万物表现出的片面与全面、深厚与浅薄、清澈与浑浊、昏暗与明亮，都是受限于他们各自所分得的阴阳五行之气的不同。如果只是说生命现象就是性，那恰好就是把人的性和狗的性、牛的性等同起来了，也就看不到它们之间的区别了。 [2] 蠢（chǔn）然：昆虫慢慢爬动的样子。蠢，笨拙、迟钝。 [3] 粹（cuì）然：精粹纯正的样子。粹，纯净、精华。 [4] 意思是：告子不知道性就是理，而用所谓的气来代替理，大概是因为他只知道人和动物在笨拙粗陋的知觉运动方面是相同的，而不知道二者在仁、义、礼、智等纯粹美好的精神方面是绝然不同的。引文见《孟子集注 · 告子上》。 [5] 这句话的意思是：按照朱熹的说法，孟子只需要列举人和动物的区别，对告子加以反驳就可以了，又何必对牛的性和狗的性作出详细的区分呢？狗性和牛性之间的差异，并不体现在纯粹的仁、义、礼、智等方面，所以不能说孟子是用仁、义、礼、智来反驳告子，这是很明显的。 [6] 这句话的意思是：在告子那里，他既然把知觉运动看作是性，认为人和动物在粗陋的知觉运动方面是相同的，那告子在面对孟子的质问时，直接予以肯定的回答，有什么不行呢？然而他没有正面回答是。这就可以看出，不能用知觉和运动来总括人性和动物的特性，并认为在这些浅陋粗笨的方面他们是相同的。 [7] 潜运：内在暗藏的运行。 [8] 飞潜动植：泛指一切生物。飞，天空飞的鸟类。潜，水中游的鱼类。动，动物。植，植物。 [9] 生生之机：孳生不绝、繁衍不已的生命力。机，生物具有的生活机能。肖：相似、好像。 [10] 本受之气：指分于阴阳五行而构成形体的气、还未成形的物质。 [11] 资以养者之气：指用来维持生存和繁殖的气，满足人和生物需要的养分。 [12] 召：同“招”，召唤、引来。这四句话的意思是：凡是有生命的东西，都不能脱离自然界的运动变化，不会与天地的气化相隔绝。而阴阳五行之气的运行不止，就是天地的气化，人和动物的不断繁衍生息就是来源于此。但由于不同的人和动物所分得的阴阳二气不一致，所以就造成他们的性也各不相同。知觉和运动是从概括一切生物的整体来说的，由于人和动物各自形成个性时各不相同，所以用它作为生存的依据，并由此表现在知觉、运动方面的行为也不一样。在气所固有潜藏的运行上，不管是天上飞的、水里游的，还是各种动物、植物，它们都是相同的。这种维持生存、不断繁衍的生命力正是对天地的效仿，并与自然界的运动变化相一致。但是生物本身所禀受的气，与依靠作为生存和繁衍的气是不同的。用来维持生存和繁衍后代的气，虽然是从外部进入他们身体的，大体都是用自身原本所禀赋的气招引而来，为我所用的。 [13] 相得：相互协调适应。相逆：相互冲突背离。 [14] 这两句话的意思是：五行之间有相生相克的关系，遇到与他相克的气，就会有所损伤，甚至会造成死亡，由此可知不同生物的性各不相同。自身原本所禀赋的气和用来维持生存和繁衍的气，一定要是相互协调而不是相互冲突，这样才会内外一致，合二为一。这两种气都是分得天地之间运行变化而产生的，它们之间本来是应该相互协调，而不会相互排斥。 [15] 卉（huì）木：花卉草木，指代一切植物。 [16] 这两句话的意思是：阴阳五行之气能够运行但形体不能活动的，是花卉草木等植物；凡是具有血气的，是那些形体能够自由活动的动物。由于动物形成的性各自不同，所以它们的形体和气质也各不相同，并且这些运动表现为肢体和器官的运作，以及它们动作是不是协调和敏捷，也有很大的不同。 [17] 寐（mèi）：入睡、睡着。寤（wù）：睡醒、醒悟。 [18] 相忘于习：指太熟悉和太习惯了，反而会记不住和不在意，即习焉不察、熟视无睹。 [19] 候：时节、季候，五天为一候。 [20] 辰：时辰、日子。两个小时为一辰。 [21] 乌之反哺：乌鸦长大后哺育其母，喻指奉养长辈的孝心。 [22] 雎鸠之有别：雎鸠鸟成双成对地戏游在水中，它们生有定偶，不离不弃，喻指君子配偶，挚而有别。 [23] 蜂蚁之知君臣：蜂和蚁群聚而居，雌、雄各有分工，有蜂王和蚁王。喻指君臣之间的尊卑关系。 [24] 豺之祭兽，獭之祭鱼：豺和獭都是野生兽类，喜欢把捉来的兽和鱼排列在地上，如同人祭祖宗一样，人们把这种无意识的行动叫做祭兽、祭鱼。 [25] 这三句话的意思是：只有人可以把自己的认识能力加以扩充，达到明了一切的程度，完全具备了仁、义、礼、智。这些不是别的东西，而是人心思维所能达到的最高境界，也是人的智力所能达到的最大极限。知觉和运动都是人和动物生来就具有的，但在程度上有很大的不同，是由于人和动物在本性上的巨大差别所造成的。

［点评］

这一节文字，主要是从生物学和生理学的角度，来印证和阐述人性和物性的关系。戴震借用孟子驳斥告子的言论，来批判朱熹只把仁义礼智等道德属性作为人性与物性的区别，并指出人与物、物与物的区别，首先在于分于阴阳五行而形成的物质属性不同，这是对朱熹“性之为理”的第一层批判。然后，进一步指出知觉运动不能作为人性与物性相同的根据，借以批判朱熹认为告子“徒知知觉运动之蠢然者，人与物同”的观点，这是对朱熹“性之为理”的第二层批判。戴震用人和各种生物“本受之气”与“所资以养者之气”相生相克情况的不同，进而说明人和各种生物所形成的性的不同。

作为清代的著名自然科学家，戴震通过鱼对于水、虫鸟对于节气、鸡对于时辰的本能反应不同，来说明这都是由性的不同所造成的。至于像乌鸦反哺、雎鸠有别、蜂蚁知君臣、豺祭兽、獭祭鱼等动物的群体无意识活动，他认为这些现象实际上就是“各由性成”的结果，但它们的行为根本就不符合人的仁义道德观念。首先，人与动物的知觉能力有程度高低之分，但怀生畏死，趋利避害，都是共同具有的。只要是动物，都有对生的欲望、死的畏惧，都有对于利的选择、害的躲避。其次，人类更有亲爱自己的父母、子女，以及同类之间的相爱而不噬杀，这是爱的自然表现，更是人的社会性。这固然是人性与物性的差别，也是需要人们继续探索的人性本质和人的社会性问题。

孟子曰：“心之所同然者，谓理也，义也；圣人先得我心之所同然耳。”[1] 于义外之说必致其辨[2]，言理义之为性[3]，非言性之为理[4]。性者，血气心知本乎阴阳五行，人物莫不区以别焉是也，而理义者，人之心知，有思辄通，能不惑乎所行也。[5]“孟子道性善，言必称尧舜”，非谓尽人生而尧舜也。自尧舜而下，其等差凡几[6]？则其气禀固不齐，岂得谓非性有不同？然人之心知，于人伦日用，随在而知恻隐[7]，知羞恶，知恭敬辞让[8]，知是非，端绪可举[9]，此之谓性善。[10]于其知恻隐，则扩而充之，仁无不尽[11]；于其知羞恶，则扩而充之，义无不尽；于其知恭敬辞让，则扩而充之，礼无不尽；于其知是非，则扩而充之，智无不尽。仁义礼智，懿德之目也[12]。孟子言："今人乍见孺子将入井[13]，皆有怵惕恻隐之心[14]。"然则所谓恻隐、所谓仁者，非心知之外别"如有物焉藏于心"也。己知怀生而畏死，故怵惕于孺子之危，恻隐于孺子之死，使无怀生畏死之心，又焉有怵惕恻隐之心？[15]推之羞恶、辞让、是非亦然。使饮食男女与夫感于物而动者脱然无之[16]，以归于静[17]，归于一[18]，又焉有羞恶，有辞让，有是非？此可以明仁义礼智非他，不过怀生畏死，饮食男女，与夫感于物而动者之皆不可脱然无之，以归于静，归于一，而恃人之心知异于禽兽[19]，能不惑乎所行，即为懿德耳。[20]古贤圣所谓仁义礼智，不求于所谓欲之外，不离乎血气心知，而后儒以为别如有物凑泊附着以为性，由杂乎老、庄、释氏之言，终昧于《六经》、孔、孟之言故也。[21]

相比于孟子、荀子、董仲舒之说，戴震对于人性论的判断，比较接近于近代科学的复杂与丰富。因为他是自然科学家，对人性论的思考中时刻充满着生物、生理及自然物理等诸多因素。他对性、心、欲、情的论述也是从"血气心知"出发，呈现出朴实无华、信而有征的精神和态度。有人说他"固守孔孟"或"阳孟阴荀"，应该只是一偏之见。就戴震而言，对前人的思想，固有吸收，更有超越。

[注释]

[1] 孟子认为人心都共同认可的东西就是理，就是义。圣人在我们之前就已经具备了我们心中所同然的理和义。引文见《孟子·告子上》。 [2] 义外之说：这是告子人性论的一种观点。他认为义这种道德规范是后天施加给人的，是由外在作用决定的。孟子对此予以辩驳，认为理、义都是本性所具有的，而本性也不是理所派生的。 [3] 理义之为性：这是戴震在人性问题上的一种观点。他从“理在事中”的论证入手，认为理义同人的情感欲望一样，都是性的组成部分。 [4] 性之为理：这是程朱人性论的一个基本观点，认为“理在人心是谓性”，伦理道德即是天理，是先验地存在于人身上的本性。 [5] 这句话的意思是：性是根据阴阳五行之气而生成的血气心知和形体精神，人和世间万物都要用性来加以区别。而理、义则是人的心智在思考的时候能够通达明了，不被具体的事物和行为所迷惑。 [6] 等差凡几：等级差别共计多少。这三句话的意思是：孟子在谈论性善的时候，言辞话语中一定会说到尧、舜之类圣人的事迹。但并非所有的人生下来都是尧、舜。从尧、舜往下到一般人，人性的等级差别程度总共是多少呢？ [7] 恻隐：对遭受不幸的人心生怜悯。 [8] 辞让：谦逊推让。 [9] 端绪：一点儿认识、模糊的头绪和端倪。 [10] 这句话的意思是：在日常生活和人际关系中，人的心灵知觉都会随着不同境况的出现而感受到同情与怜悯，知道羞耻与厌恶，懂得恭敬与谦让，明白正确与错误等，诸如此类的端绪情感，就是人性的善。 [11] 尽：达到某种极限、没有剩余。 [12] 懿德之目：美好品德的条目。 [13] 乍：突然、仓促。孺子：幼儿、童子。 [14] 怵惕（chù tì）：恐惧警惕。恻隐之心：成语，指见人遭遇不幸所引起的同情哀怜之心。 [15] 这两句话的意思是：孟子说：“假如现在有一个小孩子快要掉到井

里了，任何人心中都会产生害怕和怜悯的自然情感。”这里所谓恻隐、所谓仁这些概念，绝不是在人的心智之外，另有一种存在于心中的东西。一个人怀生畏死，所以对于小孩子的危险自然会产生怵惕之心，对小孩子的死亡定会产生怜悯之心。假使没有这种怀恋生存、畏惧死亡的心理，人又怎么会有怵惕、恻隐的自然情感呢？ [16] 脱然无之：指完全没有。脱然，舒展不受牵累的样子。 [17] 静：恬淡平和，指道家的归根曰静，清静无欲。 [18] 一：同“道”，老子的“抱一”就是专精固守不失其道。 [19] 恃（shì）：依仗、依赖。 [20] 这两句话的意思是：假使人都没有饮食男女的欲望，对于接受外物而产生的感情需求也很轻易地放弃，却归于静寂无欲的状态，那么他们心中又怎么会有羞恶、辞让、是非的情感呢？这就说明仁、义、礼、智不是其他什么东西，不过就是怀恋生存而畏惧死亡，以及对饮食男女的欲望和感受外物影响所产生的情感，这些都不应该轻易地抛弃，而走入所谓虚静无欲的状态。但是，由于人的心灵知觉与动物禽兽不同，人在行动中能够不受外界干扰而产生迷惑，这就是非常美好的德性了。 [21] 这两句话的意思是：古代圣贤所说的仁、义、礼、智，没有哪一个要在人的欲望之外去寻求，它们都离不开人的血气和心知。但后儒却认为好像另外有一个东西凑泊附着在人心上，从而形成人的本性，这是因为他们的思想中掺杂了老子、庄子及佛教的说法，最终仍不明白《六经》和孔孟之道的缘故。

[点评]

接续上一节文字，继续结合生物学和伦理学来探讨人性与人欲的问题。鉴于孟子性善道德论的前提，戴震在批判程朱“性之为理”的同时，主张理义是由人的后天共同欲望所产生的行为准则，否定了它“别如有物”，先天存在于人心的谬论。并借孟子的话来阐述因气禀不齐，人性也有很大差别。对于孟子的“四端”之说（恻隐之心，仁之端也；羞恶之心，义之端也；辞让之心，礼之端也；是非之心，智之端也），戴震以为恻隐、羞恶、辞让、是非这些德性观念，都是实实在在地显现在人的欲望之中，是人们在人伦日常中对发生的问题所做的自然而然的判断，离不开人的形体和精神，并可以经过不断地学习，“扩而充之”，以达到仁、义、礼、智的君子标准。

孟子言“人无有不善”，以人之心知异于禽兽，能不惑乎所行之为善。且其所谓善也，初非无等差之善，即孔子所云“相近”；孟子所谓“苟得其养，无物不长；苟失其养，无物不消”，所谓“求则得之，舍则失之；或相倍蓰而无算者[1]，不能尽其才者也”[2]，即孔子所云习至于相远[3]。不能尽其才，言不扩充其心知而长恶遂非也。彼悖乎礼义者，亦自知其失也，是人无有不善，以长恶遂非，故性虽善，不乏小人。[4]孟子所谓“梏之反覆”“违禽兽不远”[5]，即孔子所云“下愚之不移”。后儒未审其文义，遂彼此扞格。[6]

孟子曰："如使口之于味也，其性与人殊，若犬马之与我不同类也，则天下何耆皆从易牙之于味也[7]！"又言"动心忍性"[8]，是孟子矢口言之[9]，无非血气心知之性[10]。孟子言性，曷尝自歧为二哉[11]！二之者，宋儒也。[12]

孟子提出的性善论，是通过人的心理活动来证明的。既然这种心理活动是普遍的，因此性善是可验证、有根据的。它出于人的本能天性，故称之为良知良能。后被陆九渊和王守仁转相发明而有心学一脉。

［注释］

[1] 倍蓰（xǐ）：由一倍至五倍，形容很多。蓰，五倍。无算：形容数目多，无法计算。　[2] 才：才干、能力。　[3] 习：练习、习惯。这句话的意思是：孟子说"人的本性没有不是善的"，这是因为人的心智与禽兽不同。人能够对自己所作所为清楚明白，不会被外界迷惑而走入邪恶，所以称之为善。而且孟子所说的人性善，最初也不是指完全没有等差的善，这与孔子所说"人性是相近的"观点相符合。孟子说"如果得到滋养，没有生物不会生长；如果失去滋养，没有生物不会消亡"，以及他所说的"如果积极地去探索，就会获得它；如果放弃追求，就会失去它。人性的差别有的相差一倍，甚至五倍，乃至无数倍，这都是因为没有能够充分发挥他的才质和潜能所导致的"，这就是孔子所说的后天的学习和环境的影响，导致了人与人之间的差距扩大了许多。以上引文均见《孟子 · 告子上》。　[4] 这两句话的意思是：孟子所说的"不能充分发挥才能"，是说有些人不能扩充心智以达到善的境界，反而助长恶习、放纵悖逆。那些违背礼义的人，在心里也知道自己所犯的错误，这就表明人没有不善的。但由于孳生邪恶、寡廉鲜耻的想法时刻存在，即使人性良善，仍有不少卑鄙无耻的小人存在。　[5] 梏（gù）之反复：指

善性被反反复复地禁锢和玷污。梏，拘禁、束缚。 [6] 这句话的意思是：孟子所说的“如果善性被一再侵蚀浸污，那么人距离禽兽也就不远了”，就是孔子所说的“最愚昧的人是不能够转变的”。后儒没有能够深刻体察出孔孟原文的本义，就认为他们的言论格格不入，难以融通。引文分别见《孟子·告子上》和《论语·阳货》。 [7] 耆：同“嗜”，嗜好、喜爱。从：跟随、顺从。易牙：也写作“狄牙”，春秋时代齐国一位擅长宰杀烹饪的厨子。传说他“杀子以适君”，博得齐桓公的宠幸。后来参与发动政变。是历史上犯上作乱的典型小人。 [8] 忍：忍耐、克制。 [9] 矢口：一口咬定、坚决表明。矢，本义是箭，假借为“誓”，发誓。 [10] 血气心知之性：就是“气质之性”，主要指人的欲望、情感和认识能力。 [11] 曷（hé）：疑问代词，同“何”，怎么、何时。 [12] 这四句话的意思是：孟子说：“假使人的嘴巴对于饮食味道喜好的天性都是不同的，就好像狗性、马性和人性不属于同一类别一样，那么天下的人又为什么都喜好易牙做出的美味呢？”又说：“触动他的心灵，坚韧他的性情。”可见孟子一张口就十分肯定地说到人性，其实都是在说人的血气心知的性。孟子论性，哪里会分义理之性和气质之性呢？能够把性分歧为这两个种类的人，就是后来的宋儒啊！引文分别见《孟子·告子上》和《告子下》。

［点评］

宋明理学家以继承孔孟思想为目标，倡导人性本善论，这是对人的价值和人格的充分肯定。但是，理学家把形而上学的本体论与道德论、价值论统一起来，作为世界本体的“理”或“天理”，当作是人的本性（“天命之性”或“义理之性”)。而戴震认为人的生理欲望是相同的,那么人性就是“血气心知之性”,批评程、朱的言论实际就是老子、庄子以及佛教思想的翻版,他们尊崇自己内在的精神世界而轻视形体,把身体看作是外在的东西,这明显是与儒家圣贤的意旨相违背的。为了证明这个问题,戴震从性善道德论、生物生存论、历史发展观诸方面指出,把人作为有情感、有欲望、有生命的现实人来看待,既不是道德理性的外化,也不是超理性本体的存在。因为人首先是物质的、感性的存在,每一个具体的、现实的人都有情感欲望。如果人在与外物的接触中不产生任何情欲,而归于无欲,那么恻隐、羞恶、辞让、是非的观念也不能产生。总之,戴震既批判了程、朱以形上本体为特质的人性论,也批判了告子以自然情欲为前提的人性论,同时又吸收了两者思想中的合理因素,并结合其他各种可取的说法,进行了融会贯通和综合创造,把人的理性与感性、抽象与具体、自然与必然统一起来,肯定人性就是“血气心知之性”,于是提出“理存于欲”的口号,建构起具有近代启蒙意义的新人性论。

问:凡血气之属皆有精爽,而人之精爽可进于神明。[1]《论语》称“上智与下愚不移”,[2]此不特习而相远者;虽习不足以移之,岂下愚之精爽与物等欤?[3]

[注释]

[1] 这句话的意思是：凡是有血气的动物，对外界事物都有感知能力，但人的知觉能动性，则可提升到无所不知的神明程度。 [2]《论语》说：“上等明智的人和下等愚蠢的人是很难改变的，都是本性难移。”这两种情况不是环境的影响所形成的，而是本来就相差得很远。 [3] 这句话的意思是：即使环境和习惯的变化也不能改变这两种情况。那么，下等愚蠢之人的感知能力与动物的本能是一样的吗？

在认同和采用荀子重学思想的基础上，强调智、愚不是本质上的不同，只是程度上的差别。通过后天学习和环境影响，“下愚”可以“日进于智”，直至达到圣贤的境界。

曰：生而下愚，其人难与言理义，由自绝于学，是以不移。然苟畏威怀惠[1]，一旦触于所畏所怀之人，启其心而憬然觉寤[2]，往往有之。苟悔而从善，则非下愚矣；加之以学，则日进于智矣。[3] 以不移定为下愚，又往往在知善而不为，知不善而为之者，故曰不移，不曰不可移。虽古今不乏下愚，而其精爽几与物等者，亦究异于物，无不可移也。[4]

[注释]

[1] 苟：连词，假设、如果。畏威怀惠：畏惧声威，感念恩惠。 [2] 憬然觉寤：有所觉悟。憬然，觉醒的样子。 [3] 这三句话的意思是：对于生来就愚昧无知的人，很难与他谈论理义，加之他们主动放弃了学习的机会，所以在他们身上并不会发生本质上的改变。然而，如果他们还敬畏别人的威严、感激别人的恩

德，那么一旦遇到自己敬畏和感激的人给予引导和启发，也许会猛然惊醒和觉悟，这种情况也经常存在。如果能够因此而悔改，遵从理义，向善而行，那就不再是下等愚蠢的人了；如果再加上后天的努力学习，就能够一天天地提升和进步，进而达到聪明上智的层次。 [4] 这两句话的意思是：把那些不肯改变自身无知的人定为下等愚蠢人，往往是针对那些知道善事而不去做、明知不善却偏要去做的人来说的，所以孔子说他们是不肯改变，而不是不能改变。虽然从古至今有不少下等愚蠢的人，他们感知事物的能力几乎和动物一样，毕竟还是与动物有所不同，因为世上没有不可改变的人。

［点评］

孔夫子曾言：唯上智与下愚不移。又说：性相近，习相远。可见他是对上智与下愚之间绝大多数的中等人来讲的。孟子就是基于这一点，提出了“性善论”，并要求通过“寡欲”“求放心”的工夫来保持善性，这是孟子思想的一个重要观点。后来张载、程朱的性二本论，就是利用这一思想所做出的思想传承和时代创新。戴震在这里又针对宋儒“气质”“天命”之气二分的偏见，利用生物学知识和人性论的观点证明人的思维首先是异于禽兽，同时人与人之间的“性”也有很大差别，而这种差距可以通过后天的学习和环境的影响加以改变。戴震特别强调“下愚”者应该摒弃“意、必、固、我”和巧言令色的毛病，加强学习和修养，敏而好学，只要主观努力，就没有不可改变的愚人。

问：孟子之时，因告子诸人纷纷各立异说[1]，故直以性善断之；孔子但言性相近[2]，意在于警人慎习[3]，非因论性而发，故不必直断曰善欤？[4]

［注释］

[1] 异说：不同的观点和主张，这里指与孔孟儒家思想不同的学说。 [2] 但：仅仅、只是。 [3] 慎习：心无旁骛、谨慎地学习。 [4] 整句话的意思是：在孟子的时代，告子等人纷纷创立各自不同的学说，所以孟子就直截了当地说“人性是善的”。而孔子只说“人性是相近的”，用意在于提醒世人务必认真对待习惯的养成，注意周边环境的影响，知道后天学习的重要性。这里不是为了专门讨论“人性”的问题而提出来的，所以就没有直接地说出人性善是吗？

曰：然。古贤圣之言至易知也。如古今之常语[1]，凡指斥下愚者，矢口言之，每曰“此无人性”，稍举其善端[2]，则曰“此犹有人性”。[3]以人性为善称，是不言性者[4]，其言皆协于孟子，而言性者转失之。[5]无人性即所谓人见其禽兽也，有人性即相近也，善也。[6]《论语》言相近，正见“人无有不善”；若不善，与善相反，其远已县绝[7]，何近之有！[8]分别性与习，然后有不善，而不可以不善归性。凡得养失养及陷溺梏亡[9]，咸属于习。[10]至下愚之不移，则生而蔽锢[11]，其明善也难而流为恶也易，究之性能开通，非不可移，视禽兽之不能开通亦异也。[12]

戴氏在此区别了“不移”与“不可移”，从而赋予了孔子“上智与下愚不移”这一说法新的阐释，充分显示了他通过辨析词义而讲明义理的治学方法。

［注释］

[1] 常语：常用语、俗话。 [2] 善端：行善积德的萌芽、优良品德的苗头。 [3] 这三句话的意思是：是的。古代圣贤的言论是非常容易明白的，例如从古至今的常用语，凡是指责愚昧无知的人，每每一开口就咬定说：“这个人没有人性。”如果能稍微找出他的一点优良品德，就会说：“这个人还有点人性。” [4] 不言性者：像孟子那样以人性为善而不言者。言性者：指大谈气质之性和义理之性的宋儒。 [5] 这句话的意思是：那些把“人性”当作“善”的名称，却不专门谈论性的人，与孟子讲性善的意思倒是很一致；而那些把人性拿来高谈阔论的人，如二程、朱熹，他们反而失去了孟子的原本意思。 [6] 这句话的意思是：如果说这个人没有人性，如同孟子所说“人们看到他，就好像看见禽兽一样”；说他有人性，就如孔子所说的本性相近，即是性善。 [7] 县：同“悬”，吊挂、悬隔。 [8] 这句话的意思是：《论语》说“人性是相近的”，正是为了表明人的本性没有不善的。如果不善的话，那就与善是相反的，二者的距离就已经相差很远了，还有什么相近可说呢？ [9] 陷溺梏亡：因受外界的影响，致使思想道德变坏而无法自拔。陷溺，使人处于水深火热之中，祸害人。梏亡，因受束缚而致丧失。 [10] 这两句话的意思是：只有对人的天性和

后天的修养予以区别，才会明白不善的存在，是由于不善于学习，而不该把这种不善归咎于人的天性。凡是人得到教养、丧失教养及沉沦堕落、乖张暴戾，这都属于后天环境的影响和自身习惯的结果。[11]蔽锢：掩盖愚蠢，固执迂拙。[12]这句话的意思是：至于下等愚蠢人不肯改变，则是他们天生就头脑闭塞，固执迂拙。想要他们明白事理，向往良善，是一件很不容易的事；但让他们趋附邪恶，杀人越货，却是挥手之间的事。说到底，人性还是能够启发开通的，不是不可以改变，这与禽兽之性得不到启发和开导，完全是两回事。

［点评］

子贡曾感叹自己的老师说“夫子之文章，可得而闻也；夫子之言性与天道，不可得而闻也”，这句话成为中国学术思想界几千年来的一个核心论题，贯穿着整个儒学发展史。孔子罕言性与天道，《论语》中仅有“性相近也，习相远也”这一句话。虽然孔子并未明说人性究竟在何处相近，对于是善是恶的问题也未置可否，但是在理论上，这句话已经蕴含了人性善恶的多种可能性。在戴震看来，确实是孔子的这一人性理论，开启了孟子的性善论，并确信和论定了孔子和孟子一样，他们都是典型的性善论者。因此，“同宗孔孟”也便成为戴震性善论和性一元论的理论支撑和诠释依据。他对于宋儒的性善论表示赞同，也认为人性为善基础上的等差和不一，却不能接受有“气质之性”与“天命之性”的说法，指出下愚之人也有人性，可以通过学习和修养，“慎习而贵学”，达到正常人的认知水平。所谓下等人的教养得失，思想迷茫堕落，行为乖张暴戾，都是后天环境和习惯造成的，这与禽兽之性得不到开导和疏通，完全是两码事。戴震的看法充满了儒家智识主义的理想成分，也是他一生孜孜以求的精神与情怀。

问：孟子言性，举仁义礼智四端[1]，与孔子举智愚有异乎？[2]

［注释］

[1] 仁义礼智四端：指《孟子》中所言“恻隐之心，仁之端也；羞恶之心，义之端也；辞让之心，礼之端也；是非之心，智之端也”。孟子的性善论、仁义论、仁政论都与这“四端”之说有密切关系，参见《孟子·公孙丑上》和《告子上》。“四端”说是孟子思想的一个重要内容，也是对先秦儒学理论的一个重要贡献。 [2] 这句话的意思是：孟子在谈论人性的时候，举出仁、义、礼、智这四种善性的萌芽，这与孔子所举的智、愚有什么差别吗？

曰：人之相去，远近明昧[1]，其大较也[2]，学则就其昧焉者牖之明而已矣[3]。人虽有智有愚，大致相近，而智愚之甚远者盖鲜[4]。智愚者，远近等差殊科[5]，而非相反；善恶则相反之名，非远近之名。[6] 知人之成性，其不齐在智愚，亦可知任其愚而不学不思乃流为恶。愚非恶也，人善与恶、智与愚的关系问题，是古代哲学历来争议不休的概念。《老子》说："古之善为道者，非以明民，将以愚之。民之难治，以其智多。"而戴震却说：儒者之学，将以解弊。材质有等差，是以重学问，贵扩充。学不足以益吾之智勇，非自得之学也。

无有不善明矣。[7]举智而不及仁、不及礼义者，智于天地、人物、事为咸足以知其不易之则[8]，仁有不至，礼义有不尽，可谓不易之则哉？[9]发明孔子之道者[10]，孟子也，无异也。[11]

[注释]

[1]昧（mèi）：昏暗不明。 [2]大较：大概、大略。 [3]牖（yǒu）：窗户，这里作动词，开启、打通。 [4]鲜（xiǎn）：少。 [5]殊科：不同的类别。 [6]这几句话的意思是：人和人之间的差别，大致就像是距离上的远与近、认知程度上的智与愚一样。通过学习修养，可以使之前愚昧的地方得以开通和启发，进而达到明智的状态。人虽然有聪明智慧和愚昧无知的差别，但大体上都差不多，聪明与笨拙相差很远的情况并不多见。由于人禀受阴阳五行而成性不同，表现在明智与愚昧的差别上，如同远与近在程度上有所不同，但不会在本质上有截然相反的问题。善与恶是本质上的截然相反，而不像是远与近在程度上的不同。 [7]这两句话的意思是：由此可知，人性在形成之后，人和人之间的差别主要体现在明智和愚昧方面；如果一味任由人的愚昧发展，而不加强学习和修养，就会流向邪恶。但是，愚昧并不等于邪恶，孟子所说"人没有不善的"，就是这样清楚明白的事情。 [8]事为：作为、行为，指人的日常生活。 [9]这句话的意思是：孔子论学只举了智和愚，而没有谈到仁、礼、义，这是因为相对于天地、人和万物以及一切日常生活而言，人可以通过智来认识和掌握不变的法则。如果仁有欠缺，礼义有不足，又怎么能说这个人他认识和掌握了不变的法则呢？ [10]发明：发挥、阐明。 [11]这句话的意思

是：最能够发挥和阐明孔子学说的就是孟子，所以孔、孟两人之间没有实质性的差别。

［点评］

在这一段文字中，戴震特别强调的意思是：智、愚不同于善、恶。善、恶是人性在本质上的不同，智、愚是人性在认知程度上的差别，并且通过后天的学习和修身，笨拙还可以转变成聪明，这在一定程度上充分提高了四德（仁义礼智）中“智”的地位。戴震认为一个人如果是智者，就能充分地“知仁、知礼义”，如果在仁上有欠缺，在礼义上有不足，那么他就不能称为智者。由此可见，戴震的哲学无疑是强调道问学、重心知的，这在本书前前后后的思想表达里，都能体现出这一倾向。然而，戴震的心知理论仍然没有脱离传统儒学的局限，把重心知从属于自然至诚之性，甚至有将“知”与“善”等同起来的倾向。当然，作为古代先贤的历史认知，今人也不可对他太过苛求。众所周知，在传统儒学里，知识与德性的纠结一直争议不休、莫衷一是；戴震的这一重“知”与“善”，也为感性与理性、知识理性与道德理性之间诸多的纠结，提供了探索的空间和永恒的议题。以上是从道德与知识、美善与知性的区分讲的，如果从千百年来一直强调“道德文章”的重要性来看，戴震的心知理论中的知识理性成分又是十分可贵的。

问：孟子言性善，门弟子如公都子已列三

公都子曾向孟子提出三种有关人性论的问题，请孟子加以评论：①性无善无不善说；②性可以为善，可以为不善说；③有性善有性不善说。

说[1]，茫然不知性善之是而三说之非。荀子在孟子后，直以为性恶，而伸其崇礼义之说[2]。荀子既知崇礼义，与老子言“礼者忠信之薄而乱之首”及告子“外义”[3]，所见悬殊；又闻孟子性善之辨，于孟子言“圣人先得我心之所同然”亦必闻之矣，而犹与之异，何也？[4]

［注释］

[1] 门弟子：即及门弟子，又称门生、高足、学生等。公都子已列三说：公都子，战国学者，孟子的弟子。原文见《孟子·告子上》“公都子”章。 [2] 伸：展示、表白。 [3] 礼者忠信之薄而乱之首：礼这种东西，是忠信不足的产物，而且也是祸乱的开端。原文见《老子》三十八章。外义：战国时期告子提出的著名议题，即“仁内义外”学说。告子认为，“仁”是由血缘关系所产生的爱亲天性，是人性内在固有的；“义”是在人和人的相处关系中形成的，是外在后生的，不是与生俱来的，并以此来反对孟子把仁和义都说成是人的先天的善性。悬殊：相差远、区别大。 [4] 这段问话的意思是：孟子在阐发性善理论的时候，他的学生公都子还另外列举了三种不同的观点。公都子根本不知道性善理论是正确的，而自己所举出的三种说法都是错误的。荀子生活在孟子之后，他的直接主张是人性本恶，并进一步阐发尊崇礼义来补救人性的理论。荀子既然知道尊崇礼义，这就与老子所说的“礼者忠信之薄而乱之首”，以及告子所谓“内仁外义”学说，在思想见解上很有差距。荀子非常理解孟子的性善论，同时对孟子所言“圣人是先于常人而得到人心所认同的理义”也一定听说

过，但他仍然与孟子站位不同，请问这是为什么呢？

曰：荀子非不知人之可以为圣人也，其言性恶也，曰：“涂之人可以为禹[1]。”“涂之人者，皆内可以知父子之义，外可以知君臣之正[2]。”“其可以知之质，可以能之具，在涂之人，其可以为禹明矣。”[3]“使涂之人伏术为学[4]，专心一志，思索熟察[5]，加日悬久，积善而不息，则通于神明，参于天地[6]矣。故圣人者，人之所积而致也。”“圣可以积而致，然而皆不可积，何也？”[7]“可以而不可使也。”[8]“涂之人可以为禹则然[9]，涂之人能为禹，未必然也；虽不能为禹，无害可以为禹。”[10]此于性善之说不惟不相悖，而且若相发明[11]。终断之曰[12]：“足可以遍行天下[13]，然而未尝有能遍行天下者也。”“能不能之与可不可，其不同远矣。”盖荀子之见，归重于学，而不知性之全体。其言出于尊圣人，出于重学崇礼义。首之以《劝学篇》，有曰：“诵数以贯之[14]，思索以通之，为其人以处之[15]，除其害者以持养之[16]。”又曰：“积善成德，神针对程朱继承孔子“上智与下愚不移”的观点，戴震指出人“性能开通”，“究异于物，无不可移”，认为“人虽有智有愚，大致相近”，不仅是对孔子说的不认同，也是对“性善恶混”“性三品”“性善情恶”之类的学说加以批判。

明自得，圣心循焉[17]。”荀子之善言学如是。[18]且所谓通于神明、参于天地者，又知礼义之极致[19]，圣人与天地合其德在是，圣人复起，岂能易其言哉！[20]而于礼义与性，卒视若阂隔不可通[21]。以圣人异于常人，以礼义出于圣人之心，常人学然后能明礼义，若顺其性之自然，则生争夺；以礼义为制其性，去争夺者也，因性恶而加矫揉之功[22]，使进于善，故贵礼义；苟顺其自然而无争夺，安用礼义为哉！[23]又以礼义虽人皆可以知，可以能，圣人虽人之可积而致，然必由于学。弗学而能，乃属之性；学而后能，弗学虽可以而不能，不得属之性。此荀子立说之所以异于孟子也。[24]

[注释]

[1] 涂之人：道路上的人，这里指一般普通的人。“涂”同“途”。此及以下引文皆见《荀子·性恶》。 [2] 正：不偏不倚，正直公允。 [3] 意思是：一般人可以在家里知道父子相处的礼义，在社会上知道君臣相处的法度；普通人可以具有认识礼仪法度的素质，以及实施它们的条件和能力，所以都可以成为大禹一样的人，这是非常清楚的事情。 [4] 伏术为学：指从事技艺与学问。为动宾联合词组。伏，通“服”，与“为”同，义为从

事、处理。术，技艺、方法。学，学问、道理。　[5] 熟察：反复再三地观察研究。　[6] 加日悬久：经历很长的一段时间。加日，日积月累。悬久，历时久长。参于天地：与天地并排比肩。参，参与、介入。　[7] 这句话的意思是：既然圣人可以通过努力学习达成，然而一般人都没有最终成为圣人，这是什么原因造成的呢？　[8] 可以（为）：依据《荀子 · 性恶》原文，可知承前省略"为"字，意思是指成为圣人的可能性。可使（为）：指成为圣人的现实性。荀子在这里指出每个人都有成为圣人的可能性，但不一定都能使他们成为圣人。　[9] 然：正确、是的。　[10] 害：伤害、妨碍。意思是：说普通人都可以成为大禹一样的人，这话是对的；但最终能否成为大禹，那就另当别论了。虽然一般人终究没有能够成为大禹，但这并不妨害他有成为大禹的可能性。　[11] 若相发明：好像是在阐发和表达性善之说。若，好像。相，代词，它，指代"性善之说"，"不相悖"之"相"同。发明，阐发、彰明。　[12] 终断：最终了断、最后的结论。　[13] 遍行：走遍天下。　[14] 诵数：传述解说。数，称、说，依从俞樾说。此及以下引文皆见《荀子 · 劝学》。贯：连通、贯串，与下句"通"同义。　[15] 为其人以处之：指为他选择良师益友，以便相处学习。　[16] 持养：保养、养育。　[17] 循：《荀子 · 劝学》通行本作"备"，元刻本、清卢文弨校本作"循"，遵循、施行。 [18] 以上一段话的意思是：可见荀子的话不仅不违背孟子的性善理论，而且还可以补充发挥性善之说。荀子最后判断说："每个人的脚都具有走遍天下的可能性，但是却没有走遍天下的人。能不能做到与可以不可以做到，二者之间有很大的差别。"所以说，荀子的观点比较强调和推崇学习，却不知道人性的全部内容。他的言论和目的是为了敬重圣人，推重学习，尊崇礼义。故《荀子》一书就以《劝学篇》为首，其中说到："学习要反复诵读以求熟练而全面地掌握，深入思考以求认识透彻，融会贯通；以良师益友为榜样来处理事务，立身处世；除去有害的思想，培养和保持自己的精神世界。”又说：“积累善行，养成高尚的品德，那就会达到神明的境界，圣人的思想也就得以施行了。”荀子就是这样重视学习和修养的。 [19] 极致：达到了极限状态。 [20] 这句话的意思是：而且从荀子所说的达到神明境界而与天地相并列，又可以知道礼义道德的极致状态，圣人和天地的德性相一致就是这样的。即使圣人再出现，也不能改变这一观点。 [21] 阂（hé）隔：隔绝、不相通。 [22] 矫揉：矫正、整饬。矫，使曲的变直。揉，使直的变曲。 [23] 这两句话的意思是：对于礼义和性的问题，荀子仍然将它看作是相互隔阂而不能融通的，认为圣人和一般人不同，而礼义是从圣人的内心生发出来的，一般人必须通过学习，才能够明白礼义。如果顺从本性的自然发展，就会产生竞争和掠夺之事。荀子把礼义看作是制约人性、消除争夺的工具。因为人性本来就是恶的，所以要加强矫正和改造的功夫，才可以达到善的境界，故而荀子尤为重视礼义。如果顺从人性的自然发展而不会发生争夺的事情，礼义还有什么用处呢？ [24] 这句话的意思是：荀子认为，虽然礼义是每个人都可以懂得、可以践行的，犹如圣人是每个人都可以通过积累善行而达到的，但必须通过学习才能达到。不通过学习就能够做到的，归属于人的本性；通过学习才能做到的，以及不学习虽然有可能做到，但实际上不可能做到的，不能归属于人的本性。这便是荀子的理论与孟子不同的原因所在。

[点评]

在这一段文字中，戴震主要摘录了《荀子·性恶》和《劝学》篇中的文字，加以详尽的逻辑辨析和思想阐释。既有对荀子“重学崇礼义”的赞成之处，也有对荀子“不知性之全体”的批判之语。

孟子性善论与荀子性恶论，并非冰火两重天，而是异中有同、同中有异，可以相互补充各自的不足之处。荀子的特点在于强调学习，却不尽明了人性的实际内涵，其目的是在敬重圣人，尊崇礼义。他认为圣人和一般人不同，礼义是从圣人的心中生发出来的，一般人必须通过后天学习，才能够明白礼义，以至于“涂之人可以为禹”。可见荀子的这种人性论的思想比较驳杂，显然是吸收了诸子百家的思想，特别是继承了告子“生之谓性”学说。戴震在这里借用了与孟子比较的方法，试图抬高荀子的思想地位，既表明他支持荀子的“重学”观，也表示对“上智与下愚不移”的不认同。戴震作为后世学者，能够批判地利用前人的思想，加之时代文明的进步，他用“血气心知”来论性，可以纠正荀子在人性问题上的偏差，也可以推崇“劝学”和“解蔽”的先贤遗训，这是极具时代特色的深刻思想，颇具思想史的开拓意义，为后世人性论和认识论的拓展研究提供了丰富的思想资源。对于戴震而言，能抓住“血气心知”这一锐器，对告子、荀子以及宋明理学的理论根基加以清理和批判，真可谓有破有立，有理有据，诚如胡适所言：能摧破五六百年推崇的旧学说，而建立他的新学说。

问：荀子于礼义与性视若阂隔而不可通，其蔽安在[1]？今何以决彼之非而信孟子之是？[2]

[注释]

[1] 其蔽安在：他的缺陷在哪里。蔽，缺陷、毛病。安，哪里。 [2] 这句话的意思是：荀子把礼义和性看作是相互隔阂而不能融通的，他的缺陷在哪里？今天又能如何来断定荀子是错误的，而去相信孟子才是正确的呢？

曰：荀子知礼义为圣人之教[1]，而不知礼义亦出于性[2]；知礼义为明于其必然，而不知必然乃自然之极则，适以完其自然也。[3] 就《孟子》之书观之，明礼义之为性，举仁义礼智以言性者，以为亦出于性之自然，人皆弗学而能，学以扩而充之耳。[4] 荀子之重学也，无于内而取于外；孟子之重学也，有于内而资于外。[5] 夫资于饮食，能为身之营卫血气者[6]，所资以养者之气，与其身本受之气，原于天地非二也。[7] 故所资虽在外，能化为血气以益其内[8]，未有内无本受之气，与外相得而徒资焉者也。[9] 问学之于德性亦然[10]。有己之德性，而问学以通乎古贤圣之德性，是资于古贤圣所言德性埤益己之德性也[11]。冶金若水，而不闻以金益水，以水益金，岂可云己本无善，己无天德[12]，而积善成德，如罍之受水哉[13]！以是断之，荀子之所谓性，孟子非不谓之性，然而荀子举其小而遗其大也，孟子明其大而非舍其小也。[14]

荀子是从自然观出发，用人的自然情欲来说明人性问题，与孔、孟、程、朱宣扬的先验道德论显然不同，而与戴震的自然人性论的基本精神倒颇为一致。

［注释］

[1] 圣人之教：圣人的教化和训导。圣人，人们对上古时代具有超常智慧得道之人的称谓。 [2] 礼义亦出于性：这是戴震对“性”的最高级别的定义，也是他的哲学最为平民化的体现。 [3] 整句话的意思是：荀子知道礼义是圣人制定出来，用来教化人性的，而不知道礼义也是从人的形体知觉所具有的自然情欲中生发出来的；知道礼义是对于必然规律的了解，而不知道必然规律就是自然情欲的最高准则，也是对人伦日常和自然法则的完美概括。 [4] 这句话的意思是：从《孟子》一书来看，已经明确提出了礼义就是人性，这里举出仁、义、礼、智来谈论人性，就是认为四者都是出于人性的自然生发，人人都可以不需要经过学习就能具备的，如果再加以学习，也只是为了扩充这种能力而已。 [5] 这句话的意思是：荀子强调对学习的重视，是认为人们先天不具备仁、义、礼、智，需要通过后天的学习而从外部获取的；孟子重视学习，是认为先天已经具备了仁、义、礼、智的潜在本性，还要通过后天的继续学习，从外部得到更多的补充以扩充推广。 [6] 营卫：中医指血气的作用，是营气和卫气的合称，两气同出一源，都是水谷精气所化生。营气运行于血脉之中，具有营养周身的作用；卫气运行于血脉之外，具有捍卫躯体的功能。 [7] 这句话的意思是：人们从饮食中获得身体的滋养、动力的源泉，以及用来养身的五行之气，与人原本禀赋的阴阳五行之气，都来源于天地自然，并不是两种互不相关的东西。 [8] 益：

增加、滋补。 [9] 整句话的意思是：人所获得的滋养虽然是外在的，但能够吸收和转化成为人的血气，来增益和滋补原本具有的本受血气，内外二者之间是能够相互协调的。如果仅仅依靠从外部获取滋养，那是不可能的。 [10] 德性：指人的自然至诚之性，即今所谓道德品行。 [11] 埤（pí）益：补益。埤，增加。 [12] 天德：指上天所赋予人的本来德性。 [13] 罍（léi）：一种用来盛酒和水的容器。以上三句话的意思是：学习和德性的关系也是这样的。一个人有自己的德性，并通过学习来仿效古代圣贤的道德品行，就是从他们的德性中获取滋养来增加自己的美好品德。金属冶炼之后的溶液就像水一样，但没有听说直接用金属加到水中，形成金属溶液的；也没听说把水注入金属中，能够得到金属溶液，因为金属与水是不相溶的，两者的性质根本不同。从这种比喻来看，不可以说自己本身没有善性，也没有上天赋予的德性，却可以通过积善累德来形成美德，就像把水倒进金罍，不可能立刻变成了浑然一体的溶液。 [14] 这句话的意思是：根据以上论述，荀子所谓的性，孟子也并非不认为它是性。但荀子只看到人的后天习得，而无视人的先天禀赋，所以只是举出了小的方面，而遗漏了大的方面；孟子深知人的先天禀赋，也重视人的后天习得，既阐明了大的方面，也不舍弃小的方面。

［点评］

孟子的“性善论”是建立在肯定人的“固有善端”基础上，把仁义礼智视为人的自然道德，用他自己的话说，就是“仁义礼智根于心”，如果再加以学习和修养，那就更能提升人品德行，甚而至于圣贤之境。荀子的“性恶论”与之相对立，就是首先肯定人的“愚而不学不思乃流为恶”，天生就没有仁义礼智，除非经过后天的“学而思”，才能改过从良，弃恶向善。

戴震综合孟子和荀子各自的人性论观点，认为孟子是“有于内而资于外”，“明其大而非舍其小”；荀子是“无于内而取于外”，“举其小而遗其大”。肯定了孟子既重视人的本性，又强调学习的重要性；对于荀子只看到人的后天习得，而无视人的先天禀赋的偏颇之见，予以解析和阐明。又从“所资以养之气”与“其身本受之气”的不同，来考察先天禀赋与后天习得的“自然”与“必然”的关系。戴震认为，人性无它，就是“血气心知”；礼义为圣人之教，也只是“举仁义礼智以言性”，即“气质之性”。如果说天之性是必然，人之性是自然，那么所谓“自然”，即是“血气之自然”，通俗地讲就是欲望的自然，需要顺从天道之意（顺天道）；所谓“必然”，则近似于“心知之自然”，简单地说就是道德的自然，必须遵循且分得天道运行的客观规律（循分理）。这也是戴震对“天道”与“天理”的深思与解读，其结论便是“必然乃自然之极则，适以完其自然也”。在这里，戴震又特别指出“礼义为圣人之教，礼义亦出于性”，这应当说是戴震对“性”的最高定义，也是戴震哲学最为平民化的体现。

问：告子言“生之谓性”，言“性无善无不善”，言“食色性也，仁内义外”，朱子以为同于释氏；（朱子云：“生，指人物之所以知觉运动者而言，与近世佛氏所谓‘作用是性’者略相似。”[1]

又云："告子以人之知觉运动者为性，故言人之甘食悦色者即其性[2]。"）其"杞柳""湍水"之喻[3]，又以为同于荀扬；（朱子于"杞柳"之喻云："如荀子性恶之说。"于"湍水"之喻云："近于扬子善恶混之说。"[4]）然则荀扬亦与释氏同欤？[5]

[注释]

[1] 近世：这里是朱熹的用语，是指唐宋时代。 [2] 甘食悦色：喜欢新鲜美味的食物，醉心令人愉悦的美色。 [3] 湍（tuān）水：急速流淌的水。 [4] 扬子善恶混之说：指汉代扬雄在《法言·修身》中说："人之性也，善恶混。修其善则为善人，修其恶则为恶人。"他认为人性是混杂的，其中有善与恶两种端倪，强化扩充了善的苗头就成为善人，强化扩充其恶的苗头就成为恶人，此后便成为中国人性论史上"性善恶混论"的一个思想体系。 [5] 这段问话的意思是：告子说"人生来就具有的生理欲求就是性"；"性没有善，也没有不善"；"对饮食和男女私情的欲望都是性，仁是心里本来就有的内在意念，义是从外在所加的概念"。朱熹认为这些话与佛教思想是类似的（朱熹说："告子所说的'生'，是从人和万物之所以能有知觉和运动的本能来说的，这与近世佛教徒所说'作用就是性'有些相像。"又说："告子认为人的知觉和运动的能力就是性，所以人喜欢美食和美色，就是他的性。"）告子把人性比喻为"杞柳"和"湍水"，朱熹也认为这与荀子和扬雄的观点基本一致。（朱熹评价告子的"杞柳"之喻，说"这如同荀子的性恶论"；评价告子的"湍水"之喻，说"这个接近于扬雄

的性是善恶相混论”）那么，荀子和扬雄的观念也与佛教的见解是一样的吗?

曰：否。荀扬所谓性者，古今同谓之性，即后儒称为“气质之性”者也，但不当遗理义而以为恶耳。[1] 在孟子时，则公都子引或曰“性可以为善，可以为不善”，或曰“有性善，有性不善”，言不同而所指之性同。[2] 荀子见于圣人生而神明者，不可概之人人[3]，其下皆学而后善[4]，顺其自然则流于恶，故以恶加之；论似偏[5]，与“有性不善”合，然谓礼义为圣心，是圣人之性独善，实兼公都子两引“或曰”之说，[6] 扬子见于长善则为善人，长恶则为恶人，故曰“人之性也善恶混”，又曰“学则正，否则邪”，与荀子论断似参差而匪异[7]。韩子言“性之品有上中下三，上焉者善焉而已矣，中焉者可道而上下也[8]，下焉者恶焉而已矣”，此即公都子两引“或曰”之说会通为一[9]。

戴震这里的意思是：仁义礼智为人之性，耳目鼻口之欲也是人性，二者本为人性所共有。而宋儒所谓“天地之性”与“气质之性”的人性二分论，则是对孔孟人性论思想的误解。

[注释]

[1] 这句话的意思是：荀子和扬雄所说的性，古人和今人也

都叫做性，也就是后来儒家所称的“气质之性”，只是他们不应该去掉其中的理义部分，而认为性就是恶的。 [2] 在孟子那个时代，公都子就曾引用其他人的观点说：“人的性可以成为善的，也可以成为不善的。”又说：“有的人性是善的，有的人性是不善的。”这些人的观点虽然不同，但他们所指的性都是相同的。下文两次出现的“公都子两引‘或曰’之说”，就是指引用的这两句话。引文见《孟子・告子上》。 [3] 概之人人：包括所有的人。概，本义是斛斗的刮板，引申为一概、包括。 [4] 其下：圣人以下的所有人、普通人。 [5] 论似偏：论点似有偏颇。 [6] 这句话的意思是：荀子看到圣人生下来就具有无所不知的神明德性，但这种情况不可能看作是所有人都这样。圣人以下的一般人都必须通过学习，才能达到善。如果是听任人性自由不拘地发展，就会有发展成邪恶的可能，所以荀子把恶加在了“性”的上面。荀子的论点似乎有所偏颇，与“有的人性是不善的”观点相近。然而，荀子认为礼义是从圣人心中生发出来的，这表明有且只有圣人的性是善的，这在一定程度上是融合了公都子所引他人所说的那两种观点。 [7] 参差（cēn cī）：长短高低不整齐，不一致。匪异：没有什么不同。这段话的意思是：扬雄认识到，人如果注意培养自己的善性，就会成为善人；放纵自己的恶性，就会成为恶人，所以他说“人性是善与恶互相混杂的”。又说“通过学习，就可以使人性走向正道，否则就会走上邪路”。这与荀子的观点看似有所差别，而实际上并没有什么不同。引文分别见《法言》的《修身》和《学行》两篇。 [8] 道：通“导”，引导。 [9] 会通为一：融会贯通，使其一致。这段话的意思是：韩愈说：“人性的品级有上、中、下三个等级。上等人的性，本来就是善的；中品人的性参差不齐，可以通过教育学习而迁善改过，或者就会滑向罪恶；下等人的性，则完全就是凶险邪恶的。”这就是把公都子所引用的两种观点融会贯通，综合为一种思想观点。引文见《韩昌黎集·原性》。

［点评］

在中国哲学史上，有关人性善与恶的探索，从孔子“性相近，习相远”以后就从未停止过，真可谓言人人殊，莫衷一是，成为世人永恒争议的话题。其中，最为显著的是先秦诸子的开辟之功，如孟子的性善论、告子的性无善无恶论、荀子的性恶论、世硕的性有善有恶论，以及韩非子的人性自私论，为此提供了探究人性论的学术平台，开辟了五彩斑斓的思想空间。再至秦汉以下，如汉代扬雄的性善恶混论，董仲舒兼具圣人之性、中民之性、斗筲之性的性三品论，以至于唐代韩愈的性上中下三品论，更是在发挥前贤思想的基础上，促进了中华人文思想内涵的丰富性。尤其是宋明理学的盛行，从二程、朱熹的天命之性与气质之性的人性二元论，到王阳明反其道而行之所提出的“四句教”，对历史上性善性恶说做了一次全面性的归纳和总结。

在众说纷纭的人性论说中，因为孟子的性善论较为符合人们的心理需求和精神向往，逐步被大部分的世人所肯定和认同，成为中国传统人性论思想的主流意识。对于戴震而言，衣钵孔孟，继述圣贤，自然属于性善论者。他认同孟子，重视荀子，尤其是对荀子“重知去蔽”的思想予以极大的尊重；他不仅对孟子、荀子思想表现出明显的尊崇，而且又能融会先秦诸家，博采唐宋儒家之长，在批判程朱陆王之辈先验性善论的同时，建构起自己的“性即血气心知”及“气一元论”的新性善论。可以说，戴震的性善论是新时代的人性论，与之前所有人的观点都不完全相同（包括对孟子的性善论），原因在于戴震的人性论注重实事求是与躬行践履，留心人伦日用和民生疾苦，显示出儒家哲学最终所要解决的是社会生活和人生实际问题。

朱子云：“气质之性固有美恶之不同矣，然以其初而言，皆不甚相远也，但习于善则善，习于恶则恶，于是始相远耳。”“人之气质，相近之中又有美恶，一定，而非习之所能移也。”[1] 直会通公都子两引“或曰”之说解《论语》矣[2]。程子云：“有自幼而善，有自幼而恶，是气禀有然也。善固性也，然恶亦不可不谓之性也。”[3]（《朱子语类》：“问：‘恶是气禀，如何云亦不可不谓之性？’曰：‘既是气禀，恶便牵引得那性不好。盖性止是搭附在气禀上[4]，既是气禀不好，便和那性坏了。’”又云：“如水为泥沙所混，不成不唤做水。”[5]）此与“有性善，有性不善”合[6]，而于“性可以为善，可以为不善”亦未尝不兼；特彼仍其性之名[7]，此别之曰气禀耳。[8]

程子又云："'人生而静'以上不容说，才说性时，便已不是性也。"[9] 朱子释之云："'人生而静'以上是人物未生时，止可谓之理，未可名为性，所谓'在天曰命'也。才说性时便是人生以后，此理已堕在形气中，不全是性之本体矣[10]。所谓'在人曰性'也。"[11] 据《乐记》，"人生而静"与"感于物而动"对言之，谓方其未感，非谓人物未生也。《中庸》"天命之谓性"，谓气禀之不齐，各限于生初，非以理为在天在人异其名也。[12] 况如其说[13]，是孟子乃追溯人物未生[14]，未可名性之时而曰性善；若就名性之时，已是人生以后，已堕在形气中，安得断之曰善？由是言之，将天下古今惟上圣之性不失其性之本体，自上圣而下，语人之性，皆失其性之本体。[15] 人之为人，舍气禀气质[16]，将以何者谓之人哉？是孟子言人无有不善者，程子、朱子言人无有不恶，其视理俨如有物[17]，以善归理，虽显遵孟子性善之云[18]，究之孟子就人言之者，程朱乃离人而空论夫理，故谓孟子"论性不论气不备"。[19] 若不视理如有物，而其见于气质不善，

戴震在许多方面对荀子也有继承性，但始终以孟子为道统正宗。他认为心喻仁，心好理好义，心知则必然成善。而荀子则以为人心虽有向善的潜质，可以为善并不等于真能成善。有人说戴震思想近于荀子性恶论，这种观点是不能成立的。

卒难通于孟子之直断曰善。宋儒立说，似同于孟子而实异，似异于荀子而实同也。[20]

[注释]

[1] 习：反复练习、习惯。这两句话的意思是：朱熹说：“人的气质之性固然有美好与邪恶的不同，然而从它们的最初状态来说，都是相差不大的。只是人如果受到良好环境和习惯的影响，就会变善；反之，就会变恶，于是善恶之间的距离自然会变得很大了。”“人的气质之性虽然是相近的，但相近之中又有美好与邪恶的差别。这种差别一旦被固定下来，就是你后天如何努力学习，都是无法改变的了。”引文都出自朱熹《论语集注・阳货》。 [2] 直：径直、简直。公都子两引“或曰”之说：即上文或曰“性可以为善，可以为不善”，或曰“有性善，有性不善”。 [3] 这两句话的意思是：朱熹的这些观点，事实上就是融会了公都子所引别人关于人性的那两种观点，用来解释《论语》的内容啊。程子说：“有的人从小就是善的，有的人从小就是恶的，这是他们所禀赋的气质不同所导致的。善固然是人的本性，但恶也不能不说是人的本性。”引文见《二程遗书》卷一。 [4] 止：副词，只是、仅仅。 [5] 括号里朱子的话意思是：《朱子语类》里有人问：“既然恶是人所天生禀赋的一种气质，本来也不与性有任何关系，那为什么还说它是人的性呢？”回答说：“既然恶是人所禀赋的气质，它就会把人的性引诱到不好的地方。性只是附着在人所禀赋的气质之上的，既然这禀赋的气质被污染变坏了，那么人的性也会连同气质一起坏掉。”又说：“就好比水被泥沙搅拌得很浑浊，那也不能不叫它是水。”引文均见《朱子语类》卷九十五。 [6] 此：这里是指程朱关于性的

观点。 [7] 彼：指公都子两引“或曰”之说。 [8] 这句话的意思是：宋儒的这个观点，与“有的人性是善的，有的人性是不善的”说法是相似的，也与“人的性可以成为善的，也可以成为不善的”观点未尝不一致。只是在公都子那里仍然沿用“性”这个概念，宋儒却改用了“气禀”这个称呼，以区别于人性罢了。 [9] 这句话的意思是：程子又说：“人在初生时是处于安静状态的，但在此之前的状态，那是不能够言说的。然而一旦说到性，就已经不是原来意义上的性了。”人生而静，见《礼记·乐记》“人生而静，天之性也。感于物而动，性之欲也”。意思是：人生来就是宁静无欲的，这是他的先天禀赋；而由外界事物的影响而蠢蠢欲动，也是他天性的本能欲望。引文见《二程遗书》卷一。 [10] 性之本体：性的本来面目，朱熹在此特指天理，是他重要的学术观点。 [11] 这几句话的意思是：朱熹对此解释说：“人在初生时是处于安静状态的，但在人还没有出生的时候，只能够称呼它为‘理’，不可以命名为‘性’，这就是人们常说的‘在天曰命’。我们一旦说到性的时候，那已经是在人出生之后的状态了，原来这个的理已经落实到人的形体和气质之中了，不再完全是性的本来面目，这就是人们常说的在人曰性了。” [12] 这两句话的意思是：根据《礼记·乐记》的原文内容来看，“人生而静”与“感于物而动”是相对来说的，指的是人在出生以后还没有感受到外界事物的影响，而不是像朱熹所说的那样指“人还未出生的状态”。《中庸》所说的“天命之谓性”，说的是人所禀赋的气质是各不相同的，在出生时各自受到上天的限制和规定，而不是指天理这一个东西，在天的一方面就叫做天命，在人的一方面却叫做人性，最终是同一个东西从不同的角度，拥有了不同的名称。 [13] 况如其说：如同某某所说。况，比方、譬如。 [14] 溯：往前推想。 [15] 这两句话的意思是：譬如宋儒程朱所说，就是认为孟子把性上推到人和物的形体还没有出现之前，就不能称它为性的时候，来谈论性是善的；如果是已经命名它为性的时候，那是在人出生以后了，理已堕入到人的形体气质之中，又怎么还能断定说性是善的呢？如果这样来推论的话，那么全天下从古到今的人里面，也只有圣人的性才不会失掉性的本质；其他所有普通人的性，都会失去它的本来面目。 [16] 气禀气质：指人生来对气的禀受，及其固有的自然秉性和个性特点。分而言之，从人和物接受阴阳五行之气而形成形体来说叫气禀，从人和物已形成的形体来说叫气质。 [17] 俨（yǎn）如有物：好像有个真切实在的物体。俨如，宛如、好像。 [18] 显遵：表面上的遵从。 [19] 以上两句话的意思是：人之所以成为人，如果舍弃了气禀气质，我们将以什么标准来判断他就是人呢？孟子说人没有不善的，程子和朱子却说人性没有不恶的。他们把理看作如同一个实在的物体，并把人性的善归置在这个理中。虽然表面上遵从了孟子的性善理论，但如果深究的话，就会发现孟子是就人的本身来谈论，而程子、朱熹是离开人的形体本身而去空谈他们所谓的理。所以，他们认为孟子在谈论人性的时候，只谈论了天命之性是善的，而不讲气质之性是恶的，故而是不完备的。引文见《二程遗书》卷六。这就是程朱之所以在“天命之性”之外，又提出一个“气质之性”的理由，说是用来弥补孟子性善说的不足和漏洞。 [20] 这两句话的意思是：如果宋儒不把理看成如同一个东西的话，那么他们关于气质不善的观点，就难以与孟子性善论相衔接。可见宋儒的思想学说，看似与孟子的主张相同，实际上却有很多的不同；看似与荀子的学说有别，实际上却是彼此关联，息息相通。

［点评］

戴震在上一节文字中，通贯性地把从告子、荀子、扬雄、公都子两引“或曰”之说，乃至于韩愈所论，都做了一一列举和评述，可谓要言不烦，鞭辟入里。接下来的这一段文字，转向对朱子“性之本体”和“天命之性”的观点来展开深度的剖析，尤其是用“孟子追溯人物未生未可名性之时而曰性善”来对比解说，让我们可以从中体味出朱子天赋道德论的真实内情和思想底蕴，以及他与孟子、荀子之间的思想纠结。

朱熹认为“在天曰命”，“在人曰性”，“禀气之清者为圣为贤，禀气之浊者为愚为不肖”，主张“人生而静”是区分天命之性与气质之性的重要界限。人生而静以上是人与物还没有产生之时，只能叫做理，还不能叫做性，这就是把理看成一个具体实在的善的东西。这一观点虽然表面上是接续了孟子性善说，但实际上他是离开了人的形体来空谈理是善的，并且还说孟子就人的形体说性善，是“论性不论气不备”，所以需要补充和完善。戴震用孟子理论作为参照系，与朱子所言加以对比，提纲挈领、条分缕析地指出程朱把人性分成天命之性和气质之性，把天命之性说成是善的，把气质之性说成“无有不恶”，这在表面上似乎同孟子的性善论颇为一致，但事实上是离开了具体实在的人来谈人性的，这与孟子本义迥然有别。相反，程朱的天命之性与荀子的性恶论表面上看似不同，但就性的恶这一点来说，已与荀子颇有相似之处。戴震把孟荀程朱拢在一起加以对比，采用扬孟贬荀的手段来表述自己的立场和观点，目的也是打着孟子的旗号来批判程朱与后儒。

孟子不曰“性无有不善”，而曰“人无有不善”。性者，飞潜动植之通名；性善者，论人之性也。[1] 如飞潜动植，举凡品物之性，皆就其气类别之[2]。人物分于阴阳五行以成性，舍气类，更无性之名。[3] 医家用药，在精辨其气类之殊[4]。不别其性，则能杀人。使曰“此气类之殊者已不是性”[5]，良医信之乎？试观之桃与杏：取其核而种之，萌芽甲坼[6]，根干枝叶，为华为实[7]，形色臭味，桃非杏也，杏非桃也，无一不可区别。由性之不同，是以然也。其性存乎核中之白，（即俗呼桃仁杏仁者。）形色臭味无一或阙也[8]。凡植禾稼卉木，畜鸟兽虫鱼，皆务知其性。知其性者，知其气类之殊，乃能使之硕大蕃滋也[9]。何独至于人而指夫分于阴阳五行以成性者，曰“此已不是性也”，岂其然哉？[10]

作为自然科学家的戴震，在他哲学思想的诠释中，能够充分地运用自然物理来探究人伦道理，这既符合哲学与科学的密切关系，也凸显了一代通儒的知识背景与学问智慧。

[**注释**]

[1] 这两句话的意思是：孟子没有说过“性没有不善的”，而说过“人没有不善的”。性这个概念，它的外延涉及到天上飞的、

水里游的，以及世间一切动物植物；而性善这个概念，则是专门用来探讨人性的内涵和本质属性的。 [2] 气类：禀受阴阳五行之气而形成的人与物不同质的种类。 [3] 这两句话的意思是：例如各种天上飞的、水里游的及世间万物所具有的性，都是根据它们各自所禀赋的气质类别加以区分的。人和世间万物从天地那里禀受阴阳五行之气，并形成了各自不同质的性；如果舍弃各自所禀赋的气质类别，那就根本谈不上性这个概念了。 [4] 精辨：精细地辨别。 [5] 使：连词，假使、如果。 [6] 甲坼（chè）：草木发芽时种子外皮裂开。甲，种子的外壳。坼，裂开。 [7] 华（huā）：同“花”。 [8] 阙：同“缺”。这一段话的意思是：医生在开方用药的时候，关键就在于能够精确的分辨各种药材所禀赋的气质类别，如果不对药材的药性做出精准的区别，诊治时就可能会使病人中毒身亡。如果按照程朱那样的说法，药材的气质类别不同，已经不是原本药材的本性了，那么医术高明的医生还能相信它吗？我们来观察桃子和杏子的不同：把它们的种核放在土里，在种子发芽的时候，它们都会把外壳撑破，然后生长出根、茎、枝、叶，乃至开花结果。从它们的形状、颜色、气味、滋味来看，可以知道桃子不是杏子，杏子也不是桃子，没有哪一点是不能区分清楚的。这是由于桃子和杏子各自本性的不同，所以才会出现这样的情况。它们的性都存在于核中间的那个白色的东西（就是俗话所讲的桃仁、杏仁），每一个核仁的形状、颜色、气味、滋味都是完整齐备的。 [9] 硕大：丰硕、肥大。蕃滋（fán zī）：繁殖增益。 [10] 这三句话的意思是：凡是种植庄稼和栽培花木，或是饲养鸟兽和喂养虫鱼，务必都要详细知道它们各自的性。了解清楚它们的性，就是懂得了它们气质类别的不同，这样才能使它们茁壮成长，繁衍茂盛。为什么单单对人而言，要脱离形体来论他的性，说是他们分得了阴阳五行之气，所形成的性就已不是性了呢？这难道是对的吗？

自古及今，统人与百物之性以为言，气类各殊是也。[1] 专言乎血气之伦[2]，不独气类各殊，而知觉亦殊。人以有礼义，异于禽兽，实人之知觉大远乎物则然，此孟子所谓性善。[3] 而荀子视礼义为常人心知所不及，故别而归之圣人。程子、朱子见于生知安行者罕睹[4]，谓气质不得概之曰善，荀、扬之见固如是也。[5] 特以如此则悖于孟子[6]，故截气质为一性[7]，言君子不谓之性；截理义为一性，别而归之天，以附合孟子。[8] 其归之天不归之圣人者[9]，以理为人与我[10]。是理者，我之本无也，以理为天与我[11]，庶几凑泊附着，可融为一。是借天为说，闻者不复疑于本无，遂信天与之得为本有耳。[12]

[注释]

[1] 这句话的意思是：从古到今，统括和总结人与一切生物的性来看，他们的气质类别都是各自不同的。 [2] 血气之伦：指人与动物具有血气一类。伦，类，二字为同源词。 [3] 这两句话的意思是：如果专门就那些具有血气的人和动物一类来看，不但他们的气质类别不同，而且他们的知觉能力也有很悬殊。因为人有心

知和礼义，禽兽则根本没有，这实际上是由于人的知觉能力远远超过了其他动物，才形成了这种状态，这就是孟子所谓的人禽之辨和性善理论。 [4] 罕睹：很少看见。 [5] 这两句话的意思是：但是，荀子则把礼义看作是普通人的心智所达不到的，所以就把它单列出来，以为圣人所制定，并归圣贤所专有。程子、朱熹看到那种生下来就懂得仁义道理，并能自觉自愿践行的圣人非常少见，所以就认为人的气质不能笼统地说都是善的，荀子、扬雄就是这样说的。 [6] 特：副词，仅仅、只是。 [7] 截：切断、划分。 [8] 这句话的意思是：只是这样的话，就和孟子的性善论相悖逆，故而程朱就截取人的气质为一个性，认为君子不把“气质之性”叫做性；同时又划分出理义为另一个性，把它归属于上天，与气质之性相区别，用以契合孟子的性善说。 [9] 其：代词，这里指程子、朱子。 [10] 以理为人与我：认为理义是圣人制定而外加给我的。这是荀子的观点。 [11] 以理为天与我：以为理义是“得于天而具于心”的。这是程朱的观点。 [12] 这三句话的意思是：程朱之所以把理归结于上天而不归结于圣人，是因为如果理义是人制定而外加给我的话，那么这个理就是我本来没有的；如果认为理义原本是上天赋予我的，那么这个理几乎就是粘附在我身上，进而与我融为一体。这种做法就是借助上天的权威来创立学说，后来的人便不会去质疑这种理了，自然会相信上天给予我的理，并认为这是我们本来就具有的。

[点评]

以上两节文字，戴震是从植物学、动物学及人性论的角度来论述“性”的实在性，证明“分于阴阳五行以成性”，“性即血气心知”，批评“截理义为一性，别而归之天”的观点，对荀子的“以理为人与我”、程朱的“以理为天与我”分别予以反驳，并运用当时自然科学所能达到的成就，通过分析人与动物在种类和知觉上的差别，来肯定人的知觉“大远乎物”。例如，天上飞的、水里游的及世间万物，它们各自都有不同的性；如果不讲它们各自所禀赋的气质类别，那就根本不需要说性这个概念了。又如，中医用药关键就在于能够精确地分辨各种药材所禀赋的气质类别，如果不对药材的药性做出精准的区别，诊断时有可能会使病人中毒身亡。再如，我们来看桃子和杏子的不同，从它们长出根茎枝叶到开花结果，它们的形状、颜色、气味、滋味始终都有差异，是因为各自拥有不同的性，而根源在于它们的性（桃仁、杏仁）根本不同。如果再具体到人和动物的差别，不但气质类别不同，而且知觉能力更有天壤之别，就是因为人有心知和礼义，而禽兽只讲丛林法则，这就是孟子所谓的人禽之辨。这是传统哲学思想中一个重要议题，也是孟子性善论思想体系的起点。孟子认为人性本善，人之为善，都是人的本性表现，由此建立起人的道德规范。戴震这样用医生施药和桃杏之性的区别为例，说明离开了种类的区别就不能谈性，并用公认的自然界动植物都以种类来区分这一事实，来反驳宋儒的“理得于天而具于心”，即离开具体的人来谈人性的错误观点，从而证明和完善了孟子的“性善”理论。

彼荀子见学之不可以已，非本无，何待于

学？而程子、朱子亦见学之不可以已，其本有者，何以又待于学？故谓“为气质所污坏”，以便于言本有者之转而如本无也。于是性之名移而加之理，而气化生人生物，适以病性[1]。性譬水之清，因地而污浊。[2]（程子云：“有流而至海，终无所污，此何烦人力之为也；有流而未远，固已渐浊；有出而甚远，方有所浊。有浊之多者，有浊之少者，清浊虽不同，然不可以浊者不为水也。如此，则人不可以不加澄治之功[3]。故用力敏勇[4]，则疾清[5]；用力缓怠[6]，则迟清[7]。及其清也，则却止是元初水也[8]，亦不是将清来换却浊，亦不是取出浊来置在一隅也[9]。水之清，则性善之谓也。”[10]）不过从老、庄、释氏所谓真宰真空者之受形以后[11]，昏昧于欲[12]，而改变其说。特彼以真宰真空为我，形体为非我，此仍以气质为我，难言性为非我，则惟归之天与我而后可谓之我有，亦惟归之天与我而后可为完全自足之物，断之为善，惟使之截然别于我，而后虽天与我完全自足，可以咎我之坏之而待学以复之，以水之清喻性，以受污而浊喻性堕于形气中污坏，以澄之而清喻学。[13] 水静则能清，老、庄、释氏之主于无欲、主于静寂是也。因改变其说为主敬[14]，为存理，依然释氏教人认本来面目，教人常惺惺之法。若夫古贤圣之由博学、审问、慎思、明辨、笃行以扩而充之者[15]，岂徒澄清已哉[16]？程子、朱子于老、庄、释氏既入其室，操其矛矣，然改变其言，以为《六经》、孔、孟如是，按诸荀子差近之[17]，而非《六经》、孔、孟也。[18]

这是认为程朱“主敬”“存理”的修养方法，也是老释“主于无欲，主于寂静，教人认本来面目，教人常惺惺之法”的翻版。

［注释］

[1]适：正巧、刚好。病：损伤、祸害，这里作动词用。 [2]这三句话的意思是：荀子认识到人的学习是不可以停止的，如果性不是本来就没有的东西，又为什么还要去学习呢？程子、朱熹也认识到人的学习是不可以停止的，既然性是人本来就有的东西，又为什么还需要去学习呢？所以，他们说固有的性可能会被气质污染败坏，于是把本来就有的性转而说成好像本来没有一样。于是，性这个概念的本来意义就被改变了，被另附上一个理的内容。这么说来，阴阳五行之气的运行变化所生成的人和万物，恰恰是它们污坏了人性。所以，人性就好像是清水一样，只要在地上流淌，就自然会受到污染而变得浑浊不堪。 [3]澄治：澄清治理，由浊变清。 [4]敏勇：敏捷勇猛。 [5]疾清：快速地澄清。 [6]缓怠：拖延怠慢。 [7]迟清：澄清得很慢。 [8]止是：只是。元初：最初、原来。 [9]一隅：一个角落。 [10]这段引文的意思是：程子说：“有的水一直流淌到大海，始终都没有受到污染，这可以

不再劳烦后天的人力来作为。有的水流了没多远，就逐渐浑浊了；有的水已经流了很远，才会有一点浑浊。有的水浑浊得很厉害，有的水只是稍微浑浊一点。虽然这些水的清浊程度不同，但我们不能把浑浊的水不当作水。如果这样的话，人就不能不对水进行一番澄清治理的工作。所以，我们在澄清水的时候，如果用力迅速又勇猛，就能很快澄清它；如果用力迟缓又懈怠，就会澄清得很慢。等到水清的时候一看，也还只是原来的那些水，既不是用清澈的水来替换了浑浊的水，也不是把浑浊的水取出来，放在了别的地方。水的清澈，就可以看作是人性的善吧。”引文见《二程遗书》卷一。　[11] 真宰真空者之受形：精神性的真宰真空与形体相结合。　[12] 昏昧于欲：被情欲所蒙蔽。　[13] 这段话的意思是：这不过是对老子、庄子以及佛教所说的真宰真空，在禀受具体的形体之后，因为沾染欲望而变得昏庸愚昧的一种说法而已。只是他们把真宰、真空看作是真正的自我，而具体的形体不属于自己。这些人仍然把气质当作是自己的，却又不好表述性不属于自己，于是只有把性归属于是上天赋予的，而后就可以说是自己所拥有的了；也只有这样把性归属于是上天赋予的，才可以成为完美无缺的东西，而断定它就是善的；只有把性与自己截然分开，上天赋予的性纵然是完全自足的，也可以责怪自己的性有所污损，所以需要通过学习来恢复。程朱他们用水的清澈来比喻人性，而用水受了污染，出现了浑浊，来比喻性已堕入形体气质中，受到了玷污毁坏，由此而用把水澄清的努力，来比喻学习和修养工夫。　[14] 主敬：是宋代理学家汲取孔孟“行笃敬”等思想，并借鉴禅学修炼本心的工夫，进而提出的一种道德修养方法，又称“持敬”“居敬”。　[15] 博学、审问、慎思、明辨、笃行：《礼记 · 中庸》有言“博学之，审问之，慎思之，明辨之，笃行之”，意思是对待学问之事，需要广泛地学习，详细地询问，慎重地思考，清楚地辨别，切实地履行。[16] 澄清：使混乱的局面变得清明，这里是指恢复善性。[17] 差（chā）近之：很接近，比较靠近。[18] 这段话的意思是：水在静态的时候容易变得清澈，老子、庄子及佛教所主张的“无欲”“静寂”，说到底就是静和净的意思。宋儒只是把这些说法改换为“主敬”“存理”，事实上仍然还是属于引导和教育人要淡泊宁静，存理去欲，识得自己的本来面目，经常保持清醒觉悟的状态。至于古代圣贤通过广泛学习、详细询问、慎重思考、明确辨别、切实履行来扩充的性，又怎么能只靠澄清一事就可以达到性善了呢？程子、朱熹在对老子、庄子及佛教的理论有了深入学习和切实把握以后，反过来又对佛老加以挞伐。然而，他们仍然热情于汲取佛道的思想理念，并把老、庄、佛教徒的话加以改头换面，用新瓶装旧酒，说是《六经》、孔、孟也是这样说的。如此看来，程朱学说与荀子观点倒是大体相似，但与《六经》、孔、孟的本义已是截然不同，天差地别了。

[点评]

孔子“性与天道”中的这个“性”的概念本义，自孟子、荀子、董仲舒、韩愈以来的诸大儒改变了其内涵，宋儒更是把它附加了一个“理”，如同老庄与佛教的真宰真空得以借尸还魂。戴震对此反复批判，不遗余力。也许是因为顾虑到个人力量的人微言轻吧，所以只有借助孔孟之言作为自己立论的支撑，以孟子性善论为标榜，对宋明理学尤其是程朱所言人性二元论加以指摘。这种“披着经言的外衣”来批判理学的手段，一定程度上也是借用了宋儒“援引佛道入儒”的方法，这或许是传统学术的学如积薪、后来居上的普遍现象吧。

戴震认为，宋儒的主张和学说看似与孟子的主张相同，实际上是不同的；看似与荀子的学说有别，实际上是相同的。戴震批判他们借助佛道来体认“本来面目”和教人“常惺惺”的做法，用以推行“无欲”“静寂”“主敬”的处世理念，旗帜鲜明地打出《中庸》“博学、审问、慎思、明辨、笃行”相对抗，这是戴震对宋儒先贤关于人性二本论思想的不妥协，对自己一本论的坚守，也是他从“血气心知即性”到“理存乎欲”，最终撰述《孟子字义疏证》以“正人心之要”的真实原因。

问：孟子曰：“口之于味也，目之于色也，耳之于声也，鼻之于臭也，四肢之于安佚也，性也，有命焉，君子不谓性也；仁之于父子也，义之于君臣也，礼之于宾主也，智之于贤者也，圣人之于天道也，命也，有性焉，君子不谓命也。”[1] 宋儒以气质之性非性，其说本此。张子云：“形而后有气质之性；善反之[2]，则天地之性存焉。故气质之性，君子有弗性者焉。”[3] 程子云：“论性不论气，不备；论气不论性，不明。”在程朱以理当孟子之所谓善者，而讥其未备。[4]（朱子云：“孟子说性善，是论性不论气。荀扬而下是论气不论性。孟子终是未备，所以不能杜绝荀扬之口。然不备，但少欠耳；不明，则大害矣。”[5]）然于声色、臭味、安佚之为性，不能谓其非指气质，则以为据世之人云尔；（朱子云："世之人以前五者为性[6]，以后五者为命。”[7]）于性相近之言，不能谓其非指气质，是世之人同于孔子，而孟子别为异说也。[8]朱子答门人云："气质之说，起于张程。韩退之《原性》中说‘三品’，但不曾分明说是气质之性耳；孟子谓性善，但说得本原处[9]，下面不曾说得气质之性，所以亦费分疏[10]；诸子说性恶与善恶混[11]；使张程之说早出，则许多说话自不用纷争。”是又以荀、扬、韩同于孔子。[12]至告子亦屡援性相近以证其生之谓性之说[13]，将使告子分明说是气质之性，孟子不得而辩之矣；孔子亦未云气质之性，岂犹夫告子，犹夫荀扬之论气不论性不明欤？[14]程子深訾荀扬不识性[15]，（程子云："荀子极偏驳[16]，止一句性恶，大本已失[17]；扬子虽少过，然亦不识性，便说甚道。”[18]）以自伸其谓性即理之异于荀扬[19]。独"性相近"一言见《论语》，程子虽曰"理无不善，何相近之有"，而不敢以与荀扬同讥，苟非孔子之言，将讥其人不识性矣。[20] 今以孟子与孔子同，程朱与荀扬同，孔孟皆指气禀气质，而人之气禀气质异于禽兽，心能开通，行之不失，即谓之理义；程朱以理为如有物焉，实杂乎老、庄、释氏之言。然则程朱之学殆出老释而入荀扬，其所谓性，非孔孟之所谓性，其所谓气质之性，乃荀扬之所谓性欤？[21]

这是认为程朱"截气质为一性，言君子不谓之性；截理义为一性，别而归之天"，这种"借天为说"的观点就是老、庄、释氏"真宰""真空"说的化用而已。

［注释］

[1] 这一段孟子的话意思是：嘴巴对于美味，眼睛对于美色，耳朵对于好听的声音，鼻子对于香气，手足四肢对于舒适，这些要求虽然都是人的自然本性，但能否实现还要看天命的规定，所以君子不因为这是人的本性，就无限制地去奢求。仁在父子之间，义在君臣之间，礼在宾主之间，智在贤人身上，圣人掌握天道，这些都是天命所规定的，也有人的本性在起作用，所以君子不会特别强调天命的决定。引文见《孟子·尽心下》。 [2] 善反之：善于反思所做之事。 [3] 这句话的意思是：人只有有了具体形体之后，才能有气质之性。只有善于反思，才能保持天地之性。所以气质之性，君子是不把它看作性的。引文见《张子全书·正蒙·诚明篇》。 [4] 这两句话的意思是：程子说："如果在讨论性的时候，不涉及人的气质之性，那是不完备的；如果说气质之性，而不讨论它与性的关系，那就是对性的认识还没弄清楚。"程子、朱熹把自己的理看作是孟子所谓的善，又讥讽孟子因为不谈气质

之性而使得思想不够完善。引文见《二程遗书》卷六。 [5] 少欠：亏欠、稍微欠缺。朱熹这句话的意思是：孟子在论述性善时，只讨论了性，而没有讨论气质。荀子、扬雄及其以后的学者却只讨论气质，而没有讨论本性。孟子所说终究是不够完备的，所以不能够杜绝掉荀子、扬雄的观点。然而，不够完备只是略有欠缺罢了，但如果对性的认识很糊涂，就会产生大的祸害了。 [6] 世之人：世上的普通人。 [7] 朱熹话里的"前五者"：指口、耳、目、鼻、四肢的生理欲求；"后五者"：指仁、义、礼、智、圣的道德准则和圣人掌握天道的能力。引文见朱子《孟子集注·尽心下》。 [8] 这句话的意思是：然而，程朱对人在声音、美色、气味、滋味、舒适状态方面的生理欲求，认为这是人的天性所需，但又不能说这些不属于人的气质，因此只能说是根据普通人的说法。（朱熹说："世俗之人把声、色、嗅、味和舒适五种需求看作是性，把后面仁、义、礼、智、圣五种品德看作是命。"）宋儒对于孔子"性相近"的说法，不能说不是气质，因此推论出世上的人与孔子是相同的，而孟子则提出了不同的看法。 [9] 本原：指一切事物的最初根源或根本实体，这里是指天命之性。 [10] 费分疏：花费精力去辨别和疏通。 [11] 诸子：这里指荀况、扬雄。 [12] 朱熹回答学生的提问时说："关于气质这个概念，起源于张载和程子。韩愈在《原性》一文中说性有三种类型，但并没有明确说出气质之性。孟子在谈性论善的时候，也只是从性的本源之处来说的，之后也没有说到气质之性，所以这里需要加以辨析，疏通明白。其他学者还有说性是恶的，以及性是善恶相混的情况存在。如果张载、程子的说法能够早一点提出来，那么之前的许多观点就不会出现，也不会起这么多的争执了。"朱熹这是把荀子、扬雄、韩愈的说法与孔子"性相近"作同等对待了。引文见《朱子语类》卷四。 [13] 屡援：屡次援引、多次引用。 [14] 将使：假使、如果。这句话的意思是：到了告子时，他也曾多次引用过孔子的“性相近”，来证明他的“生之谓性”，假如告子已明确提出这就是气质之性，那么孟子也就没理由跟他争辩了。孔子也没有说过气质之性，这样推论下去，难道孔子也像告子、荀子、扬雄一样，成为“论气不论性不明”的那一帮“糊涂”而“有害”的人了吗？ [15] 深訾（zǐ）：极力诋毁。 [16] 偏驳：不周遍、不纯正。 [17] 大本：根本、基础。 [18] 便说甚道：还谈什么道。甚（shén），什么。程子这句话的意思是：荀子的话是非常偏颇的，从他说出的那句性恶的话，就可以看出他的根本思想已经偏离了。扬雄的过错虽然少一些，但也是不清楚性的作用，就更不要说什么道了。 [19] 性即理：语出《二程遗书》卷十八，这是程颐人性论的基本观点，认为天理在人身上的体现就是性。 [20] 这段话的意思是：程子深刻地批判了荀子、扬雄认识不到性的实质，是想以此来阐明自己“性即理”的观点是与荀子、扬雄根本不同的。唯独“性相近”这句话是《论语》中的，程子虽然说了“理无不善，何相近之有”，但他还不至于胆敢把孔子和荀子、扬雄放在一起加以嘲讽和贬斥。如果不是孔子所说的，程子肯定会大加责备说这些话的人真不懂得性了。引文见朱子《论语集注·阳货》中所引程子语。 [21] 这段话的意思是：现在都认为孟子与孔子的观点是相同的，程子、朱熹的观点与荀子、扬雄是相同的，孔孟说的性是指人的气禀和气质，而人的气禀、气质与禽兽是根本不同的。如果人心能够仁爱通达，具体的行为不出现差错，就可以称之为有理义。程子、朱熹把理看作是一个具体的东西，实际上是掺杂了老子、庄子及佛教的思想影响。可以说，程朱的学问大概就是从佛教、道教那里出来，又进入到荀子、扬雄的观点之中；他们所说的性根本就不是孔子、孟子所说的性，所谓的气质之性，也就是荀子、扬雄所说的性了。请问情况是这样的吗？

［点评］

这一节文字虽然是以问话的形式提出问题，但所涉及到的人物思想，从孟子、荀子到二程、朱子一路下来，可谓辨章学术，考镜源流，无非是表达戴震自己与以上人物在人性论的问题上或多或少存在不同。且不说他认为“性善”是指人区别于其他生物的特性，这与孟子所宣扬的天赋善性有所不同，也不说唐代以前的人对于人性善恶成分的诸多提法，单就自宋代开始，张载把人性分成气质之性与天地之性，解决了人何以有善、恶的问题，自此引起了人性论问题大讨论。譬如程颐认为孟子只谈天命之性，不谈气质之性，这种人性论是不完备；荀子、扬雄等只谈气质之性，不谈天命之性，这种人性论是不清楚。因此，他提出“天之付与之谓命，禀之在我之谓性”，理就是天，赋予人即为性。性存于人而有形者即为心，所以人性的本质就是理。朱熹接续张子、程子之后，极为认同以上观点，认为这是对孟子性善说的最好补充，并加以发挥和完善，认为性是天赋之理，存在于人的心中即为性，表现于外即是情，于是“性即理”和“心统性情”之说，成为后世竞相探究的重要命题。然而，到了戴震这里，他否定了朱熹“以前五者为性，以后五者为命”的说法，认为研究人性应该从气禀、气质入手，理清“人禽之辨”，懂得人不仅不同于禽兽只有生理欲求，更重要的是能掌握道德理义。但是，程朱所言离开了气禀、气质来论性说理，把理看成是另有一个先验的、神秘的东西在那里，实际上就是受到了释道思想的严重影响，对此应该加以辨析。

曰：然。人之血气心知，原于天地之化者也。有血气，则所资以养其血气者[1]，声、色、臭、味是也。有心知，则知有父子，有昆弟，有夫妇，而不止于一家之亲也，于是又知有君臣，有朋友；五者之伦，相亲相治则随感而应为喜、怒、哀、乐[2]。合声、色、臭、味之欲，喜、怒、哀、乐之情，而人道备。[3]“欲”根于血气，故曰性也，而有所限而不可逾[4]，则命之谓也。仁义礼智之懿不能尽人如一者，限于生初，所谓命也，而皆可以扩而充之，则人之性也。谓性犹云“藉口于性”耳[5]；君子不藉口于性以逞其欲，不藉口于命之限之而不尽其材[6]。后儒未详审文义，失孟子立言之指。不谓性非不谓之性，不谓命非不谓之命。由此言之，孟子之所谓性，即口之于味、目之于色、耳之于声、鼻之于臭、四肢于安佚之为性；所谓人无有不善，即能知其限而不逾之为善，即血气心知能底于无失之为善；所谓仁义礼智，即以名其血气心知，所谓原于天地之化者之能协于天地之德也。此荀扬之所未达，而老、庄、告子、释氏昧焉而妄为穿凿者也。[7]

这里认为程朱把人性分为“气质之性”和“天命之性”，把气质之性说成“无有不恶”，把天命之性说成“无有不善”，是“似同于孟子而实异，似异于荀子而实同”。

[注释]

[1] 所资以养其血气者：意为那些用来资助营养血气的。 [2] 相亲相治：亲近谁，惩治什么。相，代词，这里是讲人伦关系亲和友爱，处事得当。随感：随着感情的变化。 [3] 这一段话的意思是：人的肉体血气和心灵知觉来源于天地之间阴阳二气的运行变化。有了血气，那些用来滋养血气的，就是声音、颜色、气味、滋味；有了心智，就知道世间有父子、兄弟、夫妇的亲爱关系。但亲爱又不局限于一家之内，于是便有了君臣和朋友的关系。如果对于这五种伦理关系能够做到亲和友爱，处理得有条有理，自然也会生发出喜爱、愤怒、悲哀、欢乐的情绪。加之人天生有对声音、颜色、气味、滋味的原始欲望，那么作为人的道德规范也就完备了。 [4] 逾：越过、超过。 [5] 藉口于性：以欲望是人的本性为借口。"藉"同"借"。 [6] 材：指才能、才质。以上三句话的意思是：欲望根源于人的肉体血气，所以称为人的本性；但欲望又会受到种种限制而不能随意跨过界限，这就是命。仁、义、礼、智等美好德性，不是所有人都能一样地具备，这是由于在人刚出生时就受到了不同的限制，这就是命的作用；但人可以自我扩充美德，这就是人性的自然本能。孟子话语中的"谓性"，意思是"借口人的欲望就是本性"。君子不以欲望是人的本性作为借口，来放任自己的欲望；也不会把命受到的限制作为借口，而不主动发挥自己的才智和能力。 [7] 以上三句话的意思是：后来的儒家学者没有详细研究清楚孟子话语的含义，误解了孟子立论的宗旨。孟子说的"不谓性"，不是说不能称它为性；"不谓命"，也不是说不能称它为命。照这样说来，孟子所谓的性，就是人的嘴巴对于滋味、眼睛对于颜色、耳朵对于声音、鼻子对于气味、四肢对于安逸状态的生理欲望作为人的本性。所谓人都是善的，就是让人能够知道自己所受到的限制，并能够不超出这种

规定，可称为善；也就是人的血气心智能够始终得到正确处理而不失当，可称为善。所谓的仁、义、礼、智，就是指人的血气心智的活动，就是天地之间阴阳二气运行变化所产生的事物，能够与天道德性和谐一致。这些思想是荀子和扬雄都没达到的思想高度，老子、庄子、告子及佛教徒对此更是蒙昧无知，却又肆意妄为，穿凿附会。

［**点评**］

从这一卷中戴震论“性”的九条文字来看，可以感觉到他正是极力为孟子的“性善”正名而奋笔疾书，在辨析孟子与老释、荀扬、程朱的性论有别（亦兼涉陆王）的同时，又接续明代理学家罗钦顺“欲当即理”“义理乃在气质之中”的观念，主张“天下唯一本，无所外，有血气则有心知”，倡导“性惟气质之性”而“理在欲中”之说。戴震以“血气”为声、色、嗅、味之欲望，以“心知”为喜、怒、哀、乐之情欲，由审察“自然”而深悟“必然”，即“归于必然，适完其自然”，这一以自然合于必然之论，不仅化解了“性之欲”与“性之德”这一难题，也为“天地之大德曰生”提供了新的思想理论支撑。

综而言之，戴震的性善论及其义理之学，都落在了圣贤所主张的“饮食男女，人之大欲存焉”之中，没有脱离血气心知和人伦日用，没有丝毫官方哲学高大上的台阶，和胶执三纲五常从而扼杀人性、刚愎迂腐的气味，应该说他是代表了下层民众的思想诉求和精神向往。他“披着经言的外衣”，利用古先贤思想辩证的手段，与所谓的贤智君子和“今之治人者”做斗争。这也决定了他必然摒弃“民所为不善”而趋向于“人无有不善”，抛却荀子的性恶论而倾心于孟子的性善论。他还在《原善》中把“民所为不善”的社会根源，归之于那些“在位者”的多凉德、行暴虐、肆其贪，以致小民“亦相欺而罔极”，“巧为避而回谲”，这在一定程度上便触及了现实社会的深层问题。也就是说，戴震哲学不是脱离社会现实的、高高在上的庙堂之学，而是充满人间烟火气息的人伦日常和道德实践的真学问。

卷 下

才

才者[1]，人与百物各如其性以为形质[2]，而知能遂区以别焉[3]，孟子所谓“天之降才”是也[4]。气化生人生物，据其限于所分而言谓之命，据其为人物之本始而言谓之性[5]，据其体质而言谓之才。由成性各殊，故才质亦殊。[6]才质者，性之所呈也[7]；舍才质安睹所谓性哉[8]！以人物譬之器[9]，才则其器之质也；分于阴阳五行而成性各殊，则才质因之而殊。犹金锡之在冶，冶金

这里论证“性”和“才”皆“言乎气禀”，认为“性善才美”，指出宋儒把不善归于“才”，而分“性”与“才”为“二本”的做法有悖于圣贤之意。

以为器[10]，则其器金也；冶锡以为器，则其器锡也，品物之不同如是矣。从而察之，金锡之精良与否，其器之为质，一如乎所冶之金锡[11]，一类之中又复不同如是矣。为金为锡，及其金锡之精良与否，性之喻也；其分于五金之中，而器之所以为器即于是乎限，命之喻也；就器而别之，孰金孰锡，孰精良与孰否，才之喻也。故才之美恶，于性无所增，亦无所损。[12]夫金锡之为器，一成而不变者也；人又进乎是。自圣人而下，其等差凡几？或疑人之才非尽精良矣[13]，而不然也。犹金之五品[14]，而黄金为贵，虽其不美者，莫与之比贵也，况乎人皆可以为贤为圣也！[15]后儒以不善归气禀[16]；孟子所谓性，所谓才，皆言乎气禀而已矣。其禀受之全[17]，则性也；其气质之全[18]，则才也。禀受之全，无可据以为言；[19]如桃杏之性，全于核中之白[20]，形色臭味，无一弗具[21]，而无可见，及萌芽甲坼，根干枝叶，桃与杏各殊；由是为华为实[22]，形色臭味无不区以别者，虽性则然，皆据才见之耳[23]。成是性，斯为是才。别而言之，曰命，曰性，曰才；合而言之，是谓天性。[24] 故孟子曰：“形色 [25]，天性也 [26]，惟圣人然后可以践形 [27]。”人物成性不同，故形色各殊 [28]。人之形 [29]，官器利用大远乎物，然而于人之道不能无失 [30]，是不践此形也；犹言之而行不逮 [31]，是不践此言也。践形之与尽性，尽其才，其义一也。[32]

戴震这里是以科学家的视角来谈论哲学问题，认为只有认知的提高，才能获得智慧，理解人性、天道及仁义礼智诸问题。所以他说：古圣贤知人之材质有等差，是以重学问，贵扩充。

［注释］

[1] 才：才能、禀赋，属于古代人性论概念之一，先秦时对才与性多不作区别，认为人的天生资质就是人的本性。曹魏时代，才与性的异同问题才被特别提出来加以讨论。另据清代学者徐灏《说文解字注笺 · 才部》说：才、材古今字，因才为才能所专，故又加木作材也。同时，材字也可以用来指有才能的人。 [2] 形质：形体和气质。 [3] 知能：知觉能力。 [4] 此引文见《孟子 · 告子上》，意思是人的才能素质都是上天所赋予的。戴震借此来突出说明人的“才”是各自不同的，对这句“天之降才”观点也有些许修正。 [5] 本始：原始、本初。 [6] 这几句话的意思是：才，就是人与世间万物按照各自的本性所形成的自然形体和材质，他们的知觉能力也因为形质的不同而有所区别，这就是孟子所说的“上天赋予人的材质”。由阴阳五行之气的衍化流行而生成的人与万物，按照他们各自所分得的阴阳五行之气的规定性来说，称之为命；按照气的不同而形成的人与万物的最初本质来说，称之为性；按照性所表现出来的形体和气质来说，称之为才。由于各种生物本性的生成形式有所不同，所以体现出来的才质也各有区别。 [7] 呈：显露、表现。 [8] 安：反诘疑问词，怎么。这两

句话的意思是：人的才质，就是性的具体表现。离开了才质，又怎么能够看到性呢？ [9] 譬：打比方、譬如。 [10] 冶金：从矿物中冶炼金属。 [11] 一如乎：完全像什么一样。 [12] 这五句话的意思是：如果把人与世间万物比作器具的话，那么才就是器具的质地。阴阳二气所形成的性各有不同，他们的才质也就有所差别。这就好像把金和锡分别放在熔炉里冶炼，用金来冶炼器具，那么这个器具的质地就是金；用锡来冶炼器具，那么这个器具的质地就是锡，世间万物的不同就是这个样子。如果再进一步研究金器、锡器的质地是否精良，就会发现这些器具的质地与之前所冶炼的金、锡是一样的，同一类事物之中又有不同，就是如此。质地是金还是锡，以及金器、锡器是不是精良，这是性的比喻。用五金中的某一种金属制造器具，加工完毕的成品一定受到所用金属的某种限制，这是命的比喻。对各个器具加以区别，哪个是金的，哪个是锡的，哪个精良，哪个粗劣，这是才的比喻。所以说，才的美与恶，并不能对性有所增进和减损。 [13] 或：某人、有的人，这里指宋儒。 [14] 五品：这里指金、银、铜、铁、锡五种金属。 [15] 这几句话的意思是：用金、锡来制作器具，制成之后，就不会再发生改变；但人的品德可以不断向善，积极进取。从圣人以下到普通人而言，他们的材质有多少等级差别呢？于是，有人就怀疑人的才质并不都是精善优良的。其实这是不对的，就好像金属有五种等级，其中最为贵重的当是黄金，即使是外形不太好看的黄金，从贵重程度上来说，也是其他金属所无法比拟的，更何况每一个人都可以成为圣贤呢？ [16] 气禀：人生来对气的禀受。 [17] 禀受：犹“承受”，指接受到自然的体性或气质。全：齐备、全部。 [18] 气质：指人所获得的生理和心理等才质。 [19] 以上几句话的意思是：后儒却将人性的不善归咎于人所禀受的气质。孟子所说的性和才，都是从人所禀受的气质角度来讲的。从人物禀受气质的全体来说，就是性；由性所规定的形体和气质的全体来讲，就是才。如果从人性所禀受气质的完整性来讲，没有具体的形象可以作为依据来加以说明。 [20] 白：这里借指核仁。 [21] 弗：副词，不。 [22] 为华为实：开出花朵，结出果实。 [23] 皆据才见之：都可以依据“才”来看出它们的区别。 [24] 以上几句话的意思是：例如桃和杏的本性完全包含在果核的白色果仁里面，形状、颜色、嗅味等特性无不保存在其中，却又丝毫看不出一点影子。等到桃核、杏核破裂以后，生出萌芽，长出根、茎、枝、叶时，桃子和杏子的差异性才开始显现出来，进而开花结果，这个时候桃子和杏子的形状、颜色、味道全部都可以区分清楚了。虽然桃和杏的差异是由它们的性造成的，但必须依据它们呈现出来的才质，才能看清楚各自的区别来。有什么样的性，就有什么样的才。分别来说，就称之为命，称之为性，称之为才；综合来说，可以统称为自然本性。 [25] 形色：形体外表和气色容貌。引文见《孟子 · 尽心上》。 [26] 天性：指人先天具有的自然本性。 [27] 践形：指体现天所赋予的品质。 [28] 这两句的意思是：所以孟子说：“人和物的形体和外表是天赋的本性，而只有圣人才能充分践行人的形体所能发挥的作用。”由自然气化形成的人性和物性各不相同，所以表现出来的形体容貌也各不相同。 [29] 人之形：人的形体外表。 [30] 人之道：人的道德正义。 [31] 行不逮（dài）：行动赶不上或达不到。 [32] 这两句话的意思是：就人的形体而言，身体器官所能发挥的作用，都远远超过其他各种生物，但是对于仁义道德的践行而言，还不能做到完美无缺，这是由于没有充分发挥人的形体作用，如同承诺一件事，但行动却没有跟上去，就和没有承诺一样。所以说，充分体现上天所赋予的身体功能，极致地发挥人的天性，尽力展现人的才质，这三者的含义应该是一样的。

[点评]

中国古代哲学对于人性论中关于“才”的专门认识，稍迟于对“性”“道”的探讨。先秦时对才与性大多不作什么区分，认为人的天生资质就是人的本性。曹魏时代，才与性的异同问题才被特别提出来加以讨论。从孔子宣扬“生而知之”到孟子提出“若夫为不善，非才之罪也”，差不多都以为人的“才”是上天赋予的。宋代的程颐认为“性出于天，才出于气”，“才则有善与不善，性则无不善”，代表了程朱理学对于才性关系的一般见解。戴震鉴于前人对待“才与性”的关系，则认为“才”是人和万物的自然形质，因类别不同而形质有别，所以人和万物的知觉能力也相差很大。为了证明这个问题，戴震用金锡的冶炼作比喻，说明人和物分于阴阳五行而成性不同，所以才质也不同。以黄金贵于其它金属的比喻，说明人的才质高于万物，虽然人与人之间也有差别，但这种差别还不是很大，人通过努力学习都可以成为圣贤。所以，戴震为“才”所下的定义，就是指人与物依据各自不同的本性所表现出来的自然形质和不同的知觉能力。

为了强调人与物所具才性的差别，戴震指出不仅人与物有别，而且人与人也是很不同的。人与人之所以异，是由于“性”的不同。性是指形成人的最初的本质，才是性所表现的形体气质。这就是说，性是内生的、无法看见的抽象观念；才是外在的、可以看见的具体形质。性是禀受之全，才是体质之全。有怎样的性，就构成怎样的才质。分于阴阳五行而形成不同的性，才质也因性的不同而有别。譬如桃性、杏性，都禀受包含在桃仁、杏仁中，桃仁、杏仁发为萌芽，长为根枝，开花结果，便是才的“体质之全”。

这一节是戴震对“才”的总体解说，以下便是以一问一答形式展开论说。

问：孟子答公都子曰：“乃若其情[1]，则可以为善矣，乃所谓善也。若夫不为善[2]，非才之罪也。”朱子云：“情者，性之动也。”又云：“恻隐、羞恶、辞让、是非，情也；仁、义、礼、智，性也。心，统性情者也，因其情之发，而性之本然可得而见。”[3]夫公都子问性，列三说之与孟子言性善异者，乃舍性而论情，偏举善之端为证[4]。彼荀子之言性恶也，曰：“今人之性，生而有好利焉[5]，顺是，故争夺生而辞让亡焉；生而有疾恶焉[6]，顺是，故残贼生而忠信亡焉[7]；生而有耳目之欲，有好声色焉，顺是，故淫乱生而礼义文理亡焉[8]。然则从人之性[9]，顺人之情，必出于争夺，合于犯分乱理而归于暴[10]。故必将有师法之化[11]，礼义之导[12]，然后出于辞让，合于文理而归于治。用此观之，然则人之性恶明矣。”是荀子证性恶，所举者亦情也，

这里补充程伊川之说：性出于天，才出于气，气清则才清，气浊则才浊，才则有善有不善，性则无不善。

安见孟子之得而荀子之失欤？[13]

[注释]

[1] 乃若：转接语，相当“至于”。情：今指因外界事物所引起的喜怒爱憎哀惧等心理状态。孟子这里是指人的先验的思想感情，戴震解释为本来的实际情况。 [2] 若夫：句首语气词，表示另提一事，相当于“关于”。 [3] 以上几句话的意思是：孟子在回答公都子的提问时说：“按照人性本来的实际情况，那是可以为善的，这就是我所说的人性善。至于有的人不善，这并非是才的罪过。”朱熹解释说：“人的情感是由性的活动产生的。”又说：“恻隐、羞恶、辞让、是非，这都属于人的情感；仁、义、礼、智，属于人的本性。心是统摄性和情的，因为情感的自然流露，人性的本来面目就会充分表现出来。”引文分别见朱熹《孟子集注·告子上》和《公孙丑上》。 [4] 善之端：指孟子所提出的恻隐、羞恶、辞让、是非等善性的萌芽。这句话的意思是：公都子在向孟子询问关于性的问题时，列举了三种与孟子性善论不同的说法，这些说法都是舍弃对性的研究而去讨论情的问题，片面地列举了恻隐、羞恶、辞让、是非这四个善端的萌芽作为论情的证据。 [5] 生：出生、生来。好利：贪图利益。好（hào），动词，喜欢。 [6] 疾恶（wù）：疾，通“嫉”，嫉妒；恶，厌恶。 [7] 残贼：凶残暴虐的人。忠信：忠诚信实。 [8] 淫乱：风气不正、道德败坏。礼义文理：礼义，礼法道义；文理，纹路条理。 [9] 从：通“纵”，放任纵容、没有约束。 [10] 犯分（fèn）：僭越等级名分。乱理：扰乱正常条理。暴：凶暴、暴乱。 [11] 师法之化：指圣人为变化人性之恶而创建道德法度，以教化万民。 [12] 礼义之导：指圣人为规范民众行为而设立礼法道义，加以开导指引。 [13] 这几句话的意思是：荀子在讲性恶论时说：“现在人

的本性，都是生下来就贪图利益的。如果不加约束地顺从这种人性，那就会发生争抢乱夺之事，谦逊辞让的美德也就随之消亡；人性都是生下来就有嫉妒、厌恶的本能，如果放纵本性的话，就会发生残忍暴虐的事情，而忠信之德也就消亡了；人一生下来就有耳目之欲，喜好声色犬马，如果纵容这种本性，那么就会发生荒淫叛乱之事，法度规则和道德礼义也就随之消亡。这就是说，如果顺从人性，放纵情感，一定会出现抢劫杀人之事，导致扰乱礼法、犯分乱理的行为，而最终导致民众暴乱。所以需要有师长的教化、法度的规范、礼义的引领来进行疏导，这样才能让人们有谦逊推让的行为，符合礼法的规范，最终使得天下大治，国泰民安。从这种情况来看，人的本性确实就是恶的。”这里荀子所阐释的性恶论，所举出的实例也都是合情合理的，又怎么能够看出孟子是正确的，而荀子又是错误的呢？引文参见《荀子·性恶》。

［点评］

这一节的问话内容，从“情”字入手而进入“性与情”的讨论。因为先秦儒家多认为情与性是一致的。孟子说性善，也认为情亦善，说“乃若其情，则可以为善”；荀子言性恶，也认为情亦恶，说“反于性而悖于情”，“顺情性则不辞让矣，辞让则悖于情性矣”。两汉时期，出现性善情恶说。董仲舒说“谓性已善，奈其情何”；班固说“性者阳之施，情者阴之化也”；许慎解释情与性说：“情，人之阴气，有欲者。”“性，人之阳气，性善者也。”唐宋时代又产生了性情本末体用的观点。韩愈《原性》说：“性也者，与生俱生也。情也者，接于物而生也。”李翱《复性书》说："情由性而生。情不自情，因性而情；性不自性，由情以明。"明清以后的学者喜好把性、情、欲统一起来说，认为饮食男女之欲发于本心，是血气心知的自然需求，也是人道的同理共情。所以，戴震接下来就加以论说"人生而有欲，有情，有知，三者，血气心知之自然也"，仍然是把人的自然物质特性看作是欲、情、知的本质，没有任何宋儒所言"本来面目"的先验性或超越性的内容。

曰：人生而后有欲，有情，有知，三者，血气心知之自然也。[1] 给于欲者[2]，声色臭味也，而因有爱畏[3]；发乎情者[4]，喜怒哀乐也，而因有惨舒[5]；辨于知者[6]，美丑是非也，而因有好恶。声色臭味之欲，资以养其生；喜怒哀乐之情，感而接于物；美丑是非之知，极而通于天地鬼神[7]。声色臭味之爱畏以分[8]，五行生克为之也[9]；喜怒哀乐之惨舒以分，时遇顺逆为之也[10]；美丑是非之好恶以分，志虑从违为之也[11]，是皆成性然也。[12] 有是身[13]，故有声色臭味之欲；有是身，而君臣、父子、夫妇、昆弟、朋友之伦具[14]，故有喜怒哀乐之情。惟有欲有情而又有知，然后欲得遂也，情得达也。天下之事，使欲之得遂，情之得达，斯已矣。惟人之知，小之能尽美丑之极致，大之能尽是非之极致[15]。然后遂己之欲者，广之能遂人之欲[16]；达己之情者，广之能达人之情。道德之盛[17]，使人之欲无不遂，人之情无不达，斯已矣。欲之失为私，私则贪邪随之矣[18]；情之失为偏，偏则乖戾随之矣[19]；知之失为蔽，蔽则差谬随之矣。不私，则其欲皆仁也，皆礼义也；不偏，则其情必和易而平恕也[20]；不蔽，则其知乃所谓聪明圣智也。[21]

欲望、情感和知觉都是血气心知的自然特点，也是人的自然本性，是有机统一，不可分割的。如果在满足自己欲望的同时，也能满足他人的欲望，通畅自己的情感，也使他人情感通畅，便是道德的完美表现，这便是戴震“体情遂欲”思想的通俗化表达。

［注释］

[1] 这句话的意思是：人出生之后，就有欲望、情感、知觉，这三者都是血气心智的自然表现和本来特征。 [2] 给于（jǐ yǔ）：供应、赐予，这里指外界事物作用于人的感觉器官。 [3] 爱畏：喜爱和畏惧。 [4] 发：生长、显现。乎：动词后缀，相当于“于”。 [5] 惨舒：指悲伤和舒畅。 [6] 辨：辨别、判断。 [7] 极：竭尽全力、达到顶点。通：通达、通晓。天地鬼神：指世间万物及其功能和作用。整句话的意思是：满足人性欲望的内容，有声音、颜色、气味、味道等，因此会产生喜爱和畏惧。欢喜、愤怒、悲哀、快乐全都发自人的内心情感，因此也会产生悲伤或舒畅之情。美丽、丑陋、正确、错误要靠知觉进行分辨，因此会产生喜好或厌恶之情。人可以借助声、色、嗅、味的本能欲望，来

保护和滋养身体。喜、怒、哀、乐的感情是接触外界事物的反应。对于美、丑、是、非的辨别能力超凡，出类拔萃，就可以与天地鬼神相沟通了。 [8] 以分：之所以区分。 [9] 五行生克：是古代哲学中的一种思想体系，以金、木、水、火、土五种元素作为构成宇宙万物及各种自然现象变化的基础，它们之间存在着相生相克的规律。相生，指相互滋生和助长；相克，指彼此克服和制约。 [10] 时遇顺逆：在时机上所遭遇的顺境和逆境。 [11] 志虑从违：在精神和思想上的依从和违背。 [12] 这句话的意思是：人性对于声音、颜色和味道的感觉，之所以有喜欢或恐惧，是由于阴阳五行之气的相生相克引起的。人们对于欢喜、愤怒、悲哀、快乐的情感，之所以有悲有喜，是由时机和运气的顺畅或违逆造成的。引起人们对美丽、丑陋、正确、错误的认识有所偏差，乃缘于心志和思虑的考量不同。所有这一切，都是人在本性形成以后，他们自身行为的必然表现。 [13] 有是身：有了这样的身心知觉。 [14] 伦：次序、等级，这里指人与人之间尊卑长幼的等级关系。具：具有、具备。 [15] 极致：最高的造诣。这段话的意思是：有了身心知觉，就会有对声音、颜色、气味、味道的欲望，君臣、父子、夫妻、兄弟、朋友之间的人伦关系，也就自然具备了，进而有欢喜、愤怒、悲哀、快乐的种种心志和情感。只有在有欲望、有感情又有知觉认识的情况下，欲望才能够得到满足，情感才能得到充分的表达。天下的事情，如果都能使欲望得到满足，情感得以表达，也就没有什么别的事情了。唯有人的知觉，小的方面可以准确地分辨出美丽与丑陋，大的方面可以周全地分辨出正确与错误。 [16] 广：推广、扩充。 [17] 盛：兴旺、茂盛。 [18] 贪邪：贪婪奸邪。 [19] 乖戾（lì）：乖张暴戾。 [20] 和易：温和平易。平恕：持平宽厚。 [21] 这几句话的意思是：这样的话，每个人在使自己的欲望得到满足之后，都能推而广之，使其他人的欲望也能得到适当的满足；每个人在自己的情感得以表达之后，都能触类旁通，使其他人的情感也得以充分疏导和畅通。在道德兴隆的时代里，使人的欲望都能得到满足，使人的情感都能得以通达，也就没有什么值得遗憾的事了。欲望的过失在于有私心贪墨，一有私心，贪婪奸诈的行为就会随之出现；情感的过失在于心术不正，一有偏私，肆无忌惮的事就会随时发生；知觉的过失在于受蒙蔽，一有欺诈，违法乱纪之事也会随之兴起。如果人都没有私心的话，人的欲望都会合乎仁爱，契合礼义；如果没有偏私，人的情感必定是平易近人、谦和宽容的；如果不受蒙蔽，人的知觉就能达到聪明圣智、无所不能的境地。

［点评］

就今天我们的认知而言，饮食是天理，追求美味是人欲。换言之，天理就是人类正常的生活需求，人欲则是奢侈无度的私心满足。对此问题的探讨，早在《礼记·乐记》中就已出现，说“人化物也者，灭天理而穷人欲者也。于是有悖逆诈伪之心，有淫泆作乱之事”，这里所谓的“灭天理而穷人欲”就是指泯灭天理而肆意妄为。宋代的程子进一步说：“人心私欲，故危殆；道心天理，故精微。灭私欲，则天理明矣。”这里“灭私欲则天理明”的俗语表达，就是所谓的“存天理，灭人欲”。朱熹后来在此基础上又加以充分发挥，提出“饮食者，天理也；要求美味，人欲也”“圣人千言万语，只是教人存天理，灭人欲”“学者须是革尽人欲，复尽天理，方始为学”等相关言论。于是，后世学者把“存天理，灭人欲”

当作朱熹理学思想的首要标志，但事实上这也并不是朱熹的个人思想发明，而是儒家人性论发展史上的一个重要认识。到了戴震时代，为了否定“理在气先”“理一分殊”，从而肯定“理在气中”“气化流行，生生不息”，戴震把气定义为天地阴阳五行和血气心知的自然运行，阐发“人道本于性，而性原于天道”，从气禀、气类、血气诸方面，对性、欲、情予以深入分析和综合研究，指出人性合乎自然天道，因而也合乎人道；既然合乎人道，所以又是善的，由此而把善的内涵建立在人性（欲、情、知）的合理性上，用以区别前人所谓的脱离自然或先验超脱的人性论。因此，戴震在此所说的“天下之事，使欲之得遂，情之得达，斯已矣”，便是对他“体民之情，遂民之欲”的思想论证，其结论和意义是进步的、积极的。

孟子举恻隐、羞恶、辞让、是非之心谓之心，不谓之情[1]。首云“乃若其情”，非性情之情也。孟子不又云乎[2]：“人见其禽兽也，而以为未尝有才焉，是岂人之情也哉？”情，犹素也[3]，实也[4]。孟子于性，本以为善，而此云“则可以为善矣”。可之为言[5]，因性有等差而断其善，则未见不可也。下云“乃所谓善也”，对上“今曰性善”之文；继之云“若夫为不善，非才之罪也”。为，犹成也[6]，卒之成为不善者，陷溺其心，放其良心，至于梏亡之尽[7]，违禽兽不远者也；言才则性见，言性则才见，才于性无所增损故也。[8]人之性善，故才亦美，其往往不美，未有非陷溺其心使然，故曰“非天之降才尔殊”。才可以始美而终于不美，由才失其才也，不可谓性始善而终于不善。[9]性以本始言，才以体质言也。体质戕坏[10]，究非体质之罪，又安可咎其本始哉！倘如宋儒言“性即理”，言“人生以后，此理已堕在形气之中”，不全是性之本体矣。以孟子言性于陷溺梏亡之后，人见其不善，犹曰“非才之罪”者，宋儒于“天降之才”即罪才也。[11]

在前述“良玉成器而宝之”和“才可以始美而终于不美”作比喻的基础上，懂得既可“学以养其良，充之至于贤人、圣人”，也可“剥之蚀之，委弃不惜，久且伤坏无色”，因此强调后天学习的重要性。

[注释]

[1] 情：这里作“实情”讲，即《左传·曹刿论战》“小大之狱，虽不能察，必以情”之“情”。戴震针对朱熹把恻隐、羞恶、辞让、是非叫做“情”，认为是违背孟子作“心”解的原意。 [2] 不又云乎：不是又说了吗、不又……乎。古代文言中表示疑问或反问的句式，相当于“不是……吗”。 [3] 素：本色、原有。 [4] 实：实在、真实。这几句话的意思是：孟子把人的恻隐、羞恶、辞让、是非之心看作是心，而不称之为情。前文所言孟子回答公都子的时候说“按照人的实际情况”中的“情”字，不是指“性情”的“情”。孟子不是又说了吗：“人们看到他的行为与禽兽差不多，就认为他的才质不好，这哪里是人的实际情况啊？”这样

的“情”，就是指本来的情况、实际的情况。引文见《孟子·告子上》。 [5] 可之为言：之所以用“可”这个字。“之为言”是文言术语，常用来表示文字声训。 [6] 为，犹成也：这里的“为”大致相当于造成、变成的意思。“犹”，文言训诂术语。 [7] 梏（gù）亡：因受到束缚而导致丧失。 [8] 以上几句话的意思是：孟子主张性善论，而这里又说“那是可以为善的”，他之所以用“可”字，是因为人性之间有等级，但差别不大，说人性是善的也未必不可。孟子下文接着讲“这就是我所说的性善”，是针对上文公都子“现在你说性善”这句话说的。而接着又说“至于有的人不善，并不是才的罪过”，这里的“为”与“成”的意思差不多。一个人最终沦为不善，是因心中意志堕落，良心丧失，已是人面兽心，形同禽兽。说到才，就能看到性；说到性，也能看到才，这是因为才是性的表现，它对于性是既无一分增加，也无一分减损。 [9] 这两句话的意思是：由于人性是善的，所以才也是美的。才往往有很多不美的地方，都是因为意志堕落的结果，所以孟子说“不是上天赋予人的才有什么不同”。才在最初的时候可以是美的，但最终却不美了，是由于才失去了原来的美好材质；但绝不可以说，性最初是善的，而最终却不善了。 [10] 戕（qiāng）坏：杀害、毁坏。 [11] 这三句话的意思是：性是从人的本初原始状态来说的，才是从人的形体资质来说的。人的形体受到戕坏，毕竟不是人体资质的罪过，又怎么能归咎于原本就是善的性呢？如果像宋儒说的“性就是天理”，又说“人出生之后，他所具有的天理就已经堕入形体气质里面”，已经不是性的本来面目了。因为前面有了孟子的性善说，所以对于人性的堕落和丧失，人们即使看到诸多不良行为，仍然说这不是才的罪过。但是，宋儒则把天德降生的才质，始终都看作是有罪的。引文分别见《朱子语类》卷五、卷九十五。

[点评]

戴震从《孟子》“四端”入题，认为恻隐、羞恶、辞让、是非既是人心的自然表露，也是实实在在的“情”意所在，究其实，无非推本于“天道”，落实于生生不息、气化流行的人性和自然界，这与其“人道本于性，而性原于天道”的学说完全契合。他认为欲望、感情和知觉都是血气心知的自然特点，人的才质始于优美，终于不美，乃是因环境所影响，不能归罪于才质，由此来阐发“才”由“性”而定，因为性善，所以才也是美的，批评了宋儒所谓人生以后有气质之性、气质之性有不善的说法。至于成贤成圣，绝非先验，关键是看外在修养，犹如人身得到饮食滋养以增长体魄一样，所以上智与下愚并非不可转移。

这里说孟子论性，“本以为善，而此云‘则可以为善矣’”，戴震从中推导出“可之为言，因性有等差而断其善，则未见不可也”，这就是在承认人性可善的基础上，紧接孟子论性论才之说，而将知、情、欲与命、性、才融合贯穿其中，并指出“心知”可以在人伦日用中扩而充之，应该保存“四端”，成就善行，体现了戴震哲学对于人性与自然认知层面上的深度与广度，为传统人性论的深化和拓展研究做出创新性的贡献。

问：天下古今之人，其才各有所近。大致近于纯者[1]，慈惠忠信[2]，谨厚和平[3]，见善则从而耻不善；近于清者[4]，明达广大，不惑于疑似[5]，不滞于习闻[6]，其取善去不善亦易。此或不能相兼，皆才之美者也。才虽美，犹往往不能无偏私。[7]周子言性云：“刚[8]：善为义[9]，为直[10]，为断[11]，为严毅[12]，为干固[13]；恶为猛[14]，为隘[15]，为强梁[16]。柔：善为慈，为顺，为巽[17]；恶为懦弱，为无断，为邪佞[18]。”而以“圣人然后协于中”，此亦就才见之而明举其恶。[19]程子云：“性无不善，而有不善者才也。性即理，理则自尧舜至于涂人[20]，一也[21]。才禀于气，气有清浊，禀其清者为贤，禀其浊者为愚。”此以不善归才，而分性与才为二本。[22]朱子谓其密于孟子，（朱子云：“程子此说才字，与《孟子》本文小异。盖孟子专指其发于性者言之，故以为才无不善；程子专指其禀于气者言之，则人之才固有昏明强弱之不同矣。二说虽殊，各有所当；然以事理考之，程子为密[23]。”）犹之讥孟子“论性不论气，不备”，皆足证宋儒虽尊孟子，而实相与龃龉[24]。然如周子所谓恶者，岂非才之罪欤？

戴震反对假道学以“天理”为借口压抑人们合理的正常欲望，反对尊者、长者、贵者，在上者以“天理”为借口，欺压卑者、幼者、贱者、在下者，自行其是，为祸天下。

[**注释**]

[1] 纯：纯净、单纯。 [2] 慈惠：仁爱宽和。忠信：忠诚信实。 [3] 谨厚：谨慎笃厚。和平：和睦安定。 [4] 清：清澈、透明。 [5] 疑似：似是而非，是非不明。 [6] 习闻：经常听说。 [7] 这两句话的意思是：从古到今的人，他们的才质各有各的相近之处。大致来说，个性偏向于纯正的人，具有慈惠忠信、谨厚和平的特性，看到善事的，就会跟着去做；看到做坏事的，深以为耻；个性偏向于清明的人，具有开明通达、胸襟开阔的特点，不会被似是而非的事情所迷惑，也不会受到世俗偏见的束缚，他们改恶向善和择善而从的能力很强，很容易做到。纯正和清明这两种人的品质倾向，或许一个人不可能同时兼备，却是才质美好的表现。但即使才质再美好，偏见和私心也会经常出现。 [8] 刚：坚硬、刚强，与“柔”相对。 [9] 义：公正合宜。 [10] 直：径直、正直。 [11] 断：果断、决定。 [12] 严毅：严厉刚毅。 [13] 干固：干练坚持。 [14] 恶：这里是指负面性的，与“善”的正面性相对。猛：健壮、威猛。 [15] 隘：窄小、狭隘。 [16] 强梁：强横凶暴。 [17] 巽：通“逊”，逊让、顺从。 [18] 邪佞：奸邪小人。 [19] 这两句话的意思是：周敦颐在谈到性时说：“性格刚强的人表现在善的方面，就是讲义气、正直果敢、威严而有毅力、干练又能坚持；表现在恶的方面，就是凶猛、狭隘、强横而凶暴。性格温良的人表现在善的方面，就是慈爱、顺从、谦逊；表现为恶的话，就是懦弱、谄媚、优柔寡断、邪僻妄佞。”周子认为只有圣人才能够做到不偏不倚、中正公允。这是从人的才质呈现方面来说的，而明确列举出了邪与恶两方面的表现。引文见《周子全书 · 通书》。 [20] 涂人：道路上的人、普通人。涂，同“途”。 [21] 一：整体相同、完全一样。 [22] 这两句话的意思是：程子说：“人的性是没有不善的，之所以表现出

不善，是因为才的原因。性就是理，从尧舜以下至于普通人，他们所具有的理都是一样的。才是禀受于气而产生的，气有清有浊，禀受清气的人就是贤明的人，禀受浊气的人就是愚昧的人。”这就是把不善归结于人的才，而把性与才分别看作是人性的两个根源。引文见《二程遗书》卷十八。 [23] 密：细密、精确。 [24] 龃龉（jǔ yǔ）：上下牙齿对不齐，比喻意见不合，互相抵触。这两句话的意思是：朱熹认为程子的说法比孟子的观点更为严谨和周密。（朱熹说：“程子所说才字的含义，与《孟子》文本中的才字稍微有点不同。大概孟子论才是从性中生发的角度来说的，所以他认为才没有不善的；程子则认为才是禀受于气而形成的，所以人的才本来就有昏聩与明智、刚强与柔弱的不同。这两种说法虽然不一样，但各自都有一定的合理性。然而，如果从事情本身的规律而言，程子的说法当更为严密。”）这就好像他在讥讽孟子“论性不论气不备”一样，都足以证明宋儒虽然尊崇孟子的学说，但实际上却是与孟子思想相抵牾。如此就像是周敦颐所说的恶，难道不是指才的罪过吗？引文见朱熹《孟子集注·告子上》。

曰：此偏私之害，不可以罪才，尤不可以言性。“孟子道性善”，成是性斯为是才，性善则才亦美，然非无偏私之为善为美也。[1] 人之初生，不食则死；人之幼稚，不学则愚；食以养其生，充之使长[2]；学以养其良，充之至于贤人、圣人，其故一也。[3] 才虽美，譬之良玉，成器而宝之，气泽日亲[4]，久能发其光，可宝加乎其前矣[5]；剥之蚀之，委弃不惜[6]，久且伤坏无色，可宝减乎其前矣。[7] 又譬之人物之生，皆不病也，其后百病交侵[8]，若生而善病者。或感于外而病[9]，或受损于内身之阴阳五气胜负而病[10]，指其病则皆发乎其体，而曰天与以多病之体，不可也。[11] 如周子所称猛、隘、强梁、懦弱、无断、邪佞，是摘其才之病也[12]；才虽美，失其养则然。孟子岂未言其故哉？因于失养，不可以是言人之才也。夫言才犹不可，况以是言性乎！[13]

戴震持“性善论”，所以有“才美论”。至于不善的行为，那是“偏私之害”，“性被形气所污坏”，不能归罪于本性和才质。

［注释］

[1] 这两句话的意思是：我以为周敦颐所说的恶，都是偏袒和自私造成的危害，但不能就此而认为是才的罪过，更不能说是性造成的。孟子主张性善论，是认为形成了什么样的性，就有什么样的才；性是善的，才自然也就是美的。然而，并不是说没有偏见和私心的影响，就能称为是善的、是美的了。 [2] 充：填满、充实。 [3] 其故一也：这些道理都是一样的。这两句话的意思是：人刚出生的时候，如果不吃东西就会饿死；人在幼小的时候，如果不学习就会愚昧。吃东西是为了养护和充实自己的生命，进而成长壮大；学习是为了滋养良心，培育品德，进而达到圣贤的境界。这里面所包含的道理都是一样的。 [4] 气泽日亲：玉的灵气和光泽日益清新柔润，亲近可人。 [5] 可宝：值得当作珍宝。 [6] 委弃：抛下、丢弃。 [7] 这两句话的意思是：才是美好的，也需要调养，就好像一块美玉，制作成器具以后，加以

爱惜和爱护的话，玉色就会日益晶莹，时间长了就能发出温润之光，比刚得到的时候更值得珍藏了；如果只是随便地切割打磨一下，就任意丢弃而不加珍惜了，那么时间长了就会受到伤害破损，从而失去原有的光彩，比刚得到的时候更不值得珍爱了。 [8] 交侵：迭相侵犯。 [9] 外：指身体之外引起疾病的因素。 [10] 内身之阴阳五气胜负：身体内部的阴阳五行之气相生相克不协调。 [11] 这几句话的意思是：又好像人在刚出生的时候，都是没有疾病的，后来却浸染了各种病症，好像生来就容易患病一样，有的是受到外界的影响而生病，有的是因自身的阴阳五行之气胜负不定，相互克制，导致气血损伤而生病。如果说这些病都是自己身体产生的，是因上天给了一个多病的身体，是不可以这样想的。 [12] 摘：指摘（与指责稍异）、挑出缺点加以批评。 [13] 这四句话的意思是：就像周敦颐所说的凶猛、狭隘、凶横、懦弱、优柔寡断、邪佞，都是指摘人的才质所产生的弊病。才虽然是美好的，但是如果失去了后天的养护，就会生出这样或那样的毛病。孟子不是已经讲明它的原因了吗？因为失去后天的调养而产生上述不良情况，不能说是人的才质本身不善。既然连说才质不善都是不对的，又怎么能说性是不善的呢？

[点评]

这一卷中的三条论“才”的文字，仍然属于戴震对人性论探索的深入和拓展，正如开头一条所言“别而言之，曰命，曰性，曰才；合而言之，是谓天性”。意思是说，命、性、才三者共同构成了人的“天性”，它们本为一体且“皆言乎气禀”，都是在人生之后“血气心知，感而接物”的结果，同时也强调了性善而才美的观点。

上溯先贤可知，孟子认为“乃若其情，则可以为善矣，乃所谓善也；若夫为不善，非才之罪也”，认为才是出于性的先天材质；程颐认为才禀于气质之性，气有清浊，才亦有清浊，禀清者为贤为善，禀浊者为愚为恶，这是把才归属到气质之性中了；朱熹认为“人有是性，则有是才”，是说才按其所禀，而有善有恶，也是同气质之性不分彼此，这与他的人性二分法密切相关。他们把性看成心中所具有的天理，是善的；把才看成禀受于气，有善有恶。对此，戴震认为把不善归罪于才，与把性与才分为二本，这些做法都是错误的。而坚持人性就是人的“血气心知之欲”，在此基础上把命、性、才与欲、情、知诸概念汇合起来，综而论之，认为六者皆非人的先天固有，而是后天“感而接于物”的产物，是构成血气心知之性的有机组成部分，它们浑然一体，不可或缺。戴震从性与才的关系上批判宋儒“性即理”，以及把不善归之于“才”，而分性与才为二本的做法。又从人和万物的最初本原来说，根本不存在至善纯粹的“天命之性”，与有善有恶“气质之性”的人性二本之分；至于“才”，乃指人自身的才质和功能，人性是才质的对外呈现。才、性统一，性善而才美。戴震指出人与万物分于阴阳五行而各得其所，没有所谓超越的天命观，这样就是继承了孟子自然德行论，又在中西文明碰撞的时代，发展了先贤孟子的思想。他的“性以本始言，才以体质言”，就是把性作为天道与人道的中介，通过由天（自然、天地本质、本体）→人（性）→社会（伦理道德、人际关系）的结构，把理学家的抽象之人，转变为具体之人；把道德理性的化身，转化为有情感欲望、知觉能力的人；从形而上的超理性本体存在，转变为形而下的活生生的生命关怀。所以说，戴震的人性论是由天道向人道过渡的重要桥梁；他所论证的“性与天道”学说，为“民之质矣，日用饮食”的大众化生活哲学。

如果结合一点戴震的生活处境，来看他对命、性、才与欲、情、知诸概念的哲学用意，就可以发现他自身由商而儒，对待中下层民众的物质欲望或商业利益怀有浓厚的人文情怀，也自有其独到的理解与表达。他对徽商“虽为贾者，咸近士风”的高度评价，以及“体民之情，遂民之欲”的理论证明，也都由此感触而起。实际上，本书的撰述就深刻隐含着徽商活动和民生关怀的大背景，表达了新兴平民阶层的心声与追求。戴震把“义理”与“嗜欲”、“欲望”与“义利”的关系，放置在有利于人性需求和商业运营的轨道上加以考量，既便于理解和接受商品经济社会迅猛发展的现实，也有利于促进理欲辩证统一问题的争论。可见戴氏所言在一定程度上为明清商人特别是徽商的生存与发展，做了充分的事实证明和理论支撑，抨击了传统社会的“商为四民之末”的腐朽观念及其对商业和商人的抑制和打击。所以说，戴震的哲学不是高头讲章，而是切实人生的生命哲学，他通过经典诠释，考证“天理”，推理“人性”，“以情絜情”，跳出“不出于理则出于人欲”的思想樊篱，建立起一套有别于宋明理学的情欲伦理之学，构筑起“理存于欲”的思想体系，以“穷变则通”和“反传统”的精神意志，回归原始儒家重视血气心知、人伦庶物，及崇尚经世济民的人生理想，保障民众的最低生活需求和基本情感欲望。这种思想确实符合了后世民众反对封建专制和纲常名教的意愿和诉求，其“以理杀人”的呐喊也足以重新唤起时代的共鸣。所以，民国时期的章太炎、梁启超、胡适等社会进步人士，努力从戴震的学术中汲取思想营养，由其“研究方法”和“情感哲学”里提炼出“科学”与“民主”的因素，以便古为今用，贯通中西，移风易俗，推陈出新，曾经掀起了一场声势浩大的“戴学”升格运动。

道

“气化即道”是戴震的哲学命题，表达了有规律的永恒运动的气，是宇宙万物本原的气一元论基本观点，驳斥了理学关于理（道）在气先，以及理产生并主宰万物的理一元论。

人道[1]，人伦日用身之所行皆是也[2]。在天地，则气化流行，生生不息，是谓道；在人物，则凡生生所有事[3]，亦如气化之不可已，是谓道。[4]《易》曰：“一阴一阳之谓道，继之者善也，成之者性也。”[5]言由天道以有人物也。《大戴礼记》曰：“分于道谓之命，形于一谓之性。”[6]言人物分于天道，是以不齐也。《中庸》曰：“天命之谓性，率性之谓道。”言日用事为，皆由性起，无非本于天道然也。《中庸》又曰：“君臣也，父子也，夫妇也，昆弟也，朋友之交也，五者，天下之达道也。”言身之所行，举凡日用事为，其大经不出乎五者也[7]。孟子称“契为司徒[8]，教以人伦：父子有亲，君臣有义，夫妇有别，长幼有序，朋友有信”[9]，此即《中庸》所言“修道之谓教”也。曰性，曰道，指其实体实事之名；曰仁，曰礼，曰义，称其纯粹中正之名[10]。人道本于性，而性原于天道。天地之气化流行不已，生生不息。[11]然而生于陆者，入水而死；生于水者，离水而死；生于南者，习于温而不耐寒；生于北者，习于寒而不耐温：此资之以为养者[12]，彼受之以害生[13]。“天地之大德曰生”[14]，物之不以生而以杀者[15]，岂天地之失德哉！故语道于天地[16]，举其实体实事而道自见，“一阴一阳之谓道”，“立天之道曰阴与阳，立地之道曰柔与刚”是也。[17]人之心知有明暗[18]，当其明则不失，当其暗则有差谬之失。故语道于人，人伦日用，咸道之实事，“率性之谓道”，“修身以道”，“天下之达道五”是也[19]。此所谓道，不可不修者也。“修道以仁”及“圣人修之以为教”是也。[20]其纯粹中正，则所谓“立人之道曰仁与

“人道本于性，而性原于天道”是戴震“道论”的逻辑结构，有以下三点需要把握：1. 天道指气化流行、生生不息的运动，人道包括人伦日用的所有一切。2. 人道的一切活动由性所决定，而性的根源是天道。3. 天道与人道都是具有必然规律的自然现象。

义”[21]，所谓“中节之为达道”是也[22]。中节之为达道，纯粹中正，推之天下而准也[23]；君臣、父子、夫妇、昆弟、朋友之交，五者为达道，但举实事而已。智仁勇以行之，而后纯粹中正。然而即谓之达道者，达诸天下而不可废也。[24]《易》言天道而下及人物[25]，不徒曰“成之者性”[26]，而先曰“继之者善”。继谓人物于天地其善固继承不隔者也[27]；善者，称其纯粹中正之名；性者，指其实体实事之名。一事之善，则一事合于天；成性虽殊而其善也则一。善，其必然也；性，其自然也；归于必然，适完其自然，此之谓自然之极致，天地人物之道于是乎尽。[28]在天道不分言，而在人物，分言之始明。《易》又曰：“仁者见之谓之仁，智者见之谓之智，百姓日用而不知，故君子之道鲜矣。”言限于成性而后，不能尽斯道者众也。[29]

[注释]

[1] 人道：与“天道”相对，指人事人伦及为人之道，即社会伦理的道德规范。 [2] 人伦日用：人与人之间的相互关系与衣食住行的日常生活。身之所行：人在日常生活中的一切行为活

动。[3] 生生：前“生生”二字，指天地间各种事物不断产生、变化和发展。后“生生”二字，指具体的人和物的生存、繁殖和发展。[4] 这几句话的意思是：人道是指人与人之间的伦理关系及衣食住行等日常生活的一切活动。从天地自然的角度来看，阴阳五行之气的运行及其不断产生、变化和发展，这就是道；从人和世间万物的角度来看，凡是属于人物生存、繁殖和发展的一切事情，也像阴阳五行之气的运行变化一样永不停息，这也是道。[5] 引文见《周易 · 系辞上》。[6] 引文见《大戴礼记 · 本命篇》。[7] 大经：大纲、纲领。以上几句话的意思是：《周易》说：“阴阳两个对立面的相互交感运动，就是道。道不断地继承发展，表现出来的就是善；人与世间万物禀受了这个道，就是性。”这是说由于天道的运行，而后产生人和万物。《大戴礼记》说：“从道那里分得阴阳五行之气，叫做命；人和万物依据自己所分得，形成一定的形体和知觉，叫做性。”这是说人和世间万物都是分得一部分的天道才形成的，由于所分得的阴阳五行之气是不同的，所以人性与物性也是参差不齐的。《中庸》说：“上天所命令赋予的，叫做性；按照人性的规定行事，叫做道。”这是说人的日常伦理和一切事务，都是由人性所规定的，而人性又来源于天道。《中庸》又说：“君臣、父子、夫妇、兄弟、朋友这五种关系，是天下通行的道理。”这就意味着人的一切所作所为，大概都超不出这五种关系。引文见《中庸》第一章和第二十章。[8] 契（xiè）：人名，殷代始祖。相传是高辛氏的儿子，尧时为司徒，佐禹治水有功，封于商。司徒：官名，上古时代设置的中央官吏名称，大致掌握着全国的土地管理和民众教育。[9] 引文出自《孟子 · 滕文公上》。[10] 实体实事之名、纯粹中正之名：这是戴震借用《诗经》“天生烝民，有物有则”的思想，对人与事物及其发展规律所做的一种语言分析和哲学解读。意思是：性和道都是“物”，具有实体实事之名，是客观存在的一切事物的具体真实名称；仁、义、礼都是“则”，具有纯粹中正之名，是能够正确完美地处理日常生活和相互关系的抽象概括名称。 [11] 以上几句话的意思是：《孟子》说：“殷代的祖先契在做主管教育的司徒之官时，就用人伦关系的规矩准则来教育和引导老百姓：父子之间有亲爱，君臣之间有礼义，夫妇之间有分别，长幼之间有次序，朋友之间有信任。”这也是《中庸》所说的“对人道加以修明和推广，叫做教”。说到性，谈论道，指的是客观事物和实际情况的名称；谈到仁、礼、义，都是纯真美好、公允中正的名称。人的积极活动根源于性，而人性又本源于天道。天地间的阴阳五行之气运动变化永不休止，孳生繁衍永不停滞。 [12] 资：资助、提供。养：滋养、培育。 [13] 受：接受、承担。害生：伤害生命。这两句话的意思是：但是，在陆地上生长的生物，到了水里就会被淹死；在水里生长的生物，离开了水也会被渴死。生长在南方的生物习惯于温暖的环境，而不能忍耐寒冷；生长在北方的生物习惯于寒冷的环境，而不能忍耐温热。由此表明：一种生物用来维持其生命的东西，如果换到另一种生物身上，可能会伤害它的生命，致其死亡。 [14] 天地之大德曰生：天地最大的美德就是孕育出生生不息的生命，使其各得其所，安身立命。见《周易·系辞下》。 [15] 杀：与“生”相对，这里是致其死亡的意思。 [16] 语道于天地：这里的“语”是动词作谓语，“道”是宾语，“于天地”是状语，从……角度。下文的“语道于人”同理。 [17] 这两句话的意思是：人和万物得不到生存保障，就会自然死亡，难道是天地失去了好生之德了吗？所以，从天地的角度来讲规律和自然的关系，只需要举出实体和实际情况，道就会自然地显现出来。《周易》所谓“阴阳两个对立面相互交感运动就是道”，“建立天道的是阴和阳，形成地道的是柔和刚”。引文分别见《周易 · 系辞上》和《周易 · 说卦》。 [18] 明：明白、清晰。暗：与“明”相对，指糊涂、昏暗。 [19] 达道五：即《中庸》所谓五达道、三达德。原文是“天下之达道五，所以行之者三，曰君臣也，父子也，夫妇也，昆弟也，朋友之交也，五者天下之达道也。知、仁、勇，三者天下之达德也”。 [20] 这几句话的意思是：人的心智有聪明和愚昧的差别，如果心智是聪明的，就不容易犯错误；如果心智是愚昧的，那就容易产生纰漏。所以，从人的角度来讲道，凡是涉及人的日常生活，都是对道的具体落实，即《中庸》所谓的“按照上天给予人的天性去做事，就是道”，“人们必须依照道来修养自身”，“天下通行的人伦关系有五种”。这里所说的道，无非人伦日用，必须落实修养，所谓“要使人道得以修明，必须遵照仁的意蕴去做”，“圣人把修道作为教化民众的途径”。引语出自《中庸》第一章、第二十章。 [21] 立人：指帮助人建功立业，树立社会地位。今有成语“立人达人”，出自《论语 · 雍也》“夫仁者，己欲立而立人，己欲达而达人”。 [22] 中（zhòng）节：指德行不偏不倚，合乎礼义法度。中，恰好对上、合。节，节拍、法度。 [23] 准：水准、法则。 [24] 这几句话的意思是：其中能够达到道的纯粹中正，就是所谓“立人之道曰仁与义”，合乎法度就能天下通行的道理。要说合乎法度就是达道，是指它的纯粹中正，推广到普天之下都是正确无误的。君臣、父子、夫妇、兄弟、朋友之间的交往，这五种人伦关系都是通行不变的，这里只列举了几种具体的情况而已。能以智、仁、勇的三种美德来做事，结果必能达到守正持中、精纯美好的境地。然而，我们之所以尊称它为“达道”，就是因为它能通行天下任何地方，都不会遭受唾弃。 [25] 及：赶上、延及。 [26] 不徒：不独、不但。 [27] 继承不隔：指中间连续不断，没有丝毫间隔。 [28] 以上几句话的意思是：《周易》在讲天道的时候，便向下触及到人世与万物，不仅说“成就万事万物的是天命之性”，而且在上一句也说“继续阴阳之道就是美好的事情”。“继”说的就是人和世间万物对于天地之善的承继是息息相通，没有丝毫隔膜的。“善”用以称乎道的纯粹美好、公正无私，“性”是表示实体物质和具体事情。一件事能做到美好精致，就说明这件事符合自然规律；虽然人和万物形成的性都各自不同，但他们的性都是善的。善是必然的准则，而性是自然的本性。从自然本性中归纳出来的必然准则，正是自然本性的完美体现与概括，这就是自然人性的最高造诣。在这个过程中，天、地、人、物的道，都得以完美呈现了。 [29] 这段话的意思是：作为自然总规律的天道是不可分开来讲的，而在谈论人和世间万物的时候，就必须分开来讲，才能把这个道说明白。《周易》又说：“仁爱的人看见了道，就把它称为仁；智慧的人看到了道，就把它叫做智；老百姓天天都在运用这个道，却完全不自知，所以能够理解君子之道的人是非常少的。”这说明人在成性之后，由于受到禀赋和素质的限制，不能充分实现天道的人是很多的。引文见《周易·系辞上》。

[点评]

《孟子字义疏证》卷中有论“天道”四条，卷下有论“道”（即“人道”）四条，那么“人道”与“天道”的关系究竟如何，这也是传统学术思想史上的一个重要议题。众所周知，“道”是中国哲学史的一个重要概念，分为“天道”和“人道”两个范畴。《左传·昭公十八年》有载：“天道远，人道迩，非所及也。”这是把天道与人道区别开来，一是指自然现象，一是指人事现象，相当于今天所谓的客体与主体。在先秦时期就曾围绕“天道”

与“人道”的争论而有“天人之辩”，孟子曾说过：“诚者，天之道；思诚者，人之道也。”《中庸》也说：“诚者，天之道也；诚之者，人之道也。”可以说，作为天道的诚，是有外在于个体的意思；作为思诚或诚之者的人道，是内在于个体，也含有客体与主体之别。可见“人道”与“天道”是交相胜、还相用的关系。宋明学者对此也各有论说，这在戴震的评述文字中多有涉及。

戴震认为人性、物性都是由天道分得而成，即“天道，五行阴阳而已矣，分而有之以成性”，又说“人道本于性，而性原于天道”；“凡日用事为，皆性为之本，而所谓人道也；上之原于阴阳五行，所谓天道也”。可知他的哲学逻辑结构的理论前提就是“天道”，且通过“性”这个中间媒介，而最终过渡到“人道”，从而完成了一个“天道→性→人道”的结构模式。因此，戴震所论之“道”，即以“天道”为思想基础，而处处落实于“人伦日用、身之所行皆是也”。他认为“道”是“生生所有事”，“居处、饮食、言动，自身而周于身之所亲，无不该焉”。无论是天地万物，还是社会人事，都是道的气化运行结果。同时，“人道”作为伦理道德原则，离不开具体的人而存在，离人则无人伦；同样地，人也不可能离开饮食男女之类的日常生活来空谈人道。以下内容便是戴震以血气心知学说来融合理气，沟通理欲，以“日用饮食”“有物有则”的先贤人道思想，来否定宋明儒者的形上本体论与先验道德论的人道观，建构自己“人道本于性，而性原于天道”的理论范式，赋予“性与天道”以新的时代意义。

问：宋儒于命、于性、于道，皆以理当之，故云“道者，日用事物当行之理”[1]。既为当行之理，则于修道不可通，故云“修，品节之也”[2]；而于“修身以道，修道以仁”两修字不得有异，但云“能仁其身”而不置解[3]。于“达道五”，举孟子所称“教以人伦”者实之[4]，其失《中庸》之本指甚明[5]。《中庸》又言“道也者，不可须臾离也”[6]。朱子以此为存理之说[7]，“不使离于须臾之顷”。[8]王文成云：“养德养身，止是一事。果能戒慎不睹，恐惧不闻，而专志于是，则神住，气住，精住[9]，而仙家所谓‘长生久视’之说[10]，亦在其中矣。”又云：“佛氏之‘常惺惺’[11]，亦是‘常存他本来面目’耳。”[12]程子、朱子皆求之于释氏有年，如王文成之言，乃其初所从事，后转其说[13]，以“常存本来面目”者为“常存天理”，故于“常惺惺”之云无所改，反以“戒慎恐惧”四字为失之重[14]。（朱子云：“心既常惺惺，而以规矩绳检之[15]，此内外相养之道也。”又云：“著‘戒慎恐惧’四字[16]，已是压得重了，要之止略绰提撕，[17]令自省觉便

在宋儒眼中，“命”“性”“道”差不多都等同于“理”，这有悖于儒家经典原意，而受佛老言论的影响为多。戴震用“饮食，喻人伦日用；知味，喻行之无失”，强调去认识客观事物规律的“重知”的重要性，这对批判“理得于天而具于心”的先验论具有积极意义。

是。”[18]）然则《中庸》言“道不可离”者，其解可得闻欤？[19]

[注释]

[1] 引文见朱熹《中庸集注》第一章，这里出现的两个“理”字，当为形上本体之“天理”。 [2] 修，品节之也：见《中庸集注》第一章。修，修饰、涵养。品节，品德节操。 [3] 能仁其身：引文见《中庸集注》第二十章。仁，友爱亲善，这里作动词用，意思是能够用“仁”的原则要求自己。不置解：不置褒贬，不加解释。以上两句话的意思是：宋儒对于命、性、道这三个概念，都用理字来代替，所以他们说：“道就是人们日常生活中处理一切事物应该遵循的天理。”既然道被认为是天理，那么对于“修道”这个说法就讲不通了，所以又说：“修，就是对事物加以调节，使它无过无不及。”而对于“修身以道，修道以仁”这句话中的两个“修”字，就不能有别的什么解读了。他们就只能说“能仁其身”，而不对它做任何其他的训释。 [4] 教以人伦：见《孟子 · 滕文公上》，意即用“达道五”的道德准则教化人们。实：落实、充实。 [5] 本指：也作“本旨”，指原有的宗旨和意向。 [6] 须臾：片刻、一刹那，与下文“须臾之顷”同义。 [7] 存理：指存养理性，常与表示杜绝欲望的“灭欲”连用。 [8] 这几句话的意思是：对于《中庸》“达道五”的解释，朱子在这里用孟子的“教以人伦”来加以实证，这很明显是和《中庸》的本来宗旨相违背的。《中庸》说：“道这个东西，是人们不能片刻离开的。”朱熹把这句话作为他“存天理，灭人欲”的思想依据，认为君子不能使天理有任何离开的瞬间。引文见《中庸集注》第一章。 [9] 神、气、精：古代哲学概念，指形成宇宙万物的原始物质，含有元素

的意味，后被纳入道教的内丹学。中医养生者认为生命物质起源于精，生命能量赖于气，生命活力表现为神，这是人体生命活动的根本，所以把精、气、神称为人身三宝。 [10] 仙家：道家。长生久视：指生命长久活存，永不衰老，《老子》五十九章有“深根固柢，长生久视之道”。 [11] 常惺惺：佛教用语，指心不昏昧，头脑长久地保持清醒。 [12] 引文见《王文成公全书》卷五《与陆原静书》，意思是：王阳明说：“修养道德和保养身心一样，都只是一件事情。如果真的能够做到在别人看不见的地方，也十分戒备谨慎；在别人听不到的时候，也能时刻惶惶不安，警惕自己，专心致志地进行修身养性，就能达到精住、气住、神住的良知境界，道教常说的长生久视、全性保真，也都包括在这里了。”又说：“佛教徒所说的永远保持清醒，也就是能经常保全本来面目。” [13] 初所从事，后转其说：指程朱早年都曾用功于佛道之学，后来却恍然醒悟，退出来而专攻儒学。 [14] 失之重：失误在于把《中庸》所说“戒慎乎其所不睹，恐惧乎其所不闻”看得太重了。 [15] 规矩绳检：指圆规、矩尺、直绳、题签之类用作规矩法度的物件。 [16] 著（zhuó）：同“着”，着力、落实。 [17] 要之：表示下文是总括性的话，要而言之。略绰（chuò）提撕（sī）：大略地提示一下而已。略绰，大致、大略。提撕，拉扯、提醒。 [18] 引文意思是：“心里既要经常警觉，又必须用政治伦理规范来约束自己，这是从内外两个方面进行修养的功夫。”“《中庸》提到的‘戒慎恐惧’四个字已经强调得太过分了，实际上只要略为提示一下，叫他自己省悟就行了。”这里表面上看好像朱熹与《中庸》的观点不合，其实，他所说的“省觉”同《中庸》的“戒慎恐惧”是一样的，而且更加隐晦，也更加迷惑人。 [19] 以上几句话的意思是：程子、朱熹都曾经在佛教典籍中探研求索很长时间，正如王阳明所说，程朱是用早期所学的佛教理论，转过来解释儒家的思想，把“长期保全本来面目”，看作是“长期保存天理”之意。所以，他们对于佛教“经常保持清醒”的说法，没有进行彻底修正，反而对儒家所说的“戒慎恐惧”，认为是讲得过重，有失偏颇。（朱熹说：“心里既然已经常惺惺了，又要用规矩准绳来衡量和检束自己，这就是从内在和外在两个方面都加强修养功夫。”又说：“《中庸》提到戒慎恐惧这四个字，已经强调得太过分了，实际上只需要略微提示和启发一下，让他自己觉察和醒悟就可以了。”）那么，《中庸》所说的“道不可须臾分离”，又怎么去理解呢？引文见《朱子语类》卷十二和《朱子大全》卷六十《答潘子善》。

曰：出于身者，无非道也，故曰“不可须臾离，可离非道”；“可”如“体物而不可遗”之可。[1]凡有所接于目而睹，人亦知戒慎其仪容也；有所接于耳而闻，人亦知恐惧夫愆失也[2]。无接于目接于耳之时，或惰慢矣；惰慢之身，即不得谓之非失道。[3]道者，居处、饮食、言动，自身而周于身之所亲[4]，无不该焉也[5]，故曰“修身以道”；道之责诸身[6]，往往易致差谬，故又曰“修道以仁”。此由修身而推言修道之方，故举仁义礼以为之准则；[7]下言达道而归责行之之人[8]，故举智、仁、勇以见其能行[9]。“修道以仁”，因及义[10]，因义及礼[11]，而不言智，非遗智也，明乎礼义即智也。“智仁勇三者，天下之达德”[12]，而不言义礼，非遗义遗礼也，智所以知义，所以知礼也。[13]仁义礼者，道于是乎尽也；智仁勇者，所以能尽道也。故仁义礼无等差，而智仁勇存乎其人，有“生知安行”“学知利行”“困知勉行”之殊[14]。古贤圣之所谓道，人伦日用而已矣，于是而求其无失，则仁义礼之名因之而生。非仁、义、礼有加于道也，于人伦日用行之无失，如是之谓仁，如是之谓义，如是之谓礼而已矣。[15]宋儒合仁、义、礼而统谓之理，视之“如有物焉，得于天而具于心”，因以此为“形而上”，为“冲漠无朕”[16]；以人伦日用为“形而下”，为“万象纷罗”[17]。盖由老、庄、释氏之舍人伦日用而别有所（贵）［谓］道，遂转之以言夫理。在天地，则以阴阳不得谓之道；在人物，则以气禀不得谓之性，以人伦日用之事不得谓之道。《六经》、孔、孟之言，无与之合者也。[18]

戴震的仁智理论，是他哲学思想的精华所在。他以《易经》中的“易”“简”为理论依据，借助孟子仁、义、礼、智的概念，而建立起自己“仁且智”的理论体系。

［注释］

［1］可：这里当“所”讲。《中庸》“体物而不可遗”，郑玄注：“体，犹生也；可，犹所也。”孔颖达疏：“言鬼神之道生养万物

无不周遍而不有所遗。”不可遗，即无所遗。引文分别见《中庸》第一章、第十六章。　[2] 愆（qiān）失：过失、过错。　[3] 这两句话的意思是：人们日常生活的一切行为，无非人道，所以《中庸》说“道是不可片刻离开的，能够离开的就不是道了”。这里的“可”字，与“体物而不可遗”中的“可”字意思相同。凡是自己的行为在被别人能够看到的时候，都知道要留意自己的仪表容态；凡是自己的言论在被别人听到的时候，都会想到要畏惧可能会出现的过错。在自己的言行没有被别人看到或者听到的时候，就有可能因为懒惰怠慢而不加检点了。而一个人一旦出现思想懈怠，就会出差错，不能说这不是失道的行为。　[4] 周于身之所亲：这里的“周”作动词，扩大、环绕。身之所亲：身边亲近之人。之，文言助词。所，代词。　[5] 该：同“赅”，包括。　[6] 责诸：责成、要求。诸，之于。　[7] 这句话的意思是：人道就是体现在日常起居、饮食、言行，以及自身周围所亲近的一切都包含在内，所以说“要修养自身，必须依照人道去做”。按照道的要求来身体力行，又往往容易导致错误，所以《中庸》又说“用仁的标准来修炼和培养人道”，这是从修养身心而进一步谈到修道的方法，所以举出仁、义、礼来作为修道的准则。　[8] 下言达道：指《中庸》二十章“修道以仁”的下面又谈到君臣、父子、夫妇、兄弟、朋友“五者天下之达道”。归责：将责任归属于某人。　[9] 行：实行、做成。　[10] 因及义：因由仁而涉及到义。 [11] 因义及礼：因由义而触及到礼。 [12] 达德：通行不变的美德。　[13] 这几句话的意思是：下面又说到五种达道，而把责任加给推行达道的人，因此举出智、仁、勇这三种品德，来证明人道是可以推行的。谈到《中庸》的“用仁的标准来修炼和培养人道”，因而联系到义，又关联到礼，而没有提到智，但不是遗漏了智。因为既然明白了礼和义，事实上也就包含了智。“智、仁、勇这三种德性，是天下通行不变的美德”，这句话里又没有说到义和礼，也同样不是丢掉了义和礼，因为理解了智，也就随之懂得义，知道礼了。引文见《中庸》第二十章。 [14] 生知安行：《礼记·中庸》有“或生而知之，或学而知之，或困而知之，及其知之，一也。或安而行之，或利而行之，或勉强而行之，及其成功，一也”，后世由此抽绎出三个成语：生知安行、学知利行、困知勉行。这几句话的意思是：有了仁、义、礼，就有了实现人道的目的；有了智、仁、勇，实现人道的条件和手段也就具备了。所以仁、义、礼三者没有等级差别，而对智、仁、勇三者，不同的人则有不同的状况和态度，有“生下来就知道一切，并能安心乐意，去身体力行”的人，也有“需要通过努力学习才能懂得道理，而为贪名图利才会去做事情”的人，更有“需要克服许多困难才能获得一定认知，并需要勉强自己才能去做事”的人，这三种人之间是很有差别的。引语出自朱熹《中庸集注》第二十章。 [15] 这两句话的意思是：古代圣贤所说的人道，就在人们日常的衣食住行和相互关系之中。从中找出生活规律和人伦法则，那么仁、义、礼的概念也就由此产生了，并非是说仁、义、礼是从外面加到人道上去的，而是说在人们日常生活中处理事务而没有偏差和过失，就可以称之为仁、义、礼了。 [16] 冲漠无朕：空寂无形之义，语出《庄子》，后被宋明理学家用来描述无极太极，即天地未判时候的宇宙原始状态。 [17] 万象纷罗：道家术语，万象指天地之间一切事物或景象。纷罗，杂然罗列。这两句话的意思是：宋儒把仁、义、礼合在一起，统称之为理，看作是“如同一个从上天得到，并存在于人心之中的东西”，因此就把理说成是形而上的，是“茫茫虚空、无形无踪的东西”；而把人们的日常生活看作是形而下的，是“荒芜凌乱、毫无条理的现象”。引语分别见《朱子语类》卷九十八和《朱子大全》卷四十八《答吕子约书》。 [18] 这三句话的意思是：宋儒的这些说法，实际上都是根据老子、庄子及佛教抛弃人伦关系和日常生活，而另外提出的一个所谓道，又把这个概念转而说成是天理。如此来看，在自然界就不能把阴阳二气的运行变化称为道；从人和世间万物来看，不能把他们所禀受的气称为性，更不能把人伦关系和日常生活称为道。所有这些说法，与《六经》、孔、孟的言论格格不入，没有一点是相合的。

［**点评**］

人是社会性的动物，具有各种共同的属性，体现这种人性的就是人伦，履行这个共同的伦常，便是所谓的人道。因此，人道必须落实在人伦日用之间，即戴震所说的“道者，居处、饮食、言动，自身而周于身之所亲，无不该焉”，很明显，这里的道包括了两大方面：一是居处、饮食、言动等“日用”；二是周于身之所亲的“人伦”。身之所亲的人道体现在日常生活的五伦之间，没有人伦日用也就无所谓道。人道最具生命力的内涵就是生生，人类社会只有生生才能延续，文化思想只有生生才能传承，天地间一切都靠生生的法则来维系，即“古贤圣之所谓道，人伦日用而已矣”。

古代圣贤所说的人道，并非什么神秘的存在，它只是人们日常生活的一切行为和准则，体现在具体的起居、饮食、言行，以及自身周围所亲近的一切事物之中。但是到了宋明理学家那里，却是糅合了儒、释、道三家之学，以天道与人道的统一为要旨，把“命”“性”“道”都用一个“理”字来充当，结果便得到一个“如有物焉，得于天而具于心”的先验本体，而把古圣贤“民之质矣，日用饮食”的教诲，视为“形而下”的“万象纷罗”，这种舍人伦日“用”，却专意于天理之“体”的做法，是属于脱离生活的形上之道，实际上就是不关人事的“冲漠无朕”的空道。它既不切合《六经》、孔、孟之意，也不符合人道的内涵，根本原因就是受到了佛道思想的影响所致。所以，戴震拉出老、庄、释氏的神秘之道，比照于宋儒超越“人伦日用”之上的先验之道，两相比较，不言而喻。戴震紧扣人性来求索人道，由人的自然本质本性和价值观念，而进入天地伦理及典章制度等“天道”层面的探求。如果说他从“天道”到“人性”是由外向内、由客体向主体的探求，那么，由“性”到“人道”的思考，则有主体自身的内在呈现，进而揭示社会历史进程的文明进步。可见，人的日用饮食般的自然生理欲求，才是人道的重要内容和根本法则。

问：《中庸》曰：“道之不行也，我知之矣，智者过之，愚者不及也；道之不明也，我知之矣，贤者过之，不肖者不及也。”[1] 朱子于“智者”云，“知之过，以道为不足行”；于“贤者”云，“行之过，以道为不足知”，既谓之道矣，以为不足行，不足知，必无其人。彼智者之所知，贤者之所行，又何指乎？《中庸》以道之不行属智愚，不属贤不肖；以道之不明属贤不肖，不属智愚，其意安在？[2]

［注释］

[1] 引文见《中庸》第四章，意思是："道之所以得不到实行，我知道其中的原因了，是因为聪明的人往往做得太过分，愚笨的人又往往做得不能到位；道之所以不能被阐明和发扬，我也知道其中的缘由了，是因为贤明的人往往理解得超过了限度，不贤的人又往往达不到标准。" [2] 这三句话的意思是：朱子注释这里的"智者"说："过度看重知识的过失，以为道不足以推行。"解释"贤者"说："过分重视行动的过失，以为道不足以知晓。"这种既然称之为道，但又认为它不值得实行和不值得知晓，一定不会有这样的人。那么，智者之"知"和贤者之"行"，指的又是什么呢？《中庸》认为道不能实行，归罪于智和愚的不同，而不归咎于贤和不贤的问题；认为道之所以不能发扬光大，归咎于贤和不肖，而不归结于智和愚的问题。它的本来用意又是什么呢？

曰：智者自负其不惑也[1]，往往行之多谬；愚者之心惑暗[2]，宜乎动辄愆失[3]。贤者自信其出于正不出于邪，往往执而鲜通[4]；不肖者陷溺其心，虽睹夫事之宜，而长恶遂非与不知等[5]。然智愚贤不肖，岂能越人伦日用之外者哉？故曰："人莫不饮食也，鲜能知味也。"[6] 饮宋儒离开“人伦日用”来谈道，来谈仁、义、礼，是属于先验道德论的范畴。朱熹重视“当行之理”，戴震强调“人所行即道”，各有所侧重，亦各有所失。

食，喻人伦日用；知味，喻行之无失；使舍人伦日用以为道，是求知味于饮食之外矣。就人伦日用，举凡出于身者求其不易之则[7]，斯仁至义尽而合于天[8]。人伦日用，其物也；曰仁，曰义，曰礼，其则也。专以人伦日用，举凡出于身者谓之道，故曰“修身以道，修道以仁”，分物与则言之也；中节之为达道，中庸之为道，合物与则言也。[9]

[注释]

[1] 自负：过高地估计自己、自以为是。 [2] 惑暗：糊涂昏昧，不明事理。 [3] 宜：适合、应当。动辄愆（qiān）失：动不动就出现差错。 [4] 执：执着、迂执。鲜（xiǎn）：少。通：变通、通达。 [5] 长恶遂非：助长恶劣行为，顺遂错误想法。这句话的意思是：聪明的人自以为是，以为自己不会被外界所迷惑，却往往出现行为错误；愚蠢的人糊涂暗昧，动不动就会出现过失，这样的事也算很正常。贤明的人相信自己的言行都是正确的，不会出现错误，却往往固执己见而不能通情达理；不贤的人由于思想沉溺，行为堕落，虽然知道事情怎么做才能正确，但却仍然助长邪恶、放纵错误，这与愚昧无知的人都是一样的。 [6] 这几句话的意思是：然而，这些智者和愚者、贤者和不贤者，难道能够不食人间烟火，超出日常生活之外吗？所以说：“人没有不饮食的，但真能辨明滋味的人很少。”这里的“饮食”是用来比喻人们的日常生活，“知味”比喻能够按照规律办事而不会出现

失误。如果抛开人伦关系和日常生活，去寻求另外一个所谓道，就像是你不吃食物，却能知道它的滋味一样不可思议。引文见《中庸》第四章。 [7] 身：指具体实在的生活之事。则：准则。 [8] 仁至义尽：以极大的努力，竭尽仁义之道。天：自然规律。 [9] 这几句话的意思是：对于人伦日用而言，凡是日常生活中所有的事情，都可以从中找到一定的准则和规律，这样就可以极大地努力竭尽仁义之道，从而能与天道相合了。人伦日用就是人们的日常生活，而仁、义、礼就是这种生活的规范和法则。这里特意把日常生活中的一切具体活动都称为道，正如《中庸》所说"修养自己在于遵循大道，遵循大道要从仁义做起"，就是把具体的事物与事物的规律区分开来讲。办事合乎礼义法度就是道，不偏不倚、执两用中也是道。这些都是从具体事物及其规律的角度综合来说的。

[点评]

在中国人性伦理思想史上，《孟子》说过"食色，性也"，又说"人之有道也，饱食暖衣。逸居而无教，则近于禽兽"；《礼记》也有"饮食男女，人之大欲存焉"，这些至理名言早已被"百姓日用而不知"了。晚明的李贽说"穿衣吃饭即是人伦物理"；王艮说"凡民之有德行才艺者必见于人伦日用之间"，以至于清代的戴震所言"人伦日用，其物也，曰仁，曰义，曰礼，其则也"，都表明了自古及今的人性与人道都是在"声色嗅味之欲"的抗争中，永恒地流传和延续下去。中间经历的宋明时代，对于人性与天道却有不一样的解读。由张载肇其端、二程绝对化的"理欲对立"之说，作为理论范式融入到宋明学者的“理学”体系中。如朱熹说：“圣人千言万语，只是教人存天理，灭人欲。”王阳明说：“学者学圣人，不过是去人欲而存天理耳，犹炼金而求其足色。”这种“存理灭欲”思想在实质上与佛、道的无欲、无为并无二致，却以孔孟正统儒家的身份和口吻，用来维护涂炭生灵、穷奢极欲的封建社会，造成了中国传统学术思想一直给人以一副僵硬冷漠、非理性可恶面孔。

有幸的是，在思想管控极其严酷的清代乾嘉时期，却有一个戴震这样的人物，通过“理者存乎欲”的“理欲之辨”，为平民百姓的正当权益诉说伸冤，振臂呐喊。章太炎曾经作《释戴》一文，对此有一个极好的评说：“戴震生雍正末，见其诏令谪（zhé，贬谪）人不以法律，顾（发语词，无义）摭（zhí，摘取）取洛、闽儒言以相稽（验核），觇司（chān sì，窥探。司，同“伺”）隐微，罪及燕语（私房话）。九服（天下）非不宽也，而迾（同“列”）之以从棘，令士民摇手触禁，其衋（xì，伤痛）伤深。震自幼为贾贩，转运千里，复具知民生隐曲，而上无一言之惠，故发愤著《原善》《孟子字义疏证》，专务平恕，为臣民诉上天，明死于法可救，死于理即不可救。”这段文字虽然比较古奥，却最能切中肯綮地把戴震当时的个人境遇、思想倾向以及他的社会用意，都展现得淋漓尽致，从一个人的人生遭遇上升到对当时社会政治层面的剖析，揭示了宋明理学“适成忍而残杀之具，为祸又如是”的反人性和反人道主义的思想本质，彰显了戴震思想中弥足珍贵的知识分子的良知及其沉重的社会责任感。

问：颜渊喟然叹曰[1]："仰之弥高，钻之弥坚，瞻之在前，忽焉在后。"公孙丑曰："道则高矣美矣，宜若登天然，似不可及也；何不使彼为可几及而日孳孳也[2]？"今谓人伦日用举凡出于身者谓之道，但就此求之，得其不易之则可矣，何以茫然无据又若是欤？[3]

［注释］

[1] 颜渊：姓颜，名回，字子渊，鲁国，春秋末期思想家，孔子最得意的门生，七十二贤之首，陪祭孔庙，尊称复圣。喟（kuì）然：叹息的样子。 [2] 几及：差点赶上、几乎达到。孳（zī）孳：同"孜孜"，努力不懈，勤勉的样子。 [3] 这段问话的意思是：关于孔子的道德学问，他的学生颜渊曾深深地感叹说："我抬头仰望，越望越觉得高深莫测，越钻研越觉得难以捉摸，看着好似在前面，忽然又像在后面，让人捉摸不透。"公孙丑说："道是那么的高大，那么的美好，就好像登天一样，似乎是高不可攀的。为什么不让道成为能够容易接触到，可以让人每天都去孜孜不倦地追求呢？"现在谈论人伦日用和生活中的所有事情，都可以称之为道，只要能够从中寻求到那亘久不变的法则就可以了。那么，颜渊和公孙丑所讲的道，为什么又如此渺茫而无所依据呢？引文见《论语 · 子罕》和《孟子 · 尽心上》。

曰：孟子言："夫道若大路然[1]，岂难知哉？"谓人人由之[2]。如为君而行君之事，为臣而行臣之事，为父为子而行父之事，行子之事，皆所谓道也。君不止于仁[3]，则君道失；臣不止于敬，则臣道失；父不止于慈，则父道失；子不止于孝，则子道失；然则尽君道、臣道、父道、子道，非智仁勇不能也。质言之[4]，曰“达道”，曰“达德”；精言之[5]，则全乎智仁勇者，其尽君道、臣道、父道、子道，举其事而亦不过谓之道。[6]故《中庸》曰：“大哉圣人之道！洋洋乎[7]，发育万物，峻极于天[8]！优优大哉[9]！礼仪三百[10]，威仪三千[11]，待其人而后行[12]。”极言乎道之大如是，岂出人伦日用之外哉！以至道归之至德之人，岂下学所易窥测哉[13]！今以学于圣人者，视圣人之语言行事，犹学奕于奕秋者[14]，莫能测奕秋之巧也[15]，莫能遽几及之也[16]。颜子之言又曰：“夫子循循然善诱人，博我以文，约我以礼。”[17]《中庸》详举其目，曰博学、审问、慎思、明辨、笃行，而终之曰：“果能此道矣，虽愚必明，虽柔必强。”盖循此道以至乎圣人之道，实循此道以日增其智，日增其仁，日增其勇也，将使智仁勇齐乎圣人。[18]其日增也，有难有易，譬之学一技一能，其始日异而月不同；久之，人不见其进矣；又久之，己亦觉不能复进矣；人虽以国工许之[19]，而自知未至也。颜子所以言“欲罢不能，既竭吾才，如有所立，卓尔[20]，虽欲从之，末由也已”[21]，此颜子之所至也。[22]

戴震依据“人道本于性，而性原于天道”的逻辑理路，来完成他的天道观、人性论与人道学说，消解宋儒“理欲之辨”的二本论，认为人的情欲要求与相对适当的满足，乃是“性之本然”。

［注释］

[1] 道：这里指圣人尧、舜、周公、孔子之道。 [2] 由：经过、遵从。 [3] 止：达到、停留。 [4] 质言之：质朴的言语、如实而言。 [5] 精言之：精妙的言辞、概括地说。 [6] 这几句话的意思是：孟子说：“道就像大路一样，难道不容易看到吗？”这是说道如同每天所走的路一样，是很明白和自然的事。譬如君主每天就做君主分内的事情，臣子每天完成臣子应该完成的工作，父亲和儿子每天做好父子应该做的事，这些就叫做道。如果君主做不到仁，那就丧失了君道；如果臣子做不到敬，那就丢失了臣道；如果父亲做不到慈，那他就没有父道；如果儿子做不到孝，那他的子道就泯灭了。然而，要完全达到君道、臣道、父道、子道的标准，没有智、仁、勇这样的德性是行不通的。具体来说，就是上述所言的“五达道”和“三达德”。概括地说，如果具备智、仁、勇三种德性的人，完全做到了君道、臣道、父道、子道的要求，并在做事情的过程中没有丝毫的过错，能够做到这种地步就叫做道。 [7] 洋洋：形容众多或盛大的样子。 [8] 峻极：劲挺峭拔，上极于天。 [9] 优优：雍容自得、安逸闲适。 [10] 礼仪：“礼”的大纲。 [11] 威仪：“礼”的细目。 [12] 其人：这里指有最高德行的圣人、贤者。 [13] 下学：指普通平凡的人。窥（kuī）测：

窥探推测。这句话的意思是：所以《中庸》说："圣人之道真是伟大啊！它充盈于天地之间，使万物得以充沛地发育和生长，就像天空一样崇高无比。礼是多么丰富啊！它的大纲就有三百项，细目也有三千多条，都要等到圣人出现以后才能实行。"这里描述了道的广大无垠和无与伦比，但是它又何曾超出过普通的日常生活呢？这种最高的道，只有那些有最高德性的人才能理解和把握，岂是普通人能轻易地窥探到它的底蕴的呢？ [14] 奕秋：上古有一个名叫秋的人善于下棋，后人称之为奕秋，故事见《孟子·告子上》。奕，同"弈"，下棋。 [15] 莫：代词，没有人。 [16] 遽（jù）：急速、匆忙。 [17] 夫子：这里指孔子。循循然：有次序有规矩的样子。这几句话的意思是：现在我们来求学于圣人，却因认知不够，对圣人的言语行动无法理解和掌握，就好像跟从奕秋学习下围棋的人一样，没有人能把握到奕秋一丝一毫的技巧。颜渊又说："孔夫子善于循序渐进地启发和诱导我们，用各种文献典籍来丰富和充实我们的知识，用各种礼节法度来约束我们的行动。"引文见《论语·子罕》。 [18] 这几句话的意思是：《中庸》详细列举了学习和修养的几个重要条目，分别叫做广博地学习、翔实地询问、慎重地思考、明确地辨别、笃实地行动，最后总结说："如果真的能够按照这些方法去学习和修养的话，虽然是愚昧无知的人，也一定会变得聪明睿智；尽管是懦弱无能的人，也一定会变得刚强勇猛。"由此可以说明，遵循这样的路径和方法，就可以达到圣人的智慧和道德水平，实际上就是顺着这个路径可以每天都能增长智、仁、勇，最终达到圣人的思想高度和修养境界。引文见《中庸》第二十章。 [19] 国工：一国之中技艺最高超的人。 [20] 卓尔：指才德超出寻常，与众不同。 [21] 末由：指无章可循，无所适从。末，通"莫"，无、没有。由，经过、遵从。 [22] 以上几句话的意思是：在日益增长知识的过程中，有困难的时候，也有容易的时候，就好像学习一项技术或本领一样，开始的时候每天每月都能感受到不断地进步，但时间一长，人们就看不到他的明显进步了；时间再长一些，连自己也会觉得没有什么可以提高的了。人们虽然称许他是全国技术最好的工匠，但他自己知道那是不可能达到的境界。颜渊之所以说："这让我想停止前进也不可能，我已经殚精竭虑、全力以赴了。如果孔夫子再提出什么高深的理论，我即使想努力学习，跟上他的步伐，也是做不到的事情。"因为这已经是他所能达到的最高境界了。引文见《论语·子罕》。

［点评］

"道"，《说文解字》解释为"所行道也"，可见它的本义就是"道路"，引申为途径、道理、思想等，后来成为中国传统学术中最重要的哲学范畴之一。如朱熹的学生陈淳曾解释说："道之大纲，只是日用间人伦事物所当行之理，众人所共由底，方谓之道。"这是把"当行之理"，即人伦五常的道德观念注入了进去，与那个超越形器的存在之"理"或"天理"差不多是一个意思，这是一种先于物质而又主宰物质以及一切存在的最高级的神秘实体。朱熹说得更明白："道之在天下，其实原于天命之性，而行于君臣、父子、兄弟、夫妇、朋友之间。""吾之所谓道者，君臣、父子、夫妇、昆弟、朋友，当然之实理也。"这就是把"道""理"和"天命之性"打包在一起，作为理学建构的基本内容了。针对这个问题，戴震在辨章学术、考镜源流的基础上，阐释了自己所理解的"道"是"在天地，则气化流行，生生不息，是谓道；在人物，则凡生生所有事，亦如气化之不可已，是谓道”。不论是说天道，还是讲人道，都是离不开“生生不息”和人伦日用的，即“举其实体实事而道自见”。除了饮食男女之类的“生生所有事”，即使如“为君而行君之事，为臣而行臣之事，为父为子而行父之事，行子之事，皆所谓道也”。所以，戴震的“人道本于性，而性原于天道”，归根结底都落实在关乎民生的“人道”上。可以说，人道与人性乃至天道都是善良伟大的，但不能像宋明儒者那样离开“人伦日用”来空谈所谓道，不能只讲“当行之理”，倒是更需要“身之所行”，这样才能完善“人道→性→天道”的生命哲学逻辑，进而“循此道以至乎圣人之道”。戴震的这一做法，显然是把人道从远离人世的形而上道德本体，拉回到世俗所依靠的衣食住行中来；从道德主义的理想殿堂，返回到了注重日常生活的现实社会。

仁义礼智

仁者[1]，生生之德也；“民之质矣，日用饮食”[2]，无非人道所以生生者[3]。一人遂其生[4]，推之而与天下共遂其生，仁也。[5]

仁是儒家伦理思想的核心范畴，既是指人们内在的心理意识，又指人的行为的基本准则和道德规范。

［注释］

[1] 仁：许慎《说文解字》释为“仁，亲也，从人二”，意为天地的生化不已和万物的亲爱有生。后世学者将其上升为儒家道德范畴和伦理概念来使用，成为传统哲学的命题。戴震在此又有新的理解和诠释，赋予这个仁字“以情絜情”的内涵。 [2]“民之质矣，日用饮食”：语出《诗经·小雅·天保》。 [3] 所以：所赖以。 [4] 遂：成功、实现。 [5] 这一段的意思是：仁就是天地万物不断产生、变化和发展的特征。《诗经》说：“老百姓的生活朴质无华，就是吃饭穿衣过日子而已。”这些无非都是人们赖以繁衍和生存的手段。每个人满足了自己的生存需要，推而广之，

让天下所有人也能生存下去，这就是仁。

[点评]

孔子说“仁者爱人”;《易传》说“天地之大德曰生”，“生生之谓易”，这里的“生”和“生生”都是指“仁”的天地化生、万物不绝之意，体现出天覆地载之中的阴阳运行，“化生生物”。化生所成即为性，故性并不抽象；物性实体即为生，生生之德即为仁，这是自然界和人类社会发展的普遍法则。戴震承续经典之说，而又有新的诠释，认为“气化流行，生生不息，仁也”；“饮食男女，生养之道也，天地之所以生生也”。意思是说，天地万物不断产生、变化和发展，体现了它的“生养之道”，而此“道”，并非如宋儒所言之万物本原，或其他什么高深莫测的东西，它只是一个气化流行生生不息的过程罢了。而所谓“生生”，既是“道”，也是“仁”。以生为仁，以仁为天地生物之心，故人心为仁。这个“仁”字，说到底无非是指人类赖以繁衍和生存的手段而已，诚如《诗经》所言：老百姓是极为质朴的，他们的要求就是吃饭穿衣过日子。这个“生生不息”之理，又叫做“生理”和“天道”，也就是说，仁合生、欲、理于一体，是生生之理合于“道”的结果。

《疏证》卷下“道”条中，有论述道与理、气、仁、义、礼之间的关系，其中也有对“仁”的综合阐释：“道，犹行也，气化流行，生生不息”；“立人之道曰仁与义”；“古贤圣之所谓道，人伦日用而已矣，于是而求其无失，则仁义礼之名因之而生”。戴氏对以上传统哲学范畴加以评判的同时，也将其内涵逐渐下移至社会生活层面，即由“纯粹中正”向“实体实事”方面加以引导，认为天地之德，一仁而已，“耳目百体得其顺，于其有欲，君子以观仁焉”；“生生者，仁乎。生生而条理者，礼与义乎”。从广义而言，仁是对于天地万物、人类自身存在的关怀。它作为生生之德，可以“成己成物”，若能做到“不私”，则是一种很重要的品质。每个人在满足自己生存需要的时候，又能够推而广之，让天下所有人都能生存下去，这就是仁的表现，也是伦理道德在社会生活层面显著而实在的体现。“仁”根于人伦日用而又统摄四德，其他如义、礼、智、廉、耻、孝、悌、忠、信等，都是围绕“仁”的合于“道”而展开的体证和践行。戴震《原善》卷上也有对“生生，仁也”和“至贵者仁”的具体阐释，可以相互参阅。

义是儒家哲学与伦理范畴，指通过内心的自我调节，使思想行为符合一定准则。《中庸》：“义者，宜也。”《说文》：“宜，所安也。”这是把它当作行为之所宜、所“当然”的评价标准。又往往与“利”对举，形成“义利之辨”，成为中国伦理思想史的一个基本问题。

言仁可以赅义[1]，使亲爱长养不协于正大之情[2]，则义有未尽，亦即为仁有未至。言仁可以赅礼，使无亲疏上下之辨，则礼失而仁亦未为得。[3]且言义可以赅礼，言礼可以赅义；先王之以礼教[4]，无非正大之情；君子之精义也[5]，断乎亲疏上下，不爽几微[6]。而举义举礼，可以赅仁，又无疑也。举仁义礼，可以赅智。智者，知此者也。[7]

《孟子》说“人之有是四端也，犹其有四体也”，所以仁、义、礼、智便成为人道的准则，智、仁、勇是人所具有的美德。

[注释]

[1] 赅：包括、涵盖，有兼和备的意思。 [2] 使：假使、如果。亲爱长养：爱护亲人，抚养幼弱。协：符合、协调。正大之情：正当而普遍的情理。 [3] 这两句话的意思是：说到仁，可以包含义。如果在爱戴亲人和抚养幼辈方面不符合普遍和正当的情理，那就是没有做到义，在仁的方面也就没有达到要求。说到仁，可以包含礼，假使没有人际关系上的亲、疏、上、下之分，那么就是丧失了礼，仁的内容也就谈不上了。 [4] 先王：这里是指戴震心目中的理想君主和内圣外王的统治者，如尧、舜、禹、汤、文、武等。 [5] 君子：原指君王或国君之子，后世引申为德才兼备、文质彬彬、具有理性人格的完美之人。精义：此处是指精妙深微的义理。 [6] 不爽几微：没有一点儿差错。爽，错谬、失误。 [7] 这三句话的意思是：既然说到义，也就包括了礼；说到礼，也就蕴含了义。先王用礼来教化民众，体现的无非是光明正大的情理内容；君子精通义，在于能够正确判断亲疏上下的区别而无些许差错。而提到义，提到礼，也就包含了仁，这也是毫无疑问的。提到仁、义、礼，也就包含了智，这是因为智就是认识和掌握仁义礼的能力。

[点评]

戴震承袭了程朱“仁包四德”思想，以“仁”包括了仁义礼智，体现出他对孔孟仁学和宋明理学的扬弃与发展。戴氏认为仁就是“生生之德”，就是“一人遂其生，推之而与天下共遂其生”；礼是“天地之条理”和社会秩序的“亲疏上下”关系；义则是“条理截然不可乱”，“使亲爱长养”都能符合“正大之情”；智是指能够认识和掌握仁义礼各方面的见识和能力。所以在戴氏看来，说到仁，就包含了义。如果在爱戴亲人和抚养幼辈方面，不符合正当普遍的情理，那就是没有做到义，也就没有做到仁。同时，说到仁，也应包含礼的内容，假使没有人际关系上的亲疏上下之分，那就是丧失了秩序，丢失了礼，仁的内容也就根本谈不上了。换句话说，就是说到义，也就包括了礼；说到礼，也就蕴含了义，仁义礼三者可谓互有包容，而使仁具有了本体论的性质。戴氏曰："善，曰仁曰礼曰义，斯三者，天下之大衡也。""所谓善，无他焉，天地之化，性之事能，可以知善矣。"这是以仁为本，以善为天下之大共，而共趋于"善"，共同建构出伦理社会所需要的人道准则。

然而，要掌握和实现仁义礼，就需要重视和提高人的智，因为智就是思维主体对于自然条理的认识，这是认识和掌握仁义礼的重要手段。戴震说"人之有觉也，通天下之德，智也"。这是从"血气心知"的自然观出发，以"不求于所谓欲之外，不离乎血气心知"来阐述仁义礼智的各自内涵，进而解构人性自觉过程中以仁为首、"仁包四德"的统摄关系。戴震在该书卷上曾有指出："欲遂其生，亦遂人之生，仁也；欲遂其生，至于戕人之生而不顾者，不仁也。"强调"仁"既属于自然天道观，同时也属于社会伦理观，只有实现了血气心知的"德"，才能完备人伦日用的"善"。古圣贤用仁来教化民众，体现的无非是光明正大的仁义和情理；君子之所以精通义理，就在于他们能够正确地判断亲疏上下的区别，而没有一点儿差错。孟子说：恻隐、羞恶、恭敬、是非之心，人皆有之，"仁义礼智，非由外铄我也，我固有之也"；戴氏也说“举仁义礼，可以赅智。智者，知此者也”，这正是继承和发展了孟子仁政思想，对仁义礼智的诠释既有所分别，而又融为一体，以此领悟先王之礼教、君子之精义，并以之作为培养和提升理想人格的标准。

此处用《中庸》“三达德”与孟子“四端”交互论证，贯通融合，为“仁且智”的提出做好铺垫。

这是在程朱“仁包四德”论基础上的新诠释。朱熹的“仁包四德”，将“仁”确立为包含仁、义、礼、智的本心之全德。可见戴氏对宋明理学持批判态度，但其中的继承性也是显而易见的。

《易》曰：“立人之道，曰仁与义。”而《中庸》曰：“仁者，人也，亲亲为大[1]；义者，宜也[2]，尊贤为大；亲亲之杀[3]，尊贤之等，礼所生也。”益之以礼，所以为仁至义尽也。语德之盛者，全乎智仁而已矣，而《中庸》曰：“智仁勇三者，天下之达德也。”益之以勇，盖德之所以成也。[4]就人伦日用，究其精微之极致，曰仁，曰义，曰礼，合三者以断天下之事，如权衡之于轻重，于仁无憾[5]，于礼义不愆[6]，而道尽矣。若夫德性之存乎其人[7]，则曰智，曰仁，曰勇，三者，才质之美也。因才质而进之以学，皆可至于圣人[8]。

[注释]

[1] 亲亲：前一个是动词，“爱”之义；后者为名词，“亲人”之义。 [2] 宜：合理、适宜。 [3] 杀：减等、差别。 [4] 这几句话的意思是：《周易》说：“人们立身行事的根本准则，就在于仁和义。”《中庸》也说：“仁就是爱人，对自己亲人的爱最为重要；义就是处理事务适宜妥当，对贤人的尊敬最要紧。对于亲人的爱

恋有亲疏之别，对贤人的尊敬也有差等，这样就产生了不同的礼仪节度。”在仁和义的基础上，再加上一个礼，这样仁就达到了最高程度，义也就得到了充分发挥。如果说到人的德性达到了最高境地，只不过是具备了智和仁罢了。而《中庸》说：“智、仁、勇三者是天下通行的美德。”在智和仁的基础上，再加上一个勇，这些美德就能得以实现了。 [5] 憾：遗憾、不如意。 [6] 愆：错误、差错。 [7] 若夫：至于，句首语气词。 [8] 圣人：在儒家学者心目中，是指周公、孔、孟等古代品德高尚、智慧超人的先哲。这几句话的意思为：能够对人伦关系和日常生活探究到精深微妙的程度，而概括出来的最高准则，就叫做仁、义、礼。把这三者综合起来，用以衡量和判断天下的事情，就像用度量衡来称量物体的轻重一样。如果达到了对于仁没有缺憾，对于礼、义没有违背，那么人道原则也就充分实现了。至于存在于人本身内的德性，就是智、仁、勇了。这三者是人的非常美好的才质，如果再加上后天的努力学习和修养，那就可以达到圣人的境界了。

［点评］

在这段文字里，戴氏借用《周易》和《中庸》之说，对仁义礼和智仁勇继续加以阐发，强调人们立身行事的根本准则在于仁和义。仁就是爱人，义就是处理事务得当。因对亲人的爱恋有亲疏，对贤人的尊敬有不同，这样就产生了礼节。在仁和义的基础上，再加上一个礼，仁就达到道德的最高程度，义也得到了充分的发挥。戴氏认为仁义礼应该是三位一体的，但以仁为统摄，以“诚实”为内涵，即“所实者，智仁勇也；实之者，仁也，义也，礼也”，通过对人伦关系和日常生活的探究，概括出“天性之善”的准则，用以衡量和判断天下的事情，即善者，“天下之大衡也”。善也即仁礼义，是实现“道”之生生与条理；若仁礼义得以实现，则天下皆懿德，人物皆有常。如果对仁的躬行践履没有缺憾，对礼、义也没有违背，在人伦日用上已“仁至义尽”，那么人道原则也就充分实现了。

戴震认为“善”是“欲”与“觉”的统一，也是“仁”与“智”的统一，即如子贡所言“仁且智，夫子既圣矣”，这是戴氏所追求的崇高境界和理想人格。自从孔子发现“仁”，孟子倡导之，并以此作为族类亲情乃至人类社会的根本特征。但到近世，后儒却改换门庭，以“超越”的天理作为万物存在和社会伦理的依据和准则，割裂和歪曲了先王圣贤的本义，这是戴震所要努力批判的。他坚守“生生之德为仁”理念，以仁为人性之本，归之于天性之善，置之于四德之首，同时强调后天学习的重要性。故其《原善》卷上也有论述：“得乎生生者谓之仁，得乎条理者谓之智。”“仁且智，非有所加于事能也，性之德也。”东原批判后儒因将事物与心性故意脱节，从而带来理欲二分的割裂，还“欲”于“仁”，这也是他溯源求本、还原孔孟之道所做出的努力。当然，其中不免注入了自己时代的新内容，这也是东原哲学与时俱进的表现。其次，戴震还认为，要实现这个“仁且智”，还需要“益之以勇，盖德之所以成也”，说明“勇”是使“性之德”得以实现的认知能力和实践。《中庸》说“智仁勇三者，天下之达德也”，表明要实现仁义礼智的天性之善和人道准则，必须通过智、仁、勇的“三达德”，才能完成"四端"，实现人伦道德的崇高境界。故戴氏曰："仁义礼之仁，以理言；智仁勇之仁，以德言，其实一也。"事实上，就是在"仁且智"的基础上，再加上一个勇，通过智仁勇对"仁包四德"加以推进和发挥，就可以实现"善"与"德"，终归于"简"与"易"的圣境了。

自人道溯之天道[1]，自人之德性溯之天德，则气化流行，生生不息，仁也。由其生生，有自然之条理，观于条理之秩然有序，可以知礼矣；观于条理之截然不可乱，可以知义矣。[2]在天为气化之生生，在人为其生生之心，是乃仁之为德也；在天为气化推行之条理，在人为其心知之通乎条理而不紊，是乃智之为德也。惟条理，是以生生；条理苟失，则生生之道绝。凡仁义对文及智仁对文[3]，皆兼生生、条理而言之者也。[4]

在戴震眼里，仁义礼智都是人性，也是人的道德，是和自然界的条理、秩序相对应的。"天地之大德曰生"就是戴震的性善说。

戴震以仁来判定"生生"，以此作为人之善端，作为内在个体生命的道德要求，使之处于气化流行而又不断创新的"生生之德"中。

[注释]

[1] 溯：指逆行而上、追溯之义。 [2] 这段话的主要意思是：如果从人道上推到天道，从人的德性追溯到天的德性，我们就会懂得，阴阳二气的运行变化使得人和万物繁衍生存，永不停息，这就是仁。由自然界事物的不断生存和发展，就会形成自然条理；看到这些条理的井然有序，就可以从中悟得礼的意义。观察事物

的界限分明，有条不紊，由此懂得义的道理。 [3] 对文：指一对名词，这与今天在修辞方法和词义训诂中所使用的对文概念不同。文，名词。 [4] 这几句话的意思是：自然界阴阳二气的运行变化，使事物不断地繁衍、生存和发展，落实到人类的生存和需求，这就是仁所表现出来的德性。阴阳二气的运动变化又是有条理的，通过有条不紊的领会而得以把握事物的实质，这就是智的意义所在。事物有了条理，才会不断地产生和发展；如果失去了条理，那么繁衍和生存也就停止了。所以，我们所讨论的仁与义、智与仁，都是一对名词一一对应地列举出来，它兼顾说明了“生生”和“条理”两个方面的重要意义。

［点评］

“人道本于性，而性原于天道”，是戴震哲学贯穿天地人的逻辑结构。它源自《易传》“一阴一阳之谓道，继之者善也，成之者性也”，“继善成性”于是乎成为思想界竞相讨论的话题。宋儒以继善为继“天理”之善，所成善性为天地之性，对善予以超越性的抽象。戴震以继善为继“气化流行”之善，所成性为归于必然的自然之性，对人性之善予以具体性的落实，曰：“《易》言天道而下及人物，不徒曰‘成之者性’，而先曰‘继之者善’。继谓人物于天地其善固继承不隔者也。”又《疏证》卷下“道”条云：“人道，人伦日用身之所行皆是也。在天地，则气化流行，生生不息，是谓道；在人物，则凡生生所有事，亦如气化之不可已，是谓道。”而此处说“气化流行，生生不息，仁也”，可见戴氏所谓道、仁与善，在一定意义上是异名同实的关系。他从“人伦日用”到“人物事为”，从人德到天德的追溯中，阐明了“生生不息”既是人道，也是天道之理。戴氏在上文的基础上进一步探究如何由“仁且智”而至于“善”。善即仁礼义，也是实现生生不已的“道”。若能实现，则天下懿德，人物有常矣，由此显示了戴氏哲学逻辑结构的自觉与系统性。他认为从人道上溯到天道，从人的德性追溯到天的德性，人们已经懂得阴阳变化使得万物繁衍生存，永不停息，就是仁，也是道，更是善。“仁且智”者能够透过万事万物的生存发展的现象，逐渐领悟人性之善与“天地之条理”，可以从中悟出礼的意义，“礼者，天地之条理也”；同时，又通过观察事物的界限分明和有条不紊，由此懂得“义”的道理。故戴氏说“明理者，明其区分也；精义者，精其裁断也”，是故生生之谓仁，条理之谓礼，察条理之正而断决于事之谓义，得条理之准而藏主于中之谓智。用今天的话来说，分析与综合侧重于对万事万物的“区分”，而“裁断”则要求“智”对这一“区分”的结果，能够做出及时而恰当的裁判，即“举理，以见心能区分；举义，以见心能裁断”。如果“求理义而智不足者也，故不可谓之理义”，因而“智”在戴震哲学里是一个举足轻重的概念。这也是今天的学者称其有重智倾向和智（知）识主义的缘故所在。

戴震学术的两个显著理念，就是“去私”与“解蔽”，换言之，即是为“仁且智”而努力。如果说“去私”实现了仁与善，那么“解蔽”则需要智仁勇，故“重智”在东原哲学里占有很重要的位置。戴氏所谓“智”，就是对事物“条理”的认知能力，即“心知之通乎条理而不紊，是乃智之为德”。仁与智的统一，其最高的表现就是善。故戴氏《原善》有言：“人之有觉也，通天下之德，智也。”智既是道德行为主体对于仁义礼的认识，也包括对自然五行之气运动变化的认知和把握，因此而称为“择善”。戴氏说：“人莫大乎智足以择善也；择善，则心之精爽进于神明。”又说：“总须体会孟子条理二字，务要得其条理，由合而分，由分而合，则无不可为。”在戴震哲学的自然观和人性论中，世界的运动变化都是有条理的，通过有条不紊的认识而得以把握事物的实质，这是“智”的意义所在，故而有言：“德性之存乎其人，则曰智，曰仁，曰勇，三者，才质之美也，因才质而进之以学，皆可至于圣人。”又说：“智也者，言乎其不蔽也；仁也者，言乎其不私也；勇也者，言乎其自强也。非不蔽不私加以自强，不可语于智仁勇。”只有不蔽、不私、自强三者兼备时，才可以至圣。所以，这一段所讨论的问题，对仁与义、智与仁，以及智可达仁、仁中含理的探讨，都可归结于“生生之欲”和“条理之理”两个问题之中。故戴氏说“惟条理，是以生生”，即事物有了条理，才会不断地产生和发展；如果失去了条理，那么繁衍和生存也就停止了。

“绘事后素”为古代绘画中的专业称谓。郑玄对此依字解经，意为先画出各种色彩，然后用白色勾勒出文采；朱熹则增字解经，诠释为“绘事后于素”，故二者释义正相反。戴震因“重学重礼”而取郑说，反驳朱子“礼以忠信为质”之语。

问：《论语》言“主忠信”，言“礼与其奢也宁俭[1]，丧与其易也宁戚[2]”；子夏闻“绘事后素”[3]，而曰“礼后乎”；朱子云“礼以忠信为质”[4]，引《记》称“忠信之人，可以学礼”证之；老氏直言“礼者，忠信之薄[5]，而乱之首”，指归几于相似[6]。然《论语》又曰：“十室之邑[7]，必有忠信如丘者焉，不如丘之好学也。”曰：“克己复礼为仁[8]。”《中庸》于礼，以“知天”言之。孟子曰：“动容周旋中礼[9]，盛德之至也。”重学重礼如是，忠信又不足言，何也？[10]

礼是指中国古代的宗法等级制度，以及与此相应的礼节仪式和道德规范。礼的兴起是社会文明和人伦道德的重要标志，它从远古社会的人际交往礼仪，发展成为宗法伦理和个人行为的制度规范，经历了一个漫长的发展过程。在戴震眼里，“仁”是基础，“学”是前提，“礼”是目的和结果。

［注释］

[1] 奢：铺张浪费。俭：朴素节俭。 [2] 易：简慢。戚：哀伤、悲愤。 [3] 子夏：姓卜名商，春秋时晋国人，孔门十哲之一。孔子死后，他来到魏国讲学，其“西河设教”成就了许多战国名流。绘事后素：比喻有良好的质地，才能进行锦上添花的加工。 [4] 质：质地、根本。 [5] 薄：衰弱、不足。 [6] 指归：主旨、大意。几：接近、几乎。以上几句话的意思是：《论语》说：“应该亲近忠诚和讲信义的人。”又说：“就一般的礼节仪式来说，与其奢侈浪费，我宁可朴素节俭；就办理丧事来说，与其在仪节上做得很完备和隆重，不如发自内心的哀戚不已。”子夏听孔子说“绘画过程中，要在最后用白色来勾画”，就问道：“礼是在忠信之后吗？”朱熹在注解这句话的时候说：“在行礼的过程中，要把忠诚守信看作最根本的东西。”并引用《礼记》中“只有忠诚守信的人，才可以学习礼”这句话来加以证明。老子则直接说：“礼是由于忠诚守信衰微之后才产生的，并且也是造成人伦悖乱的开始。”可见朱熹和老子的思想宗旨基本思路是相通的。 [7] 十室之邑：古代基层组织，以一井为一家，四井为一邑。 [8] 克己复礼：克制自己的私欲，使言行举止合乎礼节。 [9] 动容：动作和仪容。周旋：

回旋应酬、打交道。［10］以上几句话的意思是：然而，《论语》说："即使在十来户人家的小村庄里，也一定存在有像我孔丘一样忠诚守信的人，只是不像我这样好学上进罢了。"又说："克制自己的欲望，使言行符合礼，就是仁。"《中庸》对于礼的解释，是用知天命、通天道来说明的。孟子说："在人际交往中，动作仪容都要符合礼的要求，这是最高美德的表现。"他们都是这样的重视学习，崇尚礼仪，却又认为忠诚守信不值得一讲，这到底是什么缘故呢？

［点评］

孔子说"克己复礼"，孟子曰"动容周旋中礼"，荀子说"礼者，贵贱有等，长幼有差，贫富轻重皆有称者也"，都表明礼在社会生活中的重要性。既然礼是如此重要，那么又如何让人"知礼""中礼"和"复礼"呢？戴震对此提出了自己的看法，他认为"礼者，天地之条理也"；"观于条理之秩然有序，可以知礼矣"。这不仅需要以孔子"主忠信"和孟子性善论的仁学为基石，还需要"重学重礼"，"知条理"，试图通过"仁且智"的双重途径，实现从人性之善到成人之美的君子人格，达到彬彬有礼、化民成俗的礼仪社会目标。

戴氏以为古圣贤的成人之道，在于使社会"条理之秩然有序"，让个人"情之不爽失"；人际之间是"遂己之欲，亦思遂人之欲"，知道人伦日用、生生条理乃是圣人通天下之情，遂天下之欲，宜实行之而无错失。"生生条理"既是"礼"的本来意义，也是知"情"达"理"的自然要求。但释道与后儒"爽其条理"，认为"礼者，忠信之薄，而乱之首"，故而"行之差谬，不能知之，徒自期于心无愧者。其人忠信而不好学，往往出于此，此可以见学与礼之重矣”。戴震在尊崇孟子仁义学说的前提下，进而加重了礼的研究分量，提出“仁者，生生之德”，以仁为生生之本，以“生生而条理”为“礼”之本，体证和践行了孔子“主忠信”和“克己复礼为仁”的正确性，故“重礼”与“重学”同等重要。戴震这一段的设问语言，以先贤语录为基本内容而构成，为了便于阐明孔子“主忠信”和“克己复礼为仁”的关系，戴氏在这里还特别引用到思想史上的一个有趣的话题——“绘事后素”，借以展开“礼”的实现与仁义礼智之间的关系。他采纳郑玄之说，来反驳朱熹的《集注》之解，认为朱子不取旧注，以增字解经来诠释“后素”是“后于素”，有失古训而贻误后学。通过以“绘事后素”为例，肯定了“仁内礼外”或“仁先礼后”之说，就是在“仁”的基础上加饰以“礼”，仁也将得以更为清晰完美的展现，由此“克己复礼为仁”之说也得以实证。若按老子之说，礼是由于忠诚守信衰微之后产生的，并指责它是造成混乱的开端，则有悖于先贤真意。以此推论，礼若为一张白纸，则仁义也就空虚不实，不复存在了。从这种意义上来说，“主忠信”是人性的内容，“重学重礼”则具人文的内涵，仁与礼乃是一个事物的两个方面，不可须臾分离，非如老子和朱熹所理解的那样，具有超越性的玄妙之物。所以，戴震哲学的“仁且智”论，是在坚守仁爱基础上的“重学重礼”，是对孔子“克己复礼”与孟子“动容周旋中礼”的创新性发展，也是对清初前贤顾炎武“博学于文，行己有耻”思想的进一步理论提升。

戴震常言“为学须先读《礼》，读《礼》要知得圣人礼意”；“明乎《礼》，可以通《诗》”；“稽之于典籍，证之以器数”。

语出《礼记·檀弓下》“有直情而径行者，戎狄之道也。礼道则不然”。

戴震认为“礼”是圣人根据“天地之条理”制定出来的天下万世的法规，并通过对荀子“贵礼义”“重学问”的阐释，对老子“绝学去礼”的批判，以及对宋儒“饰貌为礼”经学思想的剖析，展开论述“礼”与“学”的重要性。

曰：礼者，天地之条理也，言乎条理之极[1]，非知天，不足以尽之。即仪文度数[2]，亦圣人见于天地之条理，定之以为天下万世法。礼之设所以治天下之情，或裁其过[3]，或勉其不及[4]，俾知天地之中而已矣[5]。至于人情之漓[6]，犹饰于貌，非因饰貌而情漓也[7]，其人情渐漓而徒以饰貌为礼也，非恶其饰貌，恶其情漓耳。礼以治其俭陋[8]，使化于文；丧以治其哀戚，使远于直情而径行[9]。情漓者驰骛于奢与易[10]，不若俭戚之于礼，虽不足，犹近乎制礼所起也，故以答林放问礼之本[11]。“忠信之人，可以学礼”，言质美者进之于礼，无饰貌情漓之弊，忠信乃其人之质美，犹曰“苟非其人，道不虚行”也。至若老氏，因俗失而欲并礼去之[12]，意在还淳反朴，究之不能必天下尽归淳朴[13]。其生而淳朴者，直情径行；流于恶薄者，肆行无忌，是同人于禽兽，率天下而乱者也。[14]君子行礼，其为忠信之人固不待言；而不知礼，则事事爽其条理[15]，不足以为君子。林放问“礼之本”，子夏言“礼后”，皆重礼而非轻礼也。[16]

［注释］

[1] 极：极致、顶点。 [2] 仪文度数：维护社会秩序的各种典章制度。仪文，礼仪形式。度数，郑玄《周礼注》指爵等之大小。 [3] 裁：剪裁、制约。 [4] 勉：勉励、激励。 [5] 中：恰当、适合。以上几句话的意思是：礼就是天地自然的条理，从条理的极致和精微之处来说，如果对自然界没有足够深刻的认识，那是不能充分理解和掌握它的。即使是礼的仪式规范和典章制度，也是圣人认识到天地的条理之后，才制定而成的，并用来作为通行于天下万世的法则。礼的设置，原本是为了调节和制约天下人的情欲，有的过分，需要加以抑制；有的欠缺，需要加以激励，最终让人们都能懂得自己的情欲应该符合天地条理和中庸之道。 [6] 漓：浇薄，义与“醇厚”相对。 [7] 饰貌：指修饰外表。 [8] 俭：俭朴、朴素。陋：谫陋、粗野。 [9] 直情而径行：指随心所欲地做事。径，直。行，从事。 [10] 驰骛（wù）：奔忙、追求。 [11] 林放：春秋时鲁国人，孔子的弟子。以上几句话的意思是：至于在人情淡薄的情况下，却还要过多修饰自己的仪表，不是因为过度修饰而导致了情感淡薄，而是在情感逐渐淡薄之后，只能靠装饰外貌来增强礼节。所以，我们不是厌恶他对外表的装扮，而是厌恶他的情感淡薄罢了。礼是为了改造人的简陋生活和野蛮行为，使人在礼仪的践行中变得文明起来；丧礼是为了控制人的悲哀情绪，使人在情感和行为上不至于任性和放纵。在丧礼中，情感淡薄的人往往过分地追求奢侈浪费和仪节完备，反而不如那些内心悲戚、不太讲究外在形式的人。虽然他们在礼节仪式上还有不足之处，但这与圣人制作礼仪的本意最为接近。所以，孔子用这句话来回答了林放的提问，阐释了礼的本质问题。 [12] 俗失：社会风气变坏。 [13] 究之：寻根究底、追本溯源。 [14] 这几句话大意为：《礼记》说“只有忠诚守信的人，

才可以学习礼”，意思是说，才质美好的人只有进一步用礼节来规范自己，才能避免外表修饰而内情淡薄的弊病。笃实诚信就是一个人本质美好的体现。正如《周易》所说：“如果没有合适的人，道也不会凭空推行。”至于像老子那样，因为看到社会风俗的败坏，就连同礼仪一起全部废除掉，意图让人重新返回到朴实淳厚的远古社会，但实际上不可能使全天下的人都返回那种状态。那些生来性情淳朴而又没有学过礼仪的人，行事不免粗疏直率；那些不懂礼数而又刻薄恶毒之人，肆意妄行，无所忌惮，那将会是人同禽兽一般，随心所欲，把天下引入混乱的境地。 [15] 爽：错失、失去。 [16] 这两句话的意思是：君子如果能够按照礼节去办事，那么他就是一个笃实守信的人，这是无需多说的了；如果一个人不懂得礼节，那么他所办的每件事情都不符合条理，这样也就不足以称为君子了。所以林放问孔子“礼的本质”是什么，以及子夏说“最后用礼来加以约束”，都是强调礼的重要性，而不是轻视礼的价值和作用。

[点评]

戴震哲学对于“礼”的诠释，是建立在他丰富的礼学研究基础上的思想总结。他一生精力所萃，实在“三礼”，认为“不知古者宫室衣服等制，则迷于其方，莫辨其用”；“士生千载后，求道于典章制度”。因此他早年的学术切入点，除了小学和天算之外，对典章礼制的研究为其终生职志。所以，在戴震的学术旨趣中，礼学研究占有极其重要的内容。孔广森在刊刻微波榭本《戴震文集》时就称赞道：“道学起而儒林衰，性理兴而曲台绝。齐秦委武，莫识称名；殷夏圜章，焉能考据。溯增冰于积水，示祭海于先河，为《学礼篇》一卷，冠其《文集》十卷之首。”戴氏《学礼篇》收有《明堂考》《三朝三门考》《匠人沟洫之法考》《乐器考》《记冕服》《记皮弁服》《记爵弁服》《记朝服》《记玄端》《记深衣》《记中衣褐衣襦褶之属》《记冕弁冠》《记冠衰》《记括发免髽》《记绖带》《记缫藉》《记捍决极》，凡十七篇，皆为“诠释礼制，以类相求，简约详明，远驾江氏《礼书纲目》上”（刘师培语），从中可以窥见戴氏对于古代政治制度、伦理规范及人生修养的切实探讨与践履。至于其他如《考工记图》和《周礼太史正岁年解》等，也属于体国经野和志存闻道的典章制度之作。

前文说到“惟条理，是以生生”；“气化流行，生生不息，仁也”，表明戴氏所谓的“条理”就是包容天地万物的仁与礼。如果对自然界的条理没有精微深刻的认识，那是不能够充分理解和掌握它的。戴氏指出，礼的设置原本是为了调节和制约天下人的情欲，让人们都能懂得自己的情欲应该符合自然条理。所以，现在的社会不仅需要用礼节来维持社会伦理，“使之协于中”，而且还需杜绝“情漓”和“饰貌”，让礼的施行归还于人的日常生活。为了改变人的粗陋生活和野蛮行为，使人在礼仪的践行中变得文明起来，使社会远离“情漓”和“饰貌”，在世风日下、人心不古的时代，孟子的四德在戴震心目中，也已经由重仁义而逐步转向重礼仪、重学习了。所以，戴氏极力主张“重学”，意在通过学习使德性之礼发展成为由内而外的道德品行，故他常言“德性资于学问”；“圣人之言无非使人求其至当以见之行；求其至当，即先务于知也。凡去私不求去蔽，重行不先重知，非圣学也”。这种重知重学的观念，既是乾嘉考据学对儒家“道问学”的再度发掘与发展，也是戴震治学主张崇实黜虚的切实表现。故其常言“理义非他，存乎典章制度”；“理义不存乎典章制度，势必流入异学曲说而不自知”，如此而带动了周围学者把目光由“虚理”的空谈转向了“实礼”的考证。故凌廷堪在总结戴震学术思想时有一段精彩的言辞：“夫事实在前，吾所谓是者，人不能强辞而非之，吾所谓非者，人不能强辞而是之也，如六书九数及典章制度之学是也。虚理在前，吾所谓是者，人既可别持一说以为非，吾所谓非者，人亦可别持一说以为是也，如理义之学是也。”凌氏学术承续东原而来，他通过揭示戴学的实质和内涵，来促进戴震实学尤其是礼学研究与当时社会协同发展的进程，意在引领一个时代学风的价值取向，可以证实此一时期由“理”到“礼”的学风转变。对于清代学术重实礼而弃虚理的一时风尚，龚自珍曾予以概述道：孔门之道，尊德性，道问学，二大端而已。入我朝，儒术博矣；然其运，实为道问学。而促成这一风尚的兴起，戴氏与有功焉。我们从《孟子字义疏证》的重礼重智思想中，也可窥见东原一生的学术主张，与时代学风的方向是完全一致的。

《诗》言“素以为绚”[1]，“素”以喻其人之娴于仪容[2]；上云“巧笑倩”“美目盼”者，其美乃益彰，是之谓“绚”；喻意深远，故子夏疑之。“绘事后素”者，郑康成云：“凡绘画，先布众色，然后以素分布其间以成文。”（何平叔《景福殿赋》所谓“班间布白，疏密有章”[3]，盖古人画绘定法。）[4] 其注《考工记》“凡画缋之事后素功”云[5]：“素，白采也；后布之，为其易渍污也[6]。”是素功后施，始五彩成章烂然，貌既美而又娴于仪容，乃为诚美，“素以为绚”之喻昭然矣。[7] 子夏触于此言，不特于《诗》无疑，而更知凡美质者皆宜进之以礼，斯君子所贵。若谓子夏后礼而先忠信，则见于礼亦如老氏之仅仅指饰貌情漓者所为[8]，与林放以饰貌情漓为俗失者，意指悬殊，孔子安得许之？[9]

戴震借用“绘事后素”和“克己复礼”的“圣贤之问”，引出下文的“重学重礼”之说。故“四德”之中，尤以“礼”“智”所论为多。

［注释］

[1] 绚（xuàn）：文采艳丽。 [2] 娴（xián）：心静优雅。 [3] 何平叔：即何晏，河南南阳人，三国时期曹魏大臣，魏晋玄学的创始人。其文《景福殿赋》被收入《昭明文选》卷十一。 [4] 以上几句话的意思是：《诗经》上说“用白色来衬托绚丽多彩的颜色”，就是用“素”比喻一个人善于修饰容貌仪表，使得上文中“嫣然一笑动人心”“秋波一转摄人魂”两句更能彰显出这个人的美貌来，这就是绚丽多彩的真正含义。这句话确实寓意深远，子夏有些不明白，故而提出疑问。关于“绘事后素”一句的解释，郑玄说：“凡是绘画，先要在画布上涂抹各种不同的颜色，然后用素淡洁白之色在各种颜色中间加以勾画，以至形成图画文彩。”（何

晏《景福殿赋》说："在五彩斑斓的颜色之间用白色加以勾勒，使图画的颜色富有远近、疏密和浓淡的效果，显得很有条理和章法。"大概这就是古人绘画的技巧吧。） [5]《考工记》：《周礼》中的第六篇，有郑康成注。 [6]渍（zì）污：污损、玷污。 [7]昭然：灿烂鲜明之貌。这两句的大意为：郑玄注解《考工记》中"凡画绘之事后素功"一句说："素是白的颜色，最后才用它来勾勒图画，就是因为白色容易受到其他颜色的污染。"白色的功夫应该用在最后的程序上，才能让图画的各种颜色条理分明，赏心悦目。容貌已很秀丽，又善于修饰仪容，才是真正的优美，孔子"素以为绚"的比喻，至此也就非常清楚了。 [8]饰貌情漓：指外表光鲜亮丽，而内心淡薄冷漠。饰貌，修饰容貌。情漓，情感淡薄。 [9]这两句话的大意为：子夏听到这句话很有感触，不仅对《诗经》所说没有疑问，且进一步认识到凡是才质优良的人，更应该用礼仪来规范自己，这才是君子令人尊重和敬仰的地方。如果认为子夏是首重忠信，而把礼放在其后，那么他对礼的看法也就如同老子一样，认为礼只是那些外表光鲜亮丽、内心凉薄者的行为表现。这种看法与林放把他们看作是风气败坏者相比，两者有着很大的差别，孔子又怎么会称许子夏呢？

［点评］

作为儒家学说的传承者，戴震以孔子的"主忠信"和孟子的性善说作为自己学术的基石来对待。故其论"仁"论"礼"，也是围绕孔子"忠信之人，可以学礼"来展开探讨，这也是他在"德性"问题上始终与孔孟保持一致的地方，甚至承认它具有内在性和先天性，否则他就会远离孟子而径奔荀子了。同时，戴氏以"仁"为本而又特别重“学”的做法，也是后人在戴学研究中颇费周章之处。不过，戴氏一直宣称“德性始乎蒙昧，终乎圣智”，其中间过程和最后结果，就必须以“学问”来加以“扩充”和落实，所以“重问学，贵扩充”的“道问学”成分，在东原哲学系统中显得尤为重要。故钱穆在《中国近三百年学术史》中对东原“问学所得，德性日充”的做法尤为称道，说：“全书议论多针对宋儒，其结论则以濂溪、陆王为主本体重自然，与老释同斥，程朱、横渠则以不弃道问学一边，与荀子同为得圣学之一体。其论归于重智，非智则无以精察自然以立必然之则也。”

为了阐明“忠信”与“礼”的关系问题，戴氏以《诗经》“素以为绚”和《论语》“绘事后素”为喻，以孔子回答林放“问礼之本”为例，深入讨论“礼”的性质和作用。《诗经》“素以为绚”，是用“素”比喻仪容，以“巧笑倩，美目盼”来彰显美貌，即是“绚”的真正含义。同理，“绘事后素”一句的解释，戴氏取郑玄说，认为素的功夫应该用在最后的程序上，才能让图画条理分明，赏心悦目，寓意为凡是才质优良的人，更应该用礼来规范自己，只有“重学重礼”，才能成为君子。德性之礼是人之所以为人的本然追求，也是君子修身的终生目标，即“惟学可以增益其不足而进于智，益之不已，至乎其极，如日月有明，容光必照，则圣人矣”。如果首重忠信，而把礼放在后面，认为礼仅仅只是装饰外貌而已，那就如同老子的看法一样，有悖于圣贤之教了。

这里强调“德性资于学问，进而圣智”，“智仁勇齐乎圣人”，是戴震用自然观对人道诸概念所作的朴素解释，是他重学思想的进一步发挥。

忠信由于质美[1]，圣贤论行[2]，固以忠信为重，然如其质而见之行事，苟学不足，则失在知，而行因之谬，虽其心无弗忠弗信，而害道多矣。行之差谬，不能知之，徒自期于心无愧者，其人忠信而不好学，往往出于此，此可以见学与礼之重矣。[3]

[注释]

[1] 质美：质地优良、品行端正。 [2] 论行：评判一个人的道德品行。 [3] 这两句话的意思是：忠诚守信都源自于人的优良才质，圣贤评论一个人的道德行为，固然是把忠信看得极其重要，但就人的才质表现和行为来看，如果学习和修养跟不上去，那么他的认知也会出现差错，行为也会出现过失。尽管他的心中并没有不忠诚和不守信的想法，但他危害人道的地方仍然是很多的。行为上出现了差错，而自己又察觉不到，只是觉得问心无愧，这种人虽然具备忠诚守信的品质，却不爱好学习和修身，罪过往往就会由此产生，由此可见学习和重礼的重要性。

[点评]

戴震通过“绘事后素”问题的讨论，实证和阐明了“重问学，贵扩充”的必要性。只有重礼重学，先知后行，才能行其人伦日用而不蔽，否则就易于流入异学而不自知。他说：“凡异说皆主于无欲，不求无蔽；重行，不先重知。人见其笃行也，无欲也，故莫不尊信之。圣贤之学，由博学、审问、慎思、明辨而后笃行，则行者，行其人伦日用之不蔽者也。”相较于孟子侧重仁义而言，戴氏侧重礼智，也是人性发展和时代风尚的需求。戴氏在坚持“道问学”的同时，也提出了如何实现“仁且智”的方法和步骤，即：“闻见不可不广，而务在能明于心。一事豁然，使无余蕴，更一事而亦如是，久之，心知之明，进于圣智，虽未学之事，岂足以穷其智哉！”虽然这句话，大致上是从朱子《大学》“格物补传”化用转手而来，但对其内涵已经做了根本性的修改，已从“详于论敬而略于论学”转入到“详于论学而略于论敬”中来了。

孔子以绘事喻《诗》，子夏由《诗》而悟礼，故曰礼后乎，可以称之为能继孔子之志矣。戴氏以“绘”与“素”同“仁”与“礼”加以类比，还是因为基于先有性善，故而特重于学，即孔子所谓“忠信之人，可以学礼”。然而，戴氏强调真正的知，当是后天的知，而不是先天的知；真正的善，也是后天的善，善在成才之终，而不在复性之初。故其屡言“语其至，非原其本”，“要其后，非原其先”，“惟据才质而可以道人之性善”，这就是从人性中排除了“得于天而具于心”的“天理”，而倾向于“学者多识前言往行，可以增益己之所不足”。同时，又以“仁且智”作为实现仁义忠信的前提，故其“重学”之中尤以“重礼”为要。在《孟子》一书中，对仁义问题的讨论显然处于重要的地位，到了戴震这里，对四德的理解和剖析，显然偏重于礼、智二者。故后世学者称戴氏是披着孟子的外衣，实则内中在切实践行着荀子的礼学之路，也是有一定道理的。东原认为学习前人所积累起来的知识言行，不仅可以弥补自己知识的缺憾和不足，甚至可以改造材质的愚昧，从而变得聪明起来，对亲人的爱恋有亲疏，对贤人的尊敬有不同，“学以讲明人伦日用，务求尽夫仁，尽夫礼义，则其智仁勇所至，将日增益，以至于圣人之德之盛，‘自明诚’者也”。这也是戴震哲学与其实学乃至科学之间，不可分割的内在关联性。他将仁义礼智四德与智仁勇三达德，用“仁且智”的方式统一起来，将伦理观与认识论贯通起来，去私解蔽，致知穷理，使人之性善得以扩而充之，以心知之明“不惑乎所行”；格物絜矩，审察是非而至于纤悉无憾，以期达到“十分之见”，即征之古而靡不条贯，合诸道而不留余议，进窥于天地之纯，终极乎人道之本。戴氏由“道问学”而至“尊德性”的治学路径，确乎具有“儒家智识主义”的风格和新时代哲学的深厚意蕴，很适合民国时期“科学”与“民主”的诉求，发掘出“人的自觉”，故而受到章太炎、梁启超等人的极力推崇。即使在今天看来，戴氏哲学仍然具有一定的现实启示性和创新意义。

诚

诚[1]，实也[2]。据《中庸》言之，所实者[3]，智仁勇也；实之者[4]，仁也，义也，礼也。由血气心知而语于智仁勇，非血气心知之外别有智、有仁、有勇以予之也。就人伦日用而语于仁，语于礼义，舍人伦日用，无所谓仁、所谓义、所谓礼也。[5]血气心知者，分于阴阳五行而成性者也，故曰“天命之谓性”；人伦日用，皆血气心知所有事，故曰“率性之谓道”。全乎智仁勇者，其于人伦日用，行之而天下睹其仁，睹其礼义，善无以加焉，“自诚明”者也[6]；学以讲明人伦日用，务求尽夫仁，尽夫礼义，则其智仁勇

《中庸》的"诚"与"明"，历来争议不止，戴震认为"自诚明"就是先天具备"智仁勇"的人，能够恰当处理日常生活中的各种事情，而体现出"仁义礼"；"自明诚"的人就是通过学习，懂得人际关系和处理事务，尽力做到"仁义礼"，使自己的"智仁勇"不断增强，努力达到圣人那样的高度。

所至，将日增益以至于圣人之德之盛，"自明诚"者也[7]。质言之，曰人伦日用；精言之，曰仁，曰义，曰礼。[8]所谓"明善"[9]，明此者也；所谓"诚身"[10]，诚此者也。质言之，曰血气心知；精言之，曰智，曰仁，曰勇。所谓"致曲"[11]，致此者也；所谓"有诚"[12]，有此者也。[13]言乎其尽道，莫大于仁，而兼及义，兼及礼；言乎其能尽道，莫大于智，而兼及仁，兼及勇。是故善之端不可胜数，举仁义礼三者而善备矣；德性之美不可胜数，举智仁勇三者而德备矣。曰善，曰德，尽其实之谓诚。[14]

［注释］

[1] 诚：《说文解字》解释为"诚，信也"，即真实不欺，与伪、诈相对。 [2] 实：真实、充实。 [3] 所实者：文言语法的"所字结构"，指被充实的对象。 [4] 实之者：用来充实的东西。 [5] 这两句话的意思是：诚，就是实。依据《中庸》所言，被充实的对象是智、仁、勇，用来充实的内容就是仁、义、礼。从人的形体和知觉能力的角度，才能讲智、仁、勇，而不能在血气心知之外另有智、仁、勇；从人们的相互关系和日常生活角度，才能谈仁、礼、义，离开了人伦日用，没有仁、义、礼可言。 [6] 自诚明：由内心诚实而能明察事理，《中庸》称这是天赋的本性，与"自明诚"相对提出，原文为"自诚明，谓之性；自明诚，谓之教"。 [7] 自明诚：

由明察事理后达到内心真诚，这是后天的教育和感化。 [8] 这几句话的意思是：人的血气心智是从阴阳五行之气分得，并形成人和物各自不同的性，所以说“上天所命令和规定的，就叫做性”。人们的相互关系和日常生活中的各种事情，都与血气心知有关联，所以说“遵从性所具有的特点来行事，就叫做道”。如果一个人具备了智、仁、勇的品德和才能，在处理人际关系和具体生活中就会有所表现，人们可以看到他的言行很符合仁、义、礼，并已达到无以复加的圆满程度，这就是《中庸》所说的“由内心诚实而能明察事理”。如果一个人通过学习，懂得人际关系和人伦日用的道理，并努力做到使自己的言行符合仁、义、礼的要求，那么在已经具有智、仁、勇的基础上又增强学习与修养，以至于达到圣人那样至高至善的完美境地，这就是“由明察事理后达到内心真诚”。这些大略而言，都是人伦日用的事情；准确地说，就是仁、义、礼的内容。语出《中庸》第二十一章。 [9] 明善：指格物穷理然后致知，明白仁、义、礼。 [10] 诚身：以至诚立身行事，实践仁、义、礼。语出《中庸》第二十章。 [11] 致曲：指致力于智仁勇这些具体品德和才能的完备。致，致力、到达。曲，局部、小事。 [12] 有诚：具有智仁勇的美德。语出《中庸》第二十三章。 [13] 这几句话的意思是：《中庸》所说的“明善”，就是要明白和懂得仁、义、礼；而其所谓“诚身”，就是要实践和涵养仁、义、礼。粗略地讲，叫作血气心知；准确地说，就叫作智、仁、勇。《中庸》所说的“致曲”，就是要致力于达到智、仁、勇的品德和才干；而“有诚”的意思，就是指本身具备了这些美德和才能。 [14] 这几句话的意思是：讲到要完全实现人道的目的，没有比仁更重要的了，同时也会兼及到义，涉及到礼；讲到能够实现人道的条件，没有比智更为要紧的了，而且也会关联到仁，兼顾到勇。所以，说到善的条款头绪，就会不胜枚举，但列举仁、义、礼三个方面，善也就具备了；

美好的德性也有很多条目，举出智、仁、勇三种，德也就齐备了。讲到善，讲到德，它们能够得以充分实现，就叫作诚。

［点评］

“诚”从一个词语衍变为哲学范畴，经历了一个漫长的过程。《孟子》说：“诚者，天之道也；思诚者，人之道也。”“反身而诚，乐莫大焉。”《中庸》说：“诚者，天之道也；诚之者，人之道也。诚者，不勉而中，不思而得，从容中道，圣人也。”“唯天下之至诚，为能经纶天下之大经，立天下之大本，知天下之化育。”子思子这里的“诚”，从其本义诚实不欺、真实无妄的意思里，已包含有一定的人性伦理意义而进入哲学概念，他以“诚”连接人道与天道，赋予“诚”以人物之性和道德理想的深层含义。到了北宋周敦颐时，就直接把“诚”看作是人的本性，他在《通书》里说“诚者，圣人之本，大哉乾元，万物资始，诚之源也”，这里的“诚”已完全成为一种纯粹的道德概念，其中蕴藏着诚心、主静的道德修养论，具有深厚的本体论和认识论的意义，这样便启发了二程和朱熹。朱子说“诚者，真实无妄之谓，天理之本然；诚之者，未能真实无妄而欲其真实无妄之谓，人事之当然也”，意思是人们可以通过道德修养，排除人欲之私，在为学修德的过程中笃实而无妄，从而达到人道与天理相契合、至诚通天的境界。尤其是“天理之本然”一句，是把“诚”推上了精神性本原和超世俗的最高境界，几乎与“得于天而具于心”的“理”异名而同实了。有鉴于此，戴震在这里对“诚”作了自己的新解释。

戴震把作为人性美德的智、仁、勇，与作为人道准则的仁、义、礼两组概念，进行了比对和阐释，指出“诚”的实行或实现，前提条件是血气心知所具有的智、仁、勇，实现目的是要在人伦日用中达到仁、义、礼。质言之，智、仁、勇是人的德性，仁、义、礼是善端，能够充分发挥德，切实地实现了善，这就叫做诚。这是其一。其二，关于“自诚明”和“自明诚”、“明善”和“诚身”、“致曲”和“有诚”三对哲学范畴的诠释。戴震通过对这些经典概念的新诠释，明确了“自诚明”是由主体精神的至诚而达到明德，是人的天性；而“自明诚”则是由明德而实现诚的自然境地，所以需要重视人的行为主体的努力和后天修养，希望通过学习和教化，使人们在人伦日用中向仁义礼的规范和标准逐步靠拢，不断增益和进步，最终达到最完美的圣人境界。应当说，这在一定意义上，也是对“上智下愚不移”观点的纠正。

问：《中庸》言：“或生而知之，或学而知之，或困而知之；或安而行之，或利而行之，或勉强而行之。”朱子云：“所知所行，谓达道也。”今据上文云“君臣也，父子也”之属，但举其事，即称之曰“达道”；以智仁勇行之，而后为君尽君道，为臣尽臣道；然则所谓知之行之，宜承智仁勇之能尽道而言。[1]《中庸》既云“所以行之戴震通过对“生而安行”“学而利行”“困而勉行”的解读，确认诚也是不出于“人伦日用”之外，是普遍存在的，因此不难知道，也不难达到。只要努力学习，不断提高认知能力，“以至乎圣人之道”。

者三”，又云“所以行之者一也”，程子、朱子以“诚”当其所谓“一”；下云“凡为天下国家有九经[2]，所以行之者一也”，朱子亦谓“不诚则皆为虚文”[3]。在《中庸》，前后皆言诚矣，此何以不言“所以行之者诚也”？[4]

[注释]

[1] 这段话的意思是：《中庸》说：“有的人自从生下来以后，就知晓天理人道；有的人需要通过努力学习，才能懂得道理；有的人在遭遇艰难困苦以后，才能明白人情事理。有的人是从容不迫地去认真做事，有的人是为贪图私利去处理事情，有的人是勉勉强强地去应付人事。”朱熹对此解释说：“用明白的道理去做具体的事情，这是天下通行的道理。”现在根据《中庸》说到的君臣、父子之类，列举他们之间具体的人伦关系，就可以称之为“达道”。如果具有智、仁、勇这些品德和才能的人，都能切实做好分内之事，那么做君主的就能充分实现君道，做臣子的也能完全恪守臣道。这样的话，那么上文所说的“知道的”和“实行的”含义，就应该是在智、仁、勇能够承接实现人道的基础上来讲的。引文见《中庸》第二十章。 [2] 九经：儒家治国平天下的九项准则，这里指《中庸》所言“凡为天下国家有九经，曰修身也，尊贤也，亲亲也，敬大臣也，体群臣也，子庶民也，来百工也，柔远人也，怀诸侯也”。 [3] 虚文：不切实际的无用文字，或没有意义的礼节。 [4] 这段话的意思是：既然《中庸》说到“能够用来实行的方法有三种”，又说“实行起来其实就是一种”，程子、朱熹就用“诚”字来对应这里的“一”。《中庸》下文说：“凡是治理天下国

家的大经大法有九种，而实行起来其实就是一种。”朱熹也说：“如果不能达到诚的境界，那么这九种法则都只是徒具形式的虚文罢了。”在《中庸》一书中，前后都在讲“诚”，这里为何不直接说“能够实行智仁勇的方法，关键就在一个‘诚’字”呢？引文均见《中庸集注》第二十章。

曰：智也者，言乎其不蔽也；仁也者，言乎其不私也；勇也者，言乎其自强也[1]；非不蔽不私加以自强，不可语于智仁勇。既以智仁勇行之，即诚也。使智仁勇不得为诚，则是不智不仁不勇，又安得曰智仁勇！[2]下云“齐明盛服[3]，非礼不动，所以修身；去谗远色[4]，贱货而贵德[5]，所以劝贤”，既若此，亦即诚也。使“齐明盛服，非礼不动”为虚文，则是未尝“齐明盛服，非礼不动”也；“去谗远色，贱货而贵德”为虚文，则是未尝“去谗”，未尝“远色”，未尝“贱货贵德”也，又安得言之！[6]其皆曰“所以行之者一也”，言人之才质不齐，而行达道之必以智仁勇，修身之必以齐明盛服，非礼不动，劝贤之必以去谗远色，贱货而贵德，则无不同也。[7]孟子答公孙丑曰：“大匠不为拙工改废绳墨[8]，羿

智是“三达德”（仁智勇）之一，是儒家提倡的君子必备的品德。孔子认为三者互相联系，而以仁为根本。二程还提出以“诚”统仁智勇的观点，说诚者，止是诚实此三者。三者之外，更别无诚。

仁且智是儒家对理想人格的一种规定。戴震在《原善》里说：“仁且智者，不私不蔽者也。”体现了儒家人道（仁爱）原则与理性原则的统一，突出了道德实践的自觉要求。

人们用所具有的智、仁、勇个人美德，去实行仁、义、礼的社会准则，就是诚。如“齐明盛服”“去谗”“远色”等都是“诚”的表现，而没有一个另外什么“诚的存在”，从而批判宋儒把“诚”看作是一个神秘的精神境界。

不为拙射变其彀率[9]。”言不因巧拙而有二法也；告滕世子曰[10]：“夫道，一而已矣。”言不因人之圣智不若尧、舜、文王而有二道也。[11]盖才质不齐，有生知安行，有学知利行，且有困知及勉强行。其生知安行者，足乎智，足乎仁，足乎勇者也；其学知利行者，智仁勇之少逊焉者也；困知勉强行者，智仁勇不足者也。《中庸》又曰“及其知之一也”，“及其成功一也”，则智仁勇可自少而加多，以至乎其极，道责于身，舍是三者，无以行之矣。[12]

[注释]

[1] 自强：自我勉励，奋发图强，自己努力向上。 [2] 以上两句话的意思是：智的意思是指不受蒙蔽，仁是不存私念，勇是能够发愤图强。如果做不到不受蒙蔽、不存私心、自强不息的话，那就不能说具有了智、仁、勇三种美德。既然能运用智仁勇去实行仁义礼，那就是诚。假使在智仁勇方面还达不到诚的程度，那就是不智、不仁、不勇，又怎么能说是智仁勇呢？ [3] 齐（zhāi）明：谨肃严明。齐，同“斋”，斋戒、虔诚。盛服：服饰齐整，严正端庄。 [4] 去谗：离开挑拨是非的小人。远色：远离美色诱惑。 [5] 贱货贵德：轻视财货名利，尊崇高尚品德。贱、贵，形容词做意动词。 [6] 这几句话的意思是：《中庸》下文说：“斋戒沐浴，衣饰整洁，不存在不合乎礼仪的言行，这都是

长期修身养性的结果。远离谗言，疏远美色，轻视物质享受，而重视道德修养，这是劝勉贤人的方法。”如果人生已经达到了这样的境界，也就是做到了诚。假使“斋戒沐浴，衣饰整洁，言行合乎礼仪”都是空言废话，那就是根本没做到谨肃严明、有礼有节；假使没能摒除谗言、远离美色、轻财重德，那么去谗远色和贱货贵德就是一句空话而已。既然如此，又怎么能够谈得上一个“诚”字呢？引文见《中庸》第二十章。 [7] 以上两句话的意思是：这里所讲的“所以行之者一也”，是说人的才能和品质虽然有差异，但在实行“达道”方面，都必须用到智、仁、勇三种德性；在自身修养方面，也必须要斋戒沐浴、衣饰整洁、合乎礼法；在劝勉贤人方面，必须要去谗远色、轻财重德，这在“行达道”的条件和修身劝贤的要求上标准是一致的。 [8] 拙工：拙劣的工匠，与“国工”相对。绳墨：木工打直线的墨线，比喻规矩或规则。 [9] 羿（yì）：后羿，上古神话传说中的神奇人物，善于射箭，今有“后羿射日”成语。彀率（gòu lǜ）：弓弩使劲拉开的限度。彀，弓弩拉满。率，比值、度数。 [10] 滕世子：即滕文公，战国时滕国的贤君。曾以太子身份出使楚国，途经宋国时两次拜见孟子，请教治国方略，即位后推行仁政，使滕国国富民强，声名远扬。 [11] 以上三句话的意思是：孟子在回答公孙丑的提问时说：“高明的工匠不会因为笨拙的木工，而更改和废弃自己固有的准绳和规格；古代的后羿也不会因为拙劣的射手，而改变自己拉弓射箭的法规和标准。”就是说不能因为人有灵巧与笨拙的区别，而实行不同的衡量标准和要求。孟子告诉滕世子说“道理就只有一个”，即是说不能因为人的圣明睿智达不到尧、舜、文王的高度，就在为人处世的道理上使用两套不同的规则和条件。引文分别见《孟子 · 尽心上》《滕文公上》。 [12] 以上几句话的意思是：大概因为人的才能和品质有很大的差异，所以就有人从出生后便明白道理，从容镇定去做事；也有人通过学习之后懂得道理，知道有了好处，才会去做事；也有人遭遇艰难困苦以后才能明白道理，勉勉强强地去做事。那些生而知之、从容行事的人，在智、仁、勇三方面做得极为完美；那些学而知之、贪名图利的人，在智、仁、勇三方面就稍有欠缺；而那些困而知之、被迫做事的人，在智、仁、勇三方面存在严重不足。《中庸》又说："等到他们明白道理时，对于五伦关系的理解都相同。""等到他们做事成功的时候，处理方法也都是一样的。"因此，对智、仁、勇的具体实践也就会由少到多，最终达到高峰。大道的实行确实有赖于人的身体力行，离开了智、仁、勇三种美德，根本就没有办法去推行人道了。引文见《中庸》第二十章。

[点评]

有关"诚"的这一节内容，在一问一答中，戴震的阐释贯穿了《大学》《中庸》以下的诸家见解，特别是对宋明理学的"诚"论所涉及的诸方面作了总结性的论述，从而构成了融合血气心知、仁义礼、智仁勇、生知安行、学知利行、困知勉行等一系列哲学概念的新的"诚"论思想体系。从上面的论述就可以看出，戴震的"诚"论具有丰富的思想内涵。他说："诚，实也。据《中庸》言之，所实者，智仁勇也；实之者，仁也，义也，礼也。"又说："曰善，曰德，尽其实之谓诚。"可见他的这一思想主旨，与前述天道、性、人道、才、仁义礼智诸概念都是息息相关、丝丝入扣的，是实实在在、可以感知的一种"实"的理念。他认为智、仁、勇三种美好品德的修养，是血气心知所有的事，是具体到人伦日用的"实有"来完善的，是实实在在的人性所必需的，而不是超世俗的“天命之谓性”所能完成的，这是对理学家先验道德论的直接否定，是对“以理为诚”“以心为诚”的严正批判，所谓“不诚则皆为虚文”。戴震在性善论的前提下，用“诚”系联着人道与天道，通过对“自诚明”和“自明诚”、“明善”和“诚身”、“致曲”和“有诚”诸范畴做出的细致对比和分析，指出人的主体欲望，如果符合仁义礼而不失于私，人的思维不蔽塞，再加上主体的自强不息、勇敢拼搏，就能达到聪明圣智的状态，这是对仁、义、礼美德的高度自觉和切实体现，也是对真、善、美的别一种诠释。

综合而言，戴震的“诚”论思想体系，以气一元论为基础，对中国古代“诚”论所涉及的各种问题，诸如自然论、认识论、人性论、道德修养论等，都有批判性的思考和总结。尽管其中也有不可避免的时代局限性，但他对中国哲学“诚”论的探索和阐释，与张载和王夫之相比，也毫不逊色，可以说是达到了他自己时代所允许的高度，在哲学范畴的“诚”论发展史上具有重要的学术地位。

权

权即通达权变。陈淳说“天地之常经是经，古今之通义是权”；戴震说“至于辨察事情而准，故曰权”，反映了儒家在道德实践上原则性和灵活性的统一。戴震肯定权的价值和作用，目的是要恢复汉儒主张的返经合道为权。

权[1]，所以别轻重也。凡此重彼轻，千古不易者，常也[2]，常则显然共见其千古不易之重轻；而重者于是乎轻，轻者于是乎重，变也[3]，变则非智之尽，能辨察事情而准，不足以知之。[4]《论语》曰：“可与共学，未可与适道[5]；可与适道，未可与立[6]；可与立，未可与权。”盖同一所学之事，试问何为而学，其志有去道甚远者矣，求禄利声名者是也，故“未可与适道”[7]；道责于身[8]，不使差谬，而观其守道，能不见夺者寡矣[9]，故“未可与立”；虽守道卓然[10]，知常而不知变，由精义未深，所以增益其心知之明使全乎智者[11]，未之尽也，故“未可与权”。[12]

戴震借用孟子批评子莫“执中无权，犹执一也”的话，评论宋儒以个人臆见为“理”，可以称作“执理无权”，这一判定引起了对“权”的充分讨论。

[注释]

[1]权：指秤锤或秤砣，常与“衡”（秤杆）搭配使用。 [2]常：恒定、永久不变。 [3]变：与“常”相对，改变、反常。 [4]整句话的意思是：权就是秤锤、秤砣，是用来权衡轻重的一种量度工具。凡是一件东西重，或者一件东西轻，它们各自的轻重会长久不变，这就叫作“常”。“常”就是指那些有目共睹的、亘古不变的东西。但是也有重的东西在一定情况下变轻了，轻的东西在某种环境下变重了，这就叫作“变”。对于这种“变”的现象，如果不能竭尽全部智慧，通权达变，准确地观察和分辨它的真实情况，那就无法充分地认识和理解它。 [5]适道：归从道统。适，前往、到达。 [6]立：站立、坚守。 [7]引文见《论语·子罕》。这几句话的意思是：《论语》说：“能够在一起学习的人，未必都能一同趋向圣人之道；都能学到圣人之道的人，未必都能坚守于道；能够坚守于道的人，未必都能掌握通‘权’与达‘变’。”对于学习同样业务事理的人，如果询问他们学习的目的是什么，其中有的人志趣已与圣人之道有天壤之别了，这就是那种学习是为追求声名利禄的人，所以称他们是“未可与适道”。 [8]责：索取、要求。 [9]见夺：被剥夺。见，用在动词前面表示被动。 [10]卓然：卓越、突出。 [11]所以：文言固定用法，这里是用以、用来的意思。 [12]这几句话的意思是：圣人之道对于每个人的要求，就是不能出现差错，但是看一下这些人的守道表现，就会发现坚守于道而不受外界影响的人是很少见的，所以说大多数人是“未可与立”；有些人虽然能够卓然坚守于道，却只懂得常规而不知权变，是因为他们未能深悟事理，精通道理，需要充分增强心智，才能试图达到圣人境界，所以说他们是“未可与权”。

［点评］

经与权、常与变的问题，是儒家哲学思想中的一个重要范畴，“经”指事物的常住性，“权”指事物发展过程中的变动性。《说文解字》有“经，织也”；“权，一曰反常”。经的本义是指丝织物的纵线，与“纬”相对，引申为常规、原则等。权指秤锤或秤砣，常与“衡”（秤杆）搭配使用。从权的本义出发，引申为两种含义，一是权势、权谋，为法家所重视；二是权变、权衡，为儒家所看重。权在伦理道德领域，常被引用为应付自如、灵活变通，是说在面对具体境遇中的道德冲突时，行为主体在选择道德行为时的权衡与变通。在传统儒家思想中，既有对“经”的秉持和坚守，也有对“权”的灵活运用。事实上，我们每个人在处理任何一件事的时候，都有经与权的对待问题，时时刻刻都处在“通权达变”“知常而应变”的状态中。戴震认为“权，所以别轻重也”，又说“能辨察事情而准”。所以他的“权”有两个含义，一是指权衡轻重是非的标准，二是指人的思想必须随着情况的变化而变化。在这里，戴震首先引用孔子的话作为论据，即“可与共学，未可与适道；可与适道，未可与立；可与立，未可与权”，可见孔子是把“权”与“立、道、学”诸概念贯通关联在一起，然后顺势通过“未可与适道”“未可与立”“未可与权”的逐层分析，认为人们在社会生活中要努力理解和掌握“权”，既要知常又知变，摒弃对名利地位的追求，不断提高认识，才能“增益其心知之明”，达到圣智的境界。

孟子之辟杨墨也[1]，曰："杨墨之道不息[2]，孔子之道不著[3]，是邪说诬民[4]，充塞仁义也[5]；仁义充塞，则率兽食人，人将相食。"今人读其书，孰知所谓"率兽食人，人将相食"者安在哉！[6]孟子又曰："杨子取为我[7]，拔一毛而利天下，不为也；墨子兼爱[8]，摩顶放踵利天下[9]，为之；子莫执中[10]，执中为近之，执中无权，犹执一也。所恶执一者，为其贼道也，举一而废百也。"今人读其书，孰知"无权"之故，"举一而废百"之为害至钜哉！孟子道性善，于告子言"以人性为仁义"，则曰"率天下之人而祸仁义"，今人读其书，又孰知性之不可不明，"戕贼人以为仁义"之祸何如哉！[11]

戴震提出"权衡轻重"说，既知"常"，又通"变"，通达天下自然之情，满足平民生存之欲。如果"今之治人者"无视生民诉求，一意孤行，"执理无权"，自然"适成忍而残杀之具"，使天下受其害。

[注释]

[1] 辟：驳斥、批判。杨墨：指战国时的杨朱与墨翟。在孟子看来，杨朱主张"为我"，墨翟主张"兼爱"，二者是与儒家对立的两个重要学派。 [2] 息：歇息、停止。 [3] 著：显著、显明。 [4] 邪说：荒谬有害的言论和主张，这里指杨墨的学说，也借指儒家以外的各学派。诬民：欺蒙百姓，诬陷臣民。 [5] 充塞（sè）：闭塞、阻绝。 [6] 安在：何在、在哪里。安，疑问词，哪里、怎么。这几句话的意思是：孟子在批驳杨朱、墨翟的时候说：

“杨朱、墨翟的言论不停止传播，孔子的学说就没有办法发扬光大。杨墨之道就是用那些歪理邪说来欺骗老百姓，从而阻塞和扼杀了仁与义。仁义之道被扼杀，就等于率领禽兽来吃人，人和人之间也会出现相互残杀、互为吞食的惨状。”现在我们读孟子的书，又有谁能够理解“率兽食人，人将相食”的真实用意呢？引文见《孟子·滕文公下》。 [7] 为我：指战国时期的思想家杨朱所提出的思想学说，即“拔一毛而利天下，不为也”，是当时社会巨变中人们重视生命和个人利益的自私心态的表现。 [8] 兼爱：指春秋战国之际的墨子所提倡的一种伦理学说，针对儒家“亲亲”制度和爱有等差的思想，所提出的“兼相爱，交相利”，爱无差别等级，不分厚薄亲疏，彼此不受等级地位、家族地域的限制。 [9] 摩顶放踵：摩秃头顶，走破脚跟，从头顶到脚跟都擦伤了，形容不辞劳苦，舍己为人。 [10] 子莫：据汉末赵岐注《孟子》，称其为鲁国贤人。执中：公平适中，不偏不倚。 [11] 这一大段话的意思是：孟子又说：“杨朱主张‘为我’，认为拔掉自己的一根汗毛就可以有利于天下，这样的事情也不愿意去做；墨翟主张‘兼爱’，为了他人即使磨坏了自己的头顶和脚跟，也心甘情愿去做；子莫执着于中和，认为‘执中’就是接近于道，而执着于中道而不知变通，那就陷于极端和片面。我们之所以痛恨偏执和极端，是因为它有害于圣人之道，干成一件小事而荒废国家大事。”今人读他们的书，有谁能知道“不能通权达变”的祸根是什么？捡了芝麻而丢了西瓜的做法，这种危害太过严重了！孟子主张性善论，对于告子“以人性为仁义”的说法，看成是“率天下之人而祸仁义”。现在今人读孟子的书，又有谁能对“性”做出清楚明了的诠释，并对告子所谓“戕贼人以为仁义”的思想危害，做出正确明白的评判呢？引文见《孟子·尽心上》及《告子上》。

［点评］

如果说，上一段文字是由孔子的观点引出论“权”的话题，那么在这段文字中，戴震列举了孟子批判杨朱、墨子、告子和子莫的例子，分析了“执权”与“执中”的区别，进一步说明权变的重要性。我们知道，上古有杨朱“拔一毛而利天下，不为也”的利己主义，也有墨子“摩顶放踵利天下而为之”的利他主义，二者处于两个极端，都有悖于儒家的中庸之道，以至于产生了仁义阻塞、人将相食的严重后果。杨朱极端的“为我”思想和墨子无差别的“兼爱”理念，是孟子所最为嫌弃和反对的，他们的思想与原始儒家观点不一致，甚至背离了人之常情，在实践上无法被人所完全接受，杨、墨学派最终的下场也证明了这一点。

这一节的下半部分，是对子莫的“执中”以及告子“戕贼人以为仁义”思想予以批判。子莫的“执中无权”说，表面上看起来，是对杨朱的极端“利己”和墨子的极端“利他”学说的纠偏，试图对杨墨加以折中与调和，似乎也符合孔子所倡导的“中道而行”学说，但实质上，孔子的“中”是指“时中”，是真正的一种“权”，它因时、因地、因事而随时变易，并不是那固定呆板的绝对中间部分。而子莫固执地坚持自己的观点而不知变通，“执中”而无“权变”，实际上就是绝对的“执一”，代表的是一种僵化的、机械的思维方式与处事原则。其次是批判了告子“以人性为仁义”和“戕贼人以为仁义”，他把人性这样地加以改造，纳入仁义，就好像把杞柳做成杯盘，其结果就是扭曲人心，摧残人性，“率天下之人而祸仁义”。戴震站在孟子的立场上，对有悖于儒家思想的“执一”观、摧残性、极端利己或利他主义，都逐一加以驳斥和批判，表明了自己的明确态度和卫道立场，以及写作此书的目的所在。

先秦庄子认为“欲”会伤性害德；宋周敦颐认为无欲是道德修养的最高准则和成为圣人的唯一途径；明李贽说穿衣吃饭，即是人伦物理；清戴震说“理存乎欲”。

老聃、庄周“无欲”之说[1]，及后之释氏所谓“空寂”[2]，能脱然不以形体之养与有形之生死累其心[3]，而独私其所谓“长生久视”[4]，所谓“不生不灭”者[5]，于人物一视而同用其慈，盖合杨墨之说以为说。由其自私，虽拔一毛可以利天下，不为；由其外形体[6]，溥慈爱[7]，虽摩顶放踵以利天下，为之。[8]宋儒程子、朱子易老、庄、释氏之所私者而贵理[9]，易彼之外形体者而咎气质[10]；其所谓理，依然“如有物焉宅于心”。于是辨乎理欲之分，谓“不出于理则出于欲，不出于欲则出于理”，虽视人之饥寒号呼，男女哀怨，以至垂死冀生[11]，无非人欲，空指一绝情欲之感者为天理之本然[12]，存之于心。[13]及其应事[14]，幸而偶中[15]，非曲体事情[16]，求如此以安之也；不幸而事情未明，执其意见，方自信天理非人欲，而小之一人受其祸，大之天下国家受其祸，徒以不出于欲，遂莫之或寤也[17]。凡以为“理宅于心”，“不出于欲则出于理”者，未有不以意见为理而祸天下者也。[18]

这里认为后儒依据老释“无欲”“空寂”之论，发明“存理灭欲”之说，危害天下，祸患极大，实为“以意见为理”，“执一”而不知变通，即孟子所批判的“执中无权，犹执一也”。

［注释］

[1] 无欲：对物质生活欲望的压抑和禁绝。参见《老子》第三章“不见可欲，使心不乱”；第三十七章“不欲以静，天下将自定”。 [2] 空寂：佛教用语，谓事物了无自性，本无生灭。见《景德传灯录》卷三。 [3] 脱然：超脱无累、无所羁绊。累（lěi）：牵连、牵累。 [4] 长生久视：长寿无疆，灵魂不灭，见《老子》第五十九章“有国之母，可以长久，是谓深根固柢，长生久视之道”。 [5] 不生不灭：佛家用语，指佛法无生灭变迁，即“常住”之异名，参见《坛经·自序品》。 [6] 外形体：把人的形态体质置之度外，轻视人的身体存在。外，意动词，把……不当一回事。 [7] 溥（pǔ）慈爱：广施仁慈和爱护。溥，同“普”，广大、周遍。 [8] 这几句话的意思是：老子、庄子的“无欲”思想，以及后来佛教的“空寂”之说，都不以形体的保养和生死来牵累和羁绊自己的内心，而只看重“长生久视”和“不生不灭”的灵魂，能够一视同仁地广施仁慈和爱护人类万物。这些思想大概就是拼凑融合了杨朱、墨翟两家的学说。自私自利者如杨朱，拔掉自己的一根汗毛就可以有利于天下，他也不愿意去做；无私奉献者如墨子，牺牲自己身体而让慈爱之心遍布天下，即使摩顶放踵，遍体鳞伤，但只要是有利于天下的事，他们都会积极地去做。 [9] 贵理：指宋儒承接老庄自私贵心之说而重视天理。 [10] 咎气质：把不能实现天理之罪归结于人的形体或“气质之性”。 [11] 垂死冀生：指人在临近死亡时都有强烈的求生欲

望。垂死，临近死亡。冀生，希望活着。 [12] 本然：指人的本性或事物原本的模样，这里是指宋儒言辞中的“本然之性”，即与“气质之性”相对立的“天命之性”。 [13] 这句话的意思是：宋代大儒程子、朱熹等人，改换了老子、庄子以及佛教的自私贵心之说，转而特别地重视天理，变更了佛老对形体的抛弃，而将一切邪恶归罪于人的形体气质。他们所谓的理，依然是那种如同存在于人心之中的一个先验之物。于是，就将理和欲加以分割，并对立起来加以辩论，认为任何事情“不出于理则出于欲，不出于欲则出于理”。即使看到人在饥寒交迫之时发出救命呼喊，看见饮食男女的正当要求得不到实现的悲愤和哀怨，以至于看到人在临死之时仍然抱有的求生希望，他们都认为是不应该有的过度欲望，而凭空地将一个绝情断欲的超自然的东西，当作纯然天理本来的样貌，并广泛地存在于每个人的心目中。 [14] 应事：处理世务、应付人事。 [15] 幸：幸运、侥幸。 [16] 曲体：指弯腰，形容深入细致地观察体会。 [17] 莫之或寤（wù）：即莫或寤之，没有人去叫醒他。“莫之或…”，文言常用句式。寤，通“悟”，觉悟、认识到。 [18] 这几句话的意思是：等到他处理事情时，如果侥幸做对了，那也不是经过周密细致地体察了解而获得的最佳结果；如果事情不明，处理不顺，却又固执己见，自信个人就是天理，而不是根据当时的实际情况来处理的。这样的做法，从小的方面看，个人的正当要求就会受到危害；从大的方面看，整个天下都要跟着遭殃。这样的人根本不会将不良后果归咎于自己的私心杂念，对造成的灾难丝毫没有觉悟。所以说，凡是认为“天理就在人心之中”和“不出于欲望就出于天理”的人，没有一个不是把自己的私心偏见当作天理，从而愚昧无知地祸害天下，殃及平民百姓。

人之患[1]，有私有蔽；私出于情欲[2]，蔽出于心知[3]。无私，仁也；不蔽，智也；非绝情欲以为仁，去心知以为智也。是故圣贤之道，无私而非无欲；老、庄、释氏，无欲而非无私；彼以无欲成其自私者也[4]；此以无私通天下之情[5]，遂天下之欲者也[6]。凡异说皆主于无欲[7]，不求无蔽；重行，不先重知[8]。人见其笃行也，无欲也，故莫不尊信之。[9]圣贤之学，由博学、审问、慎思、明辨而后笃行，则行者，行其人伦日用之不蔽者也，非如彼之舍人伦日用[10]，以无欲为能笃行也。人伦日用，圣人以通天下之情，遂天下之欲，权之而分理不爽，是谓理。[11]宋儒乃曰“人欲所蔽”，故不出于欲，则自信无蔽。古今不乏严气正性、疾恶如仇之人[12]，是其所是，非其所非；执显然共见之重轻，实不知有时权之，而重者于是乎轻，轻者于是乎重。其是非轻重一误，天下受其祸而不可救。岂人欲蔽之也哉？自信之理非理也。然则孟子言“执中无权”，至后儒又增一“执理无权”者矣。[13]

戴震《沈处士戴笠图题咏序》名言：学之患二：曰私，曰蔽。儒者之学，将以解蔽而已矣。

戴震《与某书》说：学不足以益吾之智勇，非自得之学也。古之人学在行事，在通民之欲，体民之情，故学成而民赖以生。

[注释]

[1] 患：祸患、灾难。 [2] 私：自私，只顾及个人利益，与“公”相对。 [3] 蔽：遮蔽、蒙蔽，思想上受欺骗。 [4] 彼：这里指老、庄、释氏。成其自私：使其自私得逞、达到自私的目的。成，这里作动词用。 [5] 此：这里指周公、孔、孟等圣贤，与“彼”相对。通：通达、通晓。 [6] 遂：顺遂、跟从。 [7] 异说：邪说、非正统的言论，这里指老、庄、释氏之说。 [8] 重知、重行：“知”与“行”的关系问题，是中国哲学史上的重要论题。知即思想理论，行即行动实践。知是务虚，是行的前提；行是实践，是知的目的。朱熹的“知”指的是“得于天而具于心”的“理”，是先于行而存在的；他的“行”指的是内心的修养，由于“理”已被形气所污坏，只有通过“行”才能恢复天理。但戴震所讲的“知”，是通过耳目鼻舌身来感受事物，就事物以求理，是“剖析至微而后理得”之“知”；他的“行”是“行其人伦日用”，所以二者迥然有别。 [9] 以上几句话的意思是：人的弊病有两种：一是自私自利，二是愚昧无知。私心，出于人的情欲；蒙蔽，由于认知不足。没有私心，便是仁；不被蒙蔽，即是智。但并非是说要断绝人的情欲，才能达到仁；也不是说没有认知，就是智。所以，儒家圣贤之道，是希望人都没有私心，而不是要人失去欲望；相反，老子、庄子及佛教主张“无欲”，而不是要人“无私”，他们是把要求别人“无欲”当成手段，来达到自己的“自私”目的。儒家则要求人们不要只顾及个人利益，而要体恤别人的基本情欲，满足天下人的生存欲望。凡是异端邪说，都主张无欲，而不讲究无蔽；重视实践，却不看重认知。世人看到有人在笃实地修身养性，身上没有出格的私情欲望，所以没有人不敬重和相信他们。 [10] 舍：抛弃、丢掉。 [11] 这句话的意思是：儒家圣贤之学主张通过博学、审问、慎思、明辨，然后做到笃行。这里的

笃行之意，是指正确处理人际关系和日常生活中的各种事情，而不会受到任何蒙蔽，绝不会像老子、庄子及佛学家那样，抛开人伦日用，竟把无欲看作是人的笃实行动。圣人通过人伦日用来了解天下人的情感，满足天下人的欲望，对人们的情感和欲望加以权衡和区分，没有出现丝毫的差错，这就是理。 [12] 严气正性：性格刚直，毫不苟且。气，脾气。性，性格。疾恶如仇：憎恨坏人坏事就像憎恨仇敌一样。 [13] 这几句话的意思是：宋儒反而说这是被人的欲望所蒙蔽了，以为只要不是出于人的欲望，就自信没有受到蒙蔽。从古至今，世上并不缺少严肃正直、嫉恶如仇的人，自己认为是正确的，那就是正确的；自己认为是错误的，那就是错误的，以为自己掌握着大家一致认同的考量是非轻重的标准，事实上他根本不懂得：有的情况下，权衡觉得重的东西，也许会变轻，而轻的东西也许会变重。如果权衡轻重和判断是非一旦出现差错，天下之人就会受到种种祸害而无法得到挽救。这难道不是人的私心欲望遮蔽了他们吗？他们自以为是的天理，根本就不是真正的理。那么，前面孟子批判子莫所说的“执中无权”的弊病，到后来的宋儒又增加了一项“执理无权”的毛病了。

[点评]

以上两节文字，从批判佛、道的“长生久视”和“不生不灭”，而进入批评宋儒“理宅于心”和“不出于欲则出于理”的环节。戴震运用对比的方法，指出老庄的“无欲”说和释氏的“空寂”说，只不过是杨、墨学说的大杂烩，杨朱的“为我”和老释的“不生不灭”相同，墨子的兼爱和老释所谓的“溥慈爱”相同，揭露了老、庄、释氏无欲是假，而用无欲达到自私的目的是真；认为真正的圣贤能够通晓和体贴天下人的情感，满足天下人的欲望，由此而进入证明自己“去私解蔽”“体情遂欲”的政治主张。

戴震提出“私”与“蔽”是人类的大患。私心，出于人的情欲；蒙蔽，由于心的认识不清。没有私心，便是仁；不被蒙蔽，即是智。他认为是否能实现性善的关键，在于如何“去私”“去蔽”，以尽其才能，即“去私莫如强恕，解蔽莫如学”，只有“强恕”与“学”，方能去私去蔽，尽才尽性。在戴震那里，人性之善并非生而圆满自足，必有待于后天的学习扩充，若情欲有失，便是私而不仁，若知觉有失，便是蔽而不智，倘若不仁不智，恶即由此而生。由此，戴震视“去私”“去蔽”为学问的首要工夫，认为孟子批判子莫所说的“执中无权”的弊病，到后来的宋儒又增加了一项“执理无权”的毛病。程、朱等人改换了老子、庄子以及佛教的说法，对理和欲加以对立分析。在戴震看来，无论是血气还是心知，都需要一个成长的过程，从先天弱小或不足，到后天的资养而壮大，德性主要是靠后天的学习和修养，以求心知能力的提升。所以，在仁义礼智四德之中，他特别强调一个“智”字，也就是突出理性培育的重要性，就有些突出一点而不及其余的嫌疑了。所以，戴震的同乡好友程瑶田就指出了他丢掉人之德性的自足，只一味地向外求索的缺点，一定意义上也不符合孟子性善论的本义，反倒与荀子的性恶论相似。程瑶田认为“道问学”的首要目的是内在之“崇德”“明明德”，这是“本”；而“修慝、去蔽、去私”只是外在的方法，是“末”。但戴震却是本末倒置，将问学的全部目的归之于“去私”“解蔽”，自然就忽视了“明其明德”的重要性，忘却了“明德”之性本有的作用，也就丢掉了孟子性善论的根本，以至于“未识性善之精义”。对比来说，程瑶田看重的是内在仁义礼智的德性充盈，以此规范外在的具体行为；戴震则提倡发挥人性中的知觉，提高“智识”，并在不断丰富认识的过程中识别仁义礼智的德性，以此指导社会实践活动。二人虽系挚爱亲友，但学术上的考辨和争论、思想上的激发和促进，充分体现了“皖派”学者“不以人蔽己，不以己自蔽”和“实事求是，不偏主一家”的学问品格和时代精神。

问：宋儒亦知就事物求理也，特因先入于释氏[1]，转其所指为神识者以指理[2]，故视理“如有物焉”，不徒曰“事物之理”，而曰“理散在事物”[3]。事物之理，必就事物剖析至微而后理得；理散在事物，于是冥心求理，谓“一本万殊”[4]，谓“放之则弥六合，卷之则退藏于密”[5]，实从释氏所云“遍见俱该法界，收摄在一微尘”者比类得之[6]。既冥心求理，以为得其体之一矣[7]；故自信无欲则谓之理，虽意见之偏，亦曰“出于理不出于欲”。徒以理为“如有物焉”，则不以为一理而不可；而事必有理，随事不同，故又言“心具众理，应万事”[8]；心具之而出之，非意见固无可以当此者耳。[9] 况众理毕具于心[10]，则一事之来，心出一理应之；易一事焉，又必易一理应之；至百千万亿，莫知纪极[11]。心既毕具，宜可指数[12]；其为一，为不胜指数，必又有说，故云“理一分殊”[13]。然则《论语》两言“一以贯之”[14]，朱子于语曾子者，释之云：“圣人之心，浑然一理[15]，而泛应曲当[16]，用各不同；曾子于其用处，盖已随事精察而力行之，但未知其体之一耳。”此解亦必失之。二章之本义，可得闻欤？[17]

所谓理一分殊，就是说天地间有一个最高理，而这个理又能在万事万物之中得以体现，即每个事物中都存在自己的一个理。这一命题源于佛教的“月印万川”，后来朱熹用太极的观点来论述这一思想，赋予它南宋时代的全新理念。

[**注释**]

[1] 特：副词，只是、仅仅。 [2] 神识：佛教术语，指意识或超级意识，思维能力和感知力的高灵敏状态，或指八识（眼、耳、鼻、舌、身、意、末那、阿赖耶等识）。 [3] 理散在事物：即天理体现于万事万物之中。引文见《朱子语类》卷十八。 [4] 一本万殊：事物虽然千差万别，其实本源同一，比喻事物万变不离其宗。 [5] 放之则弥六合，卷之则退藏于密：指这个理放开来可以遍布天地宇宙，收纳的时候可以退藏在隐密的方寸之心。见《二程语录》卷八。弥，弥漫、充满。六合，指上下和四方，泛指天地或宇宙。 [6] 遍见俱该法界，收摄在一微尘：佛性普遍

表现出来可以总括整个宇宙，完全收缩起来可以放在一粒灰尘之中。见《景德传灯录》卷三。以上几句话的意思是：宋儒也知道要从具体的事物之中去寻求天理，只因他们首先已进入而领悟了佛学，把释氏的“神识”借用过来，转而指为儒家的“理”，所以认为理像“独立存在的一个东西”，不仅讲“事物之理”，而且还讲“天理体现在万事万物之中”。所谓“事物之理”，必须要对事物进行精微的剖析，然后才能认识到这个理；而宋儒鼓吹的所谓“理散在事物”，是要人们泯灭世俗之心，只靠内心冥想来求理，以为理就是“万事万物共有的那个本原”，这个本原“如果放开来，可以充满宇宙；收藏起来，可以藏在心中”，这一说法实际上是佛家所说的“佛性普遍显现在整个宇宙，收缩起来可以放在一粒尘埃中”的翻版，是通过语言和思想的类比演化得来。 [7] 一：指万物的普遍本质或本体，道家以之为“道”，宋儒以之为“理”。 [8] 心具众理，应万事：指心中具有宇宙万物之理，这个理可以用来认识和处理天地万物。见朱熹《大学章句》“明明德”注。 [9] 这句话的意思是：宋儒既然沉思苦想去求理，以为由此就可以认识到事物的根本，所以自己确信没有欲望就叫做理；即使是个人的偏见，也会说它是从天理中得来，而不是从欲望中产生的。如果只把理看作是“好像独立存在的一个东西”，那么就认为世界上只能有这样的一个理了。但凡为事物，必定具有它的理，只是随着事情的不同而有所区别，所以宋儒又说“心中具有万物之理，用这个理就可以处理万事万物”。既然心里具有这样的理，用它来应对外界事物，如果不是个人意见，就不可能充当这种理了。 [10] 毕具于心：完全具备在人心里。 [11] 纪极：法度极限，这里指数目的终极。 [12] 指数：扳着手指数数，指数得过来。 [13] 理一分殊：指天地间有一个理，而这个理又能在万事万物之中得以体现，即每个事物中都存在自己的一个理。

见《朱子语类》卷九十八。这句话的意思是：况且众多的理都聚集在人的心中，当一件事情发生的时候，人心就要生发出一个理来应对它；换了另外一件事，又会变换另一个理来予以应付；以至于遇到成千上万的事情需要应对，根本不知道什么时候是个尽头。人心既然完全具备了理，应该可以屈指逐个数出来。如果说这是一个无所不包的"理"，那就无法用数字来一一对应了。如果一定要说出个所以然的话，那只能说明理只有一个，它在不同的事物中呈现不同的形态。 [14] 一以贯之：指做人做事，按照一个道理，从始至终都不会改变。见《论语·里仁》和《卫灵公》。 [15] 浑然：形容完整不可分割。 [16] 泛应曲当：指广泛适应，无不恰当。见《朱子语类》卷十三。 [17] 这句话的意思是：孔子曾在《论语》里两处说到"一以贯之"，朱熹在说到曾子的时候，说道："圣人心里所具有的理是混然为一、不可分割的，在广泛地应对各种事物时，能够做到具体问题具体对待。曾子对于理的各种作用，已经能够随着事情的不同，通过精细的观察而努力做到了，只是还没有认识到万事万物只是一个理。"朱子的这种解释也一定是错误的。《论语》两处"一以贯之"的本来意义，可以讲解给我们听吗？

[点评]

两宋诸儒与佛老的关系是中国哲学史上的重要公案，引起了明清时代学者的许多思考与争辩。其中，戴震的观点和主张尤为直接和大胆，他认为程朱理学基本上就是佛老言辞、思想、概念的翻版，更是沿袭了佛老轻视人生、追求虚无的消极意识和错误思想。那么，戴震这样的判断与评价是否合乎实情，且看这一部分寓答于问的评判内容。

自韩愈辟佛以降，他对儒学道统的建构就被后来两宋道学家们所继承，接续了孟子以后失传的圣人之道，成为后世诸儒所极力追求的学术理想，戴震也正在其中。戴震批判那种分血气、心知为“二本”的做法，在于佛老以“心知”规范“血气”、以“神识”规范“形体”，这就意味着对“欲”的极大限制，禁欲主义由此而盛行。佛老把“欲”当作人世间的祸害，宋儒却谨遵其说，以之为“得于天而具于心”，又“截然分理欲为二，治己以不出于欲为理，治人亦必以不出于欲为理”，其结果就是以“天理”作为超世俗、超自然的一种神秘存在，“放之则弥六合，卷之则退藏于密”，对人的生存漠然视之，把“存理灭欲”当作人类社会生活的一切准则。但是，戴震认为“理”原本并不神秘，不过就是“自然”之“分理”，所谓“理一分殊”“月印万川”，其实也没有让人感到形而上的崇高。反倒是“道不出于人伦日用”，才是人作为血肉之躯的客观需要，其中的道理既不难知道，也不难达到，只要“随事精察而力行之”，就能使“智仁勇齐乎圣人”；只有“一以贯之”，才能“以至乎圣人之道”。这就是戴震用自然观对人道所作的朴素解释，也是他重智崇学思想的进一步发挥。

曰：“一以贯之”[1]，非言“以一贯之”也。道有下学上达之殊致[2]，学有识其迹与精于道之异趋[3]；“吾道一以贯之”，言上达之道即下学之

“一以贯之”是孔子认识论和方法论的重要命题，即以统一的原则把所有的知识都贯穿起来。南朝皇侃说：“贯，犹统也。吾唯一道以贯统天下万理也。”

道也；“予一以贯之”，不曰“予学”，蒙上省文[4]，言精于道，则心之所通[5]，不假于纷然识其迹也[6]。《中庸》曰：“忠恕违道不远[7]。”孟子曰：“强恕而行，求仁莫近焉。”盖人能出于己者必忠，施于人者以恕，行事如此，虽有差失，亦少矣。凡未至乎圣人，未可语于仁，未能无憾于礼义，如其才质所及，心知所明，谓之忠恕可也。[8]圣人仁且智，其见之行事，无非仁，无非礼义，忠恕不足以名之，然而非有他也，忠恕至斯而极也。故曾子曰：“夫子之道，忠恕而已矣[9]。”（“而已矣”者，不足之辞[10]，亦无更端之辞[11]。）下学而上达，然后能言此。[12]

戴震说“通天下之情，遂天下之欲”，“权之而分理不爽”。以权别轻重，知常又知变，可达知行并重，无私无蔽。

[**注释**]

[1] 一以贯之：指做人做事，按照一个道理，从始至终都不会改变。 [2] 下学上达：指学习人情事理，进而认识自然的法则，这里指下学礼义，上达天命。语出《论语·宪问》。殊致：不相同、不一致。 [3] 识其迹：识别行迹，认识事物的表面现象。精于道：精通事物的规律。异趋：不同的志趣。 [4] 蒙上省文：承接上文，省略文字。《论语·卫灵公》：“子曰：‘赐也，女以予为多学而识之者与？’对曰：‘然，非与？’曰：‘非也，予一以贯之。’”蒙上省文，就是最后“予一以贯之”是根据上文省去了一个“学”字。 [5] 通：通达、通晓。 [6] 假：假借、凭借。这

两句话的意思是：孔子所说的“一以贯之”，并不是“以一贯之”的意思。至于如何实现人道，则有下学礼义和上达天命的不同阶段；对于学习和修养的目标，也有认识事物表象和精通事物规律的不同志趣。孔子说“吾道一以贯之”，讲的就是“上达天命”与“下学礼义”本来是一回事；孔子说“予一以贯之”，而没有说“予学一以贯之”，是因为上文已有“学”字，此处蒙上省略了。这句话是讲那些精通道理的人，他们内心所通晓的道，不需要借助对纷繁复杂的行迹现象上的了解，就能够掌握住它的内涵和实质。 [7] 违：违反、违背。 [8] 这几句话的意思是：《中庸》说：“忠诚老实和宽容大度的人，离道是不会太远的。”孟子说：“做事情能够坚持不懈地保持忠恕之道，这是寻求得到仁的最切近方法。”如果一个人为人处世能够诚恳笃实，对待别人也处处宽容友善，那么虽然有所失误，也不会太多。凡是没有达到圣人那样的思想境界，还谈不上仁，也不能完全做到礼和义。如果按照他的品德和才能，以及思想上所能达到的高度，称为忠和恕应该是逻辑自洽，没有什么问题。引文分别见《中庸》第十三章和《孟子 · 尽心上》。 [9] 而已矣：指大概仅止于此了。 [10] 不足之辞：表示不满足的一种语助词。 [11] 更端之辞：表示另起端绪的一种语助词。 [12] 这几句话的意思是：圣人是既有仁，又有智的，体现在对具体事情的处理上，显示的都是仁，都是礼和义。虽然用忠和恕二字不足以充分地形容它，但是也没有其他更好的办法来表示了，只是能够做到忠和恕的极致罢了。所以曾子说：“孔夫子贯彻一生的道，其实就是忠和恕二字而已。”（“而已矣”用来表示不足，表明没有其他更好的词来替代了。）只有从努力学习起步，循序渐进，下学而上达，才能深有体会地领悟到这一点。引文见《论语 · 里仁》。

《论语》曰："多闻阙疑[1]，慎言其余；多见阙殆[2]，慎行其余。"又曰："多闻，择其善者而从之[3]；多见而识之，知之次也[4]。"又曰："我非生而知之者[5]，好古敏以求之者也[6]。"是不废多学而识矣。然闻见不可不广，而务在能明于心。一事豁然[7]，使无余蕴[8]，更一事而亦如是，久之，心知之明，进于圣智，虽未学之事，岂足以穷其智哉！[9]《易》曰："精义入神，以致用也。"又曰："智周乎万物而道济天下[10]，故不过。"孟子曰："君子深造之以道[11]，欲其自得之也[12]；自得之，则居之安[13]；居之安，则资之深[14]；资之深，则取之左右逢其源[15]。"凡此，皆精于道之谓也。心精于道，全乎圣智，自无弗贯通，非多学而识所能尽；苟徒识其迹，将日逐于多，适见不足。[16]《易》又曰："天下同归而殊涂[17]，一致而百虑[18]，天下何思何虑！""同归"，如归于仁至义尽是也；"殊涂"，如事情之各区以别是也；"一致"，如心知之明尽乎圣智是也；"百虑"，如因物而通其则是也。[19]孟子曰："博学而详说之，将以反说约也[20]。""约"谓得其至当；又曰："守约而施博者[21]，善道也；君子之守，修其身而天下平。""约"谓修其身。[22]《六经》、孔、孟之书，语行之约，务在修身而已，语知之约，致其心之明而已；未有空指"一"而使人知之求之者[23]。致其心之明，自能权度事情[24]，无几微差失，又焉用知"一"求"一"哉？[25]

戴震的"一以贯之"就是坚持学习，明白道理，认识事物，掌握规律，"权之而分理不爽"，以此来批判"今之人"的"执理无权"，以个人臆见之"理"来贯穿一切、主宰天地的错误做法。

［注释］

[1] 多闻阙（quē）疑：指多见多闻，对不懂之处，须存有疑问。阙，同"缺"。 [2] 阙殆（dài）：指不做危险的事。殆，危险。引文见《论语·为政》。 [3] 择：挑拣、选择。从：依从、跟随。 [4] 知之次：指通过后天学习而获得的知识，比"生而知之"者又要次一等。引文见《论语·述而》。 [5] 生而知之：生下来就懂得知识和道理。 [6] 好古敏以求：指喜好古学而勉力追求。 [7] 豁然：形容开阔通达、突然明白的样子。 [8] 余蕴：指蕴藏其中，而未全部显现。 [9] 这几句话的意思是：《论语》说："要多听闻，有疑问的地方就暂时保存下来，其余有把握的地方需要谨慎地说出来；要多观察，有危险的事情暂时不要去做，其余没有危险的事情也要慎重地去做。"又说："要多听听各种观点，从中选择合理的加以参考学习；要多观察事物，默默地记在心里，这是由后天获取的知识，属于认知的次一等内容。"又说："我不是那种生下来就有知识的人，而是生性好古，并勤奋地到处去寻求知识。"这就说明了不能忽视广博地学习和加强记忆的

作用。一个人的所见所闻不能不广博，但最紧要的事情还在于心里清楚明白。如果对于一件事情达到了完全充分的理解，没有丝毫残留的问题，换一件事情也是如此，久而久之，他的心智能力就能达到圣人的高度，即使遭遇到没有学习过的事情，也不会使他的知识能力穷竭而无法应对突发事件。 [10] 周：环绕、周全。济：接济、救助。 [11] 深造：指不断学习和钻研，以达到精深的程度。 [12] 自得之：指自己获得知识。 [13] 居之安：牢固地掌握了道而不动摇。 [14] 资：积累、储蓄。 [15] 左右逢其源：指到处遇到充足的水源，比喻做事得心应手，应付裕如。 [16] 这几句话的意思是：《周易》说："探究事物的精微义旨，并达到神妙的境界，就可以付诸实践了。"又说："圣人的智慧能够包罗万事万物，以道术来造福于天下，所以就不会有过错。"孟子说："君子按照天道的规律来探究世界，使自己能够透彻地理解和掌握事物的规律。掌握了道，就能安于道而不动摇；能够安于道，就能够获得深厚的积蓄；积蓄深厚，就能在处理事情的时候，做到左右逢源而用之不竭。"以上这些内容，都是对深通天道的人说的。一个人的思想如果能够达到深通事理的程度，像圣人那样聪明睿智，自然没有什么不能通晓的，这不是单靠多学多记所能达到的高度。如果仅仅只是在事物表象上投入记忆，将会增加许多肤浅无用的认知，反倒阻碍了透彻地理解和掌握事理。引文出自《孟子·离娄下》。 [17] 同归而殊涂：指通过不同的途径，到达同一个目的地。归，趋向、归属。 [18] 一致而百虑：指趋向虽然相同，却有各种各样的考虑。一致，趋向相同。百虑，各种不同的考虑。 [19] 这几句话的意思是：《周易》又说："天下人的目标都是相同的，但奔赴目标所走的道路却各不相同；天下人向往美好的心理都是一致的，但各自的想法却是多种多样。那么，天下还有什么值得思考和忧虑的事情呢？"这里的"同归"，是说人们共同奔向仁至义尽的最高点；“殊途”是说万事万物各自具有不同的特色；“一致”是说人们认识事理的水平都达到了圣人的高度；“百虑”则是说通过对各种不同事物的深入探讨，来掌握它们各自的规律。引文见《周易 · 系辞下》。 [20] 反说约：指回过头来慢慢地消化获得。反，同“返”。约，简要。 [21] 施博：指广泛大量地读书学习，增长才智。 [22] 这几句话的意思是：孟子说：“通过广博地学习知识，详细地阐明道理，就是为了回过头来能够简明扼要地抓住事物的要领。”这个“约”是指正确地抓住事物的关键和规律。又说：“遵循简约之道，并广泛推行起来，这就是善道。君子的操守就从修养自身开始，最终可以使天下太平。”这个“约”指的就是自身修养的方法。引文见《孟子 · 离娄下》和《尽心下》。 [23] 一：这里是指程朱所谓的那个“得于天而具于心”的“理”字。 [24] 权度：指分析客观条件做出适当的判断。权，指权衡；度，指尺度。 [25] 这几句话的意思是：《六经》和孔孟之书，在说到操守行为的要领时，追求的即是自身的修养功夫；在讲到认知觉悟的要领时，只是让人的心智能力明澈通达罢了，从来没有只空举一个“一”字来，让人们千方百计地去认识和探寻它。如果思想认识达到了敏捷通达的地步，自然能够权衡和裁断事情的利与弊，而没有丝毫的偏颇和差失，又有何必要去寻求那个虚空的“理”字呢?

[点评]

作为有清一代的朴学大师，戴震通过训诂考证来构建自己的义理之学，他对于《六经》、孔、孟之书的“性与天道”“一以贯之”，以及佛道的“长生久视”“不生不灭”乃至程朱的“执理无权”“理一分殊”的训释、解读和剖析，都具有鲜明的时代特色，也凸显了自己的思想倾向。

戴震认为宋儒的“理一分殊”，是从佛教“月印万川”沿袭而来，所以“圣人之心，浑然一理”和“心具众理，应万事”这些空寂无欲的理念，等同于佛老以真宰真空为我，以形体为非我。到了宋儒的时候，就变成了超乎人伦日用的绝对本体。程朱这样以气质为我，却又不能说“性”是非我，所以只能把“性”归于“天命之性”，才能得以完全自足，进而断其为善，“学以复其初”。这种蕴含神识的“必然”之“理”，超越了世俗，废弃了人伦，让“天理”为“一”进而成为“今之治人者”“以理杀人”的理论依据。所以说程子、朱子之学，借阶于老、庄、释氏，仅以“理”之一字，易其所谓真宰真空者而余无所易，有悖于儒家圣贤好古敏求、由博返约的人生旨趣。在戴震的眼里，“理”不是高高在上的、超世俗的神秘存在，而应该存在于饮食男女、人伦日用的生活中。从学理上来说，它存在于各个具体事物之中，是各种事物所以存在的道理和规律。戴震用这种以物质的具体来反对精神的抽象，与古希腊亚里士多德批判柏拉图的理念论很是相似，也与欧洲中世纪唯名论反对唯实论的斗争颇为相像。所以胡适指出：戴氏认清宋儒的根本错误在于分性为理气二元，一面仇视气质形体，一面误认理性为“如有物焉”，所以他们讲的学问只是要澄清气质的污染，而恢复那“天与我完全自足”的理性，所以朱子论教育的功用是“明善而复其初”。宋儒重理性而排斥气质，故要“澄而清之”；戴氏认气血心知为性，才质有于内而须取资于外，故要“由博学、审问、慎思、明辨、笃行以扩而充之。这是戴学与理学大不相同的一点”。胡适此言深入浅出，切中肯綮，是很有道理的。

问：《论语》言“克己复礼为仁”，朱子释之云：“己，谓身之私欲；礼者，天理之节文[1]。”又云：“心之全德[2]，莫非天理，而亦不能不坏于人欲。”盖与其所谓“人生以后此理堕在形气中”者互相发明。老、庄、释氏，无欲而非无私；圣贤之道，无私而非无欲；谓之“私欲”，则圣贤固无之。[3]然如颜子之贤，不可谓其不能胜私欲矣，岂颜子犹坏于私欲邪？况下文之言“为仁由己”[4]，何以知“克己”之“己”不与下同？[5]此章之外[6]，亦绝不闻“私欲”而称之曰“己”者。朱子又云：“为仁由己，而非他人所能与[7]。”在“语之而不惰”者[8]，岂容加此赘文以策励之[9]！其失解审矣[10]。然则此章之解，可得闻欤？[11]

“克己复礼”指克制自己的私欲，使言行举止合乎礼节，这一概念由孔子首倡，历代儒家都据此加以发挥，业已成为儒家的道德原则和修养方法。

[注释]

[1] 节文：指制定礼仪，使行之有度。 [2] 全德：道德上完美无缺。 [3] 这几句话的意思是：《论语》说：“努力克制自己，恢复到古礼所规定的仪节和意义上，这样就是达到了仁的境界。”

朱熹解释说："己是指自身的私心和欲望，礼是指天理的仪节和条文。"又说："人心中所具有的完美德性，全部属于天理，但他们又无法躲避掉人欲的损坏。"这些话大概与他所说的"人在出生之后，这个理就堕入到形体气质中了"，是互相发挥和印证的关系。老子、庄子及佛教都主张人不能有欲望，而不是说没有私心；儒家圣贤的主张是不要有私心，而不是说不能有欲望。朱熹在这里把"己"解释为"私欲"，这在圣贤那里是根本不存在的。 [4] 为仁由己：指实现仁义道德，完全在于自己。由，介词，听凭、遵从。 [5] 这几句话的意思是：譬如颜渊这样的贤人，我们尚且不敢说他不能战胜自己的私欲，难道颜渊这样的贤者还会受到私欲的损坏吗？况且《论语》下文又说"做到仁要靠自己"，朱子怎么能断定"克己"的"己"，与这个"由己"的"己"意思是不一样的呢？ [6] 此章：指"颜渊问仁"，孔子回答"克己复礼为仁"这一章，见《论语·颜渊》。朱熹语见《论语集注·颜渊》。 [7] 与（yù）：参加、参与。 [8] 惰（duò）：懒惰、不勤快。语见《论语·子罕》。 [9] 赘（zhuì）文：指文章中多余的词句。赘，累赘、多余。策励：指督促勉励。 [10] 审：确切、肯定。 [11] 这几句话的意思是：朱熹注《论语》，除了这一章之外，没有看到他再把"私欲"称为"己"的地方。朱子又说："实行仁德，完全要靠自己，而不是其他什么人能够干预的。"对于听我讲话而从来不懈怠的人，哪里再需要加上这些多余的话来激励呢？所以，朱熹的解释很明显是错误的。那么"克己复礼"这一章的正确解释，请讲给我们听一听吧。引文见《朱子语类》卷九十五。

曰：克己复礼之为仁，以"己"对"天下"言也。礼者，至当不易之则[1]，故曰，"动容周旋中礼[2]，盛德之至也”。凡意见少偏[3]，德性未纯，皆己与天下阻隔之端[4]；能克己以还其至当不易之则，斯不隔于天下，故曰：“一日克己复礼，天下归仁焉。”[5]然又非取决于天下乃断之为仁也[6]，断之为仁，实取决于己，不取决于人，故曰：“为仁由己，而由人乎哉。”自非圣人[7]，未易语于意见不偏，德性纯粹；至意见不偏，德性纯粹，动皆中礼矣。就一身举之，有视，有听，有言，有动，四者勿使爽失于礼，与“动容周旋中礼”，分“安”“勉”而已。[8]圣人之言，无非使人求其至当以见之行；求其至当，即先务于知也[9]。凡去私不求去蔽，重行不先重知，非圣学也。孟子曰：“执中无权，犹执一也。”权，所以别轻重；谓心之明，至于辨察事情而准，故曰“权”；学至是，一以贯之矣，意见之偏除矣。[10]

戴震说“圣贤之道”不在于“无欲”，而在于“无私”，在于“动容周旋中礼者”，“以无私通天下之情，遂天下之欲”，使天下人的正当欲望得到合理的满足，即“以我之情絜人之情，而无不得其平是也”。

［注释］

[1] 至当不易之则：指极为恰当、不能改变的准则。至，极。当，恰当。易，改变。　[2] 动容周旋中礼：指举止仪容和进退揖让都符合礼的要求。语见《孟子·尽心下》。　[3] 少（shǎo）偏：稍微有点偏离。少，程度副词，稍微、略微。　[4] 端：起

始、端倪。 [5] 这几句话的意思是：孔子说："克制自己，恢复到礼，就是仁。" 这是把"己"与"天下"相对立的情况下来说的。礼是指完全正确而不可改变的准则，所以孟子说"在人际交往过程中，动作和仪表都符合礼的要求，就是高尚品德的极致表现"。凡是个人的意见稍有偏差，德性就达不到纯美的程度，是自己与整个天下相互隔膜疏远的开始；如果能够克制自己，遵从礼所规定的原则，那么他就不会与天下有什么隔阂了。所以，孔子说："一旦做到了克己复礼，天下人都会回归到仁德状态。" 见《论语·颜渊》。 [6] 断：裁决、断定。 [7] 自非：文言固定用语，倘若不是。 [8] 安：指"安而行之"。勉：指"勉强而行之"，即《中庸》所言"或安而行之，或利而行之，或勉强而行之，及其成功，一也"的简略用语。这两句话的意思是：然而，是否能够达到仁德的高度，不是取决于天下人是否认同；评判一个人是否达到了仁德的境界，实际上完全决定于你自己，而不在于其他任何人。所以孔子说："实行仁德，完全在于自己，又怎么能依靠别人呢？" 如果不是圣人，就不要轻易地说自己的意见没有偏差、自己的德性也是纯粹的。因为做到意见无偏差、德性很纯粹，那么他的任何行为都是符合礼仪了。就一个人而言，视、听、言、动四个方面都不违背礼，并且举止容貌也都符合礼的要求，即使如此，也只是达到了"安而行之"或"勉而行之"的状态罢了。 [9] 务：从事、致力于。 [10] 这几句话的意思是：圣人说的话，都是要求人们掌握事物的规律和法则，并贯彻落实到具体的行动上去。为了掌握事物规律，首先要在知觉认识上下功夫。凡是只要求人们去除私心而不要求摆脱蒙蔽，只讲究行动而不重视知识的说法，都不是孔孟圣人的学问追求。孟子说：如果固执机械地去遵循天理，做事没有丝毫随机应变，那就是执拗偏执、一根筋。这里的"权"，就是用来衡量轻重的工具。如果人明白事理能达到明察秋毫、准确无误的地步，那就叫做“权”。如果一个人的学问达到了如此境地，应当称为“一以贯之”，意见的偏差也就根本不存在了。

[点评]

克己复礼，顾名思义，就是努力克制自己，恢复到古礼所规定的仪节和意义上，这样就达到了仁的境界。这一成语出自《论语·颜渊》，开篇就是：“颜渊问仁。子曰：克己复礼为仁。一日克己复礼，天下归仁焉！为仁由己，而由人乎哉？颜渊曰：请问其目。子曰：非礼勿视，非礼勿听，非礼勿言，非礼勿动。颜渊曰：回虽不敏，请事斯语矣。”孔子以视、听、言、动的具体节目来要求人们的思想行为要符合礼的要求，依礼而行，努力达到仁的境界。在孔子看来，仁与礼相为表里，互相规定与制约，二者是有机统一的。孔子之后的儒者或重仁重德、或重义重礼，因为理解不同，便形成了仁礼关系的内、外与本、末的争论，但都是据此借以诠释和发挥，把“克己复礼”作为道德修养的基本原则和方法。如朱熹在《论语集注》中说：“仁者，本心之全德。克，胜也。己，谓身之私欲也。复，反也。”他把“克”解释为克服、克制，认为“克己”就是战胜自身的私欲，“复礼”在于返归天理之节文，称“为仁者必有以胜私欲而复于礼，则事皆天理，而本心之德全于我矣”。对于朱子的诸多阐释，戴震不以为然。

戴震在此一问一答的过程中，先是交代了孔子、孟子对于仁与礼的诠释，然后就转而质问朱熹为什么只是把“克己复礼”这个“己”解释为“私欲”，把“礼”解为天理，这实际上就是把孔子的“克己复礼”作为他“存理灭欲”的理论根据了。况且“克己复礼”下面又讲了“为仁由己”，你又怎么知道“克己”的“己”与“为仁由己”的“己”是不相同的呢？因为在颜渊问仁这一章之外，再没有看到朱子把“私欲”称作“己”的。戴震就是这样从文字训诂、文献互证、语义推理几方面，把“克己复礼”作为“存天理，灭人欲”的思想凭据，连根拔起，清洗明白，并指出“己”是相对于“天下人”而言的，“礼”是正确的不可改变的准则；“克己复礼”就是要除去个人偏见，以符合事物的法则，而只要这样做了，就“不隔于天下”而与天下人情欲相通，就达到仁了。通过这一番辩论，为他的“以情絜情”的伦理思想和“体情遂欲”的政治主张做好了陈述和铺垫，前后呼应，颇为契合。

问：孟子辟杨墨，韩退之辟老释，今子于宋以来儒书之言多辞而辟之，何也？[1]

[注释]

[1] 这句话的意思是：孟子批判杨朱、墨翟的学说，韩愈反对老庄、佛教的理论，现在你又对宋代以来儒家的著作写了那么多文章加以驳斥，这是为什么呢？

曰：言之深入人心者，其祸于人也大而莫之

能觉也；苟莫之能觉也，吾不知民受其祸之所终极[1]。彼杨墨者，当孟子之时，以为圣人、贤人者也；老释者，世以为圣人所不及者也；论其人，彼各行所知，卓乎同于躬行君子[2]，是以天下尊而信之。[3]而孟子、韩子不能已于与辨[4]，为其言入人心深，祸于人大也，岂寻常一名一物之讹舛比哉[5]！孟子答公孙丑问"知言"曰[6]："诐辞知其所蔽[7]，淫辞知其所陷[8]，邪辞知其所离，遁辞知其所穷[9]。生于其心，害于其政；发于其政，害于其事。圣人复起，必从吾言矣。"[10]答公都子问"外人皆称夫子好辩"曰："邪说者不得作[11]，作于其心，害于其事；作于其事，害于其政。圣人复起，不易吾言矣。"孟子两言"圣人复起"，诚见夫诐辞邪说之深入人心，必害于事，害于政，天下被其祸而莫之能觉也[12]。使不然，则杨、墨、告子其人，彼各行所知，固卓乎同于躬行君子，天下尊而信之，孟子胡以恶之哉[13]？杨朱哭衢途[14]，彼且悲求诸外者歧而又歧；墨翟叹染丝[15]，彼且悲人之受染，失其本性。[16]

［注释］

[1] 终极：终止、达到极点。 [2] 卓乎：特别优秀的样子。躬行：亲自实践、身体力行。 [3] 这几句话的意思是：那些深入人心的邪说，对人的危害是很大的，而且人们还轻易察觉不到。如果觉悟不出这些言论的危害，我不知道老百姓还要承受这种祸害到什么时候。那个杨朱和墨翟，在孟子时代就被人们公认为圣人和贤人；至于老子和佛陀，人们甚至认为孔孟圣人还不如他们。如果对这些人加以评价，他们都是按照自己的那一套学说来行事，就像儒家身体力行的君子一样崇高伟大，所以天下人都非常敬重和信仰他们。 [4] 已：停止、结束。辨：同“辩”，争论、辨明。 [5] 讹舛（é chuǎn）：谬误、差错。 [6] 知言：指具有辨别语言文辞和是非善恶的能力。 [7] 诐（bì）辞：偏邪不正的言论。蔽：遮蔽、隐蔽。 [8] 淫辞：邪僻荒诞的言论。陷：漏洞、缺失。 [9] 遁辞：不愿吐露真意时支吾搪塞的话。 [10] 这几句话的意思是：然而，孟子、韩愈不得不反复地同他们进行辩论，因为他们的言论已经深入人心，危害极大，根本不是平常的一个什么名称或物品的差错所能相提并论的。孟子在回答公孙丑问什么叫“知言”的时候说过：“对偏邪不正的言论，我知道它的蒙蔽性；对邪僻荒诞的言论，我明白它的漏洞在哪里；对阴险邪恶的话，我知道它背离正道的地方；对闪烁其词、不负责任的话，我知道它的理屈词穷在哪里。如果这些有害的思想观念是从内心生发出来的，一定会危害到政治事务；如果再由执政者去实施，一定会危害到社会生活的各个方面。即使是圣人重生再现，也一定会认同我的观点。”引文分别见《孟子·公孙丑上》《滕文公下》。 [11] 作：兴起、产生。 [12] 被（pī）：通“披”，将衣物披搭在身上，在此指遭受。 [13] 胡：疑问代词，何、为什么。 [14] 杨朱哭衢途：杨朱的邻居丢失了一只羊，因为到处都

是路，很久都没有找到。杨朱由此联想到学说分歧使人迷失方向，因而悲伤痛哭起来。衢（qú），四通八达的大路。参见《荀子·王霸》或《列子·说符》。 [15] 墨翟叹染丝：墨翟看到染丝，联想起人的思想也容易受到污染，“染于苍则苍，染于黄则黄”，让人失其本性，故而悲叹不已。见《墨子·所染篇》。 [16] 这几句话的意思是：孟子在回答公都子问“外人都说先生好辩”时说：“我之所以好辩，是为了不让那些邪说兴起。邪说一旦对人心产生影响，一定会危害天下的事情；如果对天下的事情产生作用，一定会损害到国家政治。就是圣人再出现，也不会改变我的看法。”孟子两次说到“圣人复起”，是因为他确实看到了那些歪理邪说已经深入人心，一定会对社会事务和国家政治产生危机，尤其是天下人受到他们的蒙蔽和伤害，还不能够觉悟清醒起来。如果不是这样，那么杨朱、墨翟、告子他们这些人，都各自按照自己的学说来行事，固然高尚睿智得如同躬行君子一样，天下人也都非常尊重和相信他们，孟子又怎么会去厌恶他们呢？杨朱曾在岔路上痛哭流涕，是替那些向外求索的人一再误入歧途而感到悲哀；墨翟曾为变色的丝线悲叹不已，是因为让他联想到人性容易遭受污染，失去本真而痛心疾首。

［点评］

这一节文字，由提问者从“道统”论的角度出发，开启了戴震对这一段学术思想和“道统”职责的总结论述。从孟子批杨墨，到韩愈驳老释，包括自己对宋儒之言为何“多辞而辟之”，都做出了系统的学脉梳理和深刻的思想检阅。从一定意义上来说，也是他以“卫道者”的身份对自己学术目标和人生理想所做的一种深沉的哲思和如实的交待。

我们知道，道统是儒家传道的脉络和系统。道统之意起于孟子，认为由尧舜至于汤，由汤至于文王，由文王至于孔子，各五百有余岁，由孔子而来至于今，百有余岁，去圣人之世，若此其未远也，近圣人之居，若此其甚也。很显然，孟子隐然以继承孔子道统而自任。其后经过了汉代董仲舒的“禹继舜，舜继尧，三圣相受而守一道”，便到了唐代的韩愈。他在《原道》中明确提出道统之说，认为“尧以是传之舜，舜以是传之禹，禹以是传之汤，汤以是传之文、武、周公，文、武、周公传之孔子，孔子传之孟轲。轲之死，不得其传焉”，并颇为谦逊地说：“韩愈之贤不及孟子。孟子不能救之于未亡之前，而韩愈乃欲全之于已坏之后。呜呼！其亦不量其力，且见其身之危，莫之救以死也。虽然，使其道由愈而粗传，虽灭死，万万无恨！”显而易见，韩愈俨然以孟子继承者自居。虽然韩愈所提出的道统，原是为了抗衡佛、老而发起，其思想内涵为何，道统的用意如何，这些还有待于探讨，但他对道统的阐释和建构之功，自是不可磨灭，尤其是对宋明儒学的复兴起到了导夫先路的作用，程颢、程颐“因其语而得其心”，再传弟子朱熹顺势以周敦颐、二程上承孟子，自己当然随后而继之，“以续夫千载不传之绪”。明清两朝，道统被统治阶级所充分利用，以至“诏令谪人不以法律，顾摭取洛、闽儒言以相稽”，“适成忍而残杀之具”，因此受到了戴震等人的猛烈抨击，“所言多自下摩上，欲上帝守节而民无瘅”，“为臣民诉上天，明死于法可救，死于理即不可救”（参见章太炎《释戴》)。戴震生当“清世，理学之言竭而无余华”的时代，本着“以经学济理学之穷”的学术担当，即使在探讨“性与天道”大问题的同时，更注意用富有浓厚考证色彩的天道论和人性说，从具体人生观上来反映新兴市民阶层的生存需求、人权平等和个性发展，为广大劳苦阶层伸怨诉苦。所以，戴震的“以情絜情”“体民之情，遂民之欲”学说，是实实在在的平民哲学，它既呈现了古今贯通、中西碰撞的时代启蒙色彩，启导了十九世纪近代人文思想转型的一线曙光，更对上古先贤“饮食男女，人之大欲”的主张加以阐释和弘扬。正如胡适《戴东原的哲学》所说：“戴震的人生观，总括一句话，只是要人用科学家求知求理的态度与方法来应付人生问题。”在学理上，他用当时学者考证的方法、历史的眼光，重新估定五百年的理学的价值，打倒旧的理学，而建立新的理学，确乎为近世哲学的中兴。

老释之学，则皆贵于“抱一”[1]，贵于“无欲”[2]；宋以来儒者，盖以理说之。其辨乎理欲，犹之执中无权；举凡饥寒愁怨、饮食男女、常情隐曲之感[3]，则名之曰“人欲”，故终其身见欲之难制；其所谓“存理”，空有理之名，究不过绝情欲之感耳。[4]何以能绝？曰“主一无适”[5]，此即老氏之“抱一”“无欲”，故周子以一为学圣

抱一即“守一”，道教用语，意思是保持魂魄相守为一，源于《老子》“载营魄抱一”之语。此后《老子想尔注》《太平经》《抱朴子》将一等同于道，视为天、地、人的本原，认为修道之人当与一相守。

之要，且明之曰："一者，无欲也。"天下必无舍生养之道而得存者，凡事为皆有于欲，无欲则无为矣；有欲而后有为，有为而归于至当不可易之谓理；无欲无为又焉有理！[6] 老、庄、释氏主于无欲无为，故不言理；圣人务在有欲有为之咸得理。是故君子亦无私而已矣，不贵无欲。君子使欲出于正，不出于邪，不必无饥寒愁怨、饮食男女、常情隐曲之感；于是谗说诬辞[7]，反得刻议君子而罪之[8]，此理欲之辨使君子无完行者，为祸如是也。[9]

戴震在诠释"克己复礼"之时，把自己的"以情絜情"思想也铺展开来，归结为一句"圣人治天下，体民之情，遂民之欲"。

［注释］

[1] 抱一：专精固守，不失其道。"一"即是"道"。见《老子》第二十二章。 [2] 无欲：没有任何的欲望和要求。见《老子》第三章。 [3] 举凡：总括、凡是，举其大要，表示概括之词。常情：指一般的心情或情理。隐曲：指难言之隐的事情。 [4] 这几句话的意思是：老子、佛教的学说，都非常重视"抱一"，看重"无欲"，而宋代以来的儒家都把这些说成是"理"，并将理和欲割裂开来，对立起来，就如"固守天道而不知权变"一样；凡是涉及老百姓的饥饿寒冷、忧愁怨恨、饮食男女，以及常情隐曲的事情，都说成是"人欲"，所以他们一辈子都觉得人的欲望是难以克制的。他们所说的"存理"，只是空有其"理"之名，最终不过是要灭绝人的情感欲望而已，这又怎么能够完全灭绝呢？ [5] 主一无

适：专一于事，心无杂念。见《程氏遗书》卷十五。 [6] 这几句话的意思是：宋儒说“主一无适”，事实上就是老子所说的“守静绝欲”和“没有欲望”，所以周敦颐把“一”看作是学习圣人之道的关键所在，而且明确地指出“一就是无欲”。天下肯定没有不需要饮食男女的生存保障，而仍然能够存活传衍下去的人。凡是事关人们人伦日常的一切活动，都是由欲望引起的。如果人没有欲望，那就没有存在的可能了。人一旦有了欲望，才有实现自我的价值和精神理想的追求。只有人的行为达到完全正确而无丝毫需要修正的时候，才是理。如果人都没有欲望，哪里还会有什么“理”呢？ [7] 谗说诬辞：毁谤诬蔑的言论。 [8] 刻议：尖酸刻薄地议论。 [9] 这几句话的意思是：老庄和佛教都主张无欲无为，所以他们不说“理”字；而儒家圣人致力于有所欲望和有所作为，才是真正合乎人道和天理。所以，君子只是没有个人私念而已，并不主张绝禁欲望。君子使自己的欲望都从正当要求中生发出来，而不是从邪恶念头中产生，不必要去灭绝饥寒忧怨、饮食男女、常情隐曲之类的情感表达。但宋儒却以谗言诬辞，尖酸刻薄地污蔑有道君子，把恶毒的罪名强加在他们头上。这种理欲对立的观点，使得君子完美德性受到玷污，所造成的伤害是极其严重的。

以无欲然后君子，而小人之为小人也，依然行其贪邪；独执此以为君子者，谓“不出于理则出于欲，不出于欲则出于理”。其言理也，“如有物焉，得于天而具于心”，于是未有不以意见为理之君子。[1] 且自信不出于欲，则曰“心无愧戴震名言：凡事为皆有于欲，无欲则无为，有欲而后有为。君子不贵无欲，贵无私。

怍”[2]。夫古人所谓不愧不怍者，岂此之谓乎！不寤意见多偏之不可以理名，而持之必坚；意见所非，则谓其人自绝于理：此理欲之辨，适成忍而残杀之具，为祸又如是也。[3]

［注释］

[1] 这两句话的意思是：如果认为一个人没有了欲望，然后才能算是君子，那么小人之所以成为小人，依然还会做出贪婪邪恶的事情。只有那些主张无欲而自以为君子的人，才会说“不出于理则出于欲，不出于欲则出于理”。他们认为理是一个来自于上天而藏在人心中的东西。于是，没有人不把自己的意见看作是天理，每个人都把自己当作正人君子。 [2] 愧怍（zuò）：因有缺点错误而感到不安。 [3] 这几句话的意思是：同时，他们还坚信自己的意见不是出自于个人欲望，所以心中没有任何愧疚的感觉。难道古人自诩的所谓心无愧怍，说的就是这个意思吗？人们往往不明白自己的想法存在片面性，反而固执己见，顽固地用“理”来自我标榜。如果有人出来反对他，他就会说这些人是自绝于天理。这种把理欲对立化的诡辩，正好成为“今之治人者”残忍杀戮弱者、贱者的借口和手段，这种思想学说反人性的危害何其大啊。

［点评］

为了证实朱子“性即理”和王阳明“心即理”的错误，戴震基于自我视域中的程朱理学、阳明心学都是源于佛老的认知，对宋明理学展开了系统的批判，从概念到命题，再到义理，从形式到内容，再到价值，最后落实到了“欲即理”的结论上。关于“存欲”的意义，戴震指出，凡是事关人们人伦日常的一切活动，都是由欲望引起的。如果人没有欲望，那就没有存在的可能了；人一旦有了欲望，才有实现自我价值和精神理想的追求。只有人的行为达到完全正确而无丝毫需要修正的时候，才是理。如果人都没有欲望，哪里还会有什么“理”呢？所以，戴震以“饮食，喻人伦日用；知味，喻行之无失”，始终坚持“理存于欲”的观点，对于宋儒离开“人伦日用”来谈道谈仁义礼的做法，给予了严肃而反复的批评，认为无论是说“天命之性”“气质之性”，还是说仁义礼、智仁勇，归根结底都是从“人伦日用”这些具体事物中概括出来的，没有“血气心知”“饮食男女”，即使臆想到了“如有物焉，得于天而具于心”的东西，也是没法落实在那“抱一”“无欲”“守静绝欲”的空“理”之上，事实上乃是“以意见为理”的自欺欺人的伪君子。那么，最后的结论就是：宋儒“存天理，灭人欲”之说，使天下转为欺伪，祸害甚大，其思想根源在于杂糅了太多的佛老之言。

作为近代启蒙思想家，戴震肯定“情欲”、提倡“节欲”、反对“绝欲”等一系列事关民生的重要话题，已然成为乾嘉时期世人们热衷追逐的问题意识。他的去蔽、求是的科学研究法，以及重视情欲的情感哲学，对近代中国现实社会的人性伦理、人文思想的启示，均有一定程度的推动和补益作用。因此，民国人物蔡元培曾有评价说：东原始以情、欲、知三者为性之原质，与西洋心理学家分心之能力为意志、感情、知识三部者相同。他以“人之欲”为“己之欲”之界，以“人之情”为“己之情”之界，与西洋功利派之伦理学所谓“人各自由”而以“他人之自由”为界者也相同。蔡氏此言可谓融汇古今，博采中西，探赜索隐，有理有据。

夫尧舜之忧四海困穷[1]，文王之视民如伤[2]，何一非为民谋其人欲之事！惟顺而导之，使归于善。今既截然分理欲为二，治己以不出于欲为理，治人亦必以不出于欲为理，举凡民之饥寒愁怨、饮食男女、常情隐曲之感，咸视为人欲之甚轻者矣。[3]轻其所轻，乃“吾重天理也，公义也”[4]，言虽美，而用之治人，则祸其人。至于下以欺伪应乎上，则曰“人之不善”，胡弗思圣人体民之情[5]，遂民之欲，不待告以天理公义，而人易免于罪戾者之有道也[6]！孟子于“民之放辟邪侈无不为以陷于罪”[7]，犹曰“是罔民也”[8]，又曰“救死而恐不赡[9]，奚暇治礼义”[10]。古之言理也，就人之情欲求之，使之无疵之为理[11]；今之言理也，离人之情欲求之，使之忍而不顾之为理。[12]此理欲之辨，适以穷天下之人尽转移为欺伪之人，为祸何可胜言也哉！其所谓欲，乃帝王之所尽心于民；其所谓理，非古圣贤之所谓理，盖杂乎老释之言以为言，是以弊必至此也。[13]

[注释]

[1] 四海困穷：指天下的人民困苦贫穷。语出《论语·尧曰》。 [2] 视民如伤：把百姓当作有伤病的人一样照顾。语出《孟子·离娄下》。 [3] 这几句话的意思是：上古帝王尧和舜在位的时候，都非常关心天下老百姓的穷困生活；周文王体贴爱护老百姓，把他们当作受伤的亲人一样照顾，哪一个不是在为老百姓谋求满足生存的欲望，在辛苦地做事情呢？他们只是在顺遂老百姓心愿的基础上，因势利导，与时俱进，使公序良俗得以践行，人心向善。现在宋儒既然把理和欲截然分为两个对立面，对待自己的要求，以为不出于欲望的就是理；治理老百姓时，也以为不出于欲望的就是理。凡是提及老百姓的饥寒愁怨、饮食男女和常情隐曲的自然情欲，都会被认作是比较小的“人欲”。 [4] 公义：公众的议论、公道的舆论。 [5] 胡弗：为什么不、何不。 [6] 罪戾（lì）：罪恶、祸患。这两句话的意思是：他们轻视自认为是很小的人欲，还说“我是重天理，重公义的”。话虽然说得很好听，但用这种心态来管理老百姓的日常生活，一定会产生许多危害社会的事。以至于使老百姓无奈地使用欺骗手段来应付在上位的官员们，结果是一定会被斥责为人性不良。他们为何不想想古代的圣贤都是以这样的方式和态度来体恤老百姓的情感、满足老百姓的欲望，从不乱用天理和公义来训斥他们，反而会让人们趋从良

对于那些扛着“天理”大旗而为非作歹的“治人者”，他们“离人之情欲求之，使之忍而不顾之为理”，空讲天理，不讲人道，致使“治于人者”饥寒愁怨，生不如死。刘鹗《老残游记》也称假道学是“刚愎自用，小则杀人，大则误国。吾人亲目所睹不知凡几矣，二十四史中指不胜屈”。

善，避免犯罪，如此才是真正的政治清明，符合天道啊！ [7] 放辟邪侈：指肆意作恶。放、侈，放纵。辟、邪，邪恶、不正派。 [8] 罔（wǎng）：同“网”。作动词用，张网捕捉、陷害的意思。 [9] 恐：担心、恐怕，表疑虑不定的语气。赡（shàn）：足够、充足。 [10] 奚暇：怎么顾得上。奚，疑问词，哪里、怎么。暇，余暇、空闲。 [11] 疵（cī）：缺点、毛病。 [12] 这几句话的意思是：孟子对于那些违法乱纪、身陷囹圄的人，尚且自责地说“这是损害了老百姓啊”，又说“老百姓想维持生存都怕没有足够的能力，哪里有闲心去学习礼义规范呢”。古人一说到理，都是从情感和欲望那里去探寻的，如果情欲正当，没有什么过错的话，那就是理。宋儒现在所说的理，都是抛开人的情感欲望去找寻，使老百姓忍耐饥寒之苦，却一点也不顾惜，称之为理。引文分别见《孟子·滕文公上》《梁惠王上》。 [13] 这两句话的意思是：这种“理欲之辨”，恰恰会让全天下的人都变成虚伪欺诈之人，这样造成的危害真是一言难尽啊？宋儒所说的“人欲”，就是上古圣贤费尽心思来使老百姓能够心满意足；而他们所说的“理”，却不是圣贤所说的“饮食男女，人之大欲存焉”的天理，而是掺杂糅合了老子和佛教的“无欲”思想，所以必然会造成这样的弊病。

然宋以来儒者皆力破老释，不自知杂袭其言而一一傅合于经[1]，遂曰《六经》、孔、孟之言；其惑人也易而破之也难，数百年于兹矣[2]。人心所知，皆彼之言，不复知其异于《六经》、孔、孟之言矣；世又以躬行实践之儒，信焉不疑。[3]

夫杨、墨、老、释皆躬行实践，劝善惩恶，救人心，赞治化[4]，天下尊而信之，帝王因尊而信之者也[5]。孟子、韩子辟之于前，闻孟子、韩子之说，人始知其与圣人异而究不知其所以异。[6]至宋以来儒书之言，人咸曰："是与圣人同也；辩之，是欲立异也。"此如婴儿中路失其父母[7]，他人子之而为其父母[8]，既长，不复能知他人之非其父母，虽告以亲父母而决为非也，而怒其告者，故曰"破之也难"。呜呼，使非害于事、害于政以祸人[9]，方将敬其为人，而又何恶也！恶之者，为人心惧也。[10]

戴震的"以理杀人"学说，不仅是在学术思想层面的探索，更多用意则在于对统治阶级意识形态的批判，以及对社会层面平民生活"常情隐曲"的生存诉求。这一点在清人反理学的思潮中，比起李贽、王夫之、颜元、唐甄等人，戴震的做法显得更为完备而丰富。

[注释]

[1] 傅合：附会，把互不相干的事勉强拉在一起说成有关系。 [2] 于兹：至今、到现在。这句话的意思是：宋以来的儒者都极力批判老释，而他们却不知道自己的学说是夹杂和承袭了老释的言论，而把这些言论一一拿来附会儒家经典，于是就说这是《六经》、孔、孟的学说；这种东西很容易迷惑人，要破除它却很难，这种情况到现在已经几百年了。这里，戴震揭露了程朱表面上反对老释，实际上出入老释、行老释之实的虚伪性。 [3] 这句话的意思是：现在深入人心的，都是程朱的那套理论，人们已经弄不清它与孔孟学说有什么区别了。世人更把他们当作是躬行践履的儒家学者，对他们的言行自然是深信不

疑的。[4]治化：治理国家，教化人民。[5]因：因循、跟着。[6]以上两句话的意思是：至于杨朱、墨翟、老子及佛教，他们都是躬行实践、劝善惩恶、拯救人心、赞天化育的人，也是天下百姓和帝王们都很尊崇和信仰的人。对于他们的思想理论，孟子和韩愈在前面已经做了多方面的批判，人们知道这些批评以后，也开始觉得杨墨老释的思想确实与圣贤学说有所不同，但终究不明白他们之间的差别究竟在哪里。[7]中路：中途、半路上。[8]子之：把他当作儿子来抚养。子，使动词，把……当作儿子。之，代词，他。[9]使：假设连词，假使、假如。[10]这几句话的意思是：对于宋代以来儒家著作的言论，人们都说："这些话语和圣人的学说是完全一样的，谁胆敢与他们辩论，就是想标新立异，另起炉灶。"这就好像一个婴儿在中途失去了父母，别人把他当作自己的儿子来抚养，成为他的再生父母。等到他长大以后，也不会知道收养他的人并不是自己的亲生父母，即使有人告诉他谁是他的亲生父母，他也一定坚决否认，并要怒斥那个告诉他实情的人，所以想要破除人心中已经形成的思维定势，是极其困难的。唉！假使杨墨老释的思想不对社会事务和政治教化产生毒害，也危害不到老百姓的正常生活，我正要感谢和敬重这样的人，怎么还会去厌恶他们呢？今天之所以这样地厌恶他们，是因为我对他们用佛老思想惑乱了人心，感到非常的恐惧啊！

[点评]

这一节文字，是戴震带有通论性和总结性的论说，一言以蔽之，都是对佛老的"抱一""无欲"与宋明儒者所说"天理""人欲"的综合性学术批判。作为生活在社会底层的平民思想家，戴震哲学的真实用心，应该落实在他所直接面对的现实生活层面上加以考量。创作于《孟子字义疏证》之前的《原善》，及其后的《与某书》《答彭进士允初书》等，最能代表他真切的思想旨趣和生活情感。他常用“在位者”“后儒”“今之人”“今之治人者”来表达他心底痛恨的统治者、假道学、真酷吏，并借助诠释经学“外衣”的手段，痛斥他们巧用程朱“存天理，灭人欲”作为宝训，希望天下的老百姓都能心甘情愿、俯首帖耳地去忍耐饥寒愁怨、饮食男女、常情隐曲之苦，抛开正常人的情感欲望，甘受“强者胁弱，众者暴寡，知者诈愚”，结果只会“令士民摇手触禁”，让天下之人转而成为虚伪欺诈之人。戴震对于现实的反抗，即使极为曲折宛转，但无限的悲痛和愤慨已溢于言表。他在《原善》一书的结尾之语，最能代表他的思想指向：“在位者多凉德而善欺背，以为民害，则民亦相欺而罔极矣。在位者行暴虐而竞强用力，则民巧为避而回遹矣。在位者肆其贪，不异寇取，则民愁苦而动摇不定矣。凡此，非民性然也，职由于贪暴以贼其民所致。乱之本，鲜不成于上，然后民受转移于下，莫之或觉也。”这里戴震连用了三个排比句，对“在位者”的丑恶嘴脸予以痛快淋漓的揭露，足以表明了他的是非评判、民主立场及无奈的心境。戴震这种平民化的哲学，与其说是对被利用了的先贤儒者的批判，毋宁说是把矛头直指已经严重官学化的“腐朽理学”，及其所依附的统治意识形态。

事实上，戴震在《孟子字义疏证》中对于宋儒尤其是程朱理学的批判，纯粹是从学术思想的层面进行的剖析和辩论，对于程朱本身的态度也并不像一般人所理解的那样是忘恩负义的"反叛"，甚至是势同水火的对立。因为"六经尊服郑，百行法程朱"毕竟是当时学术界的共识，这是毋庸置疑的。尤其是朱熹与戴震同出于徽州，且为各自时代的学术最高峰，"戴君学术实自朱子'道问学'而得之"（章学诚《书朱陆篇后》）。朱子以创新精神将儒家思想哲理化、精致化，适应了时代之需，完成了儒学的全新发展，开创了宋明理学的新时代；数百年后，戴震又在自己的时代里"融合汉宋以求新"，解构了宋明理学的矛盾，将考据与义理统一起来，证之以实，运之以虚，建构起清代朴学的知识系统，为中国学术思想的发展开辟了新的方向。徽州后学胡适就曾指出：戴震倡言"体民之情，遂民之欲"，成为反抗这种排斥人欲礼教的第一个人，但并无感情上攻击程朱本身的问题。胡适曾在《戴东原的哲学》中指出："戴学之攻朱学，只因为程朱的权威太大，旧信仰不倒，新信仰不能成立。我们但当论攻的是与不是，不当说凡出于朱的必不应攻朱。"又说："程朱在近世各学派之中，最能倾向于理智主义的一条路；不幸中古宗教的影响终使程朱不能彻底地向这条路上走，终不能免去许多半宗教、半玄学的见解。戴学实在是程朱的嫡派，又是程朱的诤友。"

平心而论，无论是程朱理学，还是戴震朴学，它们都是儒学在新时代发展的新形态，戴震和朱熹在人情隐曲和人性的终极关怀上都是一致的。朱子所倡导的"财自道生”“以义取利”思想，在某种程度上已成为徽商“贾而好儒”行为的直接导因和取利法宝。因为“人欲”兼有善、恶两义，饮食男女、常情隐曲，朱子以为善；见利忘义、骄奢淫逸，朱子以为恶。而东原“理存于欲”专指“善”处言之，所以主张遂民之欲；程朱“存理灭欲”专指“恶”处言之，故要人遏私去欲。无论是上古圣贤，还是后世大儒，休养生息、体恤民情皆为儒者一贯的人生追求，朱子更不例外。其“饮食者，天理也；要求美味，人欲也”，也成为戴震“一人之所欲，天下人之同欲也”的著述命题，充分显示出两位学者关心民瘼、为民请命的民本思想。东原所论，既是儒家义利观和经济伦理的理学阐释，也是对“臣民”尤其是徽商争取适当权益的合理合法的诉求，这与朱熹对待“义理”与“嗜欲”的观点也很有相似度。胡适指出：戴学重在扩充心知之明，使人能体察事物的条理，这是一种新的理学，不是“厉禁言理”，也不是“蔑理”。其实戴学最近于程伊川与朱子，同属于致知穷理的学派，实在是程朱的嫡派，又是程朱的诤友，他撇开“详于论敬而略于论学”，去做那致知穷理的科学事业（参见胡适《戴东原的哲学》）。可见，戴氏与朱熹的人本主义和理欲观的目标都有各自时代的必要性，只因时代的差异以及后世的混淆和偏见，弄成两造缺席下的不必要的对立。总之，戴震对宋明理学的批判着力针对的是“希附末光者”的“诡辩”，而以“先辈”之“精要之义”去建立他的新学术。作为“后戴震时代”的我们，自当以“订讹规过”“不必为贤者讳”的心态来对待学术发展的大势，“当乐有诤友，不乐有佞臣”，去其一非，成其百是，学术才能稳步前进。从实际生活的朴实意义上来说，戴震既属于对后儒腐朽理学的尖锐批判者，同时也是程朱理学家的学术诤友，更是在新的时代为新兴的市民阶层，诸如徽商、晋商人群的生存和发展，贡献出新的思想与理论支撑的功臣。

主要参考文献

戴氏遗书　乾隆年间曲阜孔氏微波榭刊刻《续修四库全书》影印上海辞书出版社图书馆藏本

戴氏三种　北平朴社刊印　1924年版

戴东原先生全集　安徽丛书第六期　民国二十五年（1936）安徽丛书编印处纂辑刊印

孟子字义疏证　何文光整理　中华书局1961年版

戴震哲学著作选注　安正辉选注　中华书局1979年版

戴震集　汤志钧校点　上海古籍出版社1980年版

戴震文集　赵玉新点校　中华书局1980年版

孟子字义疏证全译　冒怀辛译注　巴蜀书社1992年版

戴震全集　清华大学出版社1991—1999年版

戴震全书　黄山书社1994—1997年版

四书章句集注　（宋）朱熹撰　中华书局1983年版

老子注译及评介　陈鼓应著　中华书局 1984 年版

庄子今注今译　陈鼓应著　中华书局 1983 年版

荀子集解　（清）王先谦撰　沈啸寰、王星贤点校　中华书局 1988 年版

周敦颐集　（宋）周敦颐撰　陈克明点校　中华书局 1990 年版

张载集　（宋）张载撰　章锡琛点校　中华书局 1978 年

二程集　（宋）程颢、程颐撰　王孝鱼点校　中华书局 1981 年版

朱子全书　（宋）朱熹撰　朱杰人、严佐之、刘永翔主编　上海古籍出版社、安徽教育出版社 2002 年版

陆九渊集　（宋）陆九渊撰　钟哲点校　中华书局 1980 年版

北溪字义　（宋）陈淳撰　熊国祯、高流水点校　中华书局 1983 年版

王阳明全集　（明）王守仁撰　吴光、钱明等编校　上海古籍出版社 1992 年版

经韵楼集　（清）段玉裁撰　钟敬华校点　上海古籍出版社 2008 年版

章氏遗书　（清）章学诚撰　文物出版社影印本 1982 年版

章太炎全集　章太炎著　上海人民出版社 1994 年版

刘申叔遗书　刘师培著　江苏古籍出版社 1997 年影印 1936 年宁武南氏刊本

梁启超全集　梁启超著　汤志钧编　中国人民大学出版社 2018 年版

胡适全集　胡适著　安徽教育出版社 2003 年版

中国近三百年学术史　钱穆著　商务印书馆 1997 年版

中国思想通史　侯外庐著　人民出版社 1957 年版

新理学　冯友兰著　生活·读书·新知三联书店 2007 年版

中国古典哲学概念范畴要论　张岱年著　中国社会科学出版社 1989 版

宋明理学史　侯外庐等主编　张岂之修订　西北大学出版社 2018

年版

论戴震与章学诚 余英时著 生活·读书·新知三联书店 2000 年版

中国古代社会与古代思想研究 杨向奎著 上海人民出版社 1962 年版

戴震哲学思想研究 王茂著 安徽人民出版社 1980 年版

戴震 张立文著 台北东大图书公司印行 1991 年版

戴震评传 李开著 南京大学出版社 1992 年版

清代学术源流 陈祖武著 北京师范大学出版社 2012 年版

朱子新探索 陈荣捷著 台北学生书局 1988 年版

宋明新儒学略论 冯达文著 广东人民出版社 1997 年版

中国儒学之精神 郭齐勇著 复旦大学出版社 2009 年版

朱熹与中国文化 蔡方鹿著 贵州人民出版社 2000 年版

有无之境——王阳明哲学的精神 陈来著 北京大学出版社 2006 年版

《中华传统文化百部经典》已出版图书

书　名	解读人	出版时间
周易	余敦康	2017 年 9 月
尚书	钱宗武	2017 年 9 月
诗经（节选）	李　山	2017 年 9 月
论语	钱　逊	2017 年 9 月
孟子	梁　涛	2017 年 9 月
老子	王中江	2017 年 9 月
庄子	陈鼓应	2017 年 9 月
管子（节选）	孙中原	2017 年 9 月
孙子兵法	黄朴民	2017 年 9 月
史记（节选）	张大可	2017 年 9 月
传习录	吴　震	2018年11月
墨子（节选）	姜宝昌	2018年12月
韩非子（节选）	张　觉	2018年12月
左传（节选）	郭　丹	2018年12月
吕氏春秋（节选）	张双棣	2018年12月
荀子（节选）	廖名春	2019 年 6 月
楚辞	赵逵夫	2019 年 6 月
论衡（节选）	邵毅平	2019 年 6 月
史通（节选）	王嘉川	2019 年 6 月
贞观政要	谢保成	2019 年 6 月
战国策（节选）	何　晋	2019年12月
黄帝内经（节选）	柳长华	2019年12月
春秋繁露（节选）	周桂钿	2019年12月
九章算术	郭书春	2019年12月
齐民要术（节选）	惠富平	2019年12月
杜甫集（节选）	张忠纲	2019年12月
韩愈集（节选）	孙昌武	2019年12月
王安石集（节选）	刘成国	2019年12月
西厢记	张燕瑾	2019年12月

书　　名	解读人	出版时间
聊斋志异（节选）	马瑞芳	2019 年 12 月
礼记（节选）	郭齐勇	2020 年 12 月
国语（节选）	沈长云	2020 年 12 月
抱朴子（节选）	张松辉	2020 年 12 月
陶渊明集	袁行霈	2020 年 12 月
坛经	洪修平	2020 年 12 月
李白集（节选）	郁贤皓	2020 年 12 月
柳宗元集（节选）	尹占华	2020 年 12 月
辛弃疾集（节选）	王兆鹏	2020 年 12 月
本草纲目（节选）	张瑞贤	2020 年 12 月
曲律	叶长海	2020 年 12 月
孝经	汪受宽	2021 年 6 月
淮南子（节选）	陈　静	2021 年 6 月
太平经（节选）	罗　炽	2021 年 6 月
曹操集	刘运好	2021 年 6 月
世说新语（节选）	王能宪	2021 年 6 月
欧阳修集（节选）	洪本健	2021 年 6 月
梦溪笔谈（节选）	张富祥	2021 年 6 月
牡丹亭	周育德	2021 年 6 月
日知录（节选）	黄　珅	2021 年 6 月
儒林外史（节选）	李汉秋	2021 年 6 月
商君书	蒋重跃	2022 年 6 月
新书	方向东	2022 年 6 月
伤寒论	刘力红	2022 年 6 月
水经注（节选）	李晓杰	2022 年 6 月
王维集（节选）	陈铁民	2022 年 6 月
元好问集（节选）	狄宝心	2022 年 6 月
赵氏孤儿	董上德	2022 年 6 月
王祯农书（节选）	孙显斌	2022 年 6 月
三国演义（节选）	关四平	2022 年 6 月
文史通义（节选）	陈其泰	2022 年 6 月

书　名	解读人	出版时间
汉书（节选）	许殿才	2022 年 12 月
周易略例	王锦民	2022 年 12 月
后汉书（节选）	王承略	2022 年 12 月
通典（节选）	杜文玉	2022 年 12 月
资治通鉴（节选）	张国刚	2022 年 12 月
张载集（节选）	林乐昌	2022 年 12 月
苏轼集（节选）	周裕锴	2022 年 12 月
陆游集（节选）	欧明俊	2022 年 12 月
徐霞客游记（节选）	赵伯陶	2022 年 12 月
桃花扇	谢雍君	2022 年 12 月
法言	韩敬、梁涛	2023 年 12 月
颜氏家训	杨世文	2023 年 12 月
大唐西域记（节选）	王邦维	2023 年 12 月
法书要录（节选）　历代名画记	祝　帅	2023 年 12 月
耶律楚材集（节选）	刘　晓	2023 年 12 月
水浒传（节选）	黄　霖	2023 年 12 月
西游记（节选）	刘勇强	2023 年 12 月
乐律全书（节选）	李　玫	2023 年 12 月
读通鉴论（节选）	向燕南	2023 年 12 月
孟子字义疏证	徐道彬	2023 年 12 月
嵇康集	崔富章	2024 年 12 月
白居易集（节选）	陈才智	2024 年 12 月
李清照集（节选）	诸葛忆兵	2024 年 12 月
近思录	查洪德	2024 年 12 月
林则徐集	杨国桢	2024 年 12 月